Say on Climate

Europäische Hochschulschriften Recht

European University Studies in Law

Publications Universitaires Européennes de Droit

Band/Volume 6838

Paula Haarer

Say on Climate

Das Aktionärsvotum zum Klimaschutz

PETER LANG
Berlin · Bruxelles · Chennai · Lausanne · New York · Oxford

Bibliografische Information der Deutschen Nationalbibliothek
Die Deutsche Nationalbibliothek verzeichnet diese Publikation in der Deutschen Nationalbibliografie; detaillierte bibliografische Daten sind im Internet über http://dnb.d-nb.de abrufbar.

Zugl.: Heidelberg, Univ., Diss. iur., 2025

DE-16
ISSN 3052-8291 (Print)
ISSN 3052-8305 (eVersion)
ISBN 978-3-631-94334-2 (Print)
ISBN 978-3-631-94345-8 (ePDF)
ISBN 978-3-631-94346-5 (ePUB)
DOI 10.3726/b23206

Verlegt durch Peter Lang GmbH, Berlin, Deutschland

info@peterlang.com

www.peterlang.com

Kontakt zur Verordnung über die allgemeine Produktsicherheit (GPSR):
gpsr@peterlang.com

Inhaltsverzeichnis

Tabellenverzeichnis

Vorwort

Die vorliegende Arbeit entstand in den Jahren 2022 bis 2025 und wurde im Sommersemester 2025 von der Juristischen Fakultät der Universität Heidelberg als Dissertation angenommen. Rechtsprechung und Literatur befinden sich im Wesentlichen auf dem Stand von Mai 2025.

Mein besonderer Dank gilt meinem Doktorvater Prof. Dr. Dirk Verse, M.Jur. (Oxford), der die Arbeit betreut und das Erstgutachten erstellt hat. Er brachte die Arbeit durch wertvolle Anregungen voran. Des Weiteren danke ich Prof. Dr. Marc-Philippe Weller für die Erstellung des Zweitgutachtens sowie Prof. Dr. Stefan Geibel, Maître en droit (Université Aix-Marseille III), für den Vorsitz in der Disputation.

Bedanken möchte ich mich bei meiner Familie für die Unterstützung und stete Begleitung all meiner akademischen Vorhaben, die insbesondere den Weg hin zu dieser Arbeit geebnet haben.

Mein innigster Dank gilt meinem Ehemann Dr. Nicolas Lang, der mich seit Jahren uneingeschränkt unterstützt. Er hatte den größten Anteil am Gelingen der Arbeit.

Nürnberg, im Juni 2025

Paula Haarer

A. Einleitung

I. Gegenstand der Untersuchung

Die Reformdebatte, ob und wie der Klimaschutz neben einer Regulierung durch das Öffentliche Recht auch im Gesellschaftsrecht verortet werden sollte, ist in vollem Gange.[1] Die Motivlage des deutschen sowie europäischen Gesetzgebers geht unter anderem auf die normative Zielsetzung des Erreichens der Treibhausgasneutralität durch die Mitgliedstaaten der Europäischen Union bis zum Jahr 2050[2] und die Bundesrepublik Deutschland

---

1 Vgl. die Begutachtung für den 74. Deutschen Juristentag 2024 *Weller*, in 74. djt, Band I, F 14 ff., sowie die Diskussion auf dem 74. Deutschen Juristentag 2024, 74. djt, Band II/2, im Erscheinen; weiterhin vgl. *Bachmann*, NJW 2024, 2734; *Ekardt*, ZUR 2016, 463 (464 f.); *Fleischer*, ZGR 2022, 466; DB 2024, 2410; *Habersack*, NZG 2023, 1103; *Habersack/Vetter*, AG 2024, 377 (380 f., 387); *Harnischmacher*, KlimaRZ 2024, 101, *Hellgardt/Jouannaud*, AcP 222 (2022), 163 (208); *Ilmonen*, EBLR 32 (2021), 817; *Mittwoch*, Nachhaltigkeit und Unternehmensrecht, S. 109 ff.; *Nietsch*, KlimaRZ 2022, 22 (33); *Nietsch*, in Nietsch, CSR Compliance, § 1 Rn. 16 ff.; *Rodi*, KlimR 2022, 207 (208 ff.); *Roth*, NZG 2024, 1103; *Tröger*, in FS Cahn, S. 461 ff.; *Weller*, NJW-Beil 2024, 58; *Weller/Benz*, ZGR 2022, 563 (565 ff.); *Weller/Hoppmann*, AG 2022, 640 (641); *Weller/Hößl/Seemann*, ZGR 2024, 180; ZIP 2024, 209; ZEuP 2024, 575; dagegen ablehnend *Nonnenmacher*, in FS Böcking, S. 165 ff.

2 Art. 2 Abs. 1 Verordnung (EU) 2021/1119 des Europäischen Parlaments und des Rates vom 30. Juni 2021 zur Schaffung des Rahmens für die Verwirklichung der Klimaneutralität und zur Änderung der Verordnungen (EG) Nr. 401/2009 und (EU) 2018/1999 („Europäisches Klimagesetz").

bereits bis 2045[3] zurück.[4] Das Gesellschaftsrecht verdient für Vorgaben zum unternehmerischen Klimaschutz Aufmerksamkeit, da allein 30 Unternehmen für ein Drittel der deutschen Treibhausgase verantwortlich sind.[5] Ein Aspekt dieser umfassenden Rechtsfrage ist das Say on Climate. Dieses ist als Billigung eines Klimatransformationsplans durch die Hauptversammlung sowie als Mitsprache der Aktionäre zum unternehmerischen Klimaschutz[6] zunehmend Gegenstand der rechtswissenschaftlichen und rechtspolitischen Diskussion.[7] Jüngst legte der europäische Gesetzgeber Unternehmen auf, einen Klimatransformationsplan nach Art. 22 der *Corporate Sustainability Due Diligence*-Richtlinie[8] zu erstellen. Seit 2024 besteht somit ein normativer und vergleichbarer Anknüpfungspunkt für die Debatte um eine Mitsprache der Hauptversammlung zu Klimaschutzfragen. Dem vorangehend war das Say on Climate bereits in den Hauptversammlungen deutscher und internationaler Aktiengesellschaften präsent. In den Jahren 2020 und 2021 legten die

---

3 § 3 Abs. 2 S. 1 KSG.

4 *Weller/Hößl/Seemann*, ZGR 2024, 180 (198 ff.); ausführlich *Weller/Hößl/Seemann*, ZIP 2024, 209.

5 Siehe Analyse der Süddeutschen Zeitung, Welche Unternehmen am meisten Treibhausgase verursachen, Beitrag vom 25.03.2022, abrufbar unter https://www.sueddeutsche.de/projekte/artikel/wirtschaft/welche-unternehmen-in-deutschland-am-meisten-co-verursachen-e500049/, zuletzt abgerufen am 15.05.2025.

6 Siehe die generelle Einordnung der sog. Say-on-Climate-Initiative, abrufbar unter https://www.sayonclimate.org; https://www.sayonclimate.org/about/; die Einordnung von ISS Corporate Solutions, The Rise of Say on Climate Proposals, 2022, abrufbar unter https://www.isscorporatesolutions.com/library/the-rise-of-say-on-climate-proposals/; sowie die Einordnung von As You Sow, abrufbar unter https://www.asyousow.org/our-work/climate-and-energy/say-on-climate; jeweils zuletzt abgerufen am 15.05.2025.

7 Siehe nur das Fachprogramm Wirtschaftsrecht des 74. Deutschen Juristentages 2024, abrufbar unter https://djt.de/74-djt/fachprogramm/wirtschaftsrecht/, zuletzt abgerufen am 15.05.2025; sowie die Positionierungen und Aufarbeitungen der Gesellschaftsrechtlichen Vereinigung *Habersack/Vetter*, in VGR, Reformbedarf im Aktienrecht, Rn. 1.54; *Koch/Redeke*, in VGR, Reformbedarf im Aktienrecht, Rn. 9.28 ff.; *Sanders*, in VGR, Gesellschaftsrecht 2022, S. 84; VGR, AG 2022, 239 (242 f.).

8 Richtlinie (EU) 2024/1760 des Europäischen Parlaments und des Rates vom 13. Juni 2024 über die Sorgfaltsplichten von Unternehmen im Hinblick auf Nachhaltigkeit und zur Änderung der Richtlinie (EU) 2019/1937 und der Verordnung (EU) 2023/2859, ABl. der Europäischen Union, L 2024/1760, nachfolgend *Corporate Sustainability Due Diligence*-Richtlinie, kurz CSDDD.

prominenten europäischen Unternehmen Unilever PLC (Großbritannien)[9], TotalEnergies SE (Frankreich)[10] und Royal Dutch Shell plc (Niederlande)[11] ihren Aktionären freiwillig selbst aufgestellte Klimatransformationspläne zur Billigung vor. Unter den deutschen börsennotierten Unternehmen folgten erstmals im Jahr 2023 die Alzchem Group AG[12] und im Jahr 2024 die GEA Group AG als erstes MDAX geführtes Unternehmen[13]. Nach den Auswertungen der vergangenen europäischen Hauptversammlungssaisons durch Stimmrechtsberater leiteten Unternehmen im Jahr 2021 in 12 Fällen[14], 2022 in 36 Fällen[15] und 2023 in 24 Fällen[16] eine Beschlussfassung der Hauptversammlung über Klimatransformationspläne ein. Den US-amerikanischen Hauptversammlungen lässt sich entnehmen, dass der unternehmensseitigen Veranlassung eines Say on Climate die aktionärsseitige Initiierung durch den Einsatz von Aktionärsanträgen gegenübersteht.[17] Auch Say on Climate unter-

---

9 Unilever PLC, Pressemitteilung vom 14.12.2020, abrufbar unter https://www.unilever.com/news/press-and-media/press-releases/2020/unilever-to-seek-shareholder-approval-for-transition-action-plan/, zuletzt abgerufen am 15.05.2025.

10 Total Energies SE, Pressemitteilung vom 18.03.2021, abrufbar unter https://totalenergies.com/media/news/press-releases/annual-shareholders-Meeting-of-may-28-2021-climate-resolution.

11 Royal Dutch Shell plc, Pressemitteilung vom 14.04.2021, abrufbar unter https://www.shell.com/media/news-and-media-releases/2021/shell-presents-energy-transition-strategy-publication-to-shareholders-for-advisory-vote.html, zuletzt abgerufen am 15.05.2025.

12 Einladung zur ordentlichen Hauptversammlung der Alzchem Group AG am 11. Mai 2023, Tagesordnungspunkt 8, abrufbar unter https://www.alzchem.com/fileadmin/Investor_Relations/Hauptversammlung/2023/20230328_Einladung_HV_2023.pdf, zuletzt abgerufen am 15.05.2025.

13 Einladung zur ordentlichen Hauptversammlung der GEA Group AG am 30.04.2024, Tagesordnungspunkt 9, abrufbar unter https://cdn.gea.com/-/media/investors/events-and-releases/annual-general-meeting/2024/einladung-hauptversammlung-gea-2024.pdf?rev=05b129369f2b4a47aca10f2b339fab66&sc_lang=de, zuletzt abgerufen am 15.05.2025.

14 Georgeson, 2022 European AGM Season Review, S. 10, abrufbar unter https://www.georgeson.com/uk/insights/2022-agm-season-review, zuletzt abgerufen am 15.05.2025.

15 Georgeson, 2022 European AGM Season Review, S. 10, a.a.O. Fn. 14.

16 Georgeson, 2023 European AGM Season Review, S. 12, abrufbar unter https://www.georgeson.com/de/insights/2023-agm-season-review; zuletzt abgerufen am 15.05.2025.

17 Siehe BNP Paribas, The Unpredictable Future of Say-on-Climate-Votes, September 2023, abrufbar unter https://docfinder.bnpparibas-am.com/api/files/3C84684E-93F2-42B6-BE7A-42565C1E0EEF; ISS Corporate Solutions, The Rise of Say on Climate Proposals, 2022, a.a.O. Fn. 6; Ceres, Pressemitteilung vom 27.04.2022, abrufbar unter

stützende Initiativen verweisen ausdrücklich auf das Aktionärsantragsrecht zur Etablierung eines Say on Climate.[18]

Mangels Legaldefinition eines Say on Climate durch den europäischen, deutschen oder US-amerikanischen Gesetzgeber wird der Begriff durch die jeweiligen Herangehensweisen aktiver Aktionäre, institutioneller Investoren, Stimmrechtsberater und nicht zuletzt durch die umsetzenden Unternehmen selbst geprägt. Die unterschiedlichen Erwartungen an ein Say on Climate bedürfen einer rechtlichen Einordnung. Das Aktienrecht ist auf eine Mitsprache der Hauptversammlung zum unternehmerischen Klimaschutz im Sinne des Say on Climate zu untersuchen. Einer künftigen Einführung des Say on Climate ist nachzugehen. Beachtenswert ist insbesondere das Verhältnis des Say on Climate zum Kompetenzbereich des Vorstands in Geschäftsführungsangelegenheiten sowie die Umsetzung des Say on Climate nach der US-amerikanischen Rechtslage.

II. Gang der Untersuchung

Im Mittelpunkt der Arbeit steht die Frage, ob und wie die Aktionäre eine Mitsprache zum unternehmerischen Klimaschutz im Sinne des Say on Climate ausüben können. Den Ausgangspunkt bildet die Erarbeitung einer konzeptionellen Begriffsbestimmung und einer rechtlichen Einordnung des Say on Climate (B.). Auf dieser Grundlage wird die gegenwärtige Rechtslage einer Prüfung auf ein Say on Climate unterzogen (C.). Unternehmerische Klimaschutzentscheidungen werden als Geschäftsführungsangelegenheiten untersucht (C. I. 2.) und die historische Entwicklung der geltenden Kompetenzverteilung in Fragen der Geschäftsführung dargestellt (C. I. 3.). Ausgehend von einem weiten Begriffsverständnis des Say on Climate wird die geltende Rechtslage für ein Aktionärsvotum zum Klimaschutz (C. II.) sowie

---

https://www.ceres.org/news-center/press-releases/2022-proxy-season-begins-record-numbers-climate-resolutions-and; Vanguard, Inc., Harvard Law School Forum on Corporate Governance, Beitrag vom 14.06.2021, abrufbar unter https://corpgov.law.harvard.edu/2021/06/14/vanguard-insights-on-evaluating-say-on-climate-proposals/; jeweils zuletzt abgerufen am 15.05.2025.

18 Siehe die Vorgehensweise der sog. Say-on-Climate-Initiative https://www.sayonclimate.org/template-agm-resolutions/; https://www.sayonclimate.org/guide-for-asset-managers/; jeweils zuletzt abgerufen am 15.05.2025.

für sonstige Mitsprachemöglichkeiten der Aktionäre zum unternehmerischen Klimaschutz (C. III.) aufgearbeitet. Anschließend widmet sich die Arbeit dem Say on Climate nach der Hauptversammlungspraxis und Rechtslage in den USA (D.), die Erkenntnisse über die Hintergründe sowie über Ausgestaltungsmöglichkeiten des Say on Climate versprechen. Abschließend werden unterschiedliche Rechtssetzungs- und Regelungsmöglichkeiten eines Say on Climate auf nationaler sowie auf europäischer Ebene entwickelt und konkrete Regelungsvorschläge diskutiert (E.). Die jeweiligen Vor- und Nachteile werden gegeneinander abgewogen und Stellung für ein Say on Climate *de lege ferenda* bezogen.

B. Grundlagen und konzeptionelle Begriffsbestimmung des Say on Climate

Ziel des folgenden Abschnittes ist es, das rechtliche Verständnis des Say on Climate als Grundlage für die weitere Untersuchung des deutschen Rechts, der Rechtslage in den USA und der Entwicklung *de lege ferenda* festzulegen.[1] Hierfür sind zunächst die Hintergründe der tatsächlichen Nachfrage nach einem Say on Climate vorzustellen und dessen Inhalt zu beleuchten (I.). Anschließend ist ein rechtliches Begriffsverständnis zu entwickeln (II). Letztlich wird ein Ausblick auf die weitere Untersuchung gegeben (III.).

I. Hintergründe der tatsächlichen Nachfrage nach einem Say on Climate

Zunächst ist der Ursprung der Nachfrage nach einem Say on Climate in der Verfolgung des unternehmerischen Klimaschutzes durch institutionelle Investoren und Investoren-Netzwerke darzustellen (1.). Im Anschluss sind der Inhalt dieser Forderungen nach einem Say on Climate aufzuzeigen (2.) und die Grundzüge des Aktionärsaktivismus mit Klimaschutzbezug vorzustellen (3.).

---

1 Vgl. zur Betrachtung de lege lata → C; zur Rechtslage in den USA → D; zur Betrachtung *de lege ferenda* → E.

1. Nachfrage von institutionellen Investoren und Investoren-Netzwerken nach unternehmerischem Klimaschutz und einer Aktionärsbeteiligung in Klimaschutzfragen

Zunehmend verfolgen institutionelle Investoren und Investoren-Netzwerke das Ziel, „den Interessen der Aktionäre“ an Klimaschutzmaßnahmen der Unternehmen „Gehör zu verschaffen“.[2] Gesteigert sind internationale und globale Zusammenschlüsse institutioneller Investoren und Initiativen mit dem Ziel der Bekämpfung der Klimakrise und eines Transformationsprozesses zur treibhausgasneutralen und ressourcenschonenden Wirtschaft zu verzeichnen.[3] Innerhalb Europas agiert das Investoren-Netzwerk „Institutional Investor Group on Climate Change” (IIGCC) mit gegenwärtig mehr als 400 Mitgliedern in über 20 Ländern.[4] Ziel des Netzwerkes IIGCC ist es, Investoren beim Aktionärsaktivismus im Hinblick auf Klimaschutz und Vereinbarkeit mit dem Klimaübereinkommen von Paris zu unterstützen.[5] IIGCC steht zusammen mit vier weiteren führenden Investoren-Netzwerken[6] hinter der Initiative „Climate Action 100+“ (CA 100+). CA 100+ vereint zum gegenwärtigen Zeitpunkt über 600 Mitglieder, bezieht sich auf eine Vielzahl strategisch relevanter Unternehmen und hat sich den Pariser Klimazielen in

---

2 *Tröger*, in Kölner Kommentar AktG, vor §§ 118 ff. Rn. 29b; näher zum sog. „Stewardship“ *Hell*, NZG 2019, 338; *Weller/Benz*, ZGR 2022, 563 (594 f.).

3 *Duve/Hamama*, in Climate Change Litigation, S. 477 ff.; *Drinhausen*, ZHR 186 (2022), 201 (203); *Harnos/Holle*, AG 2021, 853 (854); *Jaeger*, in Business Law Transition to a Net Zero Economy, S. 41; zu den relevanten Initiativen und Investoren-Netzwerken siehe *Fest*, AG 2024, 269; *Fleischer/Hülse*, DB 2023, 44; *Harnos/Holle*, AG 2021, 853 (854); *Kühle*, NZG 2023, 1583 (1585); *van Olffen/Breukink*, ECFR 2023, 745 (747 ff.); *Rieckers*, DB 2024, 439 (444); *Tröger*, in Kölner Kommentar AktG, vor §§ 118 ff. Rn. 29b; *Vetter*, in Nietsch, Nachhaltiges Aktienrecht, S. 90 ff.; AG 2023, 564; *Weller/Hößl/Seemann*, ZGR 2024, 180 (197); zur jüngst abnehmenden Tendenz siehe *Komo/Mathias/Schimmel*, NZG 2025, 152 (154).

4 Vgl. https://www.iigcc.org/about-us/our-members/, zuletzt abgerufen am 15.05.2025.

5 Vgl. https://www.iigcc.org/our-work/corporate-programme/, archiviert unter https://web.archive.org/web/20240523154131/https://www.iigcc.org/corporate; https://www.iigcc.org/about-us; jeweils zuletzt abgerufen am 15.05.2025.

6 „Asia Investor Group on Climate Change“ (AIGCC) als Zusammenschluss für den asiatischen Raum, „Investor Group on Climate Change” (IGCC) als Zusammenschluss für Australien und Neu Seeland, „Ceres“ für Nord Amerika sowie „UN Principles for Responsible Investment” (PRI).

Form der Emissionsreduktion und Treibhausgasneutralität verschrieben.[7] Zum Zwecke der weiteren Verfolgung des Ziels der Treibhausgasneutralität von Unternehmen gründete IIGCC im März 2023 die „Net Zero Engagement Initiative“ (NZEI).[8]

Die Nachfrage nach einem Say on Climate reiht sich in diese Entwicklung ein. Ausdrücklich griff den Begriff „Say on Climate“ erstmals die britische „Say on Climate“-Initiative (nachfolgend: Say-on-Climate-Initiative) auf.[9] Die Stiftung „Children's Investment Fund Foundation (UK)“[10] (CIFF) rief die Say-on-Climate-Initiative im Jahre 2020 ins Leben, nachdem entsprechende Aktionärsanträge des Hedgefonds „The Children's Investment Fund Management Ltd.“[11] (TCI) unter Hedgefonds Manager Chris Hohn in der Hauptversammlung 2020 der spanischen Aktiengesellschaft Aena, S.M.E., S.A., erfolgreich waren.[12] Selbsterklärtes Ziel der Say-on-Climate-Initiative ist es, Unternehmen zu einer Reduzierung ihrer Treibhausgasemissionen zu bewegen, um die Erderwärmung auf 1,5° C zu begrenzen.[13]

---

7 Vgl. https://www.climateaction100.org/whos-involved/investors/; https://www.climateaction100.org/the-three-goals/; jeweils zuletzt abgerufen am 15.05.2025; zum jüngsten Rückgang der Mitgliedszahlen *Komo/Mathias/Schimmel*, NZG 2025, 152 (154).

8 Vgl. https://www.iigcc.org/net-zero-engagement-initiative, archiviert unter https://web.archive.org/web/20240523154711/https://www.iigcc.org/net-zero-engagement-initiative, zuletzt abgerufen am 15.05.2025.

9 Vgl. https://sayonclimate.org/about/, archiviert unter https://perma.cc/EW6T-AMKB, zuletzt abgerufen am 15.05.2025.

10 Vgl. https://ciff.org/documents-and-policies/, archiviert unter https://web.archive.org/web/20240523154908/https://ciff.org/documents-and-policies/, zuletzt abgerufen am 15.05.2025.

11 Vgl. https://www.tcifund.com, archiviert unter https://web.archive.org/web/20240515161956/https://www.tcifund.com/, zuletzt abgerufen am 15.05.2025.

12 Siehe Niederschrift sowie Abstimmungsergebnisse zur ordentlichen Hauptversammlung der Aena, S.M.E., S.A. vom 29.10.2020, Tagesordnungspunkt 11, jeweils abrufbar unter https://www.aena.es/en/shareholders-and-investors/corporate-governance/general-shareholders-meeting.html?anio=2020, zuletzt abgerufen am 15.05.2025.

13 Vgl. https://www.sayonclimate.org/about/, archiviert unter https://perma.cc/EW6T-AMKB, zuletzt abgerufen am 15.05.2025.

Angeschlossen hat sich der Say-on-Climate-Initiative insbesondere die Non-Profit-Organisation As You Sow.[14] Unter den institutionellen Investoren tritt beispielsweise Legal and General seit dem Jahr 2021 gegenüber seinen Portfoliogesellschaften für die Etablierung von „Say on Climate-Beschlüssen" der Aktionäre in der Hauptversammlung ein.[15] Befürwortend ausgesprochen haben sich ebenfalls Allianz Global Investors, Union Investment und Deka Institutionell sowie bezüglich Unternehmen in emissionsreichen Sektoren der Bundesverband Investment und Assetmanagement.[16] Gleichwohl gibt es

---

[14] Vgl. https://www.asyousow.org/our-work/climate-and-energy/say-on-climate, archiviert unter https://perma.cc/6TKK-H6CA; https://www.asyousow.org/our-work/climate-and-energy/resolutions; jeweils zuletzt abgerufen am 15.05.2025.

[15] Vgl. Blogbeiträge LGIM, Say on Climate: empowering shareholders to drive positive change, 22.03.2022, abrufbar unter https://www.lgimblog.com/categories/esg-and-long-term-themes/say-on-climate-empowering-shareholders-to-drive-positive-change/, archiviert unter https://web.archive.org/web/20240220113821/https://www.lgimblog.com/categories/esg-and-long-term-themes/say-on-climate-empowering-shareholders-to-drive-positive-change/; sowie LGIM, The big question this proxy season: shareholder resolutions on climate, abrufbar unter https://www.lgimblog.com/categories/esg-and-long-term-themes/the-big-vote-question-this-proxy-season-shareholder-resolutions-on-climate/, archiviert unter https://web.archive.org/web/20240220114157/https://www.lgimblog.com/categories/esg-and-long-term-themes/the-big-vote-question-this-proxy-season-shareholder-resolutions-on-climate/; jeweils zuletzt abgerufen am 15.05.2025.

[16] Siehe Allianz Global Investors, Stewardship Principles: Say on Climate: does it measure up?, Februar 2023, S. 4, abrufbar unter https://www.allianzgi.com/-/media/allianzgi/globalagi/editorial/say-on-climate/allianzgi-msconnan-say-on-climate-en-feb-2023.pdf, archiviert unter https://web.archive.org/web/20240220114336/https://www.allianzgi.com/-/media/allianzgi/globalagi/editorial/say-on-climate/allianzgi-msconnan-say-on-climate-en-feb-2023.pdf, zuletzt abgerufen am 15.05.2025; *Stobbe*, in Börsen-Zeitung vom 18.03.2023, S. B4; zu Union Investment siehe Interview mit Frank Engels und Vanda Rothacker *Wadewitz*, in Börsen-Zeitung vom 30.02.2023, S. 11; Deka Institutionell, Grundsätze der Stimmrechtsausübung 2025, S. 3, abrufbar unter https://www.deka.de/site/privatkunden_site/get/params_E1337198886/22108804/Grundsätze%20der%20Abstimmungspolitik%20bei%20HVs%20der%20Deka.pdf, zuletzt abgerufen am 15.05.2025; Bundesverband Investment und Assetmanagement, BVI-Analyse-Leitlinien für Hauptversammlungen 2025, S. 9, abrufbar unter https://www.bvi.de/fileadmin/user_upload/Regulierung/Branchenstandards/ALHV/241021_BVI_ALHV_2025.pdf, zuletzt abgerufen am 15.05.2025; vgl. auch die Übersicht bei *Vetter*, in Nietsch, Nachhaltiges Aktienrecht, S. 90 ff.; AG 2023, 564.

institutionelle Investoren, die einem Say on Climate kritisch gegenüberstehen.[17] Im Übrigen haben sich auch Stimmrechtsberater bislang überwiegend ablehnend oder zurückhaltend positioniert.[18]

2. Inhalt der Forderungen nach einem Say on Climate

Begriff und Konzept des Say on Climate werden maßgeblich durch die prominente Say-on-Climate-Initiative vorangetragen.[19] Diese definiert „Say on Climate" grundsätzlich als *„vote at future annual general meetings (AGM)"*[20]

---

17 Vgl. Vanguard Inc., Investment Stewardship Policy Insights, Our Perspective on Say on Climate Proposals, Mai 2022, abrufbar unter https://corporate.vanguard.com/content/dam/corp/advocate/investment-stewardship/pdf/perspectives-and-commentary/policy_insights_sayonclimate_final.pdf, archiviert unter https://web.archive.org/web/20240220132611/https://corporate.vanguard.com/content/dam/corp/advocate/investment-stewardship/pdf/perspectives-and-commentary/policy_insights_sayonclimate_final.pdf, zuletzt abgerufen am 15.05.2025.

18 Vgl. ablehnend Glass, Lewis & Co., 2022 Policy Guidelines, S. 7, 28 f., abrufbar unter https://www.glasslewis.com/wp-content/uploads/2021/11/ESG-Initiatives-Voting-Guidelines-GL-2022.pdf, archiviert unter https://web.archive.org/web/20231017030136/https://www.glasslewis.com/wp-content/uploads/2021/11/ESG-Initiatives-Voting-Guidelines-GL-2022.pdf; Glass Lewis, 2024 Benchmark Policy Guidelines, Shareholder Proposals & ESG-Related Issues, S. 30 f., abrufbar unter https://www.glasslewis.com/wp-content/uploads/2023/11/2024-Shareholder-Proposals-ESG-Benchmark-Policy-Guidelines-Glass-Lewis.pdf?hsCtaTracking=db1879fb-3a86-4ec9-b375-2e7553b38dfd%7C18cc625c-4eb7-451b-b0c8-1196c73e49b2; vgl. für eine Entscheidung im Einzelfall ISS, Continental Europe, Proxy Voting Guidelines 2023, S. 30 f., abrufbar unter https://www.issgovernance.com/file/policy/active/emea/Europe-Voting-Guidelines.pdf?v=1, archiviert unter https://web.archive.org/web/20240220132828/https://www.issgovernance.com/file/policy/active/emea/Europe-Voting-Guidelines.pdf?v=1; vgl. ursprünglich für eine Entscheidung im Einzelfall und nunmehr ablehnend State Street Global Advisors, Guidance on Disclosure Expectations for Effective Climate Transition Plans, April 2023, S. 4, https://www.ssga.com/library-content/pdfs/asset-stewardship/disclosure-expectations-for-effective-climate-transition-plans.pdf, archiviert unter https://web.archive.org/web/20240220132929/https://www.ssga.com/library-content/pdfs/asset-stewardship/disclosure-expectations-for-effective-climate-transition-plans.pdf; State Street Global Advisors, Global Proxy CVoting and Engagement Policy, März 2025, S. 10, abrufbar unter https://www.ssga.com/library-content/assets/pdf/global/asset-stewardship/proxy-voting-and-engagement-policy.pdf; jeweils zuletzt abgerufen am 15.05.2025.

19 Vgl. zu den Hintergründen der Say-on-Climate-Initiative → B. I. 1.

20 Vgl. https://sayonclimate.org, archiviert unter https://perma.cc/R78P-Q3NM, zuletzt abgerufen am 15.05.2025.

sowie als *„annual shareholder approval“*[21] über einen *„climate transition plan“* des Unternehmens. Danach ist ein jährliches Aktionärsvotum in Gestalt einer Abstimmung über einen Klimatransformationsplan in der Hauptversammlung charakteristisch, anhand welchem die Aktionäre ihre Zustimmung beziehungsweise Billigung ausdrücken können. Der gegenständliche *„climate transition plan“* (Klimatransformationsplan) wird teilweise auch als *„reduction plan“* (Reduktionsplan) bezeichnet,[22] vormals wurde auch der Begriff *„climate transition action plan“* verwendet[23].

Um die geforderte Say on Climate-Abstimmung über einen Klimatransformationsplan in der Hauptversammlung zu erreichen, agiert die Say-on-Climate-Initiative mit dem Ziel, entsprechende Beschlussvorschläge der Unternehmensleitung, sog. *Management Proposals*, anzustoßen.[24] Die freiwillige unternehmensseitige Umsetzung des Say on Climate bezeichnet die Initiative als *„voluntary route“*.[25]

Daneben hält die Say-on-Climate-Initiative auch eine *„shareholder resolution route“* vor: sie rät Aktionären dazu, ihrerseits mittels eines beratenden, unverbindlichen Hauptversammlungsbeschlusses (*Shareholder Resolution*) gegenüber der Gesellschaft das Say on Climate in Gestalt eines Aktionärsvotums zu einem Klimatransformationsplan zu verlangen.[26] Dies soll faktischen Druck auf die Unternehmensleitung erzeugen und eine unternehmensseitige Umsetzung des Say on Climate begünstigen.[27]

---

21 Vgl. insb. FAQs, dritte Frage, abrufbar unter https://www.sayonclimate.org/about/, archiviert unter https://perma.cc/EW6T-AMKB, zuletzt abgerufen am 15.05.2025.

22 Vgl. zur Verwendung des Begriffs *„reduction plan“* https://sayonclimate.org/template-agm-resolutions/, archiviert unter https://perma.cc/2ZFW-CC74, zuletzt abgerufen am 15.05.2025.

23 Vgl. zur vormaligen Verwendung des Begriffs *„climate transition action plan“* die Präsentation unter https://www.sayonclimate.org/climate-transition-plans/, archiviert unter https://perma.cc/NX72-QWBH, zuletzt abgerufen am 15.05.2025.

24 Vgl. https://www.sayonclimate.org/guide-for-companies/, archiviert unter https://perma.cc/Y88E-SHDT; https://www.sayonclimate.org/guide-for-asset-managers/, archiviert unter https://perma.cc/Q8BU-6GA7; jeweils zuletzt abgerufen am 15.05.2025.

25 Vgl. https://www.sayonclimate.org/guide-for-asset-managers/, archiviert unter https://perma.cc/Q8BU-6GA7, zuletzt abgerufen am 15.05.2025.

26 Vgl. https://www.sayonclimate.org/template-agm-resolutions/, archiviert unter https://perma.cc/2ZFW-CC74; https://www.sayonclimate.org/guide-for-asset-managers/, archiviert unter https://perma.cc/Q8BU-6GA7; jeweils zuletzt abgerufen am 15.05.2025.

27 Ebd.

Die vorgeschlagene Vorgehensweise orientiert sich nach Angaben der Initiative an der US-amerikanischen Rechtslage.[28] Hierfür unterbreitet die Say-on-Climate-Initiative eine konkrete Beschlussvorlage für eine Say on Climate ersuchende *Shareholder Resolution*.[29] Die Beschlussfassung hierüber in der Hauptversammlung sollen Aktionäre mittels eines Aktionärsantrags (*Shareholder Proposal*) gemäß US SEC Rule 14a-8 durchsetzen.[30] Die Say on Climate ersuchende Beschlussvorlage der Say-on-Climate-Initiative lautet zusammengefasst (in Übersetzung aus dem Englischen):

Der Vorstand wird ersucht,
(i) jährlich die Treibhausgas-Emissionen des Unternehmens offenzulegen,
(ii) einen daran anknüpfenden Plan zum Umgang sowie zur Verminderung der Emissionen (der „Klimatransformationsplan") zu erstellen oder einen solchen bereits bestehenden Plan offenzulegen, und
(iii) den Aktionären ab der nächsten Hauptversammlung jährlich die Möglichkeit zu geben, in der Hauptversammlung unverbindlich und beratend über die Zustimmung oder Ablehnung des nach (ii) zu erstellenden Klimatransformationsplans abzustimmen.[31]

---

28 https://www.sayonclimate.org/template-agm-resolutions/, archiviert unter https://perma.cc/2ZFW-CC74, zuletzt abgerufen am 15.05.2025.

29 Vgl. https://www.sayonclimate.org/template-agm-resolutions/, archiviert unter https://perma.cc/2ZFW-CC74; https://www.sayonclimate.org/guide-to-filing-resolutions/, archiviert unter https://web.archive.org/web/20230806031817/https://sayonclimate.org/guide-to-filing-resolutions/; zwischenzeitlich veröffentlichte die Say-on-Climate-Initiative einen Leitfaden zur Vorgehensweise bei US-amerikanischen Gesellschaften, ursprünglich abrufbar unter https://sayonclimate.org//wp-content/uploads/2021/03/US-Companies-Shareholder-Proposal-Guide-Final.pdf, archiviert unter https://web.archive.org/web/20230806072927/https://sayonclimate.org//wp-content/uploads/2021/03/US-Companies-Shareholder-Proposal-Guide-Final.pdf; jeweils zuletzt abgerufen am 15.05.2025.

30 Vgl. https://www.sayonclimate.org/template-agm-resolutions/, archiviert unter https://perma.cc/2ZFW-CC74; https://www.sayonclimate.org/guide-for-asset-managers/, archiviert unter https://perma.cc/Q8BU-6GA7; jeweils zuletzt abgerufen am 15.05.2025; vgl. zur Aufarbeitung der Rechtslage in den USA → D.

31 Übersetzung durch *Verf.*, vgl. im Anhang die wortlautgemäße Beschlussvorlage der Say-on-Climate-Initiative samt sinngemäßer Übersetzung → Anhang I.; vgl. https://sayonclimate.org/template-agm-resolutions/, archiviert unter https://perma.cc/2ZFW-CC74, zuletzt abgerufen am 15.05.2025.

Indem die Beschlussvorlage in ihrem dritten wesentlichen Punkt, vorstehend zusammengefasst unter (iii), die Abstimmung der Aktionäre als unverbindliche sowie beratende Zustimmung oder Ablehnung beschreibt (nach der Originalfassung *„non-binding advisory approval or disapproval*"), verdeutlicht sie das Verständnis des Say on Climate nach der Say-on-Climate-Initiative als konsultativen Hauptversammlungsbeschluss. Nach dem Inhalt der Beschlussvorlage bewirkt der Aktionärsantrag keine Abstimmung in konkreten Klimaschutzfragen.

Dieses Konzept findet sich in Ansätzen in den Forderungen anderer Investoren und Investoren-Netzwerke wieder. In einer von der IIGCC koordinierten Stellungnahme forderten im Jahr 2021 53 führende Investoren, deren Vermögenswerte 14 Billionen USD betragen, die Offenlegung eines *Net Zero Transition*-Plans sowie die Möglichkeit, jährlich beratend über diesen abzustimmen.[32] Auch CA 100+ setzt auf Aktionärsbeteiligung, um die geforderten Transformationsprozesse anzustoßen.[33] Klimaschutzbezogene Aktionärsvoten und Aktionärsanträge werden von CA 100+ grundsätzlich als wirkungsvoller Ansatz angesehen.[34] Daneben fordert die NZEI des IIGCC von Unternehmen ausdrücklich das Erstellen von Klimatransformationsplänen ein und verlangt klarzustellen, ob diese den Aktionären zur Abstimmung

---

32 „Investor Position Statement: A Call for Corporate Net Zero Transition Plans" aus 2021, ursprünglich veröffentlicht durch IIGCC, nicht mehr abrufbar; siehe Berichterstattung unter https://sustainablefutures.linklaters.com/post/102h4b8/global-investors-with-14-trillion-call-for-shareholder-vote-on-companies-climat, archiviert unter https://web.archive.org/web/20240410034736/https://sustainablefutures.linklaters.com/post/102h4b8/global-investors-with-14-trillion-call-for-shareholder-vote-on-companies-climat; https://www.esgtoday.com/leading-investors-push-for-vote-on-company-climate-strategies/, archiviert unter https://web.archive.org/web/20240521155201/https://www.esgtoday.com/leading-investors-push-for-vote-on-company-climate-strategies/; jeweils zuletzt abgerufen am 15.05.2025; vgl. dazu *van Olffen/Breukink*, ECFR 2023, 745 (748).

33 Vgl. https://www.climateaction100.org/approach/engagement-process/, archiviert unter https://web.archive.org/web/20240521155158/https://www.climateaction100.org/approach/engagement-process/, zuletzt abgerufen am 15.05.2025.

34 Vgl. https://www.climateaction100.org/approach/proxy-season/, archiviert unter https://web.archive.org/web/20240521155415/https://www.climateaction100.org/approach/proxy-season/, zuletzt abgerufen am 15.05.2025.

vorgelegt werden.[35] Ebenfalls tritt die Non-Profit Organisation As You Sow regelmäßig als Aktionär mit dem Ziel auf, eine beratende Abstimmung der Aktionäre über Klimatransformationspläne zu etablieren.[36] Die jüngsten Beschlussvorschläge konzentrieren sich auf die Forderung, dass Gesellschaften einen Klimatransformationsplan erstellen.[37] Eine vergleichbare Detailtiefe zum Konzept der Say-on-Climate-Initiative besteht jeweils nicht. Derweil sind jedenfalls die Begrifflichkeiten „*say on climate vote*" als „Say on Climate-Beschluss" und „*say on climate proposal*" als „Say on Climate-Antrag" vielfach von Investoren aufgenommen worden[38] oder Gegenstand der Stellungnahmen von Stimmrechtsberatern[39].

---

35 Vgl. https://www.iigcc.org/net-zero-engagement-initiative, archiviert unter https://web.archive.org/web/20240521155703/https://www.iigcc.org/net-zero-engagement-initiative; sowie dort abrufbarer „Generic Letter" Stand März 2023, archiviert unter https://web.archive.org/web/20231111020624/https://139838633.fs1.hubspotusercontent-eu1.net/hubfs/139838633/Past%20resource%20uploads/NZEI-Transition-Plan-Request-Letter-FINAL.pdf; jeweils zuletzt abgerufen am 15.05.2025.

36 Vgl. https://www.asyousow.org/our-work/climate-and-energy/say-on-climate, archiviert unter https://perma.cc/6TKK-H6CA, zuletzt abgerufen am 15.05.2025.

37 Vgl. Übersicht https://www.asyousow.org/our-work/climate-and-energy/resolutions; sowie den Tracker für Programm „Climate and Energy", Initiative „Say on Climate", abrufbar unter https://www.asyousow.org/resolutions-tracker; jeweils zuletzt abgerufen am 15.05.2025.

38 Vgl. LGIM, Say on Climate: empowering shareholders to drive positive change, 22.03.2022, a.a.O. Fn. 15; LGIM, The big question this proxy season: shareholder resolutions on climate, a.a.O. Fn. 15; Allianz Global Investors, Stewardship Principles: Say on Climate: does it measure up?, Februar 2023, S. 4, a.a.O. Fn. 16; PRI, Climate transition plan votes: investor briefing, 10.02.2022, abrufbar unter https://www.unpri.org/stewardship/climate-transition-plan-votes-investor-briefing/9096.article, zuletzt abgerufen am 15.05.2025; Vanguard Inc., Investment Stewardship Policy Insights, Our Perspective on Say on Climate Proposals, Mai 2022, a.a.O. Fn. 17; Vanguard Investment, Stewardship Insights, How we evaluate Say on Climate proposals, Mai 2021, ursprünglich abrufbar unter https://corporate.vanguard.com/content/dam/corp/advocate/investment-stewardship/pdf/perspectives-and-commentary/INSSAYC_052021.pdf, archiviert unter https://web.archive.org/web/20240304092232/https://corporate.vanguard.com/content/dam/corp/advocate/investment-stewardship/pdf/perspectives-and-commentary/INSSAYC_052021.pdf, zuletzt abgerufen am 15.05.2025.

39 Vgl. Glass, Lewis & Co., 2022 Policy Guidelines, S. 7, 28 f., a.a.O. Fn. 18; ISS, Continental Europe, Proxy Voting Guidelines 2023, S. 30 f., a.a.O. Fn. 18; State Street, Guidance on Disclosure Expectations for Effective Climate Transition Plans, April 2023, S. 4, a.a.O. Fn. 18.

3. Grundzüge des Aktionärsaktivismus mit Klimaschutzbezug

Das „Marktphänomen"[40] Aktionärsaktivismus („*shareholder activism*") besteht in dem gezielten Versuch von bestimmten Aktionären, auf die Leitung der Gesellschaft Einfluss zu üben, sei es in Ausübung von Aktionärsrechten oder auf informelle Weise.[41] Der Aktionärsaktivismus steht alternativ zur Deinvestition, d.h. zur Veräußerung der Anteile,[42] sowie zum sog. „*negative screening*", bei dem vom Erwerb von Anteilen aufgrund der Unternehmenspolitik der Gesellschaft von vornherein abgesehen wird[43]. Der Anreiz kann in einer kurz- oder langfristigen Wertsteigerung liegen[44] oder einem ideellen Selbstzweck entsprechen[45]. Im Rahmen von „*sustainable shareholder activism*" ist die bezweckte Einflussnahme nachhaltigkeitsorientiert und betrifft die ESG-Kriterien, d.h. Fragen der Umwelt, Soziales und gute Geschäftsführung („*environment, social, governance*").[46] Aktionärsaktivismus mit Klimaschutz-

---

40 *Heuser*, Der Konzern 2012, 308 (309, 316); ebenso *Bunz*, NZG 2014, 1049 (1050).

41 *Bunz*, NZG 2014, 1049 (1050); *Graßl/Nikoleyczik*, AG 2017, 49 (50 ff.); *Heuser*, Der Konzern 2012, 308 (309); zu den Hintergründen siehe *Albath*, Shareholder Activism, S. 33 ff.; *Gorman*, New York University Annual Survey of American Law, Volume 72 (2017), 113 (132 ff.); *Inci*, Shareholder Engagement, S. 73; *Keltsch*, Aktionärsrechte, 49 ff.; *Schiessl*, ZIP 2009, 689; Schockenhoff/Culmann, ZIP 2015, 297; Smend, ZCG 2008, 53 (54 f.); *Thaeter/Guski*, AG 2007, 301; zum Verhältnis zu „Stewardship" *Hell*, NZG 2019, 338 (339); zur Besonderheit aktivistischer Aktionäre *Inci*, Shareholder Engagement, S. 95 ff.

42 *Broccardo/Hart/Zingales*, in Business Law and the Transition to a Net Zero Economy, S. 27 ff.; *Gorman*, New York University Annual Survey of American Law, Volume 72 (2017), 113 (132 ff.).

43 *Hylton*, American University Law Review, Volume 42 (1992), 1 (6 ff.); *Jaspers*, AG 2022, 145 (146 f.); vgl. *Gorman*, New York University Annual Survey of American Law, Volume 72 (2017), 113 (128 f.).

44 *Albath*, Shareholder Activism, S. 47 f.; weiter vgl. *Bunz*, NZG 2014, 1049 (1050); *Brellochs*, ZHR 185 (2021), 319 (362 ff.); *Ekkenga*, WM 36/2020, 1664; *Graßl/Nikoleyczik*, AG 2017, 49 (50 ff.); *Link*, ZGR 2021, 904 (906 ff.); Schockenhoff/Culmann, ZIP 2015, 297 (297 f.); Smend, ZCG 2008, 53 (54 f.); *Thaeter/Guski*, AG 2007, 301.

45 *Albath*, Shareholder Activism, S. 50.

46 *Jaspers*, AG 2022, 145 (147); *Weller/Hoppmann*, AG 2022, 640 (641); vgl. dazu auch *Duve/Hamama*, in Climate Change Litigation, S. 477; *Fleischer/Hülse*, DB 2023, 44; *Hell*, ZVglRWiss 119 (2020), 314; NZG 2019, 338 (339); *Schirmer*, ZHR 188 (2024), 60 (62 ff.); vgl. für Beispiele aus der Hauptversammlungspraxis *Döding*, AG 2022, R249; *Fuhrmann/Döding*, AG 2022, R168; *Illert/Schneider*, DB 2022, Heft 22, Beilage 02, 33.

bezug betrifft aufgrund der ökologischen Anbindung einen Umweltaspekt.[47] Unter anderem kann die potenzielle Vermarktung von Finanzprodukten als ökologisch nachhaltig i.S.d. Art. 9 Offenlegungs-VO und Art. 5 Taxonomie-VO einen Anreiz für Finanzmarkteilnehmer darstellen, mehr Klimaschutz seitens der Unternehmen einzufordern.[48] Gegenläufig zeichnet sich – insbesondere in den USA – teilweise ein Anti-ESG-Aktivismus ab.[49]

Überwachen konkret institutionelle Investoren die *Corporate Governance* der Unternehmen, d.h. die gute Unternehmensführung, und versuchen auf diese Einfluss zu nehmen, wird dies als „*Stewardship*" bezeichnet.[50] Gegebenenfalls werden marktweite Standards zur Erreichung einer Wertsteigerung verfolgt.[51] Auch durch institutionelle Investoren ist eine aktive Ausübung der Beteiligungsrechte und eine informelle Einflussnahme auf die Geschäftsführung möglich.[52] Zunehmend stehen für institutionelle Investoren ebenfalls Nachhaltigkeit und ESG-Themen im Vordergrund.[53]

II. Rechtliche Begriffsbestimmung des Say on Climate

Der Begriff „Say on Climate" ist gesetzlich nicht definiert. Daher sind die in der Debatte zum Say on Climate vertretenen Einordnungen aufzuzeigen und voneinander abzugrenzen. Das Say on Climate lässt sich einerseits in seinen grundlegenden Mitsprachemechanismus (1.) und andererseits in den Inhalt der Mitsprache (2.) unterteilen. Ausgangspunkt ist jeweils das Verständnis der repräsentativ angeführten Say-on-Climate-Initiative.

---

47 Siehe nur *Schirmer*, ZHR 188 (2024), 60 (62 f.); vgl. auch *Fest*, AG 2024, 269; *Weller/Benz*, ZGR 2022, 563 (593 ff.).

48 *Harnos/Holle*, AG 2021, 853 (854); *Harnos*, AG 2024, S28 (Rz. 176 ff.); vgl. zum „*Green-Washing*" *Ekkenga*, WM 36/2020, 1664 (1673).

49 Hierzu *Böhringer/Döding*, AG 2022, R304; *Fassbach/Schneiders*, GWR 2023, 210 (211); *Habersack*, NZG 2023, 1103 (1104); *Komo/Mathias/Schimmel*, NZG 2025, 152 (154); *Kuntz*, ZGR 2024, 745 (780 ff.); *Vetter*, in Nietsch, Nachhaltiges Aktienrecht, S. 77 ff.

50 *Brellochs*, ZHR 185 (2021), 319 (351 ff.); siehe auch *Hell*, NZG 2019, 338; *Klöhn*, ZHR 185 (2021), 182; *Roth/Ekkenga*, AG 2021, 409 (412 f.); *Weller/Benz*, ZGR 2022, 563 (594 f.).

51 *Klöhn*, ZHR 185 (2021), 182 (197 ff.); vgl. *Weller/Benz*, ZGR 2022, 563 (594 f.).

52 *Inci*, Shareholder Engagement, S. 99 ff., 104 ff.; siehe auch *Hell*, NZG 2019, 338 (339).

53 Siehe dazu *Hell*, NZG 2019, 338; *Jaspers*, AG 2022, 145; *Knapp*, ECFR 2021, 218; *Roth/Ekkenga*, AG 2021, 409 (413 f.).

1. Mitsprachemechanismus des Say on Climate

Für den Mechanismus des Say on Climate ist neben dem Ausgangspunkt der Initiative die Rezeption des Schrifttums zu untersuchen. Die Schnittmengen und Unterschiede sind in einem rechtlichen Kontext herauszustellen.

a) Mitsprachemechanismus nach dem Konzept der Say-on-Climate-Initiative

Indem die Say-on-Climate-Initiative in ihrer Beschlussvorlage ausdrücklich an ein jährlich beratendes Aktionärsvotum zu einem Klimatransformationsplan anknüpft, setzt sie formal eine Beschlussform für das Say on Climate voraus. Daneben steht durch den vorgeschlagenen Einsatz eines Aktionärsantrags die aktionärsseitige Initiierung im Vordergrund.

b) Rezeption des Schrifttums

In der Kommentarliteratur finden sich zu § 119 AktG umfassendere Auseinandersetzungen mit dem Say on Climate im Kontext mit Rechten der Hauptversammlung in ESG- und Nachhaltigkeits-Belangen.[54] Daneben enthalten die Kommentierungen der Normen §§ 76, 119, 122, 131 und 133 AktG vereinzelte Bearbeitungen des Say on Climate.[55] Das übrige Schrifttum erörtert das Say on Climate ebenfalls auf der Grundlage eines weiten Verständnisses. Ein konsultatives Aktionärsvotum zum Klimaschutz ist vielmals Bezugspunkt der Aufarbeitung, neben welchem auch anderweitige Mitspracherechte der Aktionäre in der Hauptversammlung bewertet werden.[56] Weiterhin werden

---

[54] *Hoffmann*, in BeckOGK, AktG, § 119 Rn. 71 ff., Stand: 01.10.2024; *Koch*, AktG, § 76 Rn. 35f f.; § 119 Rn. 4, 11, 13, 13b, 24b; *Spindler*, in Schmidt/Lutter, AktG, § 119 Rn. 57 ff.; *Tröger*, in Kölner Kommentar AktG, vor §§ 118 ff. Rn. 29b; § 119 Rn. 16a, 19, 51, 63, 70, 183a; vgl. auch *Kremer*, in Kremer, DCGK, G. 8 Rn. 19; *Schäfer*, in Ghassemi-Tabar/Cordes, Handbuch Vorstand und Aufsichtsrat, S. 512 Rn. 21; *Scheil*, in Ghassemi-Tabar/Cordes, Handbuch Vorstand und Aufsichtsrat, S. 1238 Rn. 38.

[55] Siehe *Poelzig*, in BeckOGK, AktG, § 131 Rn. 113, Stand: 01.10.2024; *Koch*, AktG, § 76 Rn. 87; § 133 Rn. 3; *Seibt*, in Schmidt/Lutter, AktG, § 76 Rn. 44; *Ziemons*, in Schmidt/Lutter, AktG, § 122 Rn. 22; generell zu umweltpolitischen Auskünften der Aktionäre *Decher*, in Großkommentar AktG, § 131 Rn. 136; *Kersting*, in Kölner Kommentar AktG, § 131 Rn. 423.

[56] Siehe *Bachmann*, ZHR 187 (2023), 166 (203 ff.); *von Bomhard/Redeke*, in FS Strenger, S. 76 ff.; *Cahn*, NZG 2023, 299 (300 f.); *Drinhausen*, ZHR 186 (2022), 201 (203 ff.); *Duve/Hamama*, in Climate Change Litigation, S. 480; *Fest*, AG 2024, 269 (276 ff.); *Fleischer*,

teilweise (informelle) Mitsprachemöglichkeiten aufgegriffen.[57] Sofern ein Aktionärsvotum betrachtet wird, wird überwiegend ein Konsultativbeschluss erörtert.[58] Ein den Vorstand bindendes „*Decide on Climate*" wird jedenfalls *de lege ferenda* als überschießend bewertet.[59] Dennoch ist nicht zwingend anzunehmen, dass ein Say on Climate grundsätzlich keine Bindungswirkung aufweisen dürfe.[60] Hinsichtlich der Initiierung des Aktionärsvotums werden sowohl die unternehmensseitige Umsetzung durch den Vorstand als auch einschlägige Beschlusskompetenzen der Hauptversammlung und Rechte der Aktionäre evaluiert.[61] Das Schrifttum schenkt dem Konzept

---

DB 2022, 37 (43); *Fleischer/Hülse*, DB 2023, 44; *Grisar/Volhard*, NZG 2024, 515 (520); *Harnos/Holle*, AG 2021, 853; *Jaspers*, AG 2022, 145 (150 f.); *von der Linden/Winkler*, DB Beilage 02 2023, 40; *Merkner/Schulenburg/Elixmann*, AG 2024, 257; *Nietsch*, KlimaRZ 2022, 22 (28); *Ott*, NZG 2020, 99; *Reichert/Groh*, NZG 2023, 1500, *Rodi*, KlimaR 2022, 207 (212); *Roth/Ekkenga*, AG 2021, 409 (419); *Sanders*, in VGR, Gesellschaftsrecht 2022, S. 62 f., 65 ff.; *Schirmer*, ZHR 188 (2024), 60 (84 ff.); *Spindler*, in Schmidt/Lutter, AktG, § 119 Rn. 57 ff.; *Steuer*, ZIP 2023, 13 (20); *Vetter*, in Nietsch, Nachhaltiges Aktienrecht, S. 89 ff.; AG 2023, 564; *Weller/Benz*, ZGR 2022, 563 (596 ff.); *Weller/Hößl/Seemann*, ZGR 2024, 180 (197); zum „*Say on ESG*" *Weller/Hoppmann*, AG 2022, 640 (643); zum *Say on Human Rights Mock/Mohamed*, NZG 2022, 350 (356).

57 Siehe zu informellen Vorgehensweisen *Duve/Hamama*, in Climate Change Litigation, S.478; *Gelter/Langenbucher*, in Hommelhoff/Hopt/Leyens, Handbuch Unternehmensführung, § 38 Rn. 36 ff.; *Jaspers*, AG 2022, 145 (156 f.); *Link*, ZGR 2021, 904; *Schäfer/Wucherer*, AG 2023, 483 (485, 490 ff.); *Ott*, NZG 2020, 99 (103); generell vgl. *Graßl/Nikoleyczik*, AG 2017, 49; *Inci*, Shareholder Engagement, S. 125 ff., 143; *Kraack*, in BeckOK WpHR, § 34 WpHG Rn. 188.

58 Siehe nur *Drinhausen*, ZHR 186 (2022), 201 (203 ff.); *Fleischer*, DB 2022, 37 (43); *Fleischer/Hülse*, DB 2023, 44; *Harnos/Holle*, AG 2021, 853; *Hoffmann*, in BeckOGK, AktG, § 119 Rn. 71 ff., Stand: 01.10.2024; *Koch/Redeke*, in VGR, Reformbedarf im Aktienrecht, Rn. 9.51; *Merkner/Schulenburg/Elixmann*, AG 2024, 257; *Spindler*, in Schmidt/Lutter, AktG, § 119 Rn. 57 ff.; vgl. *Schirmer*, ZHR 188 (2024), 60 (84); *Vetter*, in Nietsch, Nachhaltiges Aktienrecht, S. 89, 98.

59 *Weller/Benz*, ZGR 2022, 563 (600); zum „*Say on ESG*" *Weller/Hoppmann*, AG 2022, 640 (646 Fn. 71).

60 Siehe für Ausführungen zu bindenden Say on Climate-Beschlüssen *Haubold*, Normierung der Unternehmensziele im Lichte der Nachhaltigkeit, S. 466; *Ott*, NZG 2020, 99; *Sanders*, in VGR, Gesellschaftsrecht 2022, S. 62; *Steuer*, ZIP 2023, 13 (20); vgl. *Weller*, in 74. djt, Band I, F 32.

61 Siehe nur *Fleischer*, DB 2022, 37 (43); *Fleischer/Hülse*, DB 2023, 44; *Harnos/Holle*, AG 2021, 853; *Vetter*, in Nietsch, Nachhaltiges Aktienrecht, S. 89 ff.; AG 2023, 564; zum „*Say on ESG*" *Weller/Hoppmann*, AG 2022, 640.

der Say-on-Climate-Initiative im Rechtsvergleich Beachtung.[62] Der Einsatz eines Aktionärsantrags (*Shareholder Proposal*) nach US SEC Rule 14a-8 wird herausgestellt.[63] Teilweise wird das Vorbild der Beschlussvorlage der Say-on-Climate-Initiative für einen Klimatransformationsplan sowie eine Abstimmungspraxis ersuchendes Aktionärsvotum als Vorlage für einen Say on Climate-Beschluss bewertet.[64] Insoweit setzt das Schrifttum den Fokus auf das Element eines aktionärsseitig initiierten Aktionärsvotums.

c) Schlussfolgerungen für den Mechanismus des Say on Climate

Für das nationale Recht hat sich keine Definition für den Mechanismus des Say on Climate etabliert. Insbesondere ist die Ausgestaltung von Umfang, Rechtsfolge, Initiierung und Einsatzverpflichtung nicht festgelegt. Es kommt nach einem extensiven Verständnis jedes aktienrechtliche Mitspracherecht, nach einem restriktiven Verständnis nur ein Aktionärsvotum in Beschlussform in Betracht.

2. Inhaltsbestimmung des Say on Climate

Der inhaltliche Bezug des Say on Climate als Mitsprachemechanismus ist nach dem Ansatz der Say-on-Climate-Initiative und der Rezeption des Schrifttums zu ermitteln.

---

62 Siehe *von Bombhard/Redeke*, in FS Strenger, S. 76; *Drinhausen*, ZHR 186 (2022), 201 (203); *Fest*, AG 2024, 269 (279 Fn. 125); *Fleischer*, DB 2022, 37 (43); *Fleischer/Hülse*, DB 2023, 44; *Grisar/Volhard*, NZG 2024, 515 (520); *Harnos/Holle*, AG 2021, 853 (854); *Jaspers*, AG 2022, 145 (150 f.); *Sanders*, in VGR, Gesellschaftsrecht 2022, S. 63 f.; *Weller/Hößl/Seemann*, ZGR 2024, 180 (197); *Vetter*, in Nietsch, Nachhaltiges Aktienrecht, S. 90; AG 2023, 564.

63 Siehe ausführlich *Fleischer*, DB 2022, 37 (43); *Fleischer/Hülse*, DB 2023, 44 (48); *Harnos/Holle*, AG 2021, 853 (854); *Nietsch*, KlimaRZ 2022, 22 (28); auf Aktionärsanträge bezugnehmend *von Bombhard/Redeke*, in FS Strenger, S. 77; *Duve/Hamama*, in Climate Change Litigation, S. 480; *Drinhausen*, ZHR 186 (2022), 201 (203); *Jaspers*, AG 2022, 145 (150 f.); *Sanders*, in VGR, Gesellschaftsrecht 2022, S. 76.

64 *Harnos/Holle*, AG 2021, 853 (854); als „Anleitung" bezeichnend *Drinhausen*, ZHR 186 (2022), 201 (203); repräsentativ nennend *Fleischer*, DB 2022, 37 (43); *Weller/Hoppmann*, AG 2022, 640 (643).

a) Inhalt nach dem Konzept der Say-on-Climate-Initiative

Die Say-on-Climate-Initiative trifft Vorgaben für die berichtsmäßige Auskunftserteilung der Unternehmensleitung, auf die sich das geforderte Aktionärsvotum beziehen soll. Der Klimatransformationsplan sollte den künftigen Umgang des Unternehmens mit seinen Treibhausgas-Emissionen regeln und auf zuvor offengelegte Treibhausgas-Emissionen abgestimmt sein, die Berichtsform sollte den Empfehlungen der „Task Force on Climate-related Financial Disclosure" (TCFD) entsprechen.[65] Die TCFD wurde im Jahr 2015 von der internationalen Organisation „Finanzstabilitätsrat" gegründet und hält Empfehlungen für Unternehmen und deren klimabezogene (Finanz-) Berichterstattung bereit.[66] Schließlich sollte sich die Einordnung der relevanten Treibhausgas-Emissionen nach den Scope 1-, 2- und 3-Emissionen des „Greenhouse Gas Protocol"[67] richten.[68]

b) Rezeption des Schrifttums

In der Kommentarliteratur sowie im Schrifttum wird der Inhalt des Say on Climate vorwiegend in dem klimabezogenen Attribut des Mitsprachemechanismus gesehen. Das Say on Climate wird unter den Schlagwörtern der Mitsprache der Aktionäre bzw. Hauptversammlung zur unternehmerischen „Klimapolitik"[69], unternehmerischen „Klimaschutzmaßnahmen"[70] und

---

65 Vgl. https://www.sayonclimate.org/climate-transition-plans/, archiviert unter https://perma.cc/NX72-QWBH, zuletzt abgerufen am 15.05.2025; siehe auch die Beschlussvorlage der Say-on-Climate-Initiative → B. I. 2.; sowie im Anhang die wortlautgemäße Beschlussvorlage samt sinngemäßer Übersetzung → Anhang I.

66 Vgl. https://www.fsb-tcfd.org/about/, zuletzt abgerufen am 15.05.2025.

67 Siehe The Greenhouse Gas Protocol (GHG), A Corporate Accounting and Reporting Standard, revised edition, 2004, S. 24 ff., https://ghgprotocol.org/sites/default/files/standards/ghg-protocol-revised.pdf, zuletzt abgerufen am 15.05.2025.

68 Vgl. https://www.sayonclimate.org/climate-transition-plans/, archiviert unter https://perma.cc/NX72-QWBH, zuletzt abgerufen am 15.05.2025.

69 Siehe *Drinhausen*, ZHR 186 (2022), 201 (203); *Fleischer*, DB 2022, 37 (43); *Fleischer/Hülse*, DB 2023, 44; *Harnos/Holle*, AG 2021, 853 (854); *Jaspers*, AG 2022, 145 (150); *Poelzig*, in BeckOGK, AktG, § 131 Rn. 113, Stand: 01.10.2024; *Sanders*, in VGR, Gesellschaftsrecht 2022, S. 62; *Ziemons*, in Schmidt/Lutter, AktG, § 122 Rn. 22; vgl. zu „Klimaschutzziel" *Tröger*, in Kölner Kommentar AktG, vor §§ 118 ff. Rn. 29b, § 119 Rn. 51.

70 Siehe *Drinhausen*, ZHR 186 (2022), 201 (203); *Harnos/Holle*, AG 2021, 853 (854); vgl. zu „Klimatransformationsmaßnahmen" *Weller*, NJW-Beil 2024, 58 (62).

unternehmerischen „Klima(schutz)strategie“[71] behandelt sowie generell einer Mitsprache in „Klima- und Umweltfragen“[72] zugeschrieben. Beispielsweise wird auch das „Anraten“ des Ergreifens spezifischer Klimaschutzmaßnahmen genannt.[73] Neben dem Say on Climate steht die generelle Ausgestaltung einer Mitsprache der Aktionäre in der Hauptversammlung als *„Say on ESG“* zu Umwelt, sozialen Fragen und guter Geschäftsführung, als *„Say on Sustainability“* zur Nachhaltigkeit, als *„Say on Purpose“* zur Zweckbindung des Unternehmens oder als *„Say on Anything“* zu sämtlichen Themen.[74]

Weller und *Hoppmann* verdeutlichen, dass für den jeweiligen Mitsprachemechanismus zwischen solchen, die den relevanten Klimaaspekt direkt zum Gegenstand haben, und solchen, die sich indirekt auf Klimabelange erstrecken lassen, zu differenzieren ist.[75] Konkret adressiert das Schrifttum für die Mitsprache nach dem Say on Climate die vorgelagerte Informationsteilhabe der Aktionäre in Gestalt eines Klimatransformationsplans.[76] Dieser wird teilweise auch als Klimaplan, Klimaaktionsplan oder Klimafahrplan

---

71 Siehe *Bachmann*, ZHR 187 (2023), 166 (203); *Berger*, BOARD 2022, 193; *Fassbach/Schneiders*, GWR 2023, 210; *Fleischer*, DB 2022, 37 (43); *Fleischer/Hülse*, DB 2023, 44; vgl. zum stets im Say on Climate enthaltenen *„Say on Strategy“ von der Linden/Winkler*, DB Beilage 02 2023, 40 (41).

72 Siehe *Koch*, AktG, § 119 Rn. 11, 13b, 24b; *Kühle*, NZG 2023, 1583; *Ott*, NZG 2020, 99 (103); *Weller/Benz*, ZGR 2022, 563 (596 ff.); *Spindler*, in Schmidt/Lutter, AktG, § 119 Rn. 57 ff.; vgl. zur Einwirkung auf Schlüsselrisiken im Bereich von ökologischen Fragen *Nietsch*, KlimaRZ 2022, 22 (28); zu *„climate engagement“ Duve/Hamama*, in Climate Change Litigation, S. 480.

73 *Schirmer*, ZHR 188 (2024), 60 (84), nennt den Rat, aus der Kohlefinanzierung auszusteigen.

74 Siehe zum *Environmental, Social, Governance* umfassenden *„Say on ESG“ Jaspers*, AG 2022, 145 (150); *Weller/Hoppmann*, AG 2022, 640 (643); zum nachhaltigkeitsbezogenen *„Say on Sustainability“ Jaspers*, AG 2022, 145 (151); *Knapp*, ECFR 2021, 218 (240); *Schirmer*, ZHR 188 (2024), 60 (84); zum *„Say on Purpose“* vgl. *Fleischer*, ECFR 2021, 161 (184 ff.); ZIP 2021, 5 (14 ff.) m.w.N.; zum generellen *„Say on Anything“ Bachmann*, ZHR 187 (2023), 166 (204 f.); *Drinhausen*, ZHR 186 (2022), 201 (204, 212); *Fest*, AG 2024, 269 (280 f.).

75 *Weller/Hoppmann*, AG 2022, 640 (643 ff.); vgl. zur Beschlussfassung in Folge anderweitiger Erörterung *Fleischer/Hülse*, DB 2023, 44 (46).

76 Siehe *von Bombhard/Redeke*, in FS Strenger, S. 76; *Fleischer*, DB 2022, 37 (41); *Koch/Redeke*, in VGR, Reformbedarf im Aktienrecht, Rn. 9.51; *Rodi*, KlimaR 2022, 207 (212); *Vetter*, in Nietsch, Nachhaltiges Aktienrecht, S. 95 ff., 121 ff.; AG 2023, 564 (565 f., 574).

bezeichnet.[77] Zunächst maß die Literatur den Klimatransformationsplan an den gestellten Anforderungen der Investoren und Stimmrechtsberater[78] und den Inhalten der Nachhaltigkeitsberichterstattung nach der *Corporate Sustainability Reporting*-Richtlinie[79]. Nunmehr steht der Klimatransformationsplan nach Art. 22 der *Corporate Sustainability Due Diligence*-Richtlinie[80] im Vordergrund.[81]

---

77 Zur Aufzählung *Vetter*, in Nietsch, Nachhaltiges Aktienrecht, S. 96; AG 2023, 564 (565); *de lege ferenda* für einen Bezug auf einen „Klimatransformationsplan" und eine „Klimaquote" *Weller*, in 74. djt, Band I, F 100 ff.

78 *Vetter*, in Nietsch, Nachhaltiges Aktienrecht, S. 96 f.; AG 2023, 564 (565 f.); siehe auch zur Abstimmung mit den Anforderungen der Stimmrechtsberater *von Bomhard/Redeke*, in FS Strenger, S. 76 f.; *Fleischer*, DB 2022, 37 (41, 43); *Merkner/Schulenburg/Elixmann*, AG 2024, 257 (261 ff.).

79 Art. 1 der Richtlinie 2022/2464 des Europäischen Parlaments und des Rates vom 14. Dezember 2022 zur Änderung der Verordnung (EU) Nr. 537/2014 und der Richtlinien 2004/109/EG, 2006/43/EG und 2013/34/EU hinsichtlich der Nachhaltigkeitsberichterstattung von Unternehmen, ABl. der Europäischen Union, L 322/15, nachfolgend: *Corporate Sustainability Reporting*-Richtlinie, kurz CSRD.

80 Art. 22 Abs. 1 Richtlinie (EU) 2024/1760 des Europäischen Parlaments und des Rates vom 13. Juni 2024 über die Sorgfaltsplichten von Unternehmen im Hinblick auf Nachhaltigkeit und zur Änderung der Richtlinie (EU) 2019/1937 und der Verordnung (EU) 2023/2859, ABl. der Europäischen Union, L 2024/1760, nachfolgend: *Corporate Sustainability Due Diligence*-Richtlinie, kurz CSDDD; vgl. die vorangehenden Entwürfe in Art. 15 Abs. 1 des Vorschlags der EU-Kommission für eine Richtlinie des Europäischen Parlaments und des Rates über die Sorgfaltspflichten von Unternehmen im Hinblick auf Nachhaltigkeit und zur Änderung der Richtlinie (EU) 2019/1937, COM(2022) 71; Art. 15 Abs. 1 der Allgemeinen Ausrichtung des Rates vom 30.11.2022, 15024/1/22 REV 1; Abänderung 247 der Abänderungen des Europäischen Parlaments vom 1. Juni 2023 zu dem Vorschlag für eine Richtlinie des Europäischen Parlaments und des Rates über die Sorgfaltspflichten von Unternehmen im Hinblick auf Nachhaltigkeit und zur Änderung der Richtlinie (EU) 2019/1937 (COM(2022)0071 – C9.0050/2022 – 2022/0051(COD)), P9_TA (2023)0209.

81 Siehe nur *Bachmann*, ZHR 187 (2023), 166 (187); *Harnos/Holle*, AG 2021, 853 (854 f.); *Kühle*, NZG 2023, 1583 (1586); *Nietsch*, KlimaRZ 2022, 22 (29, 32); *Ott*, NZG 2020, 99 (102); *Vetter*, in Nietsch, Nachhaltiges Aktienrecht, S. 121 ff.; AG 2023, 564 (574); *Weller*, NJW-Beil 2024, 58; *Weller/Hößl/Seemann*, ZGR 2024, 180 (210, 217); *Weller/Schwemmer*, AG 2024, 517 (525); für das „*Say on ESG*" *Weller/Hoppmann*, AG 2022, 640 (646 f.).

c) Schlussfolgerungen für den Inhalt des Say on Climate

Der Inhalt des Say on Climate besteht zunächst in seiner generellen Anknüpfung an den Klimaschutz. Daneben ist konkret der gegenständliche Bezugspunkt des Say on Climate als Mitsprachemechanismus zu bestimmen. Dieser kann einerseits in einer der Mitsprache vorgelagerten Informationsteilhabe der Aktionäre in Gestalt eines Klimatransformationsplans liegen. Andererseits ist bereits das aktionärsseitige Verlangen nach einer Mitsprache zum unternehmerischen Klimaschutz in diesem Sinne umfasst.

Das Say on Climate steht vereinheitlichend unter einem generellen Klimaschutzbezug. Diese Festlegung ermöglicht die Abgrenzung von den generellen Konstellationen des „*Say on ESG*", „*Say on Sustainability*", „*Say on Purpose*" oder „*Say on Anything*". Ferner ist der Bezugspunkt des Kilmaschutzes kraft Natur der Sache die Klimapolitik der Gesellschaft, d.h. der unternehmerische Klimaschutz. Aus der generellen Fokussierung auf die bestehenden Treibhausgas-Emissionen und Verringerungsmöglichkeiten lässt sich ableiten, dass das Say on Climate vom laufenden, gewöhnlichen unternehmerischen Geschäftsbetrieb in seiner Kleinteiligkeit losgelöst ist. Zudem steht die seitens der Say-on-Climate-Initiative geforderte jährliche Ausgestaltung in ihrer Beständigkeit für eine langfristige und regelmäßige Teilhabe der Aktionäre bzw. der Hauptversammlung an der unternehmerischen Klimapolitik. Demnach ist im Regelfall der Mitsprachemechanismus nicht anlassbezogen und nicht speziell auf tiefgreifende strukturelle Umstellungen im Geschäftsbetrieb ausgerichtet. Vielmehr liegt der Anknüpfungspunkt der Mitsprache in der generellen Unternehmensplanung.

Weiter definiert der Klimaschutzbezug auch den Gegenstand der Mitsprache nach dem Say on Climate. Für das Say on Climate als Aktionärsvotum zum Klimatransformationsplan ist eine entsprechende vorgelagerte Informationsteilhabe der Aktionäre, beispielsweise in einem Klimatransformationsplan, erforderlich.[82] Umfang und Inhalte dessen sind zwar grundsätzlich entwicklungsoffen, richten sich in der EU jedoch nunmehr nach dem Klimatransformationsplan gemäß Art. 22 CSDDD.

---

82 Nach *Vetter*, in Nietsch, Nachhaltiges Aktienrecht, S. 96 f., liefe eine Mitsprache nach dem Say on Climate ohne eine vorgelagerte Informationsteilhabe der Aktionäre bzw. der Hauptversammlung „ins Leere".

III. Fazit

Eine rechtliche Begriffsbestimmung des Say on Climate ist nach gegenwärtigem Stand der Diskussion nicht abschließend möglich. Die Abgrenzungsschwierigkeiten liegen in der Vielschichtigkeit der Debatte um das Say on Climate sowie dessen Mehrstufigkeit. Nach der getroffenen Einordnung des Say on Climate Mitsprachemechanismus und dessen Inhalt lässt sich das Say on Climate in seiner Gesamtschau auf die Mitsprache zum Klimaschutz reduzieren, anhand welcher die Aktionäre bzw. die Hauptversammlung langfristig und regelmäßig ihrer Zustimmung oder Ablehnung der unternehmerischen Klimapolitik Ausdruck verleihen können. In diesem Sinne beschreibt *Vetter* das Say on Climate treffend als „Einforderung" des unternehmerischen Klimaschutzes durch den Vorstand und grenzt das Say on Climate von einer „Verlagerung der [kompetenzrechtlichen] Verantwortung für Klimaschutz" ab.[83]

Die Mehrstufigkeit des Say on Climate liegt darin, dass sich die Fragestellung auf einer ersten Stufe einem möglichen Mitsprachemechanismus der Aktionäre bzw. der Hauptversammlung widmet, welcher sich inhaltlich auf die Klimaschutzpolitik der Gesellschaft bezieht oder beziehen kann. Durch das Element der Mitsprache der Aktionäre setzt sich das Say on Climate als Bestandteil von der übergreifenden Forderung institutioneller Investoren, Investoren-Netzwerken und relevanter Initiativen nach Klimaneutralität der Unternehmen durch unternehmerischen Klimaschutz ab. Ein Mitsprachemechanismus zum Klimaschutz ist als „Ob" des Say on Climate zu qualifizieren und aktienrechtlich von gesteigerter Bedeutung. Demgegenüber stellt eine spezifische Ausgestaltung des Say on Climate, unter dem Erfordernis einer vorgelagerten Informationsteilhabe der Aktionäre, die zweite Stufe dar. Der Umfang und die Ausgestaltung dessen, beispielsweise in Gestalt eines zu konkretisierenden Klimatransformationsplans oder anderweitigen Berichterstattung, entspricht dem „Wie" des Say on Climate.

83 *Vetter*, in Nietsch, Nachhaltiges Aktienrecht, S. 117; AG 2023, 564 (572).

C. Say on Climate – *de lege lata*

Nachfolgend ist das gegenwärtige Aktienrecht anhand der in Betracht kommenden aktienrechtlichen Mitspracherechte der Aktionäre bzw. der Hauptversammlung auf ein Say on Climate zu untersuchen. Eine Einordnung der unternehmerischen Klimapolitik in das aktienrechtliche Kompetenzgefüge ist voranzustellen (I.), welche die historische Zuständigkeitsverteilung einbezieht. Es werden anschließend ein Aktionärsvotum zum Klimaschutz (II.) sowie sonstige Mitspracherechte (III.) und der Deutsche Corporate Governance Kodex (IV.) untersucht.

I. Kompetenzrechtliche Einordnung von unternehmerischen Klimaschutzentscheidungen

In diesem Abschnitt sind unternehmerische Klimaschutzentscheidungen nach der Kompetenzverteilung der Aktiengesellschaft einzuordnen. Zunächst ist einführend auf die grundlegende Kompetenzverteilung der Aktiengesellschaft einzugehen (1.). Im Anschluss sind unternehmerische Klimaschutzentscheidungen in das kompetenzrechtliche Verhältnis zwischen Vorstand und Hauptversammlung einzuordnen und als Geschäftsführungsangelegenheiten zu erfassen (2.). Letztlich ist anhand der historischen Entwicklung der Zuständigkeiten in Geschäftsführungsfragen der Wille des Gesetzgebers aufzuzeigen (3.).

1. Grundlegende Kompetenzverteilung in der Aktiengesellschaft

Die Organe der Aktiengesellschaft, Vorstand, Aufsichtsrat und Hauptversammlung, unterliegen nach der gegenwärtigen Rechtslage keiner hierarchischen Organisationsverfassung, vielmehr stehen die drei Organe in einer Machtbalance zueinander.[1] Die Verwaltung der Aktiengesellschaft erfolgt nach dem dualistischen System durch zwei Handlungsorgane, Vorstand und Aufsichtsrat.[2] Dem Vorstand ist gemäß §§ 76, 77 AktG gesetzlich die Geschäftsführung, einschließlich der Geschäftsleitung,[3] übertragen. Dem Aufsichtsrat obliegt, insbesondere nach § 111 Abs. 1 AktG, die Überwachung des Vorstands. Die Aktionäre üben in der Hauptversammlung als Willensbildungsorgan nach § 118 Abs. 1 S. 1 AktG ihre Mitgliedschaftsrechte aus. Nach § 119 Abs. 1 Var. 1, 2 AktG fasst die Hauptversammlung grundsätzlich bei positiver gesetzlicher Kompetenzzuweisung und in den ausdrücklich in der Satzung bestimmten Fällen Beschluss.[4] Darüber hinaus existieren nach höchstrichterlicher Rechtsfortbildung ungeschriebene Kompetenzen der Hauptversammlung.[5] Dies verdeutlicht § 119 Abs. 2 AktG in Fragen der Geschäftsführung, nach welchem für einen Beschluss der Hauptversammlung stets ein Verlangen seitens des Vorstands notwendig ist.[6]

---

1 Siehe BGH, Urt. v. 26.04.2004 – II ZR 155/02, DStR 2004, 922; Beschl. v. 06.03.1997 – II ZB 4/96, NJW 1997, 1985; *Koch*, AktG, § 118 Rn. 4; siehe auch *Herrler*, in Grigoleit, AktG, § 119 Rn. 1; *Langenbucher*, Aktien- und Kapitalmarktrecht, § 6 Rn. 1; *Liebscher*, in Henssler/Strohn, AktG, § 118 Rn. 2; *Hommelhoff*, ZGR-Sonderheft 19, 13 (20 ff.); *Koch*, ZGR-Sonderheft 19, 65.

2 Zum dualistischen System *Hüffer*, in Aktienrecht im Wandel, Band II, 7. Kapitel, Rn. 13.

3 Nach heutiger herrschender Meinung im Schrifttum ist die Geschäftsleitung ein hervorgehobener Teil der Geschäftsführung, vgl. stellvertretend *Fleischer*, in BeckOGK, AktG, § 76 Rn. 14, Stand: 01.10.2024 m.w.N.

4 *Kubis*, in MüKo AktG, § 119 Rn. 1 f.; siehe auch *Koch*, AktG, § 118 Rn. 2 ff.; *Liebscher*, in Henssler/Strohn, AktG, § 119 Rn. 1.

5 *Kubis*, in MüKo AktG, § 119 Rn. 1 f.; *Liebscher*, in Henssler/Strohn, AktG, § 119 Rn. 1; *Tröger*, in Kölner Kommentar AktG, § 119 Rn. 1.

6 *Kubis*, in MüKo AktG, § 119 Rn. 18 ff.; *Liebscher*, in Henssler/Strohn, AktG, § 119 Rn. 8; *Mülbert*, in Großkommentar AktG, § 119 Rn. 191; *Tröger*, in Kölner Kommentar AktG, § 119 Rn. 45.

2. Unternehmerische Klimaschutzentscheidungen als Geschäftsführungsangelegenheiten

Bislang bewertet das Schrifttum die Klimapolitik des Unternehmens, einschließlich der Unternehmensstrategie zu Klima- und Umweltschutz, als Geschäftsführungsangelegenheit und weist diese generell dem Zuständigkeitsbereich des Vorstands zu.[7] Dem entspricht im Ergebnis auch die differenzierte Einordnung von *Tröger*, welcher die Verfolgung von Nachhaltigkeitszielen grundsätzlich der Geschäftsführung zuschreibt, jedoch die Kompetenzverteilung zwischen Vorstand und Hauptversammlung von der Intensität der strategischen Entscheidung abhängig macht.[8] Nach seiner Auffassung können „radikale Umstellungen des Geschäftsmodells", wenn diese nicht ohnehin eine Änderung des Unternehmensgegenstands erfordern, aufgrund des Grundlagencharakters in extrem gelagerten Sachverhalten aus dem Geschäftsführungsbereich herausfallen und einer ungeschriebenen Zuständigkeit der Hauptversammlung unterfallen.[9] Jedenfalls weist *Tröger* unternehmerische Klimaschutzentscheidungen in Form einer „graduellen Anpassung" der mittel- bis langfristigen Unternehmenspolitik zur

---

7 *Bachmann*, ZHR (187) 2023, 166 (186); *Fleischer*, DB 2022, 37 (43); *Fleischer/Hülse*, DB 2023, 44 (46); *Harnos/Holle*, AG 2021, 853 (862); *Langenbucher/Sharaf*, ZHR 185 (2021), 414 (422); *Ott*, NZG 2020, 99 (100); *Weller/Benz*, ZGR 2022, 563 (597 f.); *Vetter*, in Nietsch, Nachhaltiges Aktienrecht, S. 102; vgl. ebenso zur generellen Zuständigkeit für *Corporate Social Responsibility Bachmann*, ZGR 2018, 231 (235); *Habersack*, AcP 220 (2020), 593 (637 f., 646); *Mülbert*, AG 2009, 766 (772); *Simons*, ZGR 2018, 316 (324); *Steuer*, ZIP 2023, 13 (18); *Vetter*, in Nietsch, Nachhaltiges Aktienrecht, S. 102; ZGR 2018, 338, (364 f.); AG 2023, 564 (566); implizit für Nachhaltigkeit *Köndgen*, in FS Schmidt, 80. Geburtstag, S. 699 f.; für ESG-Belange *Jaspers*, AG 2022, 145 (150); *Weller/Hoppmann*, AG 2022, 640 (643 f.); darüber hinaus eine ESG-Pflicht der Geschäftsleitung befürwortend *Weller/Fischer*, ZIP 2022, 2253 (2254 ff., 2257); ablehnend *Verse/Tassius*, in Hommelhoff/Hopt/Leyens, Handbuch Unternehmensführung, § 7 Rn. 16 ff.

8 *Tröger*, in Kölner Kommentar AktG, § 119 Rn. 51, 183a; zustimmend *Spindler*, in Schmidt/Lutter, AktG, § 119 Rn. 59, 21; nachstehend zu *Trögers* Einordnung der ungeschrieben Beschlusskompetenzen der Hauptversammlung → C. II. 1. b) aa); ebenso für „Transitionsrisiken" und „Transformationsprozesse" *Nietsch*, CCZ 2023, 61 (67).

9 *Tröger*, in Kölner Kommentar AktG, § 119 Rn. 51, 183a; zustimmend *Spindler*, in Schmidt/Lutter, AktG, § 119 Rn. 59, 21; *Nietsch*, CCZ 2023, 61 (67); als zu „unscharf" ablehnend *Bachmann*, ZHR (187) 2023, 166 (187); vgl. zur ungeschriebenen Hauptversammlungskompetenz → C. II. 1. b).

Verwirklichung von Nachhaltigkeitszielen, beispielsweise der Klimaneutralität des Unternehmens, „ohne Weiteres“ der Zuständigkeit des Vorstands als Angelegenheiten der Geschäftsführung zu.[10]

Ein differenzierter Ansatz, wie der von *Tröger* soeben dargestellte, ist vorzugswürdig. Im Einzelfall ist eine unternehmensseitig geplante radikale Umstellung des Geschäftsmodells denkbar. Jedoch ist das Say on Climate in seiner Grundform gerade nicht anlassbezogen und nicht auf tiefgreifende Umstellungen des Geschäftsbetriebs ausgerichtet.[11] Vielmehr handelt es sich um eine langfristige, regelmäßige Mitsprache zur generellen Unternehmensplanung sowie um den aktionärsseitig initiierten Ausdruck des Verlangens nach einer Mitsprache zum Klimaschutz in der Hauptversammlung. Auch sofern die Unternehmensplanung zur Billigung durch die Hauptversammlung in einem Klimatransformationsplan niedergelegt sein sollte,[12] ist im Regelfall von keiner hohen Intensität der zu bewertenden strategischen Entscheidungen auszugehen. Denn die Bewertung ergriffener, unterlassener und geplanter Klimaschutzmaßnahmen durch die Hauptversammlung würde keine unternehmerische Entscheidung ersetzen. Insofern sind die von einer Mitsprache betroffenen unternehmerischen Klimaschutzentscheidungen grundsätzlich als Geschäftsführungsangelegenheiten zu verstehen, die im Zuständigkeitsbereich des Vorstands liegen.

3. Historische Entwicklung der Kompetenzverteilung in Geschäftsführungsangelegenheiten

Die gegenwärtige Kompetenzverteilung zwischen Hauptversammlung und Vorstand ist historisch gewachsen. Herauszustellen ist die Aktienrechtsreform von 1937, sodass die Gesetzesgenese beginnend mit der Rechtslage zur Wende des 19./20. Jahrhunderts dargestellt wird. Im 19. Jahrhundert kam den Aktionären über die vormalige Generalversammlung eine beherrschende Stellung gegenüber Vorstand und Aufsichtsrat zu.[13] Nach den Grundsät-

---

10 *Tröger*, in Kölner Kommentar AktG, § 119 Rn. 51, 183a; vgl. zur ungeschriebenen Hauptversammlungskompetenz nachstehend → C. II. 1. b).

11 Vgl. → B. II. 2. c).

12 Vgl. → B. II. 2. a), c).

13 Sie war nach der Amtlichen Begründung im Deutschen Reichsanzeiger und Preußischen Staatsanzeiger, 1937 (Nr. 28), abgedruckt in *Klausing*, Aktiengesetz 1937, B. Amtliche Begründung, S. 88, „in allen Fragen des wirtschaftlichen Lebens

zen des damaligen § 32 BGB a.F.[14] zur Mitgliederversammlung des Vereins konnte die Generalversammlung in Angelegenheiten der Geschäftsführung entscheiden.[15]

a) Neuordnung der Machtverhältnisse durch die Aktienrechtsreform 1937

Reformprägend für die Aktienrechtsreform von 1937 war der Wandel des vormals aktionärsbezogenen Unternehmensbegriffs.[16] Unter dem NS-Regime trat ausdrücklich das Ziel, die gesamte Rechtsordnung einem übergeordneten Gemeinwohlprinzip unterzuordnen,[17] sowie der Rechtsgedanke eines allmächtigen Leitungsorgans der Aktiengesellschaft nach dem sog. „Führerprinzip"[18] hinzu.

Durch die Aktienrechtsreform von 1937 wurde das Aktienrecht in einem eigenen Gesetz kodifiziert[19] und die Unternehmensverfassung der Aktiengesellschaft grundlegend geändert.[20] Nach § 70 Abs. 1 AktG 1937 wurde die Leitung

---

der Aktiengesellschaft bisher die entscheidende Stelle", nach S. 56, der „oberste Verwaltungsträger"; siehe auch RGZ 59, 423 (425); siehe zur beherrschenden Stellung *Spindler*, in MüKo AktG, Vor § 76 Rn. 7 f.; vgl. auch *Fleischer*, in Aktienrecht im Wandel, Band II, 9. Kapitel, Rn. 6 f.; *Habersack*, AcP 220 (2020), 593 (604); *Hüffer*, in Aktienrecht im Wandel, Band II, 7. Kapitel, Rn. 8 ff.

14 BGB in der Fassung vom 18.08.1896, RGBl. 1896, S. 195.

15 *Schmidt/Meyer-Landrut*, in Großkommentar AktG 1937, 2. Auflage 1961, § 103 Anm. 1; *Spindler*, in MüKo AktG, Vor § 76 Rn. 8.

16 *Harbarth*, ZGR 2022, 533 (537 f.); → B. I. 3. a).

17 *Harbarth*, ZGR 2022, 533 (538) m.w.N.

18 Amtliche Begründung des AktG 1937, in *Klausing*, Aktiengesetz 1937, B. Amtliche Begründung, S. 2 f., entspricht Amtlicher Begründung im Deutschen Reichsanzeiger und Preußischen Staatsanzeiger, 1937 (Nr. 28); *Klausing*, Aktiengesetz 1937, A. Einleitung, S. 59 Rn. 70 ff., insb. Rn. 72, 62, 74, 77; *Çapa*, Konsultative Hauptversammlungsbeschlüsse, S. 35; vgl. *Habersack*, in MüKo AktG, Einleitung Rn. 21; *Kropff*, in Aktienrecht im Wandel, Band I, 16. Kapitel, Rn. 53, 55 ff., 62, 136.

19 AktG vom 30.01.1937, RGBl. 1937 I Nr. 15, S. 107 ff., nachfolgend: AktG 1937.

20 Amtliche Begründung des AktG 1937, in *Klausing*, Aktiengesetz 1937, B. Amtliche Begründung, S. 56 ff., 88, entspricht Amtlicher Begründung im Deutschen Reichsanzeiger und Preußischen Staatsanzeiger, 1937 (Nr. 28); den Reformprozess vertiefend *Klausing*, Aktiengesetz 1937, A. Einleitung, S. 60 Rn. 72 ff.; *Bayer/Engelke*, in Aktienrecht im Wandel, Band I, 15. Kapitel, Rn. 62 ff.; *Habersack*, AcP 220 (2020), 593 (606); *Spindler*, in MüKo AktG, Vor § 76 Rn. 12 ff.

der Gesellschaft dem Vorstand zugewiesen.[21] In § 103 Abs. 2 AktG 1937 wurde erstmals normiert, dass die Versammlung der Aktionäre, seither als Hauptversammlung bezeichnet, über Fragen der Geschäftsführung nur entscheiden könne, nur wenn der Vorstand es verlange.[22] Nach der Amtlichen Begründung sollten Entscheidungen über Geschäftsführungsmaßnahmen nicht mehr „bei der persönlich nicht verantwortlichen Mehrheit der Geldgeber [liegen], denen meistens der genaue und fachkundige Einblick in die Geschäfte und in den Stand der Gesellschaft fehl[e]".[23] Der Hauptversammlung verblieben nach § 103 Abs. 1 AktG 1937 abschließend gesetzlich zugewiesene sowie satzungsmäßig überlassene Beschlusszuständigkeiten.[24] Der vormals beherrschende Einfluss der Generalversammlung wurde anlässlich der Aktienrechtsreform im Jahr 1937 für die Hauptversammlung deutlich geschmälert.[25]

b) Aufrechterhaltung des Status quo in der Aktienrechtsreform 1965 sowie Bestätigung in der Gelatine-Entscheidung

Die Aktienrechtsreform von 1965 war politisch von der Entnazifizierung sowie von der Abkehr vom „Führerprinzip" geprägt.[26] Der Gesetzgeber von 1965 setzte dies bewusst durch eine Verschiebung der Machtverhältnisse

---

[21] *Bayer/Engelke*, in Aktienrecht im Wandel, Band I, 15. Kapitel, Rn. 63; *Hüffer*, in Aktienrecht im Wandel, Band II, 7. Kapitel, Rn. 11; *Spindler*, in MüKo AktG, Vor § 76 Rn. 14.

[22] Amtliche Begründung des AktG 1937, in *Klausing*, Aktiengesetz 1937, B. Amtliche Begründung, S. 3, entspricht Amtlicher Begründung im Deutschen Reichsanzeiger und Preußischen Staatsanzeiger, 1937 (Nr. 28); siehe auch *Klausing*, Aktiengesetz 1937, A. Einleitung, S. 61 Rn. 73; 63 Rn. 76; *Bayer/Engelke*, in Aktienrecht im Wandel, Band I, 15. Kapitel, Rn. 79 ff.; *Fleischer*, in Aktienrecht im Wandel, Band II, 9. Kapitel, Rn. 8 ff.; *Spindler*, in MüKo AktG, Vor § 76 Rn. 15; *Verse*, ZGR-Sonderheft 27, 147.

[23] Amtliche Begründung des AktG 1937, in *Klausing*, Aktiengesetz 1937, B. Amtliche Begründung, S. 56, entspricht Amtlicher Begründung im Deutschen Reichsanzeiger und Preußischen Staatsanzeiger, 1937 (Nr. 28).

[24] Siehe eine Aufzählung der gesetzlichen Hauptversammlungszuständigkeiten bei *Bayer/Engelke*, in Aktienrecht im Wandel, Band I, 15. Kapitel, Rn. 79 ff.

[25] *Bayer/Engelke*, in Aktienrecht im Wandel, Band I, 15. Kapitel, Rn. 80; *Fleischer*, in Aktienrecht im Wandel, Band II, 9. Kapitel, Rn. 11; ZIP 2003, 1 (3); *Spindler*, in MüKo AktG, Vor § 76 Rn. 14 f.

[26] *Koch*, ZGR-Sonderheft 19, 65 (66); *Kropff*, in Aktienrecht im Wandel, Band I, 16. Kapitel, Rn. 62, 136.

innerhalb des Vorstands um, hingegen hielt er an der im Jahre 1937 neu geschaffenen Kompetenzverteilung zwischen Hauptversammlung und Vorstand im Wesentlichen fest.[27] Die Machtverhältnisse zwischen Vorstand und Hauptversammlung wurden schließlich seitens des Bundesgerichtshofs im Kern in der Gelatine-Rechtsprechung[28] bestätigt.[29] Bereits im Vorfeld der vorangehenden Holzmüller-Entscheidung[30] standen in der Rechtswissenschaft die abschließenden gesetzlichen Kompetenzen der Hauptversammlung und die Auflockerung der Zuständigkeitsverteilung zur Diskussion.[31] Der Bundesgerichtshof fokussierte sich in der Gelatine-Entscheidung auf „die wohlaustarierte Kompetenzverteilung in der Aktiengesellschaft“ und sah von einer Ausweitung der ungeschriebenen Kompetenzen der Hauptversammlung über die Holzmüller-Entscheidung hinaus ab.[32] Hierdurch stärkte er den Grundsatz, dass nach § 119 Abs. 1 Var. 1, 2 AktG die Zuständigkeit der Hauptversammlung auf im Gesetz und in der Satzung ausdrücklich bestimmte Fälle beschränkt ist.

4. Ergebnis

Die für das Say on Climate relevanten unternehmerischen Klimaschutzentscheidungen sind in aller Regel als Geschäftsführungsangelegenheiten zu qualifizieren und fallen daher grundsätzlich in den Zuständigkeitsbereich des Vorstands. Strategische Entscheidungen in besonderen Ausnahmekonstellationen sind für das Say on Climate im Grundfall gerade nicht bezeichnend. Die Hauptversammlung beschließt nach § 119 Abs. 1 Var. 1, 2 AktG in Gesetz oder in der Satzung ausdrücklich bestimmten Fällen sowie im Anwendungsbereich der ungeschriebenen Beschlusskompetenzen. In Geschäftsführungsentscheidungen besteht eine Beschlusszuständigkeit der Hauptversammlung nach der dargestellten grundlegenden Kompetenzverteilung lediglich subsidiär

---

27 *Koch*, ZGR-Sonderheft 19, 65 (66 ff.); *Spindler*, in MüKo AktG, Vor § 76 Rn. 19, 24.

28 BGH, Urt. v. 26.04.2004 – II ZR 155/02, NJW 2004, 1860 und Urt. v. 26.04.2004 – II ZR 154/02, NZG 2004, 575, zusammen jeweils nachfolgend: Gelatine-Entscheidungen.

29 *Koch*, ZGR-Sonderheft 19, 65 (69).

30 BGH, Urt. v. 25.02.1982 – II ZR 174/80, NJW 1982, 1703, nachfolgend: Holzmüller-Entscheidung.

31 Vgl. Überblick in *Fleischer*, in Aktienrecht im Wandel, Band II, 9. Kapitel, Rn. 15 ff.; *Koch*, AktG, § 119 Rn. 16 ff.; *Kubis*, in MüKo AktG, § 119 Rn. 31 ff.

32 BGH, Urt. v. 26.04.2004 – II ZR 155/02, NJW 2004, 1860 (1862); Urt. v. 26.04.2004 – II ZR 154/02, NZG 2004, 575 (577).

in Abhängigkeit von einem ausdrücklichen Vorstandsverlangen im Sinne des § 119 Abs. 2 AktG. Dies beruht auf der Entscheidung des historischen Gesetzgebers von 1937, welcher der Hauptversammlung den Einfluss in Fragen der Geschäftsführung nahm und diese dem Vorstand zuwies. Der historische Gesetzgeber von 1965 behielt diese Neuordnung der Machtverhältnisse bewusst bei. Auch der Bundesgerichtshof bestätigt die Kompetenzverteilung zwischen den Organen im Kern, indem er für eine Ausdehnung der Kompetenzen der Hauptversammlung im Wege der Rechtsfortbildung nur in engen Grenzen Raum sieht.

II. Das Aktionärsvotum zum Klimaschutz

Nachfolgend sind relevante Beschlusskompetenzen und Beschlussmöglichkeiten der Hauptversammlung aufzuzeigen und deren Bezugspunkte zum Klimaschutz der Gesellschaft zu hinterfragen. Zunächst kommen für ein unmittelbares Say on Climate-Votum ausdrücklich auf unternehmerische Klimaschutzentscheidungen gerichtete Hauptversammlungsbeschlüsse in Betracht (1.). Daneben können Klimaschutzaspekte für ein mittelbares Say on Climate-Votum in anderweitige Beschlusskompetenzen der Hauptversammlung einbezogen werden (2.).

1. Unmittelbar auf unternehmerische Klimaschutzentscheidungen gerichtete Hauptversammlungsbeschlüsse

Ein Aktionärsvotum zum Klimaschutz könnte in erster Linie auf einer Hauptversammlungskompetenz zum unternehmerischen Klimaschutz beruhen. Ein hierauf gestützter Beschluss wäre eine direkte Bewertung der unternehmerischen Klimapolitik und könnte ein unmittelbares Say on Climate-Votum abbilden. Gegenwärtig sieht das Aktiengesetz in seiner abschließenden Kompetenzverteilung keine ausdrückliche Zuständigkeit der Hauptversammlung in unternehmerischen Klimaschutzentscheidungen vor. Nach dem Aktiengesetz kommt ein Verlangen des Vorstands im Sinne des § 119 Abs. 2 AktG nach einem Hauptversammlungsbeschluss in Geschäftsführungsangelegenheiten in Betracht (a), daneben ist eine Vorlagepflicht des Vorstands gegenüber der Hauptversammlung aufgrund einer ungeschriebenen Hauptversammlungskompetenz zu untersuchen (b). Schließlich sind die Einsatzmöglichkeiten des Tagesordnungsergänzungsverlangens durch eine qualifizierte Minderheit der Aktionäre nach § 122 Abs. 2 AktG zu bewerten (c). Auf das Gesetzgebungsverfahren zur *Corporate Sustainability Due Diligence*-Richtlinie ist einzugehen (d). Schließlich sind die Erkenntnisse auf das unmittelbare Say on Climate-Votum zu beziehen (e).

a) Hauptversammlungsbeschluss nach Verlangen des Vorstands, § 119 Abs. 2 AktG

Unternehmerische Klimaschutzentscheidungen fallen als Angelegenheiten der Geschäftsführung in den Zuständigkeitsbereich des Vorstands[33] und sind nicht Gegenstand einer ausdrücklichen aktiengesetzlichen Hauptversammlungskompetenz im Sinne des § 119 Abs. 1 Var. 1 AktG. Für ein auf den unternehmerischen Klimaschutz gerichtetes Aktionärsvotum kommt die Beschlussmöglichkeit der Hauptversammlung in Folge eines Verlangens des Vorstands nach § 119 Abs. 2 AktG in Betracht.

aa) Entscheidung zum Vorstandsverlangen i.S.v. § 119 Abs. 2 AktG

Nach dem Wortlaut von § 119 Abs. 2 AktG werden an die Entscheidung des Vorstands, der Hauptversammlung Fragen der Geschäftsführung vorzulegen, keine Anforderungen gestellt. Mangels Einschränkungen und des Wortlautes „kann" könnte ein „freies Ermessen" des Vorstands angenommen werden.[34] Dem ist insoweit zuzustimmen, dass abgesehen von ungeschriebenen Hauptversammlungskompetenzen[35] grundsätzlich keine Verpflichtung des Vorstands zur Beschlussvorlage gegenüber der Hauptversammlung besteht.[36] Dennoch scheint es vorzugswürdig von einem weiten Ermessen

---

33 Vgl. zur vorangehenden Einordnung von unternehmerischen Klimaschutzentscheidungen → C. I. 2.

34 So *Bungert*, in MünchHdb AG, § 35 Rn. 21; *Dietz-Vellmer*, NZG 2014, 721 (722); *Drinhausen*, in Hölters/Weber, AktG, § 119 Rn. 13; *Kubis*, in MüKo AktG, § 119 Rn. 22; *Ott*, NZG 2020, 99 (101); *Spindler*, in Schmidt/Lutter, AktG, § 119 Rn. 17; ähnlich zum „denkbar weiten Entscheidungsfreiraum" *Mülbert*, in Großkommentar AktG, § 119 Rn. 199; in diesem Sinne auch *Vetter*, in Nietsch, Nachhaltiges Aktienrecht, S. 102.

35 Näher zur ungeschriebenen Hauptversammlungskompetenz nach der Holzmüller- und Gelatine-Rechtsprechung → C. II. 1. b).

36 Zustimmend *Bungert*, in MünchHdb AG, § 35 Rn. 21; *Herrler*, in Grigoleit, AktG, § 119 Rn. 36, 15; *Kubis*, in MüKo AktG, § 119 Rn. 22; *Spindler*, in Schmidt/Lutter,

bzw. Entscheidungsspielraum zu sprechen, da der Entscheidung zur Vorlage aktienrechtliche Grenzen gesetzt sind.[37]

Ob die Entscheidung des Vorstands, von § 119 Abs. 2 AktG Gebrauch zu machen, seine Grenze allein im missbräuchlichen Verhalten findet oder ob darüber hinaus auch die Grundsätze unternehmerischer Entscheidungen Anwendung finden, ist umstritten.

Teilweise stellt das Schrifttum allein auf den missbräuchlichen Einsatz des Verlangens nach § 119 Abs. 2 AktG ab.[38] Missbrauch läge insbesondere vor, wenn Angelegenheiten der Geschäftsführung entgegen der aktienrechtlichen Kompetenzordnung gänzlich durch die Hauptversammlung wahrgenommen würden, da § 119 Abs. 2 AktG keine Delegation eigenverantwortlicher Leitungsmacht des Vorstands im Sinne des § 76 Abs. 1 AktG rechtfertige.[39] Für den hier untersuchten Einsatz im Sinne des Say on Climate ist kein missbräuchliches Verhalten anzunehmen. Die aktienrechtliche Kompetenzordnung wird durch eine punktuelle Bewertungsmöglichkeit der unternehmerischen Klimapolitik in der Hauptversammlung nicht im Ganzen unterlaufen, da die Hauptversammlung an der Geschäftsführung lediglich beteiligt wird.

AktG, § 119 Rn. 17; *Tröger*, in Kölner Kommentar AktG, § 119 Rn. 62; a.A. *Mülbert*, in Großkommentar AktG, § 119 Rn. 201.

37 *Harnos/Holle*, AG 2021, 853 (857); *Tröger*, in Kölner Kommentar AktG, § 119 Rn. 62 f.; schlicht auf „Ermessen" abstellend Holzmüller-Rechtsprechung BGH, Urt. v. 25.02.1982 – II ZR 174/80, NJW 1982, 1703 (1705); *Hoffmann*, in BeckOGK, AktG, § 119 Rn. 17, Stand: 01.10.2024; auf „pflichtgemäßes Ermessen" abstellend *Fleischer/Hülse*, DB 2023, 44 (46); *Koch*, AktG, § 119 Rn. 13b; im Ergebnis auch die Grenzen des „freien Ermessens" anerkennend *Drinhausen*, in Hölters/Weber, AktG, § 119 Rn. 13; *Kubis*, in MüKo AktG, § 119 Rn. 22; *Spindler*, in Schmidt/Lutter, AktG, § 119 Rn. 17; *Vetter*, in Nietsch, Nachhaltiges Aktienrecht, S. 102.

38 *Drinhausen*, in Hölters/Weber, AktG, § 119 Rn. 13; *Mülbert*, in Großkommentar AktG, § 119 Rn. 200; *Kubis*, in MüKo AktG, § 119 Rn. 22; *Spindler*, in Schmidt/Lutter, AktG, § 119 Rn. 17.

39 *Mülbert*, in Großkommentar AktG, § 119 Rn. 200; *Kubis*, in MüKo AktG, § 119 Rn. 22; *Spindler*, in Schmidt/Lutter, AktG, § 119 Rn. 17; *Linnertz*, Delegation durch den Vorstand, S. 156 ff.; ebenso *Drinhausen*, in Hölters/Weber, AktG, § 119 Rn. 13, der jedoch von einer „Delegationsbefugnis" des Vorstands spricht, dazu *Linnertz*, Delegation durch den Vorstand, S. 159 f.

Ergänzend werden teilweise die organschaftlichen Grenzen unternehmerischer Entscheidungen entsprechend § 93 Abs. 1 S. 2 AktG angewandt.[40] Somit müsste die Entscheidung des Vorstands, der Hauptversammlung die unternehmerische Klimapolitik zur Beschlussfassung vorzulegen, dem Unternehmensinteresse entsprechen und über ein reines Verwaltungsinteresse hinausgehen.[41] Generell stehen Nachhaltigkeits- und ESG-Ziele im Unternehmensinteresse, wenn sie den finanziellen Zielen der Gesellschaft entsprechen.[42] Das Say on Climate ist durch die Verfolgung des unternehmerischen Klimaschutzes geeignet, langfristig das Bestehen der Gesellschaft zu unterstützen, und die Klimaschutzstrategie des Vorstands zu stärken[43].

Im Ergebnis ist nach beiden Ansichten ein Verlangen des Vorstands im Sinne des § 119 Abs. 2 AktG zur unternehmerischen Klimapolitik nicht ausgeschlossen.

bb) Reaktionsmöglichkeiten der Hauptversammlung

Die Hauptversammlung kann auf das Verlangen einer Beschlussfassung in Geschäftsführungsfragen nach § 119 Abs. 2 AktG durch den Vorstand unterschiedlich reagieren. Sie kann eine Sachentscheidung ablehnen und auf eine Beschlussfassung verzichten.[44] Sie kann demgegenüber auch Beschluss fassen und durch positive oder negative Sachentscheidung ihre Zustimmung oder Ablehnung der vorgelegten Maßnahme in einer Geschäftsführungsangelegenheit

---

40 *Tröger*, in Kölner Kommentar AktG, § 119 Rn. 62 f.; im Ergebnis *Harnos/Holle*, AG 2021, 853 (857); ebenso *Seibt*, in FS Schmidt, 70. Geburtstag, S. 1483 f., der jedoch eine „Delegation der Unternehmensleitung" annimmt, dazu *Linnertz*, Delegation durch den Vorstand, S. 159 f.

41 So *Tröger*, in Kölner Kommentar AktG, § 119 Rn. 63 zum „Verbandsinteresse"; vgl. zur ständigen Rechtsprechung des „Unternehmensinteresse" BGH, Urt. v. 18.09.2006 – II ZR 137/05, NJW-RR 2007, 1179 (1181) Rn. 18; Urt. v. 28.11.1988 – II ZR 57/88, NJW 1989, 979 (982); Urt. v. 25.02.1982 – II ZR 123/81, NJW 1982, 1525 (1528); zu den Grundsätzen siehe *Spindler*, in MüKo AktG, § 93 Rn. 43 ff., 69.

42 *Dörrwächter*, NZG 2022, 1083 (1090); Weller/Fischer, ZIP 2022, 2253 (2258); vgl. *Harbarth*, ZGR 2018, 379 (390 ff.).

43 *Favoccia*, in Corporate Sustainability, S. 40; *Tröger*, in Kölner Kommentar AktG, § 119 Rn. 63; *Weller*, NJW-Beil 2024, 58 (62); *Weller/Hoppmann*, AG 2022, 640 (642); *Weller/Hößl/Seemann*, ZGR 2024, 180 (217).

44 *Hoffmann*, in BeckOGK, AktG, § 119 Rn. 21, Stand: 01.10.2024; *Kubis*, in MüKo AktG, § 119 Rn. 26; *Mülbert*, in Großkommentar AktG, § 119 Rn. 207.

erklären.[45] Weiterhin kann die Hauptversammlung im Rahmen des Gegenstands der Tagesordnung über einen bekanntmachungsfrei abgeänderten Antrag im Sinne von § 124 Abs. 4 S. 2 AktG einen von der Vorstandsvorlage abweichenden Beschluss in der Geschäftsführungsangelegenheit fassen.[46]

Sofern der Vorstand der Hauptversammlung eine Frage zur verbindlichen Beschlussfassung vorlegt und die Hauptversammlung Beschluss fasst, ist die Hauptversammlung nicht auf einen in der Rechtsfolge bindenden Beschluss festgelegt.[47] Sie hat indessen die Wahl, in Gestalt einer unverbindlichen Empfehlung zu beschließen.[48] Diese, der Hauptversammlung offenstehende, Möglichkeit eines Konsultativbeschlusses erkennt das Schrifttum allgemein überzeugend aufgrund eines Erst-Recht-Schlusses an, da § 119 Abs. 2 AktG der Hauptversammlung sogar ausdrücklich einen bindenden Hauptversammlungsbeschluss ermögliche und sich somit die Hauptversammlung in Folge eines Beschlussverlangens durch den Vorstand selbst auf eine bloße Empfehlung beschränken könne (*argumentum a maiore ad minus*).[49] Das Fassen eines Konsultativbeschlusses als Reaktionsmöglichkeit der Hauptversammlung schränke die Kompetenz des Vorstands und seine Vorlagebefugnis nicht unbillig ein, da der Vorstand stets freiwillig nach § 119 Abs. 2 AktG von der Hauptversammlung einen Beschluss in Geschäftsführungsangelegenheiten verlange.[50] Abzugrenzen ist dieser Fall eines von der Hauptversammlung gewählten Konsultativbeschlusses in Reaktion auf das Verlangen eines verbindlichen Hauptversammlungsbeschlusses durch den Vorstand von der in

45 *Hoffmann*, in BeckOGK, AktG, § 119 Rn. 21, Stand: 01.10.2024; *Kubis*, in MüKo AktG, § 119 Rn. 26; *Mülbert*, in Großkommentar AktG, § 119 Rn. 207; *Spindler*, in Schmidt/Lutter, AktG, § 119 Rn. 24.

46 *Drinhausen*, in Hölters/Weber, AktG, § 119 Rn. 15; ZHR 186 (2022), 201 (207); *Hoffmann*, in BeckOGK, AktG, § 119 Rn. 22, Stand: 01.10.2024; *Kubis*, in MüKo AktG, § 119 Rn. 26.

47 *Zöllner*, in Kölner Kommentar AktG, 1. Auflage 1985, § 119 Rn. 37.

48 *Çapa*, Konsultative Hauptversammlungsbeschlüsse, S. 96 f.; *Hoffmann*, in BeckOGK, AktG, § 119 Rn. 21, Stand: 01.10.2024; *Kubis*, in MüKo AktG, § 119 Rn. 26; *Mülbert*, in Großkommentar AktG, § 119 Rn. 207; *Spindler*, in Schmidt/Lutter, AktG, § 119 Rn. 24; *Zöllner*, in Kölner Kommentar AktG, 1. Auflage 1985, § 119 Rn. 37.

49 *Çapa*, Konsultative Hauptversammlungsbeschlüsse, S. 96 f.; *Fleischer*, AG 2010, 681 (689); im Ergebnis zustimmend *Hoffmann*, in BeckOGK, AktG, § 119 Rn. 21, Stand: 01.10.2024; *Kubis*, in MüKo AktG, § 119 Rn. 26; *Mülbert*, in Großkommentar AktG, § 119 Rn. 207; *Spindler*, in Schmidt/Lutter, AktG, § 119 Rn. 24.

50 *Çapa*, Konsultative Hauptversammlungsbeschlüsse, S. 96 f.

der Literatur umstrittenen Frage, ob der Vorstand gezielt einen Konsultativbeschluss von der Hauptversammlung in Geschäftsführungsangelegenheiten verlangen kann.[51]

cc) Rechtsfolge eines Hauptversammlungsbeschlusses in Geschäftsführungsfragen

(1) Grundsätzlich bindende Beschlusswirkung

Folgt auf ein Vorstandsverlangen nach § 119 Abs. 2 AktG ein bindender, ausführungsbedürftiger Hauptversammlungsbeschluss, begründet dieser nach § 83 Abs. 2 AktG grundsätzlich eine Ausführungspflicht des Vorstands.[52] Die Bindung des Vorstands besteht sowohl für eine positive, negative oder abweichende Sachentscheidung durch die Hauptversammlung.[53] Die Bindungswirkung gesetzmäßiger Hauptversammlungsbeschlüsse hat nach § 93 Abs. 4 S. 1 AktG eine Haftungsbefreiung des Vorstands für Schadensersatzansprüche der Gesellschaft zur Folge.[54]

(2) Ausnahme des Konsultativbeschlusses

Demgegenüber zeichnet Konsultativbeschlüsse eine unverbindliche Wirkung aus, denn sie sind als Empfehlung beziehungsweise Stellungnahme der Hauptversammlung nicht nach § 83 Abs. 2 AktG ausführungsbedürftig.[55] Dennoch können sie eine faktische Wirkung auf den Vorstand entfalten.[56] Konsultativbeschlüsse begründen keine Haftungsbefreiung des Vorstands

---

51 Nachstehend → C. II. dd).

52 *Liebscher*, in Henssler/Strohn, AktG, § 119 Rn. 11; *Koch*, AktG, § 83 Rn. 5; *Kubis*, in MüKo AktG, § 119 Rn. 27.

53 *Drinhausen*, in Hölters/Weber, AktG, § 119 Rn. 15; ZHR 186 (2022), 201 (207); *Fleischer*, in BeckOGK, AktG, § 83 Rn. 7, Stand: 01.10.2024; *Koch*, AktG, § 119 Rn. 15; *Kubis*, in MüKo AktG, § 119 Rn. 26; *Mülbert*, in Großkommentar AktG, § 119 Rn. 208.

54 *Kraft/Hoffmann-Becking*, in MünchHdb AG, § 26 Rn. 31; *Mülbert*, in Großkommentar AktG, § 119 Rn. 210.

55 *Çapa*, Konsultative Hauptversammlungsbeschlüsse, S. 60, 72; *Drinhausen*, in Hölters/Weber, AktG, § 119 Rn. 15; *Hoffmann*, in BeckOGK, AktG, § 119 Rn. 21, Stand: 01.10.2024; *Koch*, AktG, § 119 Rn. 15; *Liebscher*, in Henssler/Strohn, AktG, § 119 Rn. 11.

56 Zum *Say on Pay Gärtner/Himmelmann*, AG 2021, 259 (260); *Redenius-Hövermann/Bernhardt*, ZIP 2024, 603 (610 f.); generell zur faktischen Wirkung von Konsultativbeschlüssen *Çapa*, Konsultative Hauptversammlungsbeschlüsse, S. 179 ff.; *Fleischer*, AG 2010, 681 (689); *Ott*, NZG 2020, 99 (101); *Weller/Hößl/Seemann*, ZGR

nach § 93 Abs. 4 S. 1 AktG.[57] Denn die Befreiungswirkung setzt voraus, dass Handlungen des Vorstands konkret auf einem gesetzesmäßigen Hauptversammlungsbeschluss beruhen.[58] Der Normzweck des § 93 Abs. 4 S. 1 AktG knüpft an die Bindungswirkung von Hauptversammlungsbeschlüssen für den Vorstand gemäß § 83 Abs. 2 AktG an,[59] welche für Konsultativbeschlüsse nicht einschlägig ist. Auch ein Handeln des Vorstands in Folge eines beratenden Hauptversammlungsbeschlusses kann aufgrund dessen verbleibender Leitungsautonomie nicht auf diesem Konsultativbeschluss beruhen.[60]

Nach derzeit herrschender Ansicht im Schrifttum kommt Konsultativbeschlüssen Beschlussqualität zu.[61] In der Vergangenheit vertraten Teile der Literatur anlässlich der Einführung des § 120 Abs. 4 AktG a.F.[62] aufgrund der fehlenden Bindungswirkung von Konsultativbeschlüssen die Gegenansicht.[63] Diese verfing überzeugenderweise nicht, da das Aktienrecht jeher Beschlüsse ohne unmittelbare Rechtsfolge, beispielsweise den Entlastungsbeschluss als

---

2024, 180 (217); generell zur Druckausübung auf die Verwaltung *Schirmer*, ZHR 188 (2024), 60 (64 f.).

57 Fleischer, in BeckOGK, AktG, § 93 Rn. 327, Stand: 01.10.2024; AG 2010, 681 (689); *Merkner/Schulenburg/Elixmann*, AG 2024, 257 (260); Tröger, in Kölner Kommentar AktG, § 119 Rn. 19 mit Verweis auf *Cahn*, in Kölner Kommentar AktG, § 93 Rn. 168; für das Say on Climate bestätigend siehe *von Bombard/Redeke*, in FS Strenger, S. 83 f.; Fleischer/Hülse, DB 2023, 44 (46); *Reichert/Groh*, NZG 2023, 1500 (1503); *Vetter*, in Nietsch, Nachhaltiges Aktienrecht, S. 99 f.; AG 2023, 564 (572).

58 *Hölters/Hölters*, in Hölters/Weber, AktG, § 93 Rn. 280 ff.; *Spindler*, in MüKo AktG, § 93 Rn. 294 ff., 298 ff.

59 Zum Normzweck siehe Fleischer, in BeckOGK, AktG, § 93 Rn. 327, Stand: 01.10.2024; *Koch*, AktG, § 93 Rn. 154; *Spindler*, in MüKo AktG, § 93 Rn. 298; im Ergebnis auch *Merkner/Schulenburg/Elixmann*, AG 2024, 257 (258).

60 Tröger, in Kölner Kommentar AktG, § 119 Rn. 19 mit Verweis auf *Cahn*, in Kölner Kommentar AktG, § 93 Rn. 168.

61 *Fest*, AG 2024, 269 (276); Fleischer, AG 2010, 681 (683 f.); Harnos/Holle, AG 2021, 853 (859); *Mülbert*, in Großkommentar AktG, § 120 Rn. 158; Tröger, in Kölner Kommentar AktG, § 120a Rn. 24; § 119 Rn. 19; implizit anerkennend *Drinhausen*, in Hölters/Weber, AktG, § 119 Rn. 11; *Koch*, AktG, § 119 Rn. 11; *Kubis*, in MüKo AktG, § 119 Rn. 18.

62 Aktiengesetz in der bis zum 01.01.2020 geltenden Fassung, nachfolgend: AktG a.F.; zum Meinungsstand siehe *Çapa*, Konsultative Hauptversammlungsbeschlüsse, S. 68 ff.

63 *Begemann/Laue*, BB 2009, 2442 (2444); *Meyer*, Vorstandsvergütung, S. 159 ff.; zur Einordnung *Hoffmann*, in BeckOGK, AktG, § 120a Rn. 17, Stand: 01.10.2024.

Beschluss eigener Art, kenne[64] und die Rechtsfolge einer Beschlussfassung nicht für deren Beschlussqualität entscheidend sein könne[65].

Die Beschlussqualität unterscheidet Konsultativbeschlüsse von einer bloßen Erörterung in der Hauptversammlung oder von einer Beschlussfassung im Rahmen von anderweitigen Tagesordnungspunkten[66] sowie von einer Meinungsäußerung der Aktionäre in der Hauptversammlung auf Verlangen des Vorstands (sog. beschlusslose Hauptversammlungskonsultation des Vorstands).[67]

(3) Zwischenergebnis

Verlangt der Vorstand von der Hauptversammlung die Beschlussfassung in Geschäftsführungsangelegenheiten gemäß § 119 Abs. 2 AktG eröffnet dies der Hauptversammlung regelmäßig einen weiten Handlungsspielraum. Die Hauptversammlung kann eine Entscheidung in der Sache ablehnen oder eine positive, negative oder abweichende Sachentscheidung mit Bindungswirkung treffen. Weiterhin hat sie die Möglichkeit, auf eine verbindliche Beschlussvorlage des Vorstands eine bloß unverbindliche Empfehlung mittels eines Konsultativbeschlusses abzugeben.

dd) Sonderfall: vom Vorstand verlangter Konsultativbeschluss der Hauptversammlung in Geschäftsführungsfragen

Es ist in der Literatur umstritten, ob der Vorstand von der Hauptversammlung in Geschäftsführungsangelegenheiten gezielt die Beschlussfassung in Gestalt eines Konsultativbeschlusses verlangen kann, sodass der Hauptversammlung die Möglichkeit einer bindenden Beschlussfassung in der Sache versagt ist. Auf diese Weise könnte der Vorstand die Bindungswirkung ausführungsbedürftiger Hauptversammlungsbeschlüsse gemäß § 83 Abs. 2 AktG vermeiden sowie

---

64 *Hoffmann*, in BeckOGK, AktG, § 120a Rn. 17, Stand: 01.10.2024; zum Entlastungsbeschluss siehe nur *Drinhausen*, in Hölters/Weber, AktG, § 120 Rn. 8 m.w.N.

65 *Çapa*, Konsultative Hauptversammlungsbeschlüsse, S. 72.

66 Vgl. zur Erörterung durch die mittelbare Einbeziehung in anderweitige Beschlusskompetenzen → C. II. 2., sowie generell anlässlich von gesetzlichen Tagesordnungspunkten → C. III. 1. a).

67 Vgl. zur beschlusslosen Hauptversammlungskonsultation, auch informatorische Hauptversammlung genannt, → C III. 1. a) cc).

die vielseitigen Reaktionsmöglichkeiten der Hauptversammlung in Folge eines regulären Vorstandsverlangens nach § 119 Abs. 2 AktG eingrenzen.

(1) Zulässigkeit vom Vorstand verlangter Konsultativbeschlüsse im Grundsatz

Vereinzelt wird im Schrifttum gegen die Zulässigkeit eines vom Vorstand verlangten Konsultativbeschlusses angeführt, dass § 119 Abs. 2 AktG nach seinem Wortlaut eine „echte Entscheidungszuständigkeit" der Hauptversammlung begründe und nicht auf eine bloße Empfehlung in Beschlussform reduziert werden könne.[68] Dieser Argumentation haben sich teilweise Stimmen zur „informatorischen Meinungsbildung der Hauptversammlung" mit Verweis auf die fehlende Beschlussfassung angeschlossen.[69] Letztere Einordnung zur beschlusslosen Meinungsäußerung der Aktionäre in der Hauptversammlung anlässlich einer Konsultation des Vorstands ist jedoch nicht mit der hier besprochenen konsultativen Beschlussfassung der Hauptversammlung gleichzustellen.[70]

Die Zulässigkeit eines gezielten Verlangens von Konsultativbeschlüssen der Hauptversammlung durch den Vorstand überzeugt, sodass der Hauptversammlung in diesem Fall keine Möglichkeit für eine bindende Beschlussfassung verbliebe.[71] Denn § 119 Abs. 2 AktG enthält keine abschließende

---

68 *Mülbert*, in Großkommentar AktG, § 119 Rn. 202; im Ergebnis ebenfalls *Cahn*, NZG 2023, 299 (301).

69 Siehe für „rein informatorische Hauptversammlungen" *Spindler*, in Schmidt/Lutter, AktG, 4. Auflage 2020, § 119 Rn. 22; zur beschlusslosen „informatorischen Meinungsbildung der Hauptversammlung" *Kubis*, in MüKo AktG, § 119 Rn. 23.

70 Siehe Tröger, in Kölner Kommentar AktG, § 119 Rn. 70 mit Verweis auf Rn. 29; vgl. nunmehr in der aktuellen Auflage klarstellend *Spindler*, in Schmidt/Lutter, AktG, § 119 Rn. 25, 61, 5; vgl. zur Abgrenzung → C. II. 1. a) cc) (2), zur beschlusslosen Hauptversammlungskonsultation, sog. informatorische Hauptversammlung, → C III. 1. a) cc).

71 *Çapa*, Konsultative Hauptversammlungsbeschlüsse, S. 96 f.; *Drinhausen*, ZHR 186 (2022), 201 (207 f.); Fleischer, AG 2010, 681 (689); Fleischer/Hülse, DB 2023, 44 (46); Harnos/Holle, AG 2021, 853 (858 ff.); Koch, AktG, § 119 Rn. 13; Roth/Ekkenga, AG 2021, 409 (419 Fn. 167); *Spindler*, in Schmidt/Lutter, AktG, § 119 Rn. 25, 61; Tröger, in Kölner Kommentar AktG, § 119 Rn. 19, 70; *Vetter*, AG 2023, 564 (566 f.); Weller/Hoppmann, AG 2022, 640 (645 f.).

Regelung zur Reichweite einer vom Vorstand verlangten Beschlussfassung der Hauptversammlung in Geschäftsführungsangelegenheiten.[72] Die Rechtsgrundlage kann in einer direkten oder analogen Anwendung von § 119 Abs. 2 AktG gesehen werden[73] oder als Recht des Vorstands *sui generis* zuerkannt werden[74]. Nach einem Erst-Recht-Schluss (*a maiore ad minus*) muss der Vorstand der Hauptversammlung eine unverbindliche Stellungnahme in Beschlussform einräumen können, wenn er nach § 119 Abs. 2 AktG ausdrücklich eine bindende Entscheidung in Geschäftsführungsfragen verlangen kann.[75] Dies geht nicht mit einem Bruch der aktienrechtlichen Kompetenzverteilung einher, da die Hauptversammlung angesichts eines Verlangens des Vorstands stets von einer Beschlussfassung absehen könnte.[76] Durch das gezielte Verlangen von Konsultativbeschlüssen droht der Vorstand nicht, sich in unzulässiger Weise seiner Pflicht zu eigenverantwortlichen Leitung zu entziehen[77]. Dieses Risiko ist im Grunde bereits dem gesetzlich ausdrücklich vorgesehenen Einsatz des § 119 Abs. 2 AktG immanent, welchem jedenfalls die Missbrauchskontrolle oder nach teilweise vertretener Ansicht auch die Anwendung der organschaftlichen Grenzen unternehmerischer Entscheidungen entsprechend § 93 Abs. 1 S. 2 AktG begegnet.[78]

---

72 Fleischer, AG 2010, 681 (689); *Vetter*, in Nietsch, Nachhaltiges Aktienrecht, S. 103.

73 Für eine direkte Anwendung *Çapa*, Konsultative Hauptversammlungsbeschlüsse, S. 97; Harnos/Holle, AG 2021, 853 (858, 866); *Merkner/Schulenburg/Elixmann*, AG 2024, 257 (258); *Spindler*, in Schmidt/Lutter, AktG, § 119 Rn. 61; uneindeutig dagegen Fleischer, AG 2010, 681 (689) mit Argumenten für eine direkte Anwendung und eine Analogie.

74 Tröger, in Kölner Kommentar AktG, § 119 Rn. 19, 70.

75 *Çapa*, Konsultative Hauptversammlungsbeschlüsse, S. 96 f.; *Drinhausen*, ZHR 186 (2022), 201 (207 f.); Harnos/Holle, AG 2021, 853 (858); *Merkner/Schulenburg/Elixmann*, AG 2024, 257 (258); *Schirmer*, ZHR 188 (2024), 60 (80); *Spindler*, in Schmidt/Lutter, AktG, § 119 Rn. 61; Tröger, in Kölner Kommentar AktG, § 119 Rn. 70; *Vetter*, in Nietsch, Nachhaltiges Aktienrecht, S. 103; Weller/Hoppmann, AG 2022, 640 (645 f.); a.A. *Cahn*, NZG 2023, 299 (301); *von der Linden/Winkler*, DB Beilage 02 2023, 40 (41).

76 Fleischer, AG 2010, 681 (689); Fleischer/Hülse, DB 2023, 44 (46); Harnos/Holle, AG 2021, 853 (858); Weller/Hoppmann, AG 2022, 640 (645 f.).

77 Dies befürchtend *Cahn*, NZG 2023, 299 (301).

78 Vgl. zu den generellen Anforderungen eines Vorstandsverlangens → C. II. 1. a) aa), sowie nachstehend für verlangte Konsultativbeschlüsse → C. II. 1. a) dd) (2).

(2) Zulässigkeit im Einzelfall im Rahmen des Unternehmensinteresses

In Anwendung der für § 119 Abs. 2 AktG geltenden Grundsätze[79] darf der Vorstand im Einzelfall durch das gezielte Verlangen eines Konsultativbeschlusses das ihm zustehende weite Ermessen nicht überschreiten. Nach den zuvor dargestellten Grundsätzen setzt zunächst missbräuchliches Verhalten einem Vorstandsverlangen Grenzen. Auch ein verlangter Konsultativbeschluss zur unternehmerischen Klimapolitik im Sinne des Say on Climate stellt im inhaltlichen Gleichlauf zum regulären Vorstandsverlangen im Sinne des § 119 Abs. 2 AktG keinen Missbrauch dar.[80]

Zusätzlich wird teilweise die Anwendung der organschaftlichen Grenzen unternehmerischer Entscheidungen entsprechend § 93 Abs. 1 S. 2 AktG verlangt.[81] Demnach käme es darauf an, ob auch ein vom Vorstand verlangter Konsultativbeschluss gegenüber dem Grundfall des regulären Vorstandsverlangens im Sinne des § 119 Abs. 2 AktG dem Unternehmensinteresse entspräche. Ein signifikanter Vorteil kann im Einzelfall darin liegen, dass sich der Vorstand durch die Ausrichtung auf einen konsultativen Hauptversammlungsbeschluss einen relevanten Handlungsspielraum vorbehält, der für die komplexe Ausrichtung und Anpassung der unternehmerischen Klimaschutzstrategie erforderlich ist.[82] Zudem kann sich die konsultative Beschlussfassung der Hauptversammlung gegenüber dem individuellen Austausch des Vorstands mit einzelnen Aktionären im Rahmen des informellen Investorendialogs effektiver gestalten.[83] Schließlich kann das Ziel des unternehmerischen Klimaschutzes selbst im Fall einer negativ zu erwartenden Beschlussfassung der Hauptversammlung genügen.[84] Auch auf der Grundlage gezielt verlangter Konsultativbeschlüsse ist ein Unternehmensinteresse anzunehmen.

---

79 Vgl. zu den generellen Anforderungen eines Vorstandsverlangens → C. II. 1. a) aa).

80 Vgl. zur Grenze des missbräuchlichen Verhaltens → C. II. 1. a) aa).

81 *Harnos/Holle*, AG 2021, 853 (859 f.); Tröger, in Kölner Kommentar AktG, § 119 Rn. 19, 31; vgl. zu den generellen Anforderungen eines Vorstandsverlangens → C. II. 1. a) aa).

82 So zum „Verbandsinteresse" Tröger, in Kölner Kommentar AktG, § 119 Rn. 19, vor §§ 118 ff. Rn. 29 ff.

83 *Harnos/Holle*, AG 2021, 853 (860).

84 *Harnos/Holle*, AG 2021, 853 (860).

ee) Zwischenergebnis

Der Vorstand kann neben einem regulären Vorstandsverlangen im Sinne des § 119 Abs. 2 AktG gezielt von der Hauptversammlung die Fassung eines Konsultativbeschlusses in Geschäftsführungsfragen verlangen, um eine bindende Beschlussfassungsmöglichkeit der Hauptversammlung auszuschließen.[85] Indem der unternehmerische Klimaschutz als Geschäftsführungsangelegenheit unter den Anwendungsbereich des § 119 Abs. 2 AktG fällt,[86] kann der Vorstand von der Hauptversammlung eine konsultative Beschlussfassung diesbezüglich verlangen. Infolgedessen kommt der Hauptversammlung ein Beschlussrecht zu, sodass der Vorstand nach dem geltenden Aktienrecht ein unmittelbares Say on Climate-Votum zum unternehmerischen Klimaschutz, insbesondere zu einem selbstgewählten Klimatransformationsplan, erzeugen kann.[87]

ff) Einsatz durch Vorstände börsennotierter Aktiengesellschaften

Insgesamt hat sich bisher keine Marktpraxis für den Einsatz des § 119 Abs. 2 AktG als Say on Climate etabliert.[88] In Deutschland waren bei börsennotierten Gesellschaften vor 2023 keine unternehmensseitig eingeleiteten Hauptversammlungsbeschlüsse zum Klimaschutz im Sinne des Say on Climate zu verzeichnen.[89]

---

85 Vgl. zur Umsetzung im Einzelnen *Merkner/Schulenburg/Elixmann*, AG 2024, 257 (264 ff.).

86 Vgl. zur vorangehenden Einordnung von unternehmerischen Klimaschutzentscheidungen → C. I. 2.

87 Im Ergebnis auch *Bachmann*, ZGR 2018, 231 (235 ff.); *Berger*, BOARD 2022, 193 (194); *Çapa*, Konsultative Hauptversammlungsbeschlüsse, S. 102 ff.; *Drinhausen*, ZHR 186 (2022), 201 (205 ff.); *Fleischer*, DB 2022, 37 (43); *Fleischer/Hülse*, DB 2023, 44 (46); *Harnos/Holle*, AG 2021, 853 (857); *Illert/Schneider*, DB 2022, Heft 22, Beilage 02, 33 (34); *Jaspers*, AG 2022, 145 (150); *von der Linden/Winkler*, DB Beilage 02 2023, 40 (41); *Ott*, NZG 2020, 99 (103); *Reichert/Groh*, NZG 2023, 1500 (1503); *Roth/Ekkenga*, AG 2021, 409 (419); *Schäfer*, in Ghassemi-Tabar/Cordes, Handbuch Vorstand und Aufsichtsrat, S. 512 Rn. 21; *Spindler*, in Schmidt/Lutter, AktG, § 119 Rn. 59; *Steuer*, ZIP 2023, 13 (19); *Weller/Benz*, ZGR 2022, 563 (597 f.); *Weller/Hoppmann*, AG 2022, 640 (645); zu Unternehmensspenden *Fleischer*, AG 2001, 171 (177, 180); zum *Say on Human Rights Mock/Mohamed*, NZG 2022, 250 (356).

88 Merkner/Schulenburg/Elixmann, AG 2024, 257 (258).

89 *Berger*, BOARD 2022, 193; *Rieckers*, DB 2023, 306 (309); DB 2023, 373 (377); *Vetter*, in Nietsch, Nachhaltiges Aktienrecht, S. 93.

Im Jahr 2023 stand erstmals in der ordentlichen Hauptversammlung der Alzchem Group AG ein vom Vorstand verlangter Konsultativbeschluss über einen „Klimafahrplan“ der Verwaltung zur Abstimmung.[90] Der Beschlussvorschlag der Verwaltung nach § 124 Abs. 3 S. 1 AktG lautete, „den […] Klimafahrplan mit ihrem Votum [zu] unterstützen (Konsultativbeschluss)“.[91] Der Stimmrechtsberater Institutional Shareholder Services (ISS) warf der Alzchem AG mangelnde Transparenz in ihrem Klimatransformationsplan vor, monierte die Vergleichbarkeit der gewählten Parameter und erteilte schließlich eine negative Abstimmungsempfehlung.[92] Die Aktionäre stimmten der Vorstandsvorlage in der Hauptversammlung jedoch mit 95,3 % der abgegebenen Stimmen zu.[93]

---

90 Einladung zur ordentlichen Hauptversammlung der Alzchem Group AG am 11. Mai 2023, Tagesordnungspunkt 8, https://www.alzchem.com/fileadmin/Investor_Relations/Hauptversammlung/2023/20230328_Einladung_HV_2023.pdf, archiviert unter https://web.archive.org/web/20240220111011/https://www.alzchem.com/fileadmin/Investor_Relations/Hauptversammlung/2023/20230328_Einladung_HV_2023.pdf; Klimafahrplan der Alzchem Group AG, https://www.alzchem.com/fileadmin/Nachhaltigkeit/Alzchem-Klimafahrplan.pdf, archiviert unter https://web.archive.org/web/20240220111205/https://www.alzchem.com/fileadmin/Nachhaltigkeit/Alzchem-Klimafahrplan.pdf; jeweils zuletzt abgerufen am 15.05.2025; vgl. *Simons*, HV Magazin 04/2023, 34; vgl. die Berichterstattung bei *Harnos*, Vorreiter bei Say on Climate: die Alzchem Group AG, Blog Gesellschaftsrecht ottoschmidt, 21.04.2023, abrufbar unter https://blog.otto-schmidt.de/gesellschaftsrecht/2023/04/21/vorreiter-bei-say-on-climate-die-alzchem-group-ag/, zuletzt abgerufen am 15.05.2025; *Rieckers*, DB 2024, 439 (444 f.).

91 Einladung zur ordentlichen Hauptversammlung der Alzchem Group AG am 11. Mai 2023, Tagesordnungspunkt 8, S. 5, a.a.O. Fn. 90.

92 Nach eigenen Angaben der Alzchem AG im Rahmen des Vortrags von *Simons*, Praktische Erfahrungen mit „Say on Climate“, im Rahmen der Veranstaltung des Deutschen Aktieninstituts 20. Jahrestagung „Die Hauptversammlung“, 19.09.2023; zur Berichterstattung *Rieckers*, AG 2024, 439 (445); zur Abstimmung mit den Anforderungen der Stimmrechtsberater siehe *Merkner/Schulenburg/Elixmann*, AG 2024, 257 (263 f.).

93 Abstimmungsergebnisse zur ordentlichen Hauptversammlung der Alzchem Group AG am 11.05.2023, abrufbar unter https://www.alzchem.com/fileadmin/Investor_Relations/Hauptversammlung/2023/Abstimmungsergebnisse_2023.pdf, archiviert unter https://web.archive.org/web/20240220111314/https://www.alzchem.com/fileadmin/Investor_Relations/Hauptversammlung/2023/Abstimmungsergebnisse_2023.pdf, zuletzt abgerufen am 15.05.2025; vgl. *Obernosterer*, „Say on Climate“-Beschluss bei der Alzchem Group AG: Große Mehrheit der Aktionäre stimmt für Klimafahrplan,

In der Hauptversammlungssaison 2024 legte der Vorstand der GEA Group AG, ein im MDAX geführtes Unternehmen, den Aktionären zur konsultativen Abstimmung in der Hauptversammlung einen „Klimaplan 2040“ vor.[94] Der Beschlussvorschlag der Verwaltung nach § 124 Abs. 3 S. 1 AktG lautete, den „vom Vorstand aufgestellten [...] Klimaplan 2040 im Wege eines Konsultativbeschlusses zu billigen“.[95] Die Aktionäre stimmten der Vorstandsvorlage in der Hauptversammlung mit 98,44 % der abgegebenen Stimmen zu.[96] Die Bayer AG als erstes DAX geführtes Unternehmen plante nach einem Beitrag der Frankfurter Allgemeinen Zeitung aus dem Sommer 2024 in ihrer ordentlichen

---

Blog Gesellschaftsrecht ottoschmidt, 22.05.2023, abrufbar unter https://blog.otto-schmidt.de/gesellschaftsrecht/2023/05/22/say-on-climate-beschluss-bei-der-alzchem-group-ag-grosse-mehrheit-der-aktionaere-stimmt-fuer-klimafahrplan/, zuletzt abgerufen am 15.05.2025.

94 Einladung zur ordentlichen Hauptversammlung der GEA Group AG am 30.04.2024, Tagesordnungspunkt 9, abrufbar unter https://cdn.gea.com/-/media/investors/events-and-releases/annual-general-meeting/2024/einladung-hauptversammlung-gea-2024.pdf?rev=05b129369f2b4a47aca10f2b339fab66&sc_lang=de, archiviert unter https://web.archive.org/web/20240318103611/https://cdn.gea.com/-/media/investors/events-and-releases/annual-general-meeting/2024/einladung-hauptversammlung-gea-2024.pdf?rev=05b129369f2b4a47aca10f2b339fab66&sc_lang=de; Klimaplan 2040 der GEA Group AG, abrufbar unter https://cdn.gea.com/-/media/sustainability/climate-transition-plan2040-de.pdf?rev=e405b77502ed4ca3927ccab294273752, archiviert unter https://web.archive.org/web/20240318103727/https://cdn.gea.com/-/media/sustainability/climate-transition-plan2040-de.pdf?rev=e405b77502ed4ca3927ccab294273752; Ankündigung der GEA Group AG vom 12.12.2023, abrufbar unter https://www.gea.com/en/news/corporate/2023/climate-transition-plan/, archiviert unter https://web.archive.org/web/20240306091355/https://www.gea.com/en/news/corporate/2023/climate-transition-plan/; jeweils zuletzt abgerufen am 15.05.2025; vgl. die Berichterstattung bei *Rieckers*, DB 2024, 439 (445); *Wadewitz*, Börsen-Zeitung vom 28.12.2023, S. 9; *Becker*, Börsen-Zeitung vom 26.01.2024, S. 11; sowie die Aufarbeitung der beratenden Rechtsanwälte *Merkner/Schulenburg/Elixmann*, AG 2024, 257.

95 Einladung zur ordentlichen Hauptversammlung der GEA Group AG am 30.04.2024, Tagesordnungspunkt 9, S. 13, a.a.O. Fn. 94.

96 Abstimmungsergebnisse zur ordentlichen Hauptversammlung der GEA Group AG am 30.04.2024, abrufbar unter https://cdn.gea.com/-/media/investors/events-and-releases/annual-general-meeting/2024/gea-hv-2024-praesenz-abstimmergebnisse.pdf?rev=9e35deda14604fe2b7a00ace2e88ecff&sc_lang=de, archiviert unter https://web.archive.org/web/20240502121501/https://cdn.gea.com/-/media/investors/events-and-releases/annual-general-meeting/2024/gea-hv-2024-praesenz-abstimmergebnisse.pdf?rev=9e35deda14604fe2b7a00ace2e88ecff&sc_lang=de, zuletzt abgerufen am 15.05.2025.

Hauptversammlung 2025, eine Say on Climate-Abstimmung über ihren „Transition and Transformation Plan" durchzuführen.[97] Letztlich verzichtete die Bayer AG jedoch auf die Aufnahme eines solchen Tagesordnungspunktes für die ordentliche Hauptversammlung im April 2025, sodass es zu keiner Abstimmung der Hauptversammlung in der Sache kam.[98]

b) Ungeschriebene Hauptversammlungskompetenz zum unternehmerischen Klimaschutz

Es gilt zu klären, ob der Hauptversammlung eine ungeschriebene Beschlusskompetenz zum unternehmerischen Klimaschutz zukommt, auf welche sich ein Say on Climate-Votum stützen ließe.

aa) Bisheriger Stand der rechtswissenschaftlichen Diskussion

Trotz Entwicklung durch höchstrichterliche Rechtsfortbildung in der Holzmüller- und Gelatine-Rechtsprechung[99] besteht in der Rechtswissenschaft weiterhin Uneinigkeit über die dogmatische Grundlage[100] sowie die Voraussetzungen[101] der ungeschriebenen Hauptversammlungskompetenzen sowie über eine diesbezügliche Zulässigkeit eines Initiativrechts der

---

97 Siehe Frankfurter Allgemeine Zeitung, Bayer lässt Aktionäre über den Klimapfad abstimmen, vom 20.08.2024, abrufbar unter https://www.faz.net/aktuell/wirtschaft/unternehmen/deshalb-laesst-bayer-seine-aktionaere-ueber-den-klimapfad-abstimmen-19931540.html, zuletzt abgerufen am 15.05.2025; sowie den „Bayer Transition and Transformation Plan", abrufbar unter https://www.bayer.com/en/sustainability/climate-commitment-net-zero-2050, zuletzt abgerufen am 15.05.2025.

98 Einladung zur orderntlichen Hauptversammlung der Bayer AG am 25.04.2025, abrufbar unter https://www.bayer.com/de/investoren/einladung-tagesordnung-hv2025, zuletzt abgerufen am 15.05.2025.

99 Zunächst gestützt auf § 119 Abs. 2 in BGH, Urt. v. 25.02.1982 – II ZR 174/80, NJW 1982, 1703 (1705), nachfolgend: Holzmüller-Entscheidung; nunmehr richterliche Rechtsfortbildung seit der Gelatine-Rechtsprechung Urt. v. 26.04.2004 – II ZR 155/02, NJW 2004, 1860 (1863); Urt. v. 26.04.2004 – II ZR 154/02, NZG 2004, 575 (578), zusammen jeweils nachfolgend: Gelatine-Entscheidungen.

100 Vgl. im Überblick *Hoffmann*, in BeckOGK, AktG, § 119 Rn. 27, 30, 31, Stand: 01.10.2024; *Kubis*, in MüKo AktG, § 119 Rn. 32 ff.; 37 ff.

101 Beispielsweise die eigene Konzeption von Tröger, in Kölner Kommentar AktG, § 119 Rn. 103 ff.

Hauptversammlung[102].[103] Jedenfalls besteht nach der Rechtsprechung und im überwiegenden Schrifttum Einigkeit darüber, dass in der Rechtsfolge den Vorstand eine Vorlagepflicht gegenüber der Hauptversammlung für einen Zustimmungsbeschluss trifft.[104]

Die Literatur stimmt weitgehend darin überein, dass eine ungeschriebene Hauptversammlungskompetenz für einen Say on Climate-Beschluss keine Grundlage bilden kann.[105] *Jaspers* führt an, dass Voraussetzungen und Rechtsfolgen nach der Rechtsprechung für anders gelagerte Fälle entwickelt worden seien.[106] In der Sache verneint *Ott* das Vorliegen eines nach der Holzmüller- und Gelatine-Rechtsprechung geforderten Mediatisierungseffekts in Klima- und Umweltfragen, da die Aktionäre ihre Rechte unabhängig von der Klimapolitik der Gesellschaft weiter wahrnehmen könnten.[107] *Tröger* stützt sich bei der Verfolgung von Nachhaltigkeitszielen auf die Intensität der strategischen Entscheidung.[108] Danach könne in extrem gelagerten Fällen der radikalen Umstellung des Geschäftsmodells, welche durch eine Veränderung im Risikoprofil der Verbandsaktivitäten einen relevanten Grundlagencharakter aufweisen, eine ungeschriebene Zuständigkeit der Hauptversammlung

102 Vgl. im Überblick *Cahn*, in Kölner Kommentar AktG, § 83 Rn. 4; *Spindler*, in MüKo AktG, § 83 Rn. 6.

103 Vgl. generell zu den offenen Sachfragen *Kubis*, in MüKo AktG, § 119 Rn. 40; tiefergehend zur mangelnden Konsensfähigkeit *Hüffer*, in FS Ulmer, S. 279.

104 BGH, Urt. v. 25.02.1982 – II ZR 174/80, NJW 1982, 1703 (1704); Urt. v. 26.04.2004 – II ZR 155/02, NJW 2004, 1860 (1862 ff.); Urt. v. 26.04.2004 – II ZR 154/02, NZG 2004, 575 (577 ff.); *Bungert*, in MünchHdb AG, § 35 Rn. 21; *Herrler*, in Grigoleit, AktG, § 119 Rn. 36, 15; Koch, AktG, § 119 Rn. 26, 29, widersprechend Rn. 13b; *Kubis*, in MüKo AktG, § 119 Rn. 22; a.A. *Mülbert*, in Großkommentar AktG, § 119 Rn. 201.

105 Siehe nur *von Bomhard/Redeke*, in FS Strenger, S. 77 f.; Fleischer/Hülse, DB 2023, 44 (46); *Harnos/Holle*, AG 2021, 853 (856); *Illert/Schneider*, DB 2022, Heft 22, Beilage 02, 33 (34); *Koch*, AktG, § 119 Rn. 24b; *Ott*, NZG 2020, 99 (100); vgl. bezüglich ESG-Belange *Jaspers*, AG 2022, 145 (150); *Weller/Hoppmann*, AG 2022, 640 (643 f.); differenzierter Tröger, in Kölner Kommentar AktG, § 119 Rn. 51, 183a.

106 *Jaspers*, AG 2022, 145 (150).

107 *Ott*, NZG 2020, 99 (100); implizit *Koch*, AktG, § 119 Rn. 24b.

108 Tröger, in Kölner Kommentar AktG, § 119 Rn. 51, 183a; anschließend *Spindler*, in Schmidt/Lutter, AktG, § 119 Rn. 59, 21; zu *Trögers* Einordnung unternehmerischer Klimaschutzentscheidungen bereits → C. I. 2.

einschlägig sein.[109] Graduelle Anpassungen der unternehmerischen Klimapolitik zur Verwirklichung von Klimaneutralität stünden jedoch hinter einer Grundlagenentscheidung zurück.[110] Anders verhalte es sich in dem von *Tröger* angeführten Beispiel einer radikalen Umstellung der unternehmerischen Klimapolitik, wonach ein Mineralölkonzern im Rahmen des satzungsmäßigen Unternehmensgegenstandes kurzfristig auf die Produktion von erneuerbaren Energien umstellt und massive Deinvestitionen aus profitablen Geschäftsbereichen plant.[111]

bb) Bewertung

Die Urteile des Bundesgerichtshofs beziehen sich auf die Konzernumbildungskontrolle[112] und Konzernleitungskontrolle[113] durch die Hauptversammlung. Die richterliche Rechtsfortbildung unterliegt im Hinblick auf das Rechtsstaatsprinzip nach Art. 20 Abs. 3 GG engen Grenzen,[114] mitunter dem klar erkennbaren Willen des Gesetzgebers[115]. Der Bundesgerichtshof sieht in der Gelatine-Rechtsprechung den Mediatisierungseffekt als maßgeblich für ungeschriebene Hauptversammlungskompetenzen an, da es den Aktionären als Satzungsgeber zukommt, Gegenstand und Grenzen des Handelns der Leitungsorgane der Gesellschaft zu bestimmen.[116]

Für einen Say on Climate-Beschluss der Hauptversammlung ist ein Mediatisierungseffekt abzulehnen. Dieser entspricht nach der Rechtsprechung einer geschwächten mitgliedschaftlichen Stellung des Aktionärs, beispielsweise im

---

109 Tröger, in Kölner Kommentar AktG, § 119 Rn. 51, 183a; beachte nach *Trögers* Konzeption besteht kein Erfordernis eines Mediatisierungseffekts siehe Tröger, in Kölner Kommentar AktG, § 119 Rn. 103 ff., 109.

110 Tröger, in Kölner Kommentar AktG, § 119 Rn. 51; vgl. *Cahn*, in Kölner Kommentar AktG, § 76 Rn. 13.

111 Tröger, in Kölner Kommentar AktG, § 119 Rn. 183a; siehe dagegen für Änderungen des Unternehmensgegenstands → C. II. 2. c).

112 Vgl. Holzmüller, BGH, Urt. v. 25.02.1982 – II ZR 174/80, NJW 1982, 1703.

113 Vgl. Gelatine, BGH, Urt. v. 26.04.2004 – II ZR 155/02, NJW 2004, 1860; Urt. v. 26.04.2004 – II ZR 154/02, NZG 2004, 575.

114 Siehe nur *Jarass*, in Jarass/Pieroth, GG, Art. 20 Rn. 45, 65 ff.

115 BVerfG, Urt. v. 11.07.2012 – 1 BvR 3142/07, 1569/08, NJW 2012, 3081, Rn. 75 m.w.N.; *Jarass*, in Jarass/Pieroth, GG, Art. 20 Rn. 66; vertiefend *Larenz/Canaris*, Methodenlehre, S. 187 ff.

116 Gelatine, BGH, Urt. v. 26.04.2004 – II ZR 155/02, NJW 2004, 1860 (1863); Urt. v. 26.04.2004 – II ZR 154/02, NZG 2004, 575 (577).

Falle der beschränkten unmittelbaren Ausübung von Vermögens- und Verwaltungsrechten.[117] Nach dem dieser Untersuchung zugrunde gelegten Verständnis knüpft das Say on Climate an eine Mitsprachemöglichkeit zur generellen Unternehmensstrategie und dem darin berücksichtigten Klimaschutz an, welche abseits extrem gelagerter Sachverhalte als Geschäftsführungsangelegenheit zu qualifizieren ist.[118] Ein Anlassbezug, entsprechend *Trögers* Beispiel des umstrukturierenden Mineralölkonzerns,[119] entspricht nicht dem Say on Climate.[120] Zudem bleiben die Rechte der Aktionäre hinsichtlich der Gesellschaft unbeeinträchtigt, da es sich nicht auf die mitgliedschaftliche Stellung der Aktionäre und deren Ausübung von Vermögens- und Verwaltungsrechten auswirkt, dass die Klimakrise bereits gegenwärtig das künftige Geschäftsmodell in Frage stellt und wirtschaftliche Risiken nach dem aktuellen Stand der Wissenschaft erwartbar sind.[121] Beispielhaft sind bereits heute klimabedingte Einbrüche der Lieferkette oder das Aufbrauchen unternehmensrelevanter endlicher Ressourcen vorhersehbar. Jenseits des Say on Climate stellt sich die berechtigte Frage, inwieweit das Eintreten dieser künftigen Veränderungen die Rechtsstellung der Aktionäre im Sinne eines Mediatisierungseffekts einschränken wird. Diese langfristige Entwicklung verdeutlicht jedoch die gegenwärtig noch uneingeschränkte Rechtsstellung der Aktionäre, welche im Rahmen der gesetzlichen Möglichkeiten ihre Mitwirkungsrechte ausüben und sogar deinvestieren können.[122]

cc) Zwischenfazit

Im Ergebnis lässt sich das Say on Climate dogmatisch nicht auf eine ungeschriebene Hauptversammlungskompetenz stützen. Die umstrittene Rechtsfrage, ob der Hauptversammlung ein Initiativrecht in Fragen ihrer

---

117 Vgl. Holzmüller, BGH, Urt. v. 25.02.1982 – II ZR 174/80, NJW 1982, 1703; sowie Urt. v. 25.11.2022 – II ZR 133/01, NJW 2003, 1032 (1034); Gelatine, Urt. v. 26.04.2004 – II ZR 155/02, NJW 2004, 1860 (1863); Urt. v. 26.04.2004 – II ZR 154/02, NZG 2004, 575 (577).

118 Vgl. zu dem dieser Untersuchung zugrunde gelegten Verständnis → B. III.; vgl. zur Einordnung als Geschäftsführungsangelegenheit → C. I. 2.

119 Vgl. zur Darstellung des Beispiels → C. II. 1. b) aa).

120 Vgl. zu dem der Untersuchung zugrunde gelegten Verständnis → B. II. 2. und III.

121 Ebenso *Ott*, NZG 2020, 99 (100).

122 Ebenso *Ott*, NZG 2020, 99 (100); vgl. zur „Abstimmung mit Füßen" *Habersack*, AcP 220 (2020), 593 (637).

ungeschriebenen Kompetenz zukommt, kann im Ergebnis für das Say on Climate dahinstehen.[123]

c) Veranlassung eines Hauptversammlungsbeschlusses mittels Tagesordnungsergänzungsverlangens, § 122 Abs. 2 AktG

Schließlich verbleibt die Beschlussfassung der Hauptversammlung in Folge eines Tagesordnungsergänzungsverlangens nach § 122 Abs. 2 AktG, welches als Aktionärsrecht von einem Vorstandsverlangen gemäß § 119 Abs. 2 AktG[124] unabhängig ist. Das Instrument der aktionärsseitigen Ergänzung der Tagesordnung ist für das Say on Climate zweiseitig denkbar. Zunächst kommt eine Ergänzung der Tagesordnung mit einem unmittelbar auf unternehmerische Klimaschutzentscheidungen gerichteten Beschlussgegenstand in Betracht. An dieser Stelle gilt es zu erörtern, ob danach ein unmittelbares Say on Climate-Votum erwirkt werden könnte. Erst an späterer Stelle ist aufzugreifen, inwieweit sich der Beschlussgegenstand mittelbar auf unternehmerische Klimaschutzentscheidungen beziehen könnte (→ C. II. 2.).

aa) Grundsatz: kein Ergänzungsverlangen in Geschäftsführungsangelegenheiten

Nach § 122 Abs. 2 AktG kann eine qualifizierte Minderheit der Aktionäre verlangen, dass Gegenstände auf die Tagesordnung gesetzt und bekannt gemacht werden. Das erforderliche Quorum liegt nach § 122 Abs. 2 Satz 1 AktG bei Anteilen in Höhe von 5 % des Grundkapitals oder bei einem anteiligen Betrag von EUR 500.000,00 am Grundkapital. Den Vorstand trifft eine Bekanntmachungspflicht für formell ordnungsgemäße Ergänzungsverlangen, deren Beschlussgegenstände in der Zuständigkeit der Hauptversammlung liegen, die nicht missbräuchlich sind und sich auf eine zulässige Beschlussfassung

---

123 Ein Initiativrecht ablehnend *Martens*, ZHR 147 (1983), 377 (386); *Cahn*, in Kölner Kommentar AktG, § 83 Rn. 4; *Reger*, in Bürgers/Körber/Lieder, AktG, § 119 Rn. 28; a.A. *Arnold*, ZIP 2005, 1573 (1578); *Bürgers*, in Bürgers/Körber/Lieder, AktG, § 83 Rn. 2; *Fleischer*, in BeckOGK, AktG, § 83 Rn. 3, Stand: 01.10.2024; *Grigoleit*, in Grigoleit, AktG, § 83 Rn. 4; *Habersack/Foerster*, in Großkommentar AktG, § 83 Rn. 6; *Seibt*, in Schmidt/Lutter, AktG, § 83 Rn. 4; *Spindler*, in MüKo AktG, § 83 Rn. 6.

124 Vgl. Vorstandsverlangen im Sinne des § 119 Abs. 2 AktG → C. II. 1. a).

richten.[125] Dass der Abstimmungsgegenstand in den Zuständigkeitsbereich der Hauptversammlung fällt, ist nach einhelliger Meinung ungeschriebene Voraussetzung des § 122 Abs. 2 AktG.[126] Die Literatur ordnet das Fehlen einer Beschlusskompetenz der Hauptversammlung einerseits der missbräuchlichen Rechtsausübung zu[127] oder wertet dies andererseits als eigene weitere Schranke des Ergänzungsverlangens[128].

Es besteht nach der gegenwärtigen Rechtslage keine gesetzliche Zuständigkeit der Hauptversammlung für den unternehmerischen Klimaschutz. Nach dem hiesigen Verständnis ist das Say on Climate als Geschäftsführungsangelegenheit einzuordnen[129] und nicht Gegenstand einer ungeschriebenen Hauptversammlungskompetenz.[130] Ein Tagesordnungsergänzungsverlangen mit einem auf unternehmerische Klimaschutzentscheidungen gerichteten Beschlussziel ist demnach unzulässig, sodass die aktionärsseitige Veranlassung eines unmittelbaren Say on Climate-Votums mangels Hauptversammlungszuständigkeit scheitert.[131]

---

125 Siehe nur KG, Beschl. v. 12.03.2020 – 22 W 73/19, NZG 2020, 710 (711); OLG München, Beschl. v. 09.11.2009 – 31 Wx 134/09, AG 2010, 84 (85); vgl. auch *Koch*, AktG, § 122 Rn. 11, 18, 23; *Kubis*, in MüKo AktG, § 122 Rn. 15 ff., 35; *Kuthe/Beck*, AG 2019, 898 (904); *Marsch-Barner/von der Linden*, in Handbuch börsennotierte AG, § 34 Rn. 34.26; *Rieckers*, in BeckOGK, AktG, § 122 Rn. 24, 56, Stand: 01.10.2024; vgl. zu den Voraussetzungen im Einzelnen *Fest*, AG 2024, 269 (270 ff.).

126 Siehe nur KG, Beschl. v. 12.03.2020 – 22 W 73/19, NZG 2020, 710 (711); OLG München, Beschl. v. 09.11.2009 – 31 Wx 134/09, AG 2010, 84 (85); *Fest*, AG 2024, 269 (270 f.); *Kubis*, in MüKo AktG, § 122 Rn. 15, 35; *Kuthe/Beck*, AG 2019, 898 (904); *Rieckers*, in BeckOGK, AktG, § 122 Rn. 24, 56, Stand: 01.10.2024.

127 *Koch*, AktG, § 122 Rn. 12, 15, 23.

128 *Kubis*, in MüKo AktG, § 122 Rn. 15, 18, 35; *Rieckers*, in BeckOGK, AktG, § 122 Rn. 24, 25, 56, Stand: 01.10.2024.

129 Vgl. zu dem dieser Untersuchung zugrunde gelegten Verständnis → B. III., sowie zur Einordnung als Geschäftsführungsangelegenheit → C. I. 2.

130 Vgl. zur ungeschriebenen Hauptversammlungszuständigkeit → C. II. 1. b); vgl. zum Streitstand, ob hinsichtlich des Zuständigkeitserfordernisses eine ungeschriebene Kompetenz ausreichend wäre, *Albath*, Shareholder Activism, S. 151 ff. m.w.N.

131 So auch *Drinhausen*, ZHR 186 (2022), 201 (204); *Fleischer*, DB 2022, 37 (43); *Fleischer/Hülse*, DB 2023, 44 (46); *Harnos/Holle*, AG 2021, 853 (862 f.); *von der Linden/Winkler*, DB Beilage 02 2023, 40 (41); *Ott*, NZG 2020, 99 (99 f.); *Spindler*, in Schmidt/Lutter, AktG, § 119 Rn. 60; *Weller/Benz*, ZGR 2022, 563 (598); generell *Çapa*, Konsultative Hauptversammlungsbeschlüsse, S. 98 f.

bb) Sonderfall: vom Vorstand unverlangter Konsultativbeschluss der Hauptversammlung in Geschäftsführungsfragen

Es stellt sich die Frage, ob das Ergänzungsverlangen nach § 122 Abs. 2 AktG für konsultative Hauptversammlungsbeschlüsse in Geschäftsführungsfragen, insbesondere zu unternehmerischen Klimaschutzentscheidungen, die nicht Gegenstand eines Verlangens des Vorstands im Sinne von § 119 Abs. 2 AktG sind, eingesetzt werden kann. Die Zulässigkeit solcher „unverlangten Konsultativbeschlüsse" ist in Ermangelung einer ausdrücklichen gesetzlichen Regelung umstritten. Nachstehend ist die Konstellation zu definieren (1) und sich der rechtswissenschaftlichen Debatte über die Auslegungsmethoden zu nähern (2).

(1) Definition „unverlangter Konsultativbeschluss"

Ein Merkmal eines unverlangten Konsultativbeschlusses ist, dass ihm als beratender Hauptversammlungsbeschluss keine rechtliche Bindungswirkung zukommt.[132] Prägend ist weiterhin das Ausbleiben eines Verlangens nach einer Beschlussfassung im Sinne von § 119 Abs. 2 AktG durch den Vorstand. Somit ist ein unverlangter Konsultativbeschluss aktionärsseitig initiiert und grenzt sich von einem gezielt verlangten Konsultativbeschluss des Vorstands ab.[133] In Geschäftsführungsfragen ist es unverlangten Konsultativbeschlüssen immanent, dass für ihr Pendant eines ausführungsbedürftigen Hauptversammlungsbeschlusses keine Zuständigkeit der Hauptversammlung bestünde.

Die Konstellation des unverlangten Konsultativbeschlusses wird auch unter dem Begriff „Meinungsbeschluss" behandelt.[134] Allerdings ist es vorzugswürdig, von unverlangten Konsultativbeschlüssen zu sprechen,[135] da dies die aktionärsseitige Initiierung unabhängig von einem Beschlussverlangen des Vorstands gemäß § 119 Abs. 2 AktG verdeutlicht. Zudem kann

---

132 Vgl. die grundlegenden Ausführungen zu Konsultativbeschlüssen → C. II. 1. a) cc) (2).

133 Vgl. zum vom Vorstand gezielt verlangtem Konsultativbeschluss → C. II. 1. a) dd).

134 Beispielsweise *Harnos/Holle*, AG 2021, 853 (863); *Illert/Schneider*, DB 2022, Heft 22, Beilage 02, 33 (34); *Koch*, AktG, § 119 Rn. 11; *Ott*, NZG 2020, 99 (101); *Weller/Benz*, ZGR 2022, 563 (598); *Weller/Hoppmann*, AG 2022, 640 (644); auch Meinungsäußerung oder Stimmungsbild der Hauptversammlung in Beschlussform Mülbert, in Großkommentar AktG, Vor § 118 Rn. 32, 48 ff., 57.

135 So begrifflich auch *Çapa*, Konsultative Hauptversammlungsbeschlüsse, S. 157; *Fleischer*, AG 2010, 681 (689 f.); *Mülbert*, in Großkommentar AktG, § 119 Rn. 214.

„Meinungsbeschluss" missverständlich auch generell für Konsultativbeschlüsse stehen.[136]

(2) Zulässigkeit unverlangter Konsultativbeschlüsse in Geschäftsführungsfragen

Als Rechtsgrundlage unverlangter Konsultativbeschlüsse in Geschäftsführungsangelegenheiten kommt grundsätzlich § 122 Abs. 2 AktG in Betracht, da nach dem Wortlaut schlicht „Gegenstände" von dem Minderheitenrecht zur Ergänzung der Tagesordnung umfasst sind.[137] Ausschlaggebend wäre nach den bereits dargestellten Grundsätzen für Tagesordnungsergänzungsverlangen die einhellig vorausgesetzte Zuständigkeit der Hauptversammlung.[138] Da unverlangte Konsultativbeschlüsse keiner ausdrücklichen Regelung im Aktiengesetz unterliegen, sind deren aktienrechtliche Zulässigkeit und eine etwaige Beschlusszuständigkeit der Hauptversammlung mittels Auslegung zu erarbeiten.

(a) Gesetzeswortlaut

Das Aktiengesetz trifft keine Regelung für unverlangte Konsultativbeschlüsse. Nach dem Wortlaut von § 119 Abs. 1 Var. 1, 2 AktG kann die Hauptversammlung ausdrücklich nur „in den im Gesetz und in der Satzung ausdrücklich bestimmten Fällen" beschließen, sodass die fehlende aktienrechtliche Normierung bereits generell gegen eine Zulässigkeit unverlangter Konsultativbeschlüsse sprechen kann.[139] Eine abschließende Aussage ist dennoch nicht zu entnehmen, da diese Vorgabe für Beschlüsse nicht zwingend auch Konsultativbeschlüsse adressiert.

---

136 Beispielsweise *Drinhausen*, ZHR 186 (2022), 201 (207); *Fest*, AG 2024, 269 (276).

137 *Noack/Zetzsche*, in Kölner Kommentar AktG, § 122 Rn. 54; *Schirmer*, ZHR 188 (2024), 60 (84).

138 Vgl. zu den Grundsätzen des Tagesordnungsergänzungsverlangens → C. II. 1. c) aa); ausdrücklich für das Say on Climate *Fleischer/Hülse*, DB 2023, 44 (46); *Harnos/Holle*, AG 2021, 853 (862); *Vetter*, in Nietsch, Nachhaltiges Aktienrecht, S. 104; vgl. generell für das Ergänzungsverlangen von Konsultativbeschlüssen *Çapa*, Konsultative Hauptversammlungsbeschlüsse, S. 99; *Drinhausen*, ZHR 186 (2022), 201 (204 f.); *Gärtner/Himmelmann*, AG 2021, 256 (266); *Hell*, ZVglRWiss 119 (2020), 314 (335); *Illert/Schneider*, DB 2022, Heft 22, Beilage 02, 33 (34); *Ott*, NZG 2020, 99 (101).

139 *Hoffmann*, in BeckOGK, AktG, § 119 Rn. 81, Stand: 01.10.2024; *Hoffmann*, in Spindler/Stilz, AktG, 4. Auflage 2019, § 119 Rn. 54; siehe auch *Kneissl*, ZIP 2024, 2854 (2856).

Nach dem Wortlaut des § 119 Abs. 2 AktG setzen allein „Entscheidungen" der Hauptversammlung in Geschäftsführungsfragen ein Verlangen des Vorstands voraus.[140] Nicht auszuschließen ist, dass diese Einschränkung lediglich für bindende Beschlüsse gelten soll, sofern Konsultativbeschlüsse als Meinungsäußerung und Stellungnahme in Beschlussform nicht als Entscheidungen gewertet werden.[141] Mangels ausdrücklicher Differenzierung nach der Beschlusswirkung steht der Wortlaut von § 119 Abs. 2 AktG unverlangten Konsultativbeschlüssen nicht eindeutig entgegen.[142]

(b) Systematik

Nach der Systematik der aktienrechtlichen Kompetenzverteilung ist eine Zuständigkeit der Hauptversammlung für unverlangte Konsultativbeschlüsse abzulehnen, da keine ausdrückliche Zuweisung im Sinne von § 119 Abs. 1 Var. 1 AktG für eine beschlussförmige Meinungsäußerung bzw. beratende Beschlussfassung der Hauptversammlung in Geschäftsführungsangelegenheiten besteht.[143] Die Anordnung in § 119 Abs. 1 Var. 1 AktG gilt systematisch auch für Konsultativbeschlüsse, da diese aufgrund ihrer Beschlussqualität[144] mit bindenden, ausführungsbedürftigen Beschlüssen gleichzustellen sind. Zudem findet beispielsweise auch der Entlastungsbeschluss, der mit keiner unmittelbaren Rechtsfolge einhergeht, in § 120 AktG eine ausdrückliche Regelung.[145] In Geschäftsführungsfragen vertieft sich dieser Befund, da die Beschlusskompetenz der Hauptversammlung nach

---

140 Vgl. auch *Çapa*, Konsultative Hauptversammlungsbeschlüsse, S. 158.

141 *Drinhausen*, in Hölters/Weber, AktG, § 119 Rn. 11, jedoch im Ergebnis gegenläufig *Drinhausen*, ZHR 186 (2022), 201 (204 f.); *Schirmer*, ZHR 188 (2024), 60 (84); vgl. unverlangte Konsultativbeschlüsse im Ergebnis ablehnend *Harnos/Holle*, AG 2021, 853 (863).

142 *Çapa*, Konsultative Hauptversammlungsbeschlüsse, S. 158; *Fest*, AG 2024, 269 (276 f.).

143 *Bungert*, in MünchHdb AG, § 36 Rn. 60; *Drinhausen*, ZHR 186 (2022), 201 (204 f.); *Fest*, AG 2024, 269 (276 f.); *Gärtner/Himmelmann*, AG 2021, 256 (266); *Illert/Schneider*, DB 2022, Heft 22, Beilage 02, 33 (34); *Koch*, AktG, § 119 Rn. 11; *Ott*, NZG 2020, 99 (101); zum *Say on Human Rights Mock/Mohamed*, NZG 2022, 250 (356).

144 Vgl. zur Beschlussqualität → C. II. 1. a) cc) (2).

145 *Mülbert*, in Großkommentar AktG, § 119 Rn. 214; generell zum Entlastungsbeschluss siehe nur *Drinhausen*, in Hölters/Weber, AktG, § 120 Rn. 8 m.w.N.

§ 119 Abs. 2 AktG erst durch das Vorstandsverlangen entsteht und systematisch kein Spielraum für unverlangte Konsultativbeschlüsse besteht.[146]

Schließlich stützt das Einführen einer eigenen Rechtsgrundlage für das *Say on Pay* in § 120 Abs. 4 AktG a.F. durch das VorstAG[147] die Annahme, dass der Gesetzgeber nicht von einer aktienrechtlichen Zulässigkeit aktionärsseitig initiierter Konsultativbeschlüsse zur Vergütungspolitik ausging.[148] Durch die Ausgestaltung des § 120 Abs. 4 AktG a.F. als Beschlussrecht der Hauptversammlung entstand die Möglichkeit, eine Ergänzung der Tagesordnung um die Billigung des Vergütungssystems nach dem damaligen § 122 Abs. 2 AktG a.F. zu verlangen.[149] Somit spricht die Systematik der aktienrechtlichen Kompetenzverteilung, insbesondere die Einführung von § 120 Abs. 4 AktG a.F., gegen die Zulässigkeit unverlangter Konsultativbeschlüsse.

(c) Historie

Der Grundsatz, dass in Angelegenheiten der Geschäftsführung die Hauptversammlung nur nach vorherigem Verlangen des Vorstands entscheiden kann, wurde mit § 103 Abs. 2 AktG 1937 erstmalig eingeführt.[150] Die damalige Regelung entspricht dem Wortlaut des heutigen § 119 Abs. 2 AktG. In der Amtlichen Begründung für das Aktiengesetz 1937 hielt der damalige Gesetzgeber in Bezug auf das Erfordernis eines Vorstandsverlangens fest, dass eine „sonstige Stellungnahme der Hauptversammlung zur Geschäftsführung […]

---

146 *Çapa*, Konsultative Hauptversammlungsbeschlüsse, S. 99; *Fest*, AG 2024, 269 (276 f.); *Fleischer*, AG 2010, 691 (688); *Mülbert*, in Großkommentar AktG, § 119 Rn. 214; *Ott*, NZG 2020, 99 (101); *Tröger*, in Kölner Kommentar AktG, § 119 Rn. 19, 59; *Zöllner*, in Kölner Kommentar AktG, 1. Auflage 1985, § 119 Rn. 25 f., 33.

147 Gesetz zur Angemessenheit der Vorstandsvergütung, BGBl. 2009 I Nr. 50, S. 2509, nachfolgend: VorstAG.

148 *Çapa*, Konsultative Hauptversammlungsbeschlüsse, S. 158; *Hell*, ZVglRWiss 119 (2020), 314 (332); *Fleischer*, AG 2010, 691 (689 f.); *Tröger*, in Kölner Kommentar AktG, § 119 Rn. 19; *Vetter*, in Nietsch, Nachhaltiges Aktienrecht, S. 104; *Weller/Hoppmann*, AG 2022, 640 (644); a.A. *Schirmer*, ZHR 188 (2024), 60 (85 ff.).

149 Beschlussempfehlung und Bericht des Rechtsausschusses, BT-Drs. 16/13433, S. 12; *Drinhausen*, in Hölters, AktG, 3. Auflage 2017, § 120 Rn. 42; *Koch*, in Hüffer/Koch, AktG, 13. Auflage 2018, § 120 Rn. 22; *Kubis*, in MüKo AktG, 4. Auflage 2018, § 120 Rn. 46; vgl. *Hell*, ZVglRWiss 119 (2020), 314 (332); *Redenius-Hövermann/Bernhardt*, ZIP 2024, 603 (605).

150 Zum Aktiengesetz 1937 vgl. → C. I. 3. a).

für den Vorstand unverbindlich [sei]. Er [könne] ihr folgen, [brauche] es aber nicht."[151] Hieraus schließen Teile des Schrifttums, dass der historische Gesetzgeber unverlangte Konsultativbeschlüsse anerkannte.[152] Hierfür spricht, dass weit gefasste „sonstige Stellungnahmen" unverlangte Konsultativbeschlüsse einschließen könnten. Die Amtliche Begründung lässt jedoch keinen zwingenden Rückschluss auf die Zulässigkeit der Rechtsfigur von unverlangten Konsultativbeschlüssen zu, zumal sie sich lediglich auf die Rechtsfolge bezieht und „Stellungnahmen" keine Beschlussform voraussetzen müssen[153]. Konkretisierend kann die Einleitung der Amtlichen Begründung herangezogen werden, wonach die Erforderlichkeit des Vorstandsverlangens lediglich für „bindende Anweisungen" gelte.[154] Eine direkte, positive oder negative, Aussage über unverlangte Konsultativbeschlüsse wird jedoch nicht getroffen.

Die Kommentarliteratur zum Aktiengesetz 1937 hat vereinzelt auf die Amtliche Begründung Bezug genommen und die Zulässigkeit unverlangter Konsultativbeschlüsse anerkannt, da weder „Wortlaut noch Sinn des Gesetzes" zwingend eine Ablehnung von unverlangten Konsultativbeschlüssen voraussetzen würden.[155] Im Übrigen verblieb es größtenteils bei der Abhandlung der Rechtsfolgen unverlangter Konsultativbeschlüsse ohne eine Klärung der Zulässigkeit,[156] sodass sich kein einheitliches Bild ableiten lässt. Im Ergebnis

---

[151] Amtliche Begründung des AktG 1937, in *Klausing*, Aktiengesetz 1937, B. Amtliche Begründung, S. 88, entspricht Amtlicher Begründung im Deutschen Reichsanzeiger und Preußischen Staatsanzeiger, 1937 (Nr. 28), Anmerkungen der Verfasserin.

[152] So *Roth/Ekkenga*, AG 2021, 409 (419); *Roth*, NZG 2024, 1103 (1108); ebenso, jedoch unverlangte Konsultativbeschlüsse im Ergebnis ablehnend, *Harnos/Holle*, AG 2021, 853 (863); *Weller/Hoppmann*, AG 2022, 640 (644).

[153] Siehe für Stellungnahmen der Hauptversammlung die Erörterung anlässlich von gesetzlichen Tagesordnungspunkten → C. III. 1. a); zur mangelnden Aussagekraft für die Initiierung ebesno *Tröger*, in Kölner Kommentar AktG, § 119 Rn. 19 Fn. 88.

[154] Amtliche Begründung des AktG 1937, in *Klausing*, Aktiengesetz 1937, B. Amtliche Begründung, S. 3, entspricht Amtlicher Begründung im Deutschen Reichsanzeiger und Preußischen Staatsanzeiger, 1937 (Nr. 28).

[155] *Schmidt/Meyer-Landrut*, in Großkommentar AktG 1937, 2. Auflage 1961, § 103 Anm. 5.

[156] *Hueck/Hueck*, in Baumbach/Hueck, AktG 1937, 11. Auflage 1961, § 103 Anm. 4 B; *Teichmann/Köhler*, AktG 1937, 1. Auflage 1937, § 103 Anm. 3; 2. Auflage 1939, § 103 Anm. 3; *Köhler*, in Teichmann/Köhler, AktG 1937, 3. Auflage 1950, § 103 Anm. 3; *Würdinger*, Aktienrecht, 1. Auflage 1959, S. 134; siehe auch *Frels*, Überweisung und Übertragung von Zuständigkeiten der Organe der Aktiengesellschaft 1937, S. 245.

ist das Aktiengesetz 1937 für die Herleitung der Zulässigkeit unverlangter Konsultativbeschlüsse nicht ergiebig.

Die Begründung des Regierungsentwurfs des Aktiengesetzes 1965 betonte, dem geltenden Recht von 1937 entsprechen zu wollen sowie das Recht der Hauptversammlung zur Entscheidung über Fragen der Geschäftsführung nicht wesentlich zu erweitern, da sich die „Abgrenzung der Zuständigkeit [...] im großen und ganzen bewährt" habe.[157] Mit Verweis auf die Bindungswirkung von ausführungsbedürftigen Beschlüssen nach § 83 Abs. 2 AktG 1965[158] sei der Vorstand verpflichtet, der „Entscheidung" der Hauptversammlung zu folgen.[159] Diese Feststellung ist aufgrund des Zuschnitts auf Entscheidungen nicht eindeutig. Eine Übertragung auf unverlangte Konsultativbeschlüsse scheitert zudem an der fehlenden Ausführungsbedürftigkeit von Konsultativbeschlüssen.[160]

Die Kommentarliteratur zum Aktiengesetz 1965 nahm in den Folgejahren zunehmend von der Behandlung unverlangter Konsultativbeschlüsse Abstand.[161] Dies ist nur dann als Widerspruch zur Regierungsbegründung des Aktiengesetzes 1965 zu begreifen, sofern bereits in der Amtlichen Begründung und Kommentarliteratur zum Aktiengesetz 1937 eine überzeugende

---

157 Begründung des Regierungsentwurfs des AktG 1965, BT-Drs. 4/171, S. 120, 147 f., entspricht Abdruck der Regierungsbegründung zum AktG 1965, in *Kropff*, Aktiengesetz 1965, S. 95, 165.

158 Entspricht dem gegenwärtigen § 83 Abs. 2 AktG.

159 Begründung des Regierungsentwurfs des AktG 1965, BT-Drs. 4/171, S. 147 f., entspricht Abdruck der Regierungsbegründung zum AktG 1965, in *Kropff*, Aktiengesetz 1965, S. 165 f.

160 Vgl. zur Ausführungspflicht bei Bindungswirkung bereits → C. II. 1. a) cc) (1); zur Rechtsfolge von Konsultativbeschlüssen → C. II. 1. a) cc) (2).

161 So *Wilhelmi*, in Godin/Wilhelmi, AktG 1965, 4. Auflage 1971, § 119 Anm. 6, im Gegensatz zur vorhergehenden Auflage *Wilhelmi/Wilhelmi*, in Godin/Wilhelmi, AktG 1965, 3. Auflage 1967, § 119 Anm. 6; § 93 Anm. 22; so auch *Würdinger*, 4. Auflage 1981, S. 121, im Gegensatz zu den vorangehenden Auflagen *Würdinger*, Aktienrecht, 1. Auflage 1959, S. 134, 2. Auflage 1966, S. 121; 3. Auflage, S. 110; gänzlich unerwähnt von *Rowedder/Haberlandt*, in Möhring/Schwartz, Aktiengesellschaft 1965, 2. Auflage 1966, S. 161 ff.; vereinzelt bestätigen *Schmidt* und *Meyer-Landrut* weiterhin die Zulässigkeit unverlangter Konsultativbeschlüsse *Schmidt/Meyer-Landrut*, in Großkommentar AktG 1965, 3. Auflage 1973, § 119 Anm. 10; vgl. zu den Rechtsfolgen auch *Zöllner*, in Kölner Kommentar AktG, 1. Auflage 1985, § 119 Rn. 33.

Anerkennung von unverlangten Konsultativbeschlüssen gesehen wird.[162] Nach der hier zum Aktiengesetz 1937 vertretenen Auffassung ist dies nicht der Fall, sodass das Aktiengesetz 1965 keine weiteren wesentlichen Erkenntnisse enthält.

Schließlich liefern die Gesetzgebungsmaterialien zur Einführung des § 120 Abs. 4 AktG a.F. im Jahr 2009 Anhaltspunkte. Nach der Beschlussempfehlung des Rechtsausschusses gab der moderne Gesetzgeber der Hauptversammlung durch die Normierung einer „ausdrückliche[n] Hauptversammlungskompetenz" ein Instrument zur Kontrolle des bestehenden Vergütungssystems „an die Hand".[163] Ebenso sollten nach einem Debattenbeitrag „die Anteilseigner die Möglichkeit" bekommen, Konsultativbeschlüsse zu fassen.[164] Diese Auszüge sprechen dafür, dass der Gesetzgeber eine Kompetenz für Konsultativbeschlüsse neu schaffen wollte und davon ausging, dass davon abgesehen keine Konsultativbeschlüsse in Geschäftsführungsfragen möglich seien.[165] Die Gesetzesgenese steht somit im Ergebnis der Zulässigkeit unverlangter Konsultativbeschlüsse entgegen.

Darüber hinaus wird teilweise vorgeschlagen, in die Auswertung das US-amerikanische Gesellschaftsrecht und die Genese dort zulässiger Aktionärsanträge nach US SEC Rule 14a-8 einzubeziehen.[166] Zwar hat der Gesetzgeber das Aktiengesetz 1937 durch die Voranstellung des Vorstands und die Einschränkung der Hauptversammlung bewusst unter dem Einfluss des „Führerprinzips" an die US-amerikanische monistische Gesellschaftsstruktur[167]

---

162 So *Roth/Ekkenga*, AG 2021, 409 (419); *Roth*, NZG 2024, 1103 (1108); ebenso zur Historie, jedoch unverlangte Konsultativbeschlüsse im Ergebnis ablehnend, *Harnos/Holle*, AG 2021, 853 (863 f.); *Weller/Hoppmann*, AG 2022, 640 (644).

163 Beschlussempfehlung und Bericht des Rechtsausschusses zum VorstAG, BT-Drs. 16/13422, S. 12.

164 *Poß*, in Deutscher Bundestag, stenografischer Bericht, 227. Sitzung, Plenarprotokoll 16/227, S. 25129 (C).

165 *Çapa*, Konsultative Hauptversammlungsbeschlüsse, S. 158 f.; *Fleischer*, AG 2010, 691 (689 f.); *Weller/Hoppmann*, AG 2022, 640 (644);); mit Verweis auf die unionsrechtlichen Hintergründe zumindest „auf den ersten Blick" *Harnos/Holle*, AG 2021, 853 (864); a.A. *Schirmer*, ZHR 188 (2024), 60 (85 ff.).

166 Dafür *Roth/Ekkenga*, AG 2021, 409 (420).

167 Vgl. zur grundlegenden Kompetenzverteilung in den USA → D. I. 1.

angenähert.[168] Gleichwohl nahmen die Regierungsbegründungen zu den Aktienrechtsreformen 1937 und 1965 nicht auf US-amerikanische Aktionärsanträge Bezug, welche die dortige Hauptversammlungspraxis mit Entwicklung des Aktionärsaktivismus seit den 1930er Jahren prägten[169]. Somit ist ein rechtsvergleichendes Argument[170] zur Beurteilung der gegenwärtigen Rechtslage fernliegend.

(d) Sinn und Zweck

Die aktienrechtliche Kompetenzverteilung verfolgt das Ziel einer klaren Zuständigkeitsverteilung in Geschäftsführungsfragen sowie einer Machtbalance zwischen den Organen.[171] Zwar entfalten Konsultativbeschlüsse für den Vorstand keine Ausführungspflicht, sodass, im Gegensatz zu verbindlichen Beschlüssen der Hauptversammlung, die aktienrechtliche Kompetenzordnung im Grunde unangetastet bleibt.[172] Dies gilt jedoch nur für die Rechtsfolge der Beschlussfassung. Demgegenüber ist die Beschlusskompetenz der Hauptversammlung in Geschäftsführungsfragen in § 119 Abs. 1 AktG und unter Ergänzung des § 119 Abs. 2 AktG restriktiv gefasst[173] und gerade nicht als Universalkompetenz ausgestaltet[174]. Diese klare gesetzliche Vorgabe würde selbst durch rechtlich unverbindlich wirkende Konsultativbeschlüsse verschoben, wenn es den Aktionären ohne ausdrückliche Ermächtigung im Aktiengesetz eröffnet wäre, Geschäftsführungsangelegenheiten in

---

168 *Bruno*, ECFR 2012, 421 (441, 444); *Roth/Ekkenga*, AG 2021, 409 (420); *Kropff*, in Aktienrecht im Wandel, Band I, 16. Kapitel, Rn. 59; zu den Reformgedanken des Gesetzgebers im Jahr 1937 im Einzelnen *Zahn*, Wirtschaftsführertum und Vertragsethik, S. 1 f., 90 ff., 93 ff., 202 f.; zu den Vorschlägen des Aktienrechtsausschusses der Akademie für Deutsches Recht im Reformprozess *Bayer/Engelke*, in Aktienrecht im Wandel, Band I, 15. Kapitel, Rn. 16 ff.; vgl. zur Einführung des „Führerprinzips“ und zur Reform 1937 bereits → C. I. 3. a).

169 Vgl. zur Rechtslage der Aktionärsanträge nach US-amerikanischem Recht → D. II.; vertiefend zur historischen Entwicklung *Keltsch*, Aktionärsrechte, S. 91 ff.

170 So *Roth/Ekkenga*, AG 2021, 409 (420).

171 Vgl. zur gegenwärtigen Kompetenzverteilung in der Aktiengesellschaft → C. I. 1; sowie zu den historischen Hintergründen → C. I. 3.

172 Dieses Argument für unverlangte Konsultativbeschlüsse anführend *Schirmer*, ZHR 188 (2024), 60 (84 f.); anschließend *Beneke/Heidel/Lochner*, AG 2024, 528 (530).

173 *Harnos/Holle*, AG 2021, 853 (864); siehe auch *Kneissl*, ZIP 2024, 2854 (2856).

174 *Fest*, AG 2024, 269 (276 f.); siehe auch *Tröger*, in FS Cahn, S. 469.

Beschlussform zu bewerten.[175] Zudem dröhte der faktische Druck unverbindlicher Beschlüsse, die Entscheidungsfreiheit des Vorstands mangels Beschlusskompetenz der Hauptversammlung in rechtlich unzulässiger Weise zu beeinträchtigen.[176] Ferner kann ein mangels Vorstandsverlangen im Sinne des § 119 Abs. 2 AktG kompetenzwidriger (konsultativer) Hauptversammlungsbeschluss in Geschäftsführungsfragen nicht in einen (rechtmäßigen) unverlangten Konsultativbeschluss umgedeutet werden.[177] Auch kann die Tatsache, dass sich der Vorstand stets einem Erwartungsdruck der Aktionäre in der Hauptversammlung ausgesetzt sieht,[178] über die fehlende Beschlusskompetenz der Hauptversammlung nicht hinweghelfen. Zudem spricht die Wertung der Gelatine-Rechtsprechung im Grundsatz gegen unverlangte Konsultativbeschlüsse, da die richterliche Rechtsfortbildung lediglich im eng begrenzten Anwendungsbereich der Holzmüller- und Gelatine-Rechtsprechung die Hauptversammlungskompetenzen um ungeschriebene Beschlusskompetenzen erweiterte.[179] Letztlich würde durch die Zulässigkeit unverlangter Konsultativbeschlüsse eine aktienrechtlich nicht vorgesehene Überlastung der Hauptversammlung drohen, die auf entsprechende Anträge der Aktionäre gehalten wäre, eine Meinung zu einer Vielzahl möglicher Geschäftsführungsangelegenheiten zu bilden.[180] Dies stünde dem Zweck der mit dem Aktiengesetz 1937 neu geordneten Kompetenzverteilung entgegen, welche aus Effizienzgründen die kollektive Beschlussfassung der vormaligen Generalversammlung begrenzte.[181] Folglich sind unverlangte

175 *Fleischer*, AG 2010, 681 (689).

176 *Cahn*, NZG 2023, 299 (302); *Harnos/Holle*, AG 2021, 853 (864); *Hoffmann*, in BeckOGK, AktG, § 119 Rn. 81, Stand: 01.10.2024; *Hoffmann*, in Spindler/Stilz, AktG, 4. Auflage 2019, § 119 Rn. 54; *Ott*, NZG 2020, 99 (101); *Spindler*, in Schmidt/Lutter, AktG, § 119 Rn. 60; vgl. *Zöllner*, in Kölner Kommentar AktG, 1. Auflage 1985, § 119 Rn. 25; *de lege lata* offenlassend *Vetter*, in Nietsch, Nachhaltiges Aktienrecht, S. 105.

177 *Mülbert*, in Großkommentar AktG, § 119 Rn. 214; *Tröger*, in Kölner Kommentar AktG, § 119 Rn. 59; *Zöllner*, in Kölner Kommentar AktG, 1. Auflage 1985, § 119 Rn. 33.

178 So *Schirmer*, ZHR 188 (2024), 60 (87 f.).

179 Im Ergebnis auch *Harnos/Holle*, AG 2021, 853 (864); zur Bewertung der Holzmüller- und Gelatine-Rechtsprechung bereits → C. I. 3. b).

180 *Harnos/Holle*, AG 2021, 853 (864); ebenso *Cahn*, NZG 2023, 299 (302); vgl. auch *Vetter*, in FS Seibert, S. 1029 f., der grundsätzlich für eine Aktionärsbeteiligung einsteht.

181 Vgl. zur historischen Entwicklung der Kompetenzverteilung in der Aktiengesellschaft → C. 3. b); *Tröger*, in Kölner Kommentar AktG, § 119 Rn. 58; im Rechtsvergleich

Konsultativbeschlüsse grundsätzlich nicht mit dem Sinn und Zweck der geltenden aktienrechtlichen Kompetenzverteilung vereinbar.

(3) Zwischenfazit

Die Gesetzesauslegung spricht gegen die Zulässigkeit unverlangter Konsultativbeschlüsse. Aus systematischer, historischer und teleologischer Perspektive sind Konsultativbeschlüsse der Hauptversammlung in Geschäftsführungsangelegenheiten ohne ein Vorstandsverlangen im Sinne des § 119 Abs. 2 AktG mangels aktienrechtlicher Regelung und aufgrund der fehlenden Beschlusskompetenz der Hauptversammlung abzulehnen.

Mangels ausdrücklicher Normierung eines Beschlussrechts der Hauptversammlung für unverlangte Konsultativbeschlüsse gemäß § 119 Abs. 1 Var. 1 AktG ist davon auszugehen, dass der Gesetzgeber nicht beabsichtigte, in der Fassung des § 119 Abs. 2 AktG mit der Wortwahl „entscheiden" zwischen Konsultativbeschlüssen und bindenden Hauptversammlungsbeschlüssen in Geschäftsführungsfragen zu differenzieren. Nach vorzugswürdiger Ansicht kann der Vorstand auch gezielt Konsultativbeschlüsse von der Hauptversammlung in direkter oder analoger Anwendung des § 119 Abs. 2 AktG verlangen.[182] Daher ist im Ergebnis von einer redaktionellen Ungenauigkeit des Gesetzgebers auszugehen.

cc) Zwischenergebnis

Für unmittelbar auf unternehmerische Klimaschutzentscheidungen gerichtete Aktionärsvoten im Sinne des Say on Climate kann das Ergänzungsverlangen nach § 122 Abs. 2 AktG somit weder im Grundsatz noch über die Konstellation unverlangter Konsultativbeschlüsse eine Grundlage bieten.

dd) Reaktionsmöglichkeiten des Vorstands auf unzulässige Tagesordnungsergänzungsverlangen zu unternehmerischen Klimaschutzentscheidungen

Den Vorstand trifft für Ergänzungsverlangen keine Befolgungspflicht, wenn der Gegenstand außerhalb des Zuständigkeitsbereichs der Hauptversammlung

---

zweifelnd, jedoch *de lege lata* unverlangte Konsultativbeschlüsse im Ergebnis ablehnend, *Fleischer*, AG 2010, 691 (689 f.).

182 Vgl. zur Zulässigkeit gezielt verlangter Konsultativbeschlüsse → C. II. 1. a) dd) (1).

liegt.[183] Zudem wäre in einem solchen Fall von einer rechtsmissbräuchlichen aktionärsrechtlichen Rechtsausübung auszugehen, da nach der gegenwärtigen Rechtslage für unverlangte Konsultativbeschlüsse generell keine rechtliche Grundlage besteht und für Geschäftsführungsangelegenheiten der Vorstand zuständig ist.[184] Nichtdestotrotz ist der Vorstand nach Rechtsprechung und Lehre nicht verpflichtet, ein rechtswidriges bzw. rechtsmissbräuchliches Einberufungs- oder Ergänzungsverlangen zurückzuweisen.[185] Folglich würde der Vorstand nicht pflichtwidrig handeln, sollte er einem unzulässigen Ergänzungsverlangen der Aktionäre im Sinne des § 122 Abs. 2 AktG nachkommen.[186] Darüber hinaus könnte sich der Vorstand den Inhalt eines unzulässigen Ergänzungsverlangens zu eigen machen und in der Sache eine konsultative Beschlussfassung der Hauptversammlung nach § 119 Abs. 2 AktG verlangen.[187]

Teile der Literatur werten es bereits als Vorstandsverlangen nach § 119 Abs. 2 AktG gewertet, sollte der Vorstand einem unzulässigen Ergänzungsverlangen im Sinne des § 122 Abs. 2 AktG dennoch entsprechen.[188] Dem ist nicht zuzustimmen, da den Vorstand nicht die Pflicht trifft, die Hauptversammlung vor der Fassung eines rechtswidrigen Beschlusses zu schützen oder eine Rechtmäßigkeitskontrolle durchzuführen.[189] Zudem sind von einem Vorstandsverlangen im Sinne des § 119 Abs. 2 AktG eigene Beschlussvorschläge des Vorstands zu trennen, auch wenn keine Vorschlagspflicht des Vorstands

---

183 Vgl. für die Grundlagen des Tagesordnungsergänzungsverlangens → C. II. 1. c) aa).

184 Ausdrücklich für das Say on Climate *Koch*, AktG, § 122 Rn. 23; *Balke*, in Reichert, Arbeitshandbuch HV, § 40 Rn. 26; *Bungert*, in MünchHdb AG, § 36 Rn. 58; *Weller/Böbel/Jung*, ZIP 2025, 345 (353); generell *Bungert*, in MünchHdb AG, § 36 Rn. 64, 31; *Kubis*, in MüKo AktG, § 122 Rn. 21, 35; *Strohn*, ZHR 182 (2018), 114 (125 f.); vgl. auch generell zur Treuepflicht der Aktionäre *Link*, ZGR 2021, 904 (939).

185 BGH, Beschl. v. 08.12.2012 – II ZB 17/11, NZG 2012, 793 (794); OLG Düsseldorf, Urt. v. 05.07.2012, NZG 2013, 546 (547); vgl. *Çapa*, Konsultative Hauptversammlungsbeschlüsse, S. 100 f.; 156 f.; *Koch*, AktG, § 122 Rn. 23; *Marsch-Barner/von der Linden*, in Handbuch börsennotierte AG, § 34 Rn. 34.26; *Rieckers*, in BeckOGK, AktG, § 122 Rn. 29, 57, § 124 Rn. 66, Stand: 01.10.2024.

186 Ebd.

187 *Çapa*, Konsultative Hauptversammlungsbeschlüsse, S. 101, 156 f.; vgl. zum Vorstandsverlangen sowie der Bewertung im Sinne des Say on Climate → C. II. 1. a), insb. ee).

188 *Çapa*, Konsultative Hauptversammlungsbeschlüsse, S. 101, 156 f.

189 OLG Düsseldorf, Urt. v. 05.07.2012, NZG 2013, 546 (547); *Rieckers*, in BeckOGK, AktG, § 122 Rn. 29, 57, Stand: 01.10.2024.

nach § 124 Abs. 3 S. 3 AktG besteht[190]. Möchte der Vorstand von der Hauptversammlung über den Inhalt eines unzulässigen Ergänzungsverlangens eine Beschlussfassung nach § 119 Abs. 2 AktG verlangen, muss sich diese Vorgehensweise erkennbar von einem bloßen Beschlussvorschlag abgrenzen.

d) Keine neue Gewichtung der Rechtslage durch *Corporate Sustainability Due Diligence*-Richtlinie

Auf das nunmehr abgeschlossene Gesetzgebungsverfahren der *Corporate Sustainability Due Diligence*-Richtlinie, kurz CSDDD, ist an dieser Stelle kurz hinzuweisen. Der Rechtsausschuss des Europäischen Parlaments schlug in Änderungsantrag 166 zum Kommissionsvorschlag des damaligen Art. 15 Abs. 1[191] vor, „gegebenenfalls" eine Genehmigung des auf die unternehmerische Klimaschutzstrategie bezogenen Plans durch die Aktionäre einzuführen.[192] Das Europäische Parlament verzichtete in seinem anschließenden Entwurf vom 01.06.2023 auf die Umsetzung dieses Änderungsantrags und auf eine Aktionärsbeteiligung.[193] Die *Corporate Sustainability Due Diligence*-Richtlinie beinhaltet in ihrer finalen Fassung keine Kompetenz der Hauptversammlung oder der Aktionäre zur Billigung des nunmehr nach Art. 22 CSDDD vorgesehenen Klimatransformationsplans.[194]

---

190 *Bungert*, in MünchHdb AG, § 36 Rn. 91; *Kubis*, in MüKo AktG, § 124 Rn. 32.

191 Vorschlag der EU-Kommission für eine Richtlinie des Europäischen Parlaments und des Rates über die Sorgfaltspflichten von Unternehmen im Hinblick auf Nachhaltigkeit und zur Änderung der Richtlinie (EU) 2019/1937, COM(2022) 71.

192 Rechtsausschuss des Europäischen Parlaments, Entwurf eines Berichts zu dem Vorschlag für eine Richtlinie des Europäischen Parlaments und des Rates über die Sorgfaltspflichten von Unternehmen im Hinblick auf Nachhaltigkeit und zur Änderung der Richtlinie (EU) 2019/1937 (COM(2022)0071 – C9.0050/2022 – 2022/0051(COD)), vom 07.11.2022, Änderungsantrag 166.

193 Europäisches Parlament, Abänderungen des Europäischen Parlaments vom 1. Juni 2023 zu dem Vorschlag für eine Richtlinie des Europäischen Parlaments und des Rates über die Sorgfaltspflichten von Unternehmen im Hinblick auf Nachhaltigkeit und zur Änderung der Richtlinie (EU) 2019/1937 (COM(2022)0071 – C9.0050/2022 – 2022/0051(COD)), P9_TA (2023)0209, Abänderung 247.

194 Im Wortlaut „Übergangsplan zur Minderung der Folgen des Klimawandels" nach Richtlinie (EU) 2024/1760 des Europäischen Parlaments und des Rates vom 13. Juni 2024 über die Sorgfaltsplichten von Unternehmen im Hinblick auf Nachhaltigkeit und zur Änderung der Richtlinie (EU) 2019/1937 und der Verordnung (EU) 2023/2859,

e) Zwischenergebnis

Das Aktienrecht sieht keine originäre Beschlusskompetenz der Hauptversammlung vor, die unmittelbar auf unternehmerische Klimaschutzentscheidungen gerichtet ist. Die gegenwärtige Rechtslage lässt kein aktionärsseitig initiiertes, unmittelbares Say on Climate-Votum zu. Im Einzelnen kann ein unmittelbar auf unternehmerische Klimaschutzentscheidungen gerichteter Hauptversammlungsbeschluss weder auf eine geschriebene noch auf eine ungeschriebene Hauptversammlungszuständigkeit gestützt werden. Aufgrund der Einordnung als Geschäftsführungsangelegenheit besteht eine Beschlusskompetenz der Hauptversammlung lediglich in Abhängigkeit von einem Vorstandsverlangen nach § 119 Abs. 2 AktG.

Erst mit dem tatsächlichen Verlangen einer Beschlussfassung durch den Vorstand entsteht für die Hauptversammlung eine Beschlussmöglichkeit in der respektiven Geschäftsführungsangelegenheit. Entscheidet sich der Vorstand für ein Vorstandsverlangen im Sinne des § 119 Abs. 2 AktG, entspricht dies nach internationalem Verständnis einem sog. *Management Proposal.*[195] Der Vorstand kann nach § 119 Abs. 2 AktG gezielt von der Hauptversammlung einen Konsultativbeschluss verlangen, um deren bestehende Reaktionsmöglichkeiten einzuschränken und eine Bindungswirkung zu vermeiden. Verlangt der Vorstand die Beschlussfassung im Bereich des unternehmerischen Klimaschutzes und der unternehmerischen Klimaschutzstrategie, insbesondere in Gestalt eines Klimatransformationsplans, sind die Hauptversammlungsbeschlüsse als unmittelbares Say on Climate-Votum zu erfassen.

Mangels Beschlusszuständigkeit der Hauptversammlung können Aktionäre für ein unmittelbares Say on Climate-Votum nicht erfolgreich auf das Instrument des Tagesordnungsergänzungsverlangens nach § 122 Abs. 2 AktG zurückgreifen. Das Aktiengesetz erkennt die Rechtsfigur unverlangter Konsultativbeschlüsse in Geschäftsführungsfragen nicht an. Den Vorstand trifft in der Folge für unzulässige Ergänzungsverlangen zum unternehmerischen Klimaschutz keine Bekanntmachungspflicht.

ABl. der Europäischen Union, L 2024/1760, nachfolgend *Corporate Sustainability Due Diligence*-Richtlinie, kurz CSDDD.

[195] Vgl. hierzu → B. I. 2.

2. Mittelbare Einbeziehung unternehmerischer Klimaschutzentscheidungen in anderweitige Beschlusskompetenzen

Ein Aktionärsvotum zum Klimaschutz kann indirekt auf Klimaschutzaspekte gestützt werden, wenn für einen Hauptversammlungsbeschluss Tagesordnungspunkte, die für sich genommen keine unternehmerischen Klimaschutzentscheidungen betreffen, als Erörterungsmöglichkeit genutzt werden und somit die Aktionäre in ihre Stimmrechtsausübung ihre eigene Bewertung des unternehmerischen Klimaschutzes einbeziehen können. Eine indirekte Bewertung der unternehmerischen Klimapolitik in Beschlussform könnte ein mittelbares Say on Climate-Votum abbilden. Als Grundlage kommen insbesondere das Votum zur Vorstandsentlastung (a), das Votum zum Vergütungssystem (b), das Votum zur Satzungsänderung (c) sowie der Weisungsbeschluss gegenüber dem Vorstand nach § 83 Abs. 1 AktG (d) in Betracht. Deren Anwendungsbereich, Zulässigkeit und Reichweite in Klimaschutzfragen sind nachstehend zu erarbeiten und einer Bewertung im Sinne des Say on Climate zu unterziehen.

a) Votum zur Vorstandsentlastung, §§ 119 Abs. 1 Nr. 4, 120 AktG

Zunächst kommt für ein mittelbares Say on Climate-Votum das Votum zur Vorstandsentlastung und die Verweigerung der Entlastung in Betracht. Die Hauptversammlung ist nach §§ 119 Abs. 1 Nr. 4, 120 Abs. 1 S. 1 AktG zuständig für die alljährliche Entlastung der Mitglieder des Vorstands. Den Vorstand trifft nach § 83 Abs. 1 AktG die entsprechende Vorbereitungspflicht. Die erteilte Entlastung des Vorstands billigt nach § 120 Abs. 2 S. 1 AktG dessen Verwaltung der Gesellschaft und beurteilt dessen Wahrnehmung von Geschäftsführungsaufgaben in der Entlastungsperiode.[196] Die Entlastung erfolgt nach §§ 120 Abs. 1 S. 1, 133 AktG in Beschlussform. Die Verweigerung der Entlastung wird teilweise allein in der mehrheitlichen Ablehnung eines auf Entlastung gerichteten Beschlussantrags gesehen.[197] Nach anderer

---

196 BGH, Urt. v. 20.05.1985 – II ZR 165/84, NJW 1986, 129; *Albath*, Shareholder Activism, S. 88; *Hoffmann*, in BeckOGK, AktG, § 120 Rn. 2, Stand: 01.10.2024; *Kubis*, in MüKo AktG, § 120 Rn. 14; *Liebscher*, in Henssler/Strohn, AktG, § 120 Rn. 2; *Tröger*, in Kölner Kommentar AktG, § 120 Rn. 26 f.

197 *Drinhausen*, in Hölters/Weber, AktG, § 120 Rn. 10; *Hoffmann*, in BeckOGK, AktG, § 120 Rn. 8, Stand: 01.10.2024; *Mülbert*, in Großkommentar AktG, § 120 Rn. 99.

Ansicht kann der Beschlussantrag auch negativ auf die Verweigerung der Entlastung gerichtet sein.[198]

Die Entlastungsentscheidung richtet sich auf die Rechtmäßigkeit sowie die Zweckmäßigkeit des Verwaltungshandelns.[199] In der Bewertung der Zweckmäßigkeit haben die Aktionäre ein weites Ermessen.[200] Die (Nicht-) Entlastung hat keine unmittelbare Rechtsfolge, insbesondere bewirkt sie nach § 120 Abs. 2 S. 2 AktG keinen Verzicht auf die Geltendmachung von Ersatzansprüchen.[201] Dennoch kann die Entastungsentscheidung aufgrund der starken Öffentlichkeitswahrnehmung faktische Auswirkungen nach sich ziehen.[202]

aa) Einbeziehung unternehmerischer Klimaschutzentscheidungen

Der Tagesordnungspunkt der Vorstandsentlastung fällt „naturgemäß“ mit Fragen der Geschäftsführung zusammen.[203] Folglich können die Aktionäre anlässlich der Entlastung des Vorstands unternehmerische Klimaschutzentscheidungen[204] in der Hauptversammlung erörtern und die Ergebnisse in ihr Entlastungsvotum einfließen lassen.[205] Da den Aktionären in der

---

198 *Kubis*, in MüKo AktG, § 120 Rn. 6, 29; *Spindler*, in Schmidt/Lutter, AktG, § 120 Rn. 20; *Zöllner*, in Kölner Kommentar AktG, 1. Auflage 1985, § 120 Rn. 40.

199 *Bungert*, in MünchHdb AG, § 35 Rn. 46; *Hoffmann*, in BeckOGK, AktG, § 120 Rn. 27 ff., Stand: 01.10.2024; *Kubis*, in MüKo AktG, § 120 Rn. 15; vgl. Macotron-Entscheidung, BGH, Urt. v. 25.11.2002 – II ZR 133/01, NJW 2003, 1032.

200 *Bungert*, in MünchHdb AG, § 35 Rn. 46; vgl. „weitgehendes Ermessen“ *Spindler*, in Schmidt/Lutter, AktG, § 120 Rn. 33; vgl. „freies Ermessen“ *Hoffmann*, in BeckOGK, AktG, § 120 Rn. 28 f., Stand: 01.10.2024; *Kubis*, in MüKo AktG, § 120 Rn. 17; vgl. „pflichtgemäßes Ermessen“, „nahezu“ freies Ermessen *Mülbert*, in Großkommentar AktG, § 120 Rn. 89.

201 *Kubis*, in MüKo AktG, § 120 Rn. 33 ff.; *Liebscher*, in Henssler/Strohn, AktG, § 120 Rn. 9; *Mülbert*, in Großkommentar AktG, § 120 Rn. 42 ff., 56 ff.

202 BGH, Urt. v. 20.05.1985 – II ZR 165/84, NJW 1986, 129 (130); *Drinhausen*, in Hölters/Weber, AktG, § 120 Rn. 5; *Hoffmann*, in BeckOGK, AktG, § 120 Rn. 2, Stand: 01.10.2024; *Kubis*, in MüKo AktG, § 120 Rn. 35, 14; *Liebscher*, in Henssler/Strohn, AktG, § 120 Rn. 2; dazu auch *Albath*, Shareholder Activism, S. 88 f.; *Drinhausen*, ZHR 186 (2022), 201 (209); *Inci*, Shareholder Engagement, S. 115 f.; *Ott*, NZG 2020, 99 (102); *Weller/Hoppmann*, AG 2022, 640 (645).

203 *Spindler*, in Schmidt/Lutter, AktG, § 119 Rn. 14.

204 Vgl. zur Einordnung als Geschäftsführungsangelegenheit → C. I. 2.

205 *Fleischer*, AG 2010, 681 (690); *Fleischer/Hülse*, DB 2023, 44 (46); *Harnos/Holle*, AG 2021, 853 (856); *Ott*, NZG 2020, 99 (101 f.); vgl. zu ESG-Belangen *Jaspers*, AG 2022, 145

Zweckmäßigkeitsbeurteilung ein weites Ermessen zukommt, können sie den unternehmerischen Klimaschutzentscheidungen des Vorstands einen hohen Stellenwert in ihrer Bewertung einräumen,[206] auch wenn der Vorstand im Übrigen pflichtgemäß gehandelt haben sollte.[207]

bb) Bewertung im Sinne des Say on Climate

Durch die Bewertung unternehmerischer Klimaschutzentscheidungen anlässlich der Entlastung des Vorstands können mittelbar Geschäftsführungsangelegenheiten in die Beschlussfassung der Hauptversammlung einbezogen werden. Diese Vorgehensweise nutzen aktive Aktionäre und institutionelle Investoren bereits, um ihre (Un-)Zufriedenheit auszudrücken.[208] Jedoch fehlt an einer Konzentration auf den Klimaschutzaspekt, da der Entlastungsbeschluss oder die Verweigerung der Entlastung sich generell mit der gesamten Geschäftsführung des Vorstands befasst und keine ausdrückliche, für den Vorstand unmittelbar erkennbare, Aussprache der Aktionäre zu unternehmerischen Klimaschutzentscheidungen enthält.[209]

b) Votum zum Vergütungssystem, § 120a Abs. 1 AktG

Weiterhin kommt für ein mittelbares Say on Climate-Votum das *Say on Pay* als Votum zum Vergütungssystem nach § 120a Abs. 1 AktG in Betracht. Das *Say on Pay* umfasst nach § 120a Abs. 1 AktG einen Hauptversammlungsbeschluss

---

(152); *Weller/Hoppmann*, AG 2022, 640 (645); vgl. zu CSR *Habersack*, AcP 220 (2020), 593 (637); *Vetter*, ZGR 2018, 338 (374); vgl. generell zur Erörterungsmöglichkeit in Geschäftsführungsangelegenheiten *Koch*, AktG, § 119 Rn. 11; *Kubis*, in MüKo AktG, § 119 Rn. 18; *Mülbert*, in Großkommentar AktG, § 119 Rn. 192; *Tröger*, in Kölner Kommentar AktG, § 119 Rn. 47; *Zöllner*, in Kölner Kommentar AktG, 1. Auflage 1985, § 119 Rn. 26.

206 Vgl. auch *Harnos/Holle*, AG 2021, 853 (856); vgl. zu den engen Grenzen der Anfechtbarkeit *Hoffmann*, in BeckOGK, AktG, § 120 Rn. 39, Stand: 01.10.2024; *Spindler*, in Schmidt/Lutter, AktG, § 120 Rn. 55.

207 *Bachmann*, ZHR (187) 2023, 166 (179).

208 *Drinhausen*, ZHR 186 (2022), 201 (209); *Inci*, Shareholder Engagement, S. 116; *Hoffmann*, in BeckOGK, AktG, § 120 Rn. 2, Stand: 01.10.2024; *Balke*, in Reichert, Arbeitshandbuch HV, § 40 Rn. 29.

209 *Drinhausen*, ZHR 186 (2022), 201 (209); *Harnos/Holle*, AG 2021, 853 (856 f.); *Spindler*, in Schmidt/Lutter, AktG, § 119 Rn. 60; *Weller/Benz*, ZGR 2022, 563 (597); *Weller/Hoppmann*, AG 2022, 640 (645, 647); vgl. *Schäfer/Wucherer*, AG 2023, 483 (487); *Schirmer*, ZHR 188 (2024), 60 (81 f.); ebenso *Berger*, BOARD 2022, 193 (194 f.).

über die Billigung des vom Aufsichtsrat vorgelegten Vergütungssystems börsennotierter Unternehmen.[210]

aa) Einbeziehung unternehmerischer Klimaschutzentscheidungen

Der Aufsichtsrat hat nach § 87 Abs. 1 S. 2 AktG die Vergütungsstruktur des Vorstands „auf eine nachhaltige und langfristige Entwicklung der Gesellschaft auszurichten". Die gegenwärtige Fassung der Norm geht auf die Umsetzung der Aktionärsrechte-Richtlinie II[211] durch das ARUG II[212] im Jahr 2019 zurück. Es ist gegenwärtig ungeklärt, ob der Aufsichtsrat danach verpflichtet ist, ESG-Ziele in der Vergütungsstruktur zu berücksichtigen.[213] Denn bereits zuvor stellte der Wortlaut des § 87 Abs. 1 S. 2 AktG a.F.[214] allein auf die „nachhaltige Unternehmensentwicklung" ab, ohne dass Gesetz und Gesetzesmaterialien eine ausdrückliche Konkretisierung enthielten.[215] Somit verstand das Schrifttum „Nachhaltigkeit" im Sinne des § 87 Abs. 1 S. 2 AktG a.F. bislang allgemein zeitlich als „Langfristigkeit".[216] Im Gesetzgebungsverfahren zum ARUG II verfolgte die Bundesregierung in der Einbringung des Gesetzesentwurfs zunächst die „redaktionelle Anpassung", die „nachhaltige Unternehmensentwicklung" durch die „langfristige Entwicklung der Gesellschaft" zu ersetzen, womit nach der Begründung „keinerlei inhaltliche[…] Änderung

---

[210] *Hoffmann*, in BeckOGK, AktG, § 120a Rn. 19, Stand: 01.10.2024; *Kubis*, in MüKo AktG, § 120a Rn. 10; *Liebscher*, in Henssler/Strohn, AktG, § 120a Rn. 4.

[211] Richtlinie (EU) 2017/828 des Europäischen Parlaments und des Rates vom 17.05.2017, zur Änderung der Richtlinie 2007/36/EG im Hinblick auf die Förderung der langfristigen Mitwirkung der Aktionäre, ABl. der Europäischen Union, L 332/1, nachfolgend: Aktionärsrechte-Richtlinie II.

[212] Gesetz zur Umsetzung der zweiten Aktionärsrechterichtlinie ARUG II, BGBl. 2019 I Nr. 50, S. 2637; zur Motivationslage des Gesetzgebers siehe Gesetzesentwurf der Bundesregierung, Entwurf eines Gesetzes zur Umsetzung der zweiten Aktionärsrechterichtlinie (ARUG II), BT-Drs. 19/9739, S. 72, 90 ff.

[213] Tiefergehend *Arnold/Herzberg/Zeh*, AG 2021, 141; *Jaspers*, AG 2022, 145 (153); *Spindler*, in MüKo AktG, § 87 Rn. 90; *Velte*, NZG 2020, 12; DStR 2022, 440 (442 ff.).

[214] § 87 Abs. 1 S. 2 AktG in der bis zum 01.01.2020 geltenden Fassung, nachfolgend: AktG a.F.

[215] Siehe Beschlussempfehlung und Bericht des Rechtsausschusses, BT-Drs. 16/13433, S. 4, 10.

[216] *Koch*, in Hüffer/Koch, AktG, 13. Auflage 2018, § 87 Rn. 10 f.; *Spindler*, in MüKo AktG, 5. Auflage 2019, § 87 Rn. 79; *Weber*, in Hölters, AktG, 3. Auflage 2017, § 87 Rn. 30.

einhergeh[e]".[217] Demgegenüber setzte sich im Laufe des Gesetzgebungsverfahren im Ausschuss für Recht und Verbraucherschutz die inhaltliche Position des Gesetzgebers durch, dass durch die „Dopplung der Begriffe [...] der Aufsichtsrat bei der Festsetzung der Vergütung [...] auch soziale und ökologische Gesichtspunkte in den Blick zu nehmen ha[be]".[218]

Auch angesichts der Neufassung des § 87 Abs. 1 S. 2 AktG lehnen weite Teile der Literatur eine Verpflichtung des Aufsichtsrats, ESG-Ziele für die variable Vergütung festzusetzen, ab und legen die Norm überzeugend allein in zeitlicher Hinsicht aus.[219] Denn der Begründung des Ausschusses für Recht und Verbraucherschutz ist nicht zwingend eine Verpflichtung des Aufsichtsrats über die bloße Erwägung sozialer und ökologischer Gesichtspunkte hinaus zu entnehmen.[220] Der Unionsgesetzgeber verwendet in der dem ARUG II zugrundeliegenden Aktionärsrechte-Richtlinie II nur in der englischen und französischen Fassung „Nachhaltigkeit" für die Ausrichtung der Vorstandsvergütung und setzt den Begriff ausdrücklich in einen zeitlichen Zusammenhang.[221] Schließlich spricht auch der unveränderte § 87 Abs. 1 S. 3 AktG mit seinem Bezug auf Satz 2 („*daher*") weiterhin für ein zeitliches Verständnis.[222]

Gleichwohl nehmen Aufsichtsräte ESG- und Nachhaltigkeits-Ziele regelmäßig in die variable Vergütung auf.[223] Dem Aufsichtsrat kommt für die Aufstellung des Vergütungssystems nach §§ 87, 87a AktG ein nach §§ 116, 93 Abs. 1 S. 2 AktG nur eingeschränkt überprüfbarer

217 Gesetzesentwurf der Bundesregierung, Entwurf eines Gesetzes zur Umsetzung der zweiten Aktionärsrechterichtlinie (ARUG II), BT-Drs. 19/9739, S. 11, 72.

218 Beschlussempfehlung und Bericht des Ausschusses für Recht und Verbraucherschutz (6. Ausschuss) zu dem Gesetzentwurf der Bundesregierung – Drucksachen 19/9739, 19/10507, BT-Drs. 19/15153, S. 55.

219 *Koch*, in AktG, § 87 Rn. 26; *Seibt*, in Schmidt/Lutter, AktG, § 87 Rn. 23; *Regelin*, in Nietsch, Nachhaltiges Aktienrecht, S. 53 ff.; *Spindler*, in MüKo AktG, § 87 Rn. 90, a.A. *Fleischer*, in BeckOGK, AktG, § 87 Rn. 36, Stand: 01.10.2024; *Velte*, NZG 2020, 12 (14).

220 *Koch*, in AktG, § 87 Rn. 26 m.w.N.

221 *Seibt*, in Schmidt/Lutter, AktG, § 87 Rn. 23 sowie Rn. 10 mit Verweis auf die englische und französische Fassung des Art. 9a Abs. 6 UAbs. 1 S. 1 Aktionärsrechte-Richtlinie II.

222 *Regelin*, in Nietsch, Nachhaltiges Aktienrecht, S. 53.

223 *Arnold/Herzberg/Zeh*, AG 2021, 141 (141 f., 145) „marktüblich" für DAX-Unternehmen; *Fleischer*, DB 2022, 37 (42); *Häller/Hoegen*, ZVglRWiss 120 (2021), 209 (218); *Weller/Benz*, ZGR 2022, 563 (588 f.); für CSR-Ziele *Harbarth*, ZGR 2018, 379 (400 f.).

Entscheidungsspielraum zu.[224] Die vorgegebene Vergütungsstruktur bindet den Vorstand nicht, incentiviert ihn jedoch, die jeweiligen Ziele zu erreichen.[225] ESG-Ziele, die als Bestandteil des Vergütungssystems festgesetzt sind, sind Gegenstand der Billigung des Vergütungssystems durch die Hauptversammlung in Beschlussform nach § 120 Abs. 1 AktG. Die Beschlusskompetenz ermöglicht den Aktionären, adressierte unternehmerische Klimaschutzentscheidungen in der Hauptversammlung zu erörtern und die Ergebnisse in ihr Votum zum Vergütungssystem einfließen zu lassen.[226] Auf den Inhalt des Vergütungssystems selbst hat die Hauptversammlung keinen Einfluss.[227] Es besteht jedoch die Möglichkeit, dass ein ablehnender *Say on Pay*-Beschluss den Aufsichtsrat dazu bewegt, zukünftig unternehmerische Klimaschutzentscheidungen hervorgehoben in der Vorstandsvergütung zu berücksichtigen.[228]

bb) Bewertung im Sinne des Say on Climate

Institutionelle Investoren nutzen vermehrt das Votum zum Vergütungssystem, um unternehmerischen Klimaschutz zu verfolgen.[229] Beispielsweise haben Allianz Global Investors und Cevian Capital öffentlich zugesagt, Vergütungssysteme ohne transparente und ambitionierte ESG-Erfolgskennziffern

224 Siehe *Dauner-Lieb*, in Henssler/Strohn, AktG, § 87 Rn. 8; *Fleischer*, in BeckOGK, AktG, § 87 Rn. 46, Stand: 01.10.2024.

225 *Habersack*, AcP 220 (2020), 593 (638); *Häller/Hoegen*, ZVglRWiss 120 (2021), 209 (215); *Weller/Hoppmann*, AG 2022, 640 (645); zum Anreizeffekt *Needham/Schildhauer/Müller*, Der Konzern 2021, 155 (161); *Velte*, DStR 2022, 440 (444 ff.).

226 *Jaspers*, AG 2022, 145 (153 f.); vgl. zum *„Say on ESG"* *Weller/Hoppmann*, AG 2022, 640 (645); grundsätzlich zur Erörterung von Geschäftsführungsangelegenheiten *Koch*, AktG, § 119 Rn. 11; *Kubis*, in MüKo AktG, § 119 Rn. 18; *Mülbert*, in Großkommentar AktG, § 119 Rn. 192; *Spindler*, in Schmidt/Lutter, AktG, § 119 Rn. 14; *Tröger*, in Kölner Kommentar AktG, § 119 Rn. 47; *Zöllner*, in Kölner Kommentar AktG, 1. Auflage 1985, § 119 Rn. 26.

227 *Koch*, AktG, § 120a Rn. 4.

228 Zum *„Say on ESG"* *Weller/Hoppmann*, AG 2022, 640 (645); vgl. auch *Jaspers*, AG 2022, 145 (153).

229 Siehe *von der Linden*, in Nietsch, Nachhaltiges Aktienrecht, S. 140 ff.; *von der Linden/Winkler*, DB Beilage 02 2023, 40; *Mock/Velte*, AG 2022, 885 (892); *Scheil*, in Ghassemi-Tabar/Cordes, Handbuch Vorstand und Aufsichtsrat, S. 1238 Rn. 38; *Weller/Hößl/Seeman*, ZGR 2024, 180 (189 f.).

künftig auf Hauptversammlungen abzulehnen.[230] Diese Vorgehensweise bietet zwar tatsächlich eine Mitsprache der Aktionäre, die jedoch betrifft ein ablehnender *Say on Pay*-Beschluss das Vergütungssystem in seiner Gesamtheit und lässt die Bewertung des Klimaschutzes durch die Aktionäre nicht unmittelbar erkennen. Das *Say on Pay* ist daher im Ergebnis nicht geeignet, zielgenau eine Mitsprache zur unternehmerischen Klimapolitik zu eröffnen.[231]

cc) Keine neue Gewichtung des Votums zum Vergütungssystem durch die *Corporate Sustainability Due Diligence*-Richtlinie

Der ursprüngliche Vorschlag der Europäischen Kommission einer *Corporate Sustainability Due Diligence*-Richtlinie aus dem Jahr 2022 sah in Art. 15 Abs. 3 des Vorschlags die Ausrichtung der variablen Vergütung der Verwaltung auf die Umsetzung eines von den betroffenen Unternehmen zu erstellenden Klimaplans vor.[232] Der Europäische Rat strich diese Regelung jedoch in seiner Allgemeinen Ausrichtung.[233] Das Europäische Parlament griff zwar in seinem Richtlinien-Entwurf vom 01.06.2023 die Thematik wieder auf.[234] Nach

---

230 *Stobbe/Zimmerman*, F.A.Z., Gastbeitrag in Frankfurter Allgemeine Zeitung, Finanzen, vom 26.04.2022; Allianz Global Investors, Mitteilung 22.02.2022, abrufbar unter https://www.allianzgi.com/en/press-centre/media/press-releases/allianzgi-insists-eu-large-caps-link-exec-pay-to-esg-kpis, archiviert unter https://web.archive.org/web/20240220111500/https://www.allianzgi.com/en/press-centre/media/press-releases/allianzgi-insists-eu-large-caps-link-exec-pay-to-esg-kpis; Cevian Capital, Mitteilung vom 03.03.2021, abrufbar unter https://www.ceviancapital.com/esg/, archiviert unter https://web.archive.org/web/20240220111633/https://www.ceviancapital.com/wp-content/uploads/2021/03/03.03.2021-Cevian-Capital-Requires-ESG-Targets-in-Management-Compensation-Plans.pdf; jeweils zuletzt abgerufen am 15.05.2025.

231 Ebenso *Spindler*, in Schmidt/Lutter, AktG, § 119 Rn. 60; *Weller/Hoppmann*, AG 2022, 640 (647); vgl. *Schäfer/Wucherer*, AG 2023, 483 (489).

232 Vorschlag der EU-Kommission für eine Richtlinie des Europäischen Parlaments und des Rates über die Sorgfaltspflichten von Unternehmen im Hinblick auf Nachhaltigkeit und zur Änderung der Richtlinie (EU) 2019/1937, COM(2022) 71.

233 Allgemeine Ausrichtung des Rates vom 30.11.2022, 15024/1/22 REV 1, S. 98.

234 Europäisches Parlament, Abänderungen des Europäischen Parlaments vom 1. Juni 2023 zu dem Vorschlag für eine Richtlinie des Europäischen Parlaments und des Rates über die Sorgfaltspflichten von Unternehmen im Hinblick auf Nachhaltigkeit und zur Änderung der Richtlinie (EU) 2019/1937 (COM(2022)0071 – C9.0050/2022 – 2022/0051(COD)), P9_TA (2023)0209, Abänderung 256, in dieser Fassung nachfolgend: CSDDD-EP-2023.

Art. 15 Abs. 3 S. 1 CSDDD-EP-2023 wäre bei Unternehmen mit durchschnittlich mehr als 1.000 Beschäftigten die variable Vergütung der Verwaltung an dem nach Art. 15 Abs. 1 CSDDD-EP-2023 zu erstellenden Klimatransformationsplan auszurichten gewesen. Diese Aufstellung der variablen Vergütung hätte nach Art. 15 Abs. 3 S. 2 CSDDD-EP-2023 den Gesellschaftern zur Billigung vorgelegt werden sollen.[235] In die finale Fassung der *Corporate Sustainability Due Diligence*-Richtlinie hat diese Regelung aber keinen Einzug gefunden.[236] Dem *Say on Pay* kommt künftig daher keine neue Bedeutung mit Blick auf das Say on Climate zu.

c) Votum zur Satzungsänderung, §§ 119 Abs. 1 Nr. 6, 179 Abs. 1, 2 AktG

Überdies kommt für ein mittelbares Say on Climate-Votum die Beschlussfassung der Hauptversammlung über eine Satzungsänderung nach §§ 119 Abs. 1 Nr. 6, 179 Abs. 1, 2 AktG in Betracht. Eine Satzungsänderung kann insbesondere den Unternehmensgegenstand als notwendigen Satzungsinhalt nach § 23 Abs. 3 Nr. 2 AktG betreffen.[237] Der Gegenstand des Unternehmens beschreibt die Art der Tätigkeit, welche die Gesellschaft zu betreiben beabsichtigt.[238] Daneben kann die Hauptversammlung auch den Gesellschaftszweck in der Satzung bestimmen.[239] Der Gesellschaftszweck beschreibt den finalen Sinn des Zusammenschlusses und liegt nach dem Leitbild des Aktiengesetzes, in Ermangelung einer satzungsmäßigen Regelung, regelmäßig in der Absicht, Gewinn zu erzielen.[240] Unternehmensgegenstand sowie Gesellschaftszweck begrenzen die Geschäftsführungsbefugnis des Vorstands

235 Dies als „mittelbares" Say on Climate bewertend *Kühle*, NZG 2023, 1583 (1586).

236 Richtlinie (EU) 2024/1760 des Europäischen Parlaments und des Rates vom 13. Juni 2024 über die Sorgfaltsplichten von Unternehmen im Hinblick auf Nachhaltigkeit und zur Änderung der Richtlinie (EU) 2019/1937 und der Verordnung (EU) 2023/2859, ABl. der Europäischen Union, L 2024/1760, nachfolgend *Corporate Sustainability Due Diligence*-Richtlinie, kurz CSDDD.

237 Allgemein *Tieves*, Unternehmensgegenstand, S. 139 ff.

238 St. Rechtsprechung zur GmbH, vgl. BGH, Beschl. v. 09.11.1987 – II ZB 49/87, NJW 1988, 1087 (1088); *Holzborn*, in BeckOGK, AktG, § 179 Rn. 64, Stand: 01.02.2024; *Pentz*, in MüKo AktG, § 23 Rn. 69; *Stein*, in MüKo AktG, § 179 Rn. 101.

239 Siehe dazu *Koch*, AktG, § 23 Rn. 22; § 179 Rn. 33.

240 *Fleischer*, in BeckOGK, AktG, § 82 Rn. 27, Stand: 01.10.2024; *Koch*, AktG, § 23 Rn. 22; § 82 Rn. 9; § 179 Rn. 33; *Limmer*, in BeckOGK, AktG, § 23 Rn. 36 f., Stand: 01.02.2024.

und legen ihm ein Unterschreitungsverbot auf.[241] Es besteht für die Satzungsänderung grundsätzlich das Erfordernis einer qualifizierten Mehrheit von drei Vierteln des bei der Beschlussfassung vertretenen Grundkapitals nach § 179 Abs. 2 S. 1 AktG, wenn nicht in den Fällen des Satzes 2, beispielsweise für die Änderung des Unternehmensgegenstands, die Satzung eine größere Kapitalmehrheit vorsieht.[242] Die Änderung des Gesellschaftszwecks setzt entsprechend § 33 Abs. 1 S. 2 BGB die Zustimmung aller Aktionäre voraus.[243]

aa) Einbeziehung unternehmerischer Klimaschutzentscheidungen

Gegenwärtig stellt sich in der rechtswissenschaftlichen Diskussion, teilweise im Zusammenhang mit der *Corporate Purpose*-Debatte, die Frage, wie die Hauptversammlung zulässigerweise eine klimafreundliche Unternehmenspolitik in der Satzung verankern kann.[244] Die inhaltlichen Ausgestaltungsmöglichkeiten einer Satzungsänderung wie auch die Möglichkeiten, unternehmerische Klimaschutzentscheidungen im Rahmen des Unternehmensgegenstands einzubeziehen und diesen zu konkretisieren, sind vielzählig.

Die Satzungsautonomie der Hauptversammlung findet jedoch in dem Grundsatz der aktienrechtlichen Satzungsstrenge nach § 23 Abs. 5 AktG ihre Grenzen. Nach Satz 1 kann die Satzung von den Vorschriften des Aktiengesetzes nur abweichen, wenn es ausdrücklich zugelassen ist. Ergänzende

---

241 *Fleischer*, in BeckOGK, AktG, § 82 Rn. 27 ff., Stand: 01.10.2024; *Holzborn*, in BeckOGK, AktG, § 179 Rn. 66, Stand: 01.02.2024; *Koch*, AktG, § 23 Rn. 21; § 82 Rn. 9 f.; *Limmer*, in BeckOGK, AktG, § 23 Rn. 33, Stand: 01.10.2024.

242 Vgl. *Holzborn*, in BeckOGK, AktG, § 179 Rn. 65, Stand: 01.02.2024.

243 *Holzborn*, in BeckOGK, AktG, § 179 Rn. 62, Stand: 01.02.2024; *Koch*, AktG, § 23 Rn. 22; § 179 Rn. 33; *Pentz*, in MüKo AktG, § 23 Rn. 70; a.A. *Wiedemann*, in Großkommentar AktG, 4. Auflage 2006, § 179 Rn. 56.

244 *Fest*, AG 2024, 269 (271 ff.); *Fleischer*, AG 2017, 509 (514); *Habersack*, AcP 220 (2020), 593 (638 f.); *Harbarth*, ZGR 2018, 379 (395 f.); *Hoffmann*, in BeckOGK, AktG, § 119 Rn. 73, Stand: 01.02.2024; in ESG-Belangen *Verse/Tassius*, in Hommelhoff/Hopt/Leyens, Handbuch Unternehmensführung, § 7 Rn. 38 ff.; generell zum *Corporate Purpose* siehe *Fleischer*, ECFR 2021, 161; ZIP 2021, 5 (11); in BeckOGK, AktG, § 76 Rn. 49 f., Stand: 01.10.2024; *Habersack*, in FS Windbichler, S. 707; speziell zum Klimaschutz *Drinhausen*, ZHR 186 (2022), 201 (205 f.); *Fleischer*, DB 2022, 37 (43); *Weller/Benz*, ZGR 2022, 563 (595 f.); speziell zur Achtung der Menschenrechte *Mock/Mohamed*, NZG 2022, 250 (351 ff.); *Sharaf*, ZIP 2022, 1427; vgl. zur Pflicht den Unternehmensgegenstand zu ändern *Bachmann*, ZHR (187) 2023, 166 (185 f.).

Bestimmungen sind nach Satz 2 zulässig, wenn das Aktiengesetz keine abschließende Regelung enthält. So schließt § 23 Abs. 5 S. 1 AktG zunächst die statutarische Begründung einer nicht im Aktiengesetz angelegten Hauptversammlungszuständigkeit in Fragen der Geschäftsführung aus, da die Zuständigkeitsverteilung in § 119 Abs. 2 AktG abschließend ist.[245] Insbesondere hat § 119 Abs. 1 Var. 2 AktG keine konstitutive Wirkung für Beschlusszuständigkeiten der Hauptversammlung.[246]

Auch die Geschäftsführungskompetenz des Vorstands, einschließlich dessen Leitungsautonomie, begrenzt nach seiner umfassenden und abschließenden Ausgestaltung in §§ 76 Abs. 1, 77, 119 Abs. 2 AktG Änderungen und Konkretisierungen des Unternehmensgegenstands.[247] Unzulässig ist es, wenn durch die Fassung des Unternehmensgegenstands der Vorstand zum bloßen „Befehlsempfänger" herabsinkt und sein Zuständigkeitsbereich unterlaufen wird.[248] Insbesondere drohen Satzungsänderungen zur Unternehmensführung mit hoher Regelungsdichte und detailspezifischer Ausgestaltung, die Leitungsautonomie des Vorstands nach § 76 Abs. 1 AktG auszuhöhlen.[249]

Allgemeine Rahmenvorgaben und abstrakt-generelle Regelungen eines Nachhaltigkeitsbezugs sind zulässige Konkretisierungen des

---

245 *Çapa*, Konsultative Hauptversammlungsbeschlüsse, S. 101 f.; *Tröger*, in Kölner Kommentar AktG, § 119 Rn. 81 f.; *Mülbert*, in Großkommentar AktG, § 119 Rn. 189 f., 215; *Spindler*, in Schmidt/Lutter, AktG, § 119 Rn. 2.

246 *Tröger*, in Kölner Kommentar AktG, § 119 Rn. 81; *Mülbert*, in Großkommentar AktG, § 119 Rn. 189.

247 Im Fall Maybach/Smart OLG Stuttgart, Beschl. v. 22.07.2006 – 8 W 271/06, NZG 2006, 790; *Koch*, AktG, § 23 Rn. 36; *Tieves*, Unternehmensgegenstand, S. 150.

248 *Fleischer*, in BeckOGK, AktG, § 82 Rn. 33, Stand: 01.10.2024; *Habersack/Foerster*, in Großkommentar AktG, § 82 Rn. 26; *Limmer*, in BeckOGK, AktG, § 23 Rn. 36, Stand: 01.10.2024; *Röhricht*, in Großkommentar AktG, 4. Auflage 2004, § 23 Rn. 85; *Röhricht/Schall*, in Großkommentar AktG, § 23 Rn. 120; *Seibt*, in Schmidt/Lutter, AktG, § 82 Rn. 15; *Tieves*, Unternehmensgegenstand, S. 153; *Verse/Tassius*, in Hommelhoff/Hopt/Leyens, Handbuch Unternehmensführung, § 7 Rn. 43; *Wiedemann*, in Großkommentar AktG, 4. Auflage 2006, § 179 Rn. 67.

249 Zur Abgrenzung im Einzelfall *Fleischer*, in BeckOGK, AktG, § 82 Rn. 33, Stand: 01.10.2024; *Röhricht*, in Großkommentar AktG, 4. Auflage 2004, § 23 Rn. 85 f.; *Röhricht/Schall*, in Großkommentar AktG, § 23 Rn. 120; *Seibt*, in Schmidt/Lutter, AktG, § 82 Rn. 15; *Tieves*, Unternehmensgegenstand, S. 142 ff., 150 ff.; *Vetter*, in Nietsch, Nachhaltiges Aktienrecht, S. 85 ff.; „engmaschige" Purpose- oder Klimaschutz-Klauseln ablehnend *Fleischer*, ZIP 2021, 5 (11 f.); DB 2022, 37 (43); Der Aufsichtsrat 2022, 26 (27).

Unternehmensgegenstands, wenn dies vom Gesellschaftszweck gedeckt ist.[250] Beispielsweise gelten als zulässige Beschränkungen des Unternehmensgegenstands der Ausschluss umweltschädlicher Produkte und Produktionsverfahren[251], der Ausschluss von Rüstungsproduktion[252] sowie, bei einem Energieversorgungsunternehmen, die Beschränkung auf Stromerzeugung durch Windkraft oder Solarenergie[253]. Konkrete Weisungen in der Satzung zum unternehmerischen Klimaschutz sind hingegen unzulässig, da die Hauptversammlung für Maßnahmen der Geschäftsführung nicht zuständig ist.[254] Beispielsweise als unzulässig gilt, die Geschäftstätigkeit mit einzelnen ganz bestimmten Produkten satzungsmäßig zu untersagen[255] oder verbindliche jährliche CO_2-Reduktionsziele festzuschreiben[256]. Im Gegensatz zu verbindlichen Zielen werden strategische CO_2-Rahmenvorgaben teilweise als zulässig eingestuft, da sie flexibler seien.[257] In dem vieldiskutierten Fall Volkswagen hat jüngst das Oberlandesgericht Braunschweig rechtskräftig die indirekte Steuerungswirkung von Berichtspflichten auf den Vorstand adressiert.

(1) Der Fall Volkswagen

Gegenstand des Falls Volkswagen war eine aktionärsseitig verfolgte Satzungsänderung zur Einführung einer Berichtspflicht des Vorstands der Volkswagen AG (VW). Das Church of England Pensions Board (CEPB) koordinierte diesbezüglich für die Hauptversammlung 2022 ein Tagesordnungsergänzungsverlangen

---

250 *Verse/Tassius*, in Hommelhoff/Hopt/Leyens, Handbuch Unternehmensführung, § 7 Rn. 43; *Vetter*, in Nietsch, Nachhaltiges Aktienrecht, S. 87; zu CSR-Satzungsklauseln *Fleischer*, AG 2017, 509 (514); zum Gemeinwohlbelangen *Habersack*, AcP 220 (2020), 593 (638 f.); im Fall Maybach/Smart OLG Stuttgart, Beschl. v. 22.07.2006 – 8 W 271/06, NZG 2006, 790 (791).

251 *Vetter*, in Nietsch, Nachhaltiges Aktienrecht, S. 87.

252 *Oltmanns/Quass*, in Heidel, AktR, § 82 Rn. 8.

253 *Cahn*, in Kölner Kommentar AktG, § 82 Rn. 29.

254 Vgl. OLG Stuttgart, Beschl. v. 22.07.2006 – 8 W 271/06, NZG 2006, 790 (791); AG Braunschweig, Beschl. v. 16.03.2023, 118 AR 13/22, BeckRS 2023, 6903 Rn. 17; *Röhricht/Schall*, in Großkommentar AktG, § 23 Rn. 120; vgl. zur fehlenden Hauptversammlungskompetenz → C. II. 1.

255 Im Fall Maybach/Smart OLG Stuttgart, Beschl. v. 22.07.2006 – 8 W 271/06, NZG 2006, 790 (791).

256 *Fleischer*, DB 2022, 37 (43); Der Aufsichtsrat 2022, 26 (27); *Weller/Benz*, ZGR 2022, 563 (595 f.).

257 *Fleischer*, DB 2022, 37 (43); Der Aufsichtsrat 2022, 26 (27).

sieben aktivistischer Aktionäre nach § 122 Abs. 2 S. 1 AktG.[258] Nach der vorgeschlagenen Satzungsänderung sollte der Vorstand insbesondere die Auswirkungen der klimabezogenen Lobbyaktivitäten des Konzerns im Nachhaltigkeitsbericht (nichtfinanzielle Erklärung) offenlegen.[259] Der VW-Vorstand sah davon ab, das Ergänzungsverlangen nach § 124 Abs. 1 S. 1 AktG bekanntzumachen und in der Hauptversammlung 2022 zur Abstimmung zu stellen.[260] Angesichts der Zurückweisung des Ergänzungsverlangens für die Hauptversammlung 2022 verlangten die Aktionäre nunmehr für die Hauptversammlung 2023 die Ergänzung der Tagesordnung.[261] Danach sollte die Satzung der Volkswagen AG um folgende Regelung ergänzt werden:

> „*§ 10a Nachhaltigkeitsberichterstattung*
> *In der Nachhaltigkeitsberichterstattung (§§ 289b, 315b HGB) hat der Vorstand auch offenzulegen, welche auf das Thema Klimawandel gerichteten direkten oder indirekten Lobbyaktivitäten die Konzerngesellschaften verfolgen oder unterstützen, in welchen mit dem Thema Klimawandel befassten Verbänden oder sonstigen Interessengruppen die Konzerngesellschaften Mitglied sind und*

---

258 Der Wortlaut des inhaltsgleichen Ergänzungsverlangens für die Hauptversammlung 2023 findet sich unter AG Braunschweig, Beschl. v. 16.03.2023, 118 AR 13/22, BeckRS 2023, 6903; sowie unter OLG Braunschweig, Beschl. v. 08.05.2023, 2 W 25/23, AG 2023, 589; vgl. *Klöhn*, NZG 2023, 645 (646); *Verse*, AG 2023, 578.

259 CEPB, Pressemitteilung vom 04.04.2022, abrufbar unter https://www.churchofengland.org/media-and-news/press-releases/investors-challenge-volkswagen-climate-lobbying, archiviert unter https://web.archive.org/web/20240220111738/https://www.churchofengland.org/media-and-news/press-releases/investors-challenge-volkswagen-climate-lobbying, zuletzt abgerufen am: 15.05.2025; *Döding/Fuhrmann/Röseler*, ESG-Aktivismus – gekommen, um zu bleiben?, Blog Gesellschaftsrecht ottoschmidt, 16.05.2022, abrufbar unter https://blog.otto-schmidt.de/gesellschaftsrecht/2022/05/16/esg-aktivismus-gekommen-um-zu-bleiben/, zuletzt abgerufen am 15.05.2025; *Fuhrmann/Röseler*, AG 2022, R153; *Rieckers*, DB 2023, 306 (309).

260 CEPB, Pressemitteilung vom 08.04.2022, abrufbar unter https://www.churchofengland.org/media-and-news/press-releases/volkswagen-blocks-latest-shareholder-proposal-climate-lobbying, archiviert unter https://web.archive.org/web/20240220111931/https://www.churchofengland.org/media-and-news/press-releases/volkswagen-blocks-latest-shareholder-proposal-climate-lobbying, zuletzt abgerufen am: 15.05.2025; *Fleischer/Hülse*, DB 2023, 44 (46); *Jaspers*, AG 2022, R240; *Rieckers*, DB 2023, 306 (309).

261 Siehe die Sachverhaltsdarstellung in den Gründen des AG Braunschweig, Beschl. v. 16.03.2023, 118 AR 13/22, BeckRS 2023, 6903.

an welche dieser Verbände und Interessengruppen sie direkt oder indirekt welche Zahlungen leisten. Weiter hat der Vorstand darzulegen, inwiefern diese Aktivitäten der Verringerung von Risiken für die Konzerngesellschaften aus dem Klimawandel dienen und wie sie zur Erfüllung der Ziele des Pariser Klimaschutzabkommens vom 12.12.2025 beitragen.“[262]

Nach abermaliger Zurückweisung durch den VW-Vorstand strengten die Aktionäre als Antragsteller das gerichtliche Verfahren nach § 122 Abs. 3 AktG vor dem Amtsgericht Braunschweig an.[263] Das Amtsgericht Braunschweig wies den Antrag mit Beschluss vom 16. März 2023 als unbegründet zurück.[264] Die Beschwerde der Antragsteller wies das Oberlandesgericht Braunschweig rechtskräftig als unbegründet zurück.[265]

(2) Inhalt der gerichtlichen Entscheidung

Im Ergebnis stuften sowohl das Amtsgericht Braunschweig als auch das Oberlandesgericht Braunschweig das Ergänzungsverlangen im Fall Volkswagen als unzulässig ein, da die gegenständliche Satzungsregelung auf einen rechtswidrigen Beschluss der Hauptversammlung gerichtet sei.[266] Das Oberlandesgericht Braunschweig ließ die Einordnung als abweichende oder ergänzende Regelung im Sinne des § 23 Abs. 5 S. 1, 2 AktG dahinstehen, da die für beide Varianten erforderliche Vereinbarkeit mit den Prinzipien des Aktienrechts nicht erfüllt sei.[267] Die geforderte Verschärfung der Nachhaltigkeitsberichterstattung in der nichtfinanziellen Erklärung nach §§ 289b ff., 315b HGB

262 Siehe Gründe des AG Braunschweig, Beschl. v. 16.03.2023, 118 AR 13/22, BeckRS 2023, 6903.

263 CEPB, Pressemitteilung vom 20.10.2022, abrufbar unter https://www.churchofengland.org/media-and-news/press-releases/church-england-pensions-board-begins-legal-proceedings-against-german, archiviert unter https://web.archive.org/web/20230529061649/https://www.churchofengland.org/media-and-news/press-releases/church-england-pensions-board-begins-legal-proceedings-against-german, zuletzt abgerufen am: 15.05.2025.

264 AG Braunschweig, Beschl. v. 16.03.2023, 118 AR 13/22, BeckRS 2023, 6903.

265 OLG Braunschweig, Beschl. v. 08.05.2023, 2 W 25/23, AG 2023, 589.

266 OLG Braunschweig, Beschl. v. 08.05.2023, 2 W 25/23, AG 2023, 589; AG Braunschweig, Beschl. v. 16.03.2023, 118 AR 13/22, BeckRS 2023, 6903 Rn. 14; vgl. *Verse*, AG 2023, 578; a.A. *Klöhn*, NZG 2023, 645.

267 OLG Braunschweig, Beschl. v. 08.05.2023, 2 W 25/23, AG 2023, 589 (590).

schränke die Leitungsautonomie des Vorstands ein.[268] Dies zeige sich „erst recht" in der Steuerungswirkung der Öffentlichkeitswirksamkeit der Satzungsregelung.[269] Insofern konkretisierte das Oberlandesgericht Braunschweig die Einordnung der Vorinstanz dahingehend, dass es nicht auf die subjektive Zielrichtung, sondern auf die nach objektiven Kriterien zu beurteilende Wirkung der Satzungsregelung ankomme.[270] Von der Berichtspflicht könne ein Handlungsanreiz für den Vorstand ausgehen, nach welchem er sich als Leitungsorgan gedrängt sehe, seine Geschäftspolitik auf die immanenten Zielvorgaben auszurichten, um „Positives" zu berichten.[271] Dieser faktischen Zielvorgabe einer klimafreundlichen Geschäftspolitik könne sich der Vorstand praktisch kaum entziehen.[272]

(3) Rechtliche Bewertung

Den oberlandesgerichtlichen Ausführungen zur aktienrechtlichen Kompetenzverteilung sowie deren Auswirkungen auf den Grundsatz der Satzungsstrenge ist im Ergebnis zuzustimmen.[273] Die angestrebte Satzungsänderung lässt sich je nach Deutung als Abweichung oder Ergänzung im Sinne des § 23 Abs. 5 S. 1, 2 AktG einordnen.[274] Vorgaben zulasten des Vorstands für die nichtfinanzielle Berichterstattung, die über die unternehmensrechtlichen Anforderungen hinausgehen, können die eigenverantwortliche Entscheidungsbefugnis des Vorstands nach § 76 Abs. 1 AktG verkürzen und von der aktienrechtlichen Kompetenzverteilung entgegen des § 23 Abs. 5 S. 1 AktG abweichen.[275] Zugleich bestünde eine zusätzliche, nicht gemäß §§ 131, 175 Abs. 2 AktG gesetzlich vorgesehene, Berichtspflicht des Vorstands gegenüber den Aktionären, welche einer Ergänzung nach § 23 Abs. 5 S. 2 AktG entspräche.[276] Demnach würde die Satzungsänderung

---

268 OLG Braunschweig, Beschl. v. 08.05.2023, 2 W 25/23, AG 2023, 589 (590 f.).

269 OLG Braunschweig, Beschl. v. 08.05.2023, 2 W 25/23, AG 2023, 589 (592).

270 OLG Braunschweig, Beschl. v. 08.05.2023, 2 W 25/23, AG 2023, 589 (592).

271 OLG Braunschweig, Beschl. v. 08.05.2023, 2 W 25/23, AG 2023, 589 (592).

272 OLG Braunschweig, Beschl. v. 08.05.2023, 2 W 25/23, AG 2023, 589 (592).

273 Ebenso *Fest*, AG 2024, 269 (273 ff.); *Reichert/Groh*, NZG 2023, 1500 (1501 ff.); *Verse*, AG 2023, 578; a.A. *Klöhn*, NZG 2023, 645 (647 ff.).

274 *Verse*, AG 2023, 578 (579 f.).

275 *Verse*, AG 2023, 578 (579 f.).

276 *Verse*, AG 2023, 578 (580); so AG Braunschweig, Beschl. v. 16.03.2023, 118 AR 13/22, BeckRS 2023, 6903 Rn. 17; zustimmend *Fest*, AG 2024, 269 (274 f.); ausschließlich

nicht bereits an dem Erfordernis einer ausdrücklichen aktienrechtlichen Zulässigkeit im Sinne des § 23 Abs. 5 S. 1 AktG scheitern. Entscheidend wäre nach § 23 Abs. 5 S. 2 AktG, ob das Aktiengesetz in der Sache abschließend oder für eine Ergänzung offen ist.[277]

Es scheint vorzugswürdig, den niedrigschwelligen § 23 Abs. 5 S. 2 AktG zugunsten der Antragsteller zur Anwendung zu bringen.[278] Es ist dem Oberlandesgericht Braunschweig zuzustimmen, dass es den geltenden Prinzipien des Aktienrechts und der abschließenden aktienrechtlichen Kompetenzverteilung widerspricht, dem Vorstand über sein gesetzliches Pflichtenprofil hinaus spezifische Berichterstattungspflichten satzungsmäßig aufzuerlegen.[279] Die angestrebte Satzungsänderung weicht in unzulässiger Weise von der aktienrechtlichen Zuständigkeitsverteilung ab. Dem Vorstand eine Berichtspflicht in Geschäftsführungsfragen aufzuerlegen, fällt nicht in den Zuständigkeitsbereich der Hauptversammlung. Der Vorstand ist verpflichtet, der Berichtspflicht nach §§ 289b ff., 315b HGB nachzukommen. Ihm obliegt es, freiwillig Mehrangaben gegenüber dem gesetzlichen Mindestinhalt zu machen.[280] Die zusätzliche Vorgabe einer Berichtspflicht wirkt in die Geschäftsführungsautonomie des Vorstands hinein.[281] Es ist unerheblich, inwieweit ein inhaltsgleiches Auskunftsrecht der Aktionäre nach § 131 AktG bestünde oder ob die statutarische Erweiterung des Auskunftsrechts zulässig wäre.[282] Indessen ist die indirekte unternehmerische Steuerungswirkung ausschlaggebend, die, getragen durch die öffentliche Resonanz von unternehmerischem Klimaschutz, auf einer Reaktion der Aktionäre und der Öffentlichkeit auf die

---

für eine Ergänzung *Klöhn*, NZG 2023, 645 (648).

277 *Pentz*, in MüKo AktG, § 23 Rn. 165; *Seibt*, in Schmidt/Lutter, AktG, § 23 Rn. 57.

278 OLG Braunschweig, Beschl. v. 08.05.2023, 2 W 25/23, AG 2023, 589 (590); *Verse*, AG 2023, 578 (580).

279 OLG Braunschweig, Beschl. v. 08.05.2023, 2 W 25/23, AG 2023, 589 (590); zustimmend *Fest*, AG 2024, 269 (274 f.); *Verse*, AG 2023, 578 (582).

280 OLG Braunschweig, Beschl. v. 08.05.2023, 2 W 25/23, AG 2023, 589 (590 f.); vgl. *Ott*, NZG 2020, 99 (102); *Verse*, AG 2023, 578 (580 f.).

281 Im Ergebnis ähnlich *Fuhrmann/Röseler*, AG 2022, R153 (R154).

282 Gegen eine Erweiterungsmöglichkeit durch Satzung siehe *Kersting*, in Kölner Kommentar AktG, § 131 Rn. 60; *Koch*, AktG, § 131 Rn. 3; *Spindler*, in Schmidt/Lutter, AktG, § 131 Rn. 8; für eine Erweiterungsmöglichkeit siehe *Heidel*, in Heidel, AktR, § 131 Rn. 4; *Poelzig*, in BeckOGK, AktG, § 131 Rn. 47, Stand: 01.10.2024.

Inhalte der Berichtspflicht beruht.[283] Die abschließende Kompetenzverteilung nach dem Aktiengesetz steht auch einer faktischen Steuerungswirkung der Aktionäre für einzelne Geschäftsführungsmaßnahmen ohne ausdrückliche gesetzliche Anordnung entgegen.[284] Die angestrebte Berichtspflicht wäre zuletzt auch objektiv geeignet, eine unternehmerische Steuerungswirkung auf den Vorstand zu entfalten, da bereits der unternehmerische Klimaschutz von hohem öffentlichen Interesse begleitet ist und die Berichtspflicht faktisch mit einem Handlungsauftrag an den Vorstand verbunden gewesen wäre.[285]

bb) Bewertung im Sinne des Say on Climate

Einer Satzungsänderung durch Hauptversammlungsbeschluss können im Rahmen des rechtlich Zulässigen unternehmerische Klimaschutzentscheidungen zugrunde liegen. Einer praktikablen Mitsprache stehen jedoch die hohen materiellen Anforderungen des Grundsatzes der Satzungsstrenge nach § 23 Abs. 5 AktG entgegen.[286] Aufgrund der aktienrechtlichen Kompetenzverteilung können konkrete Einzelgeschäftsführungsmaßnahmen in der Satzung regelmäßig nicht festgesetzt werden. Zudem sind Satzungsänderungen im Kontext des unternehmerischen Klimaschutzes im Einzelfall auch auf ihre indirekte öffentlichkeitswirksame Steuerungswirkung zu untersuchen, wobei die gegenwärtige gesellschaftspolitische Debatte um den Klimaschutz derartige Auswirkungen auf die Geschäftsführung des Vorstands regelmäßig begünstigen dürfte.

Weiterhin würde sich die Mitsprache eines satzungsmäßigen Auferlegens klimaschutzbezogener Pflichten oder der Verankerung eines Nachhaltigkeitsbezugs im Unternehmensgegenstand in dem jeweiligen satzungsändernden Beschluss erschöpfen. In der Gesamtbetrachtung ist die Satzungsänderung aufgrund ihrer Bindungswirkung gegenüber dem Vorstand und ihrer fundamentalen gesellschaftsrechtlichen Funktion für die Zwecke des Say on

---

283 OLG Braunschweig, Beschl. v. 08.05.2023, 2 W 25/23, AG 2023, 589 (592); *Fest*, AG 2024, 269 (274 f.); *Verse*, AG 2023, 578 (581 f.).

284 *Verse*, AG 2023, 578 (581 f.).

285 OLG Braunschweig, Beschl. v. 08.05.2023, 2 W 25/23, AG 2023, 589 (592).

286 Vgl. *Koch*, in AktG, § 122 Rn. 18; im Ergebnis auch *Drinhausen*, ZHR 186 (2022), 201 (205 f.).

Climate als regelmäßige Mitsprache zum unternehmerischen Klimaschutz überschießender Natur.[287]

Dementsprechend ist der Fall Volkswagen in seiner Ausrichtung auf eine konkrete Nachhaltigkeitsberichterstattung des Vorstands nicht als Anwendungsfall des Say on Climate zu erfassen. Gleichwohl zeichnet er sich durch das Vorgehen der Aktionäre nach § 122 Abs. 2 AktG aus und entspricht trotz Erfolglosigkeit in der Sache einer Mitsprache aktiver Aktionäre zum unternehmerischen Klimaschutz.

d) Weisungsbeschluss gegenüber Vorstand, § 83 Abs. 1 AktG

Schließlich kommt für ein mittelbares Say on Climate-Votum ein Weisungsbeschluss der Hauptversammlung gegenüber dem Vorstand nach § 83 Abs. 1 AktG in Betracht. Nach § 83 Abs. 1 S. 1 AktG trifft den Vorstand auf Verlangen der Hauptversammlung eine Vorbereitungspflicht für Maßnahmen, die in die Zuständigkeit der Hauptversammlung fallen. Nach Satz 2 gilt das Gleiche für die Vorbereitung und den Abschluss von Verträgen, die nur mit Zustimmung der Hauptversammlung wirksam werden. Um die Rechtsfolge der Verpflichtung des Vorstands auszulösen, hat die Hauptversammlung den Vorstand in Beschlussform gemäß § 83 Abs. 1 S. 3 AktG anzuweisen.[288]

aa) Einbeziehung unternehmerischer Klimaschutzentscheidungen

Sowohl § 83 Abs. 1 S. 1 AktG als auch § 83 Abs. 1 S. 2 AktG sind auf den Zuständigkeitsbereich der Hauptversammlung beschränkt. Insofern kommt eine Vorbereitungspflicht des Vorstands für Maßnahmen in Fragen der Geschäftsführung nach § 83 Abs. 1 S. 1 AktG nur im Falle eines Verlangens der Beschlussfassung durch den Vorstand nach § 119 Abs. 2 AktG in Betracht.[289] Als solche können unternehmerische Klimaschutzentscheidungen folglich nicht Gegenstand eines zulässigen Weisungsbeschlusses nach § 83 Abs. 1 S. 1 AktG sein.[290] Jedoch können sich zustimmungspflichtige

---

[287] Vgl. *Sanders*, in VGR, Gesellschaftsrecht 2022, S. 69; zum Begriffsverständnis nach dieser Arbeit → B. III.

[288] *Fleischer*, in BeckOGK, AktG, § 83 Rn. 6, Stand: 01.10.2024; *Grigoleit*, in Grigoleit, AktG, § 83 Rn. 3; *Spindler*, in MüKo AktG, § 83 Rn. 12.

[289] *Fleischer*, in BeckOGK, AktG, § 83 Rn. 3, Stand: 01.10.2024; *Grigoleit*, in Grigoleit, AktG, § 83 Rn. 4; *Spindler*, in MüKo AktG, § 83 Rn. 2, 6.

[290] Vgl. zur fehlenden Hauptversammlungskompetenz → C. II. 1.

Verträge im Sinne des § 83 Abs. 1 S. 2 AktG auf die unternehmerische Klimapolitik beziehen, wie kürzlich der Fall RWE/Enkraft für die Vorbereitung der Durchführung einer Abspaltung zeigte.[291]

bb) Der Fall RWE/Enkraft

Im Jahr 2022 verlangte der Investor Enkraft Capital von der RWE AG die Abspaltung ihrer Beteiligung an der RWE Power AG, um sich von deren Braunkohleaktivitäten im Wege des sog. „Brownspinnings" zu distanzieren.[292] Entsprechend des Tagesordnungsergänzungsverlangens der Enkraft Impactive GmbH & Co. KG nach § 122 Abs. 2 AktG nahm der Vorstand der RWE AG für die Hauptversammlung 2022 den Tagesordnungspunkt „Beschlussfassung zur beschleunigten Umsetzung der Nachhaltigkeitsstrategie der RWE AG durch Vorbereitung einer Abspaltung" auf.[293] Der Beschlussvorschlag der Enkraft Impactive GmbH & Co. KG umfasste eine Anweisung des Vorstands, Vertragsentwürfe für eine Abspaltung gemäß § 123 Abs. 2 UmwG vorzubereiten und der Hauptversammlung zur Beschlussfassung vorzulegen.[294] Die Hauptversammlung lehnte diesen Vorschlag mit 97,56 % der Stimmen ab.[295] Auch unabhängig von seinem erfolglosen Ausgang verdient der Fall

---

291 Vgl. *Fest*, AG 2024, 269 (275); *Weller/Benz*, ZGR 2022, 563 (597 ff.); *Weller/Hoppmann*, AG 2022, 640 (644 f.).

292 *Döding/Fuhrmann/Röseler*, ESG-Aktivismus – gekommen, um zu bleiben?, Blog Gesellschaftsrecht ottoschmidt, 16.05.2022, a.a.O. Fn. 259; *Fleischer/Hülse*, DB 2023, 44 (46); *Fuhrmann/Döding*, AG 2022, R168; *Rieckers*, DB 2023, 306 (309); *Weller/Benz*, ZGR 2022, 563 (597 ff.); *Weller/Hoppmann*, AG 2022, 640 (644 f.).

293 RWE AG, Ergänzung der Tagesordnung der Hauptversammlung 2022, https://www.rwe.com/-/media/RWE/documents/05-investor-relations/finanzkalendar-und-veroeffentlichungen/hv2022/ergaenzung-der-tagesordnung-2022.pdf, archiviert unter https://web.archive.org/web/20240220112651/https://www.rwe.com/-/media/RWE/documents/05-investor-relations/finanzkalendar-und-veroeffentlichungen/hv2022/ergaenzung-der-tagesordnung-2022.pdf; Stellungnahme von Vorstand und Aufsichtsrat der RWE AG, https://www.rwe.com/-/media/RWE/documents/05-investor-relations/finanzkalendar-und-veroeffentlichungen/hv2022/stellungnahme-von-vorstand-und-aufsichtsrat.pdf, archiviert unter https://web.archive.org/web/20240220112834/https://www.rwe.com/-/media/RWE/documents/05-investor-relations/finanzkalendar-und-veroeffentlichungen/hv2022/stellungnahme-von-vorstand-und-aufsichtsrat.pdf; jeweils zuletzt abgerufen am 15.05.2025.

294 Beschlussvorschlag Tagesordnungspunkt 8, RWE AG, Ergänzung der Tagesordnung der Hauptversammlung 2022, a.a.O. Fn. 293.

295 Zu den Hintergründen *Fuhrmann/Döding*, AG 2022, R168.

RWE/Enkraft Aufmerksamkeit. Denn der Abschluss des Spaltungsvertrags obliegt nach §§ 125, 4 Abs. 1 UmwG den Vertretungsorganen und ist der Zuständigkeit der Hauptversammlung entzogen. Indem die Hauptversammlung nach §§ 125, 13 Abs. 1 UmwG für den erforderlichen Spaltungsbeschluss zuständig ist und dieser ein Wirksamkeitserfordernis darstellt, kann jedoch die Vorbereitung der Abspaltung Gegenstand eines Weisungsbeschlusses gemäß § 83 Abs. 1 S. 2 AktG sein.[296]

cc) Bewertung im Sinne des Say on Climate

Ein Weisungsbeschluss kann unternehmerische Klimaschutzentscheidungen einbeziehen, sofern diese im Zuständigkeitsbereich der Hauptversammlung liegen. Als Angelegenheiten der Geschäftsführung ist dies nach der gegenwärtigen aktienrechtlichen Kompetenzverteilung nicht vorgesehen.[297] Grundsätzlich kann ein Weisungsbeschluss in Verbindung mit einem Tagesordnungsergänzungsverlangen nach § 122 Abs. 2 AktG eine Mitsprachemöglichkeit der Aktionäre eröffnen.[298] Jedoch widerspricht der starke Anlass- und Einzelfallbezug eines zulässigen Weisungsbeschlusses einer generellen Mitsprache zum unternehmerischen Klimaschutz.[299]

e) Zwischenergebnis

Festzuhalten ist, dass Aktionäre Tagesordnungspunkte und Beschlusskompetenzen der Hauptversammlung grundsätzlich in vielfacher Hinsicht nutzen können, um unternehmerische Klimaschutzentscheidungen in einen Hauptversammlungsbeschluss einzubeziehen. Eine Erörterungsmöglichkeit dieser Fragen der Geschäftsführung können das Votum zur Vorstandsentlastung, zum Vergütungssystem, zur Satzungsänderung sowie ein Weisungsbeschluss gegenüber dem Vorstand bieten. Diese Vorgehensweisen sind jedoch für die Zwecke des Say on Climate als Mitsprachemöglichkeiten eng begrenzt. Zwar

---

296 *Fest*, AG 2024, 269 (275); *Fuhrmann/Döding*, AG 2022, R168; *Tröger*, in FS Cahn, S. 467; *Weller/Benz*, ZGR 2022, 563 (597 ff.); *Weller/Hoppmann*, AG 2022, 640 (644 f.).

297 Vgl. zur vorangehenden Einordnung von unternehmerischen Klimaschutzentscheidungen → C. I. 2.; zur aktienrechtlichen Kompetenzverteilung → C. I. 1.

298 *Von der Linden/Winkler*, DB Beilage 02 2023, 40 (41), gehen im Fall REW/Enkraft davon aus, dass vorliegend „von vornherein nur ein Ausrufezeichen für ESG-Belange“ gesetzt werden sollte; siehe auch *Weller/Böbel/Jung*, ZIP 2025, 345 (352 f.).

299 *Weller/Benz*, ZGR 2022, 563 (599); *Spindler*, in Schmidt/Lutter, AktG, § 119 Rn. 60.

entsprechen die Vorstandsentlastung und das Votum zum Vergütungssystem jeweils einem wirkungsvollen Mitsprachemechanismus, sie können jedoch keine präzise Bewertung unternehmerischer Klimaschutzentscheidungen leisten. Die Satzungsänderung sowie der Weisungsbeschluss unterliegen je einer strengen Betrachtung im Einzelfall und bieten nur in gewissen Sachverhaltskonstellationen Raum für einen Bezug zum unternehmerischen Klimaschutz, sodass keine belastbare Mitsprache im Sinne des Say on Climate anzunehmen ist.

III. Sonstige Mitspracherechte im Sinne des Say on Climate

Über die vorstehend dargestellten Beschlussmöglichkeiten der Hauptversammlung hinaus ist zu untersuchen, inwieweit sonstige Mitspracherechte der Aktionäre im Sinne eines Say on Climate genutzt werden können. Das Aktiengesetz eröffnet im Bereich der Mitsprache zur Geschäftsführung mehrere Möglichkeiten, insbesondere die generelle Erörterung im Rahmen von Tagesordnungspunkten (1.), das Gegenantragsrecht (2.), den Aktionärsvorschlag bei Aufsichtsratswahlen (3.) sowie die Bestellung eines Nachhaltigkeitsprüfers (4.).

1. Erörterungsmöglichkeiten in der Hauptversammlung

Die Erörterung unternehmerischer Klimaschutzentscheidungen kann grundsätzlich im Rahmen von gesetzlichen Tagesordnungspunkten erfolgen (a), zudem kommt eine beschlusslose Hauptversammlungskonsultation durch den Vorstand in Betracht (b). Schließlich ist zu diskutieren, ob eine aktionärsseitig initiierte, beschlusslose Aussprache in der Hauptversammlung über ein Ergänzungsverlangen nach § 122 Abs. 2 AktG möglich ist (c).

a) Erörterung in der Hauptversammlung im Rahmen von gesetzlichen Tagesordnungspunkten

Wie bereits für einzelne Beschlusskompetenzen der Hauptversammlung in der Untersuchung des mittelbaren Say on Climate-Votums dargestellt, ist eine Erörterung des unternehmerischen Klimaschutzes anlässlich von gesetzlichen Tagesordnungspunkten möglich, die eine Beschlussfassung der

Hauptversammlung betreffen und in deren Beschlusskompetenz fallen.[300] Daneben kann die Hauptversammlung in ihrer Zuständigkeit auch unter beschlusslosen Tagesordnungspunkten unternehmerische Klimaschutzentscheidungen erörtern und diskutieren.[301] Zentraler Gegenstand der Aussprache in der Hauptversammlung sind die Auskunfts- und Rederechte der Aktionäre, sodass sich die eigentliche Mitsprache der Aktionäre hiernach richtet.[302] Der Versammlungsleiter gibt vor, ob über die Gegenstände der Tagesordnung einzeln oder zusammenfassend in einer Generaldebatte verhandelt werden soll.[303]

aa) Auskunfts- und Rederecht

Das Auskunftsrecht nach § 131 Abs. 1 S. 1 AktG ist ein individuelles Informationsrecht für an der Hauptversammlung teilnahmeberechtigte Aktionäre und knüpft an die Aktionärsstellung bzw. die Eintragung nach § 67 Abs. 2 S. 1 AktG an.[304] Nach § 131 Abs. 1 S. 1 AktG kann sich das Auskunftsrecht auf Angelegenheiten der Gesellschaft richten, wenn die Auskunft zur „sachgemäßen Beurteilung des Gegenstands der Tagesordnung erforderlich ist". Anspruchsgegnerin ist die Gesellschaft, für welche der Vorstand als zuständiges Organ auftritt.[305] Daneben steht das Rederecht in Ausprägung des Teilnahmerechts des einzelnen Aktionärs an der Hauptversammlung

---

300 Vgl. zur mittelbaren Einbeziehung in anderweitige Beschlusskompetenzen sowie zum mittelbaren Say on Climate-Votum → C. II. 2.; vgl. generell *Koch*, AktG, § 119 Rn. 11; *Kubis*, in MüKo AktG, § 119 Rn. 18; *Mülbert*, in Großkommentar AktG, § 119 Rn. 192; *Spindler*, in Schmidt/Lutter, AktG, § 119 Rn. 14; *Tröger*, in Kölner Kommentar AktG, § 119 Rn. 47; *Zöllner*, in Kölner Kommentar AktG, 1. Auflage 1985, § 119 Rn. 26.

301 *Fleischer/Hülse*, DB 2023, 44 (46); *Ott*, NZG 2020, 99 (102); generell Fleischer, AG 2010, 681 (690); *Tröger*, in Kölner Kommentar AktG, § 119 Rn. 47; *Zöllner*, in Kölner Kommentar AktG, 1. Auflage 1985, § 119 Rn. 26.

302 *Hoffmann-Becking*, in MünchHdb AG, § 37 Rn. 90 ff.; *Noack*, in Aktienrecht im Wandel, Band II, 15. Kapitel, Rn. 7 ff.; *Pöschke/Vogel*, in Reichert, Arbeitshandbuch HV, § 11 Rn. 1 ff.

303 *Hoffmann-Becking*, in MünchHdb AG, § 37 Rn. 72, 86; *Pöschke/Vogel*, in Reichert, Arbeitshandbuch HV, § 11 Rn. 6.

304 *Poelzig*, in BeckOGK, AktG, § 131 Rn. 2 f.; 53 ff., Stand: 01.10.2024; tiefergehend *Casper*, in Aktienrecht im Wandel, Band II, 12. Kapitel; *Gehling*, AG 2022, 800 (801); vgl. zur Teilnahmeberechtigung *Kubis*, in MüKo AktG, § 118 Rn. 54 ff.

305 *Poelzig*, in BeckOGK, AktG, § 131 Rn. 57 ff., Stand: 01.10.2024.

nach § 118 Abs. 1 AktG, für welches ebenfalls die inhaltlichen Schranken des Auskunftsrecht nach § 131 Abs. 1 S. 1 AktG gelten.[306]

bb) Einbeziehung unternehmerischer Klimaschutzentscheidungen

Unternehmerische Klimaschutzentscheidungen sind als unmittelbare Angelegenheiten der Gesellschaft Gegenstand des Auskunfts- und Rederechts, da sie der Geschäftspolitik unterfallen und Tatsachen der Geschäftsführung darstellen.[307]

Der nach § 131 Abs. 1 S. 1 AktG notwendige Zusammenhang mit der Beurteilung eines Tagesordnungspunkts kann für klimabezogene Informationsrechte in vielfacher Hinsicht bestehen. Das Auskunftsverlangen kann insbesondere die Entlastung nach § 120 Abs. 1 AktG[308] oder allgemein unter die Stellungnahmen des Vorstands zur Rechnungslegung nach § 176 AktG betreffen,[309] oder die Verwendung des Bilanzgewinns nach § 174 Abs. 1 AktG zum Anlass nehmen[310]. Es kommen auch die Vorlage und Entgegennahme des Jahresabschlusses nach §§ 171 Abs. 1 S. 1, Abs. 2, 175 Abs. 1 S. 1 AktG[311] sowie der Bericht über die nichtfinanzielle Erklärung nach §§ 171 Abs. 1

---

306 *Hoffmann*, in BeckOGK, AktG, § 118 Rn. 14, Stand: 01.10.2024; *Kubis*, in MüKo AktG, § 118 Rn. 66, 40, 77; *Noack*, in Aktienrecht im Wandel, Band II, 15. Kapitel, Rn. 8 f.

307 Vgl. *Schirmer*, ZHR 188 (2024), 60 (72 f., 76 ff.); für ESG-Belange *Weller/Hoppmann*, AG 2022, 640 (643); für klimawandelbezogenen Lobbyismus *Klöhn*, NZG 2023, 645 (651); vgl. generell *Kubis*, in MüKo AktG, § 131 Rn. 36; *Poelzig*, in BeckOGK, AktG, § 131 Rn. 69, Stand: 01.10.2024.

308 *Fleischer*, Der Aufsichtsrat 2022, 26 (27); *Harnos/Holle*, AG 2021, 853 (856); *Klöhn*, NZG 2023, 645 (651); *Schirmer*, ZHR 188 (2024), 60 (76, 78 f.); *Weller/Hoppmann*, AG 2022, 640 (643); tiefergehend *Keltsch*, Aktionärsrechte, S. 391 ff.; generell *Kersting*, in Kölner Kommentar AktG, § 131 Rn. 215; vgl. zur mittelbaren Einbeziehung des unternehmerischen Klimaschutzes in das Votum zur Vorstandsentlastung → C. II. 2. a).

309 *Drinhausen*, ZHR 186 (2022), 201 (208); *Hell*, ZVglRWiss 119 (2020), 314 (333 f.); generell *Kersting*, in Kölner Kommentar AktG, § 131 Rn. 176 ff., 195 ff.

310 *Weller/Hoppmann*, AG 2022, 640 (643).

311 *Harnos/Holle*, AG 2021, 853 (856); *Illert/Schneider*, DB 2022, Heft 22, Beilage 02, 33 (35); *Jaspers*, AG 2022, 145 (151); *Weller/Hoppmann*, AG 2022, 640 (643); *Schirmer*, ZHR 188 (2024), 60 (79); generell für Geschäftsführungsfragen *Mülbert*, in Großkommentar AktG, § 119 Rn. 192; *Tröger*, in Kölner Kommentar AktG, § 119 Rn. 47.

S. 4, Abs. 2 AktG[312] in Betracht. Schließlich müssen die gegenständlichen unternehmerischen Klimaschutzentscheidungen im Einzelfall beurteilungserheblich für den jeweiligen Tagesordnungspunkt sein. Dies ergibt sich für die Entlastung durch die „naturgemäße" Überschneidung mit Fragen der Geschäftsführung.[313] Die nichtfinanzielle Erklärung bezieht sich als Bestandteil des Lageberichts nach § 289c Abs. 2 Nr. 1 HGB auf Umweltbelange.[314] Sie wird zukünftig in Umsetzung der *Corporate Sustainability Reporting*-Richtlinie nach §§ 289b, 289c HGB-CSRD-E als Nachhaltigkeitsbericht zu erstatten sein.[315]

b) Erörterung auf beschlusslose Hauptversammlungskonsultation des Vorstands

Es ist fraglich, ob der Vorstand auf einer Hauptversammlung eine Erörterung von Geschäftsführungsfragen ohne Anbindung an Beschlusskompetenzen der Hauptversammlung oder anderweitige gesetzlich vorgesehene beschlusslose Tagesordnungspunkte im Zuständigkeitsbereich der Hauptversammlung initiieren kann. Die beschlusslose Hauptversammlungskonsultation wird auch unter den Begrifflichkeiten „informatorische Hauptversammlung"[316] und „beschlusslose Hauptversammlung"[317] diskutiert. Hintergrund ist, dass der Vorstand ein unverbindliches Meinungsbild der Hauptversammlung einholen möchte.[318]

---

312 *Bachmann*, ZGR 2018, 231 (240); *Hell*, ZVglRWiss 119 (2020), 314 (333 f.).

313 *Spindler*, in Schmidt/Lutter, AktG, § 119 Rn. 14.

314 *Harnos/Holle*, AG 2021, 853 (856).

315 Art. 1 Nr. 6, S. 7 ff. des Regierungsentwurfs für ein CSRD-Umsetzungsgesetz der Bundesregierung, Entwurf eines Gesetzes zur Umsetzung der Richtlinie (EU) 2022/2464 des Europäischen Parlaments und des Rates vom 14. Dezember 2022 zur Änderung der Verordnung (EU) Nr. 537/2014 und den Richtlinien 2004/109/EG, 2006/43/EG und 2013/34/EZ hinsichtlich der Nachhaltigkeitsberichterstattung von Unternehmen, vom 24.07.2024, nachfolgend: Regierungsentwurf für ein CSRD-Umsetzungsgesetz.

316 Siehe nur *Drinhausen*, in Hölters/Weber, AktG, § 119 Rn. 4; *Kubis*, in MüKo AktG, § 119 Rn. 6; *Tröger*, in Kölner Kommentar AktG, § 119 Rn. 70, 29 ff.

317 Siehe nur *Koch*, AktG, § 119 Rn. 4; *Kubis*, in MüKo AktG, § 119 Rn. 6; *Rieckers*, in BeckOGK, AktG, § 121 Rn. 11, Stand: 01.10.2024.

318 *Spindler*, in Schmidt/Lutter, AktG, § 119 Rn. 5; *Tröger*, in Kölner Kommentar AktG, § 119 Rn. 29.

aa) Zulässigkeit der beschlusslosen Hauptversammlungskonsultation

Die Zulässigkeit einer beschlusslosen Hauptversammlungskonsultation auf einer ohnehin einberufenen und stattfindenden Hauptversammlung lässt sich anhand des Meinungsstands zur weitergehenden Einberufung einer Hauptversammlung durch den Vorstand eigens für eine beschlusslose Erörterung beurteilen. Nach überwiegender Meinung im Schrifttum ist eine Einberufung der Hauptversammlung zu diesem Zweck möglich.[319] Zwar gibt § 121 Abs. 1 AktG nur Aufschluss über die Verpflichtung des Vorstands, eine Hauptversammlung einzuberufen, jedoch schließt die Norm eine freiwillige Einberufung durch den Vorstand nicht aus.[320] Für die Zulässigkeit der Einberufung einer beschlusslosen Hauptversammlung durch den Vorstand spricht, dass § 124a S. 1 Nr. 2 AktG ausdrücklich beschlusslose Tagesordnungspunkte anerkennt.[321] Zudem stehen in Geschäftsführungsfragen, in welchen der Vorstand nach § 119 Abs. 2 AktG eine Beschlussfassung der Hauptversammlung verlangen kann, keine schutzwürdigen Interessen des Vorstands entgegen.[322] In der Umsetzung überlässt der Vorstand durch die Einberufung und Abhaltung einer beschlusslosen Hauptversammlung auch nicht in unzulässiger Weise seine eigene Meinungsbildung der Hauptversammlung, da er in der Verwertung der Ergebnisse ungebunden ist und seine Leitungsautonomie nach § 76 Abs. 1 AktG bestehen bleibt.[323] Der Vorstand

---

319 *Bungert*, in MünchHdb AG, § 36 Rn. 6; *Drinhausen*, in Hölters/Weber, AktG, § 119 Rn. 4; *Koch*, AktG, § 119 Rn. 4; *Herrler*, in Grigoleit, AktG, § 119 Rn. 3; *Kubis*, in MüKo AktG, § 119 Rn. 6; *Mülbert*, in Großkommentar AktG, Vor § 118 Rn. 56; *Rieckers*, in BeckOGK, AktG, § 121 Rn. 11, Stand: 01.10.2024; *Spindler*, in Schmidt/Lutter, AktG, § 119 Rn. 5; zustimmend, im Ergebnis restriktiv für kapitalmarktorientierte Publikumsgesellschaften *Tröger*, in Kölner Kommentar AktG, § 119 Rn. 30 f.

320 *Mülbert*, in Großkommentar AktG, Vor § 118 Rn. 56.

321 *Drinhausen*, in Hölters/Weber, AktG, § 119 Rn. 4; *Harnos/Holle*, AG 2021, 853 (861 f.); *Koch*, AktG, § 119 Rn. 4; *Kubis*, in MüKo AktG, § 119 Rn. 6; *Spindler*, in Schmidt/Lutter, AktG, § 119 Rn. 5.

322 *Herrler*, in Grigoleit, AktG, § 119 Rn. 3; *Kubis*, in MüKo AktG, § 119 Rn. 6; *Spindler*, in Schmidt/Lutter, AktG, § 119 Rn. 5.

323 *Kubis*, in MüKo AktG, § 119 Rn. 6; *Spindler*, in Schmidt/Lutter, AktG, § 119 Rn. 5; so auch, jedoch im Ergebnis für die Einberufung bei kapitalmarktorientierte Publikumsgesellschaften restriktiv, *Tröger*, in Kölner Kommentar AktG, § 119 Rn. 30 f.; a.A. *Zöllner*, in Kölner Kommentar AktG, 1. Auflage 1985, § 119 Rn. 8;

kann aufgrund seines weiten Ermessensspielraums[324] in zulässiger Weise eine beschlusslose Hauptversammlung einberufen.

Nach einem Erstrechtschluss (*a maiore ad minus*) muss der Vorstand auf einer ohnehin stattfindenden Hauptversammlung diese ebenso in Gestalt einer beschlusslosen Erörterung konsultieren dürfen; die inhaltlichen Argumente greifen auch in dieser weniger aufwändigen Ausgangslage.[325] Somit kann der Vorstand den Aktionären in der Hauptversammlung die Erörterung von Geschäftsführungsfragen unter einem eigenen Tagesordnungspunkt eröffnen.

bb) Inhaltliche Ausrichtung auf den unternehmerischen Klimaschutz

Inhalt der beschlusslosen Hauptversammlungskonsultation zum unternehmerischen Klimaschutz durch den Vorstand könnte ein Diskurs unter den Aktionären zu einem vom Vorstand ausgewählten Thema sein.[326] Denkbar wäre auch eine unverbindliche Say on Climate-Probeabstimmung.[327] Durch eine Probeabstimmung dürften die Beschlussvoraussetzungen nicht rechtsmissbräuchlich umgangen werden, das Vereinsrecht setzt für Probeabstimmungen voraus, dass ein Beschluss in der Sache zulässig und geplant sein muss.[328] Diese vereinsrechtlichen Grenzen sind entsprechend auf Probeabstimmungen in der Hauptversammlung anzuwenden, da mangels Einschlägigkeit des Beschlussmängelrechts ansonsten keine Rechtssicherheit gewährleistet

---

§ 121 Rn. 16; inzwischen aufgegebene a.A. *Koch*, in Hüffer/Koch, AktG, 10. Auflage 2012, § 119 Rn. 4.

324 Vgl. *Bungert*, in MünchHdb AG, § 36 Rn. 5; *Butzke*, in Großkommentar AktG, § 121 Rn. 15; *Drinhausen*, in Hölters/Weber, AktG, § 119 Rn. 4; *Koch*, AktG, § 119 Rn. 4; *Kubis*, in MüKo AktG, § 121 Rn. 9; *Rieckers*, in BeckOGK, AktG, § 121 Rn. 10, Stand: 01.10.2024.

325 *Drinhausen*, ZHR 186 (2022), 201 (208); *Harnos/Holle*, AG 2021, 853 (861 f.); *Spindler*, in Schmidt/Lutter, AktG, § 119 Rn. 61; *Weller/Hoppmann*, AG 2022, 640 (646); ohne einen Erst-Recht-Schluss anerkennend *Tröger*, in Kölner Kommentar AktG, § 119 Rn. 29; vgl. *Balke*, in Reichert, Arbeitshandbuch HV, § 40 Rn. 20 f.; *Butzke*, Hauptversammlung der AG, B. Rn. 37.

326 *Harnos/Holle*, AG 2021, 853 (861 f.); vgl. *Weller/Hoppmann*, AG 2022, 640 (646).

327 *Harnos/Holle*, AG 2021, 853 (861 f.).

328 *Weller/Hoppmann*, AG 2022, 640 (646) mit Verweis auf vereinsrechtliche Rechtslage nach *Notz*, in BeckOGK, BGB, § 32 Rn. 93, Stand: 15.09.2018.

werden könnte.[329] Wie bereits dargestellt kann der Vorstand nach § 119 Abs. 2 AktG eine Say on Climate-Beschlussfassung der Hauptversammlung verlangen,[330] sodass es auf ein ernsthaftes Ansinnen des Vorstands ankäme, auf die Probeabstimmung tatsächlich eine Beschlussfassung der Hauptversammlung folgen zu lassen. Es ist jedoch fraglich, warum der Vorstand es auf den durch eine Probeabstimmung entstehenden Mehraufwand einer zweifachen Abstimmung ankommen lassen sollte.

c) Beschlusslose Aussprache durch Tagesordnungsergänzungsverlangen, § 122 Abs. 2 AktG

Schließlich stellt sich die Frage, ob Aktionäre auch eine beschlusslose Aussprache über unternehmerische Klimaschutzentscheidungen durch ein Tagesordnungsergänzungsverlangen nach § 122 Abs. 2 AktG initiieren können. Grundsätzlich kann ein Tagesordnungsergänzungsverlangen nach überwiegender Meinung auch einen beschlusslosen Gegenstand zum Inhalt haben.[331] Dafür spricht die Neufassung des Wortlauts von § 122 Abs. 2 S. 1 AktG durch das Gesetz zur Umsetzung der Aktionärsrechte-Richtlinie I. Hiernach können nicht mehr nur „Gegenstände zur Beschlussfassung", sondern jegliche neuen „Gegenstände" auf die Tagesordnung gesetzt und bekannt gemacht werden.[332]

Dennoch kann eine qualifizierte Minderheit der Aktionäre nach § 122 Abs. 2 AktG keinen Diskurs über Geschäftsführungsangelegenheiten initiieren. Entsprechend den Grundsätzen des Ergänzungsverlangens ist eine Hauptversammlungszuständigkeit notwendig.[333] An dieser fehlt es für den

---

329 *Weller/Hoppmann*, AG 2022, 640 (646); zur Rechtssicherheit durch das Beschlussmängelrecht siehe nur *Koch*, AktG, § 249 Rn. 1.

330 Vgl. zur Zulässigkeit → C. II. 1. a) ee).

331 *Butzke*, in Großkommentar AktG, § 122 Rn. 23 f., 52; *Drinhausen*, in Hölters/Weber, AktG, § 122 Rn. 18; *Drinhausen*, ZHR 186 (2022), 201 (205); *Harnos/Holle*, AG 2021, 853 (864 f.); *Koch*, AktG, § 122 Rn. 18; *Kubis*, in MüKo AktG, § 122 Rn. 31; *Kuthe/Beck*, AG 2019, 898 (903 f.); *Noack/Zetzsche*, in Kölner Kommentar AktG, § 122 Rn. 54; *Ott*, NZG 2020, 99 (101); *Schäfer/Wucherer*, AG 2023, 483 (491); *Schirmer*, ZHR 188 (2024), 60 (84); *Ziemons*, in Schmidt/Lutter, AktG, § 122 Rn. 46; zum Streitstand hinsichtlich der Einberufung nach § 122 Abs. 1 AktG *Kubis*, in MüKo AktG, § 122 Rn. 16.

332 BGBl. 2009 I Nr. 50, S. 2479.

333 *Butzke*, in Großkommentar AktG, § 122 Rn. 23 f., 52; *Drinhausen*, in Hölters/Weber, AktG, § 122 Rn. 18; *Drinhausen*, ZHR 186 (2022), 201 (205); *Fest*, AG

unternehmerischen Klimaschutz nach gegenwärtiger Rechtslage.[334] Das Zuständigkeitserfordernis besteht auch für beschlusslose Gegenstände. Es ist unerheblich, dass Aktionäre mittels ihres Auskunfts- und Rederechts unternehmerische Klimaschutzentscheidungen in der Hauptversammlung thematisieren können.[335] Denn das Auskunfts- und Rederecht fordert jeweils selbst einen inhaltlichen Zusammenhang mit einem Tagesordnungspunkt, welcher für die gesetzlichen Tagesordnungspunkte regelmäßig nur indirekt in unternehmerischen Klimaschutzfragen besteht.[336] Im Übrigen würde in Geschäftsführungsangelegenheiten ohne gesetzliche Zuweisung der Hauptversammlung ein Eingriff in die Geschäftsführungskompetenz des Vorstands drohen.[337]

d) Bewertung der Erörterungsmöglichkeiten im Sinne des Say on Climate

Zwar können einzelne Aktionäre anhand ihres Auskunfts- und Rederechts ihr Interesse am unternehmerischen Klimaschutz zeigen und Tagesordnungspunkte zur Erörterung dessen erfolgreich nutzen. Allerdings begründen das Auskunfts- und Rederecht durch ihre Anbindung an gesetzliche Tagesordnungspunkte keine vollwertige Mitsprache zum unternehmerischen Klimaschutz, da unternehmerische Klimaschutzentscheidungen jeweils nur Teilaspekte der jeweiligen Tagesordnungspunkte darstellen.[338] Einzelne

---

2024, 269 (277); *Gelter/Langenbucher*, in Hommelhoff/Hopt/Leyens, Handbuch Unternehmensführung, § 38 Rn. 76; *Harnos/Holle*, AG 2021, 853 (864 f.); *Koch*, AktG, § 122 Rn. 18; *Kubis*, in MüKo AktG, § 122 Rn. 31, 15; *Kuthe/Beck*, AG 2019, 898 (903 f.); *Ott*, NZG 2020, 99 (101); *Schäfer/Wucherer*, AG 2023, 483 (491); *Ziemons*, in Schmidt/Lutter, AktG, § 122 Rn. 46; vgl. → C. II. 1. c) aa).

334 Vgl. zur fehlenden gesetzlichen und ungeschriebenen Hauptversammlungskompetenz → C. II. 1. a), b).

335 Vgl. ebenfalls *Harnos/Holle*, AG 2021, 853 (865); *Sanders*, in VGR, Gesellschaftsrecht 2022, S. 70; offenlassend *Fleischer*, DB 2022, 37 (43); *Koch*, AktG, § 119 Rn. 11.

336 Vgl. zur Erörterung im Rahmen von gesetzlichen Tagesordnungspunkten → C. III. 1. a), insb. den Auskunfts- und Rederechten → C. III. 1. a) aa).

337 *Fest*, AG 2024, 269 (277); *Spindler*, in Schmidt/Lutter, AktG, § 119 Rn. 60.

338 *Harnos/Holle*, AG 2021, 853 (856).

Redebeiträge und Auskunftsersuche dazu stehen nicht repräsentativ für eine Willensbildung der Aktionäre in der Hauptversammlung.[339]

Neben den gesetzlich vorgesehenen Tagesordnungspunkten kann der Vorstand auf einer Hauptversammlung den beschlusslosen Diskurs der Aktionäre über unternehmerische Klimaschutzentscheidungen eröffnen. Es handelt sich um eine Handlungsalternative des Vorstands zum Verlangen einer Beschlussfassung nach § 119 Abs. 2 AktG. Der Vorstand kann den Aktionären in der Hauptversammlung eine Mitsprache zum unternehmerischen Klimaschutz im Sinne des Say on Climate einräumen. Eine aktionärsseitige Einleitung einer Aussprache über die unternehmerischen Klimaschutzentscheidungen in der Hauptversammlung scheidet aber aus, sodass keine eigene Rechtsposition der Aktionäre oder der Hauptversammlung und eine Abhängigkeit von der Mitwirkung des Vorstands für die beschlusslose Aussprache besteht.

2. Gegenantragsrecht

Weiter kommt für eine Mitsprache zum unternehmerischen Klimaschutz das Gegenantragsrecht nach § 126 Abs. 1 AktG in Betracht. An der Hauptversammlung teilnahmeberechtigte Aktionäre[340] können einen Gegenantrag zu einem bestimmten, nach § 124 AktG bekanntgemachten, Tagesordnungspunkt stellen.[341] Der Wortlaut von § 126 Abs. 1 S. 1 AktG bezieht sich ausdrücklich auf Beschlussvorschläge der Verwaltung. Bei börsennotierten Unternehmen kann sich ein Gegenantrag in richtlinienkonformer Rechtsfortbildung nach der Aktionärsrechte-Richtlinie I[342] auch auf Minderheitsverlangen nach § 122 AktG beziehen, für welche kein Verwaltungsvorschlag erforderlich ist.[343] Die Übertragung auf nicht-börsennotierte Unternehmen

---

339 *Harnos/Holle*, AG 2021, 853 (856); *Weller/Benz*, ZGR 2022, 563 (597); *Weller/Hoppmann*, AG 2022, 640 (643); zustimmend *Spindler*, in Schmidt/Lutter, AktG, § 119 Rn. 58.

340 Vgl. zu den teilnahmeberechtigten Aktionären → C. III. 1. a) aa).

341 *Kubis*, in MüKo AktG, § 126 Rn. 9; *Rieckers*, in BeckOGK, AktG, § 126 Rn. 10, Stand: 01.10.2024; *Ziemons*, in Schmidt/Lutter, AktG, § 126 Rn. 11.

342 Richtlinie 2007/36/EG des europäischen Parlaments und des Rates vom 11.07.2007 über die Ausübung bestimmter Rechte von Aktionären in börsennotierten Gesellschaften, ABl. der Europäischen Union, L 184/17, nachfolgend: Aktionärsrechte-Richtlinie I.

343 *Habersack/Verse*, Europäisches Gesellschaftsrecht, § 7 Rn. 15; *Kubis*, in MüKo AktG, § 126 Rn. 10; zweifelnd *Rieckers*, in BeckOGK, AktG, § 126 Rn. 11, Stand: 01.10.2024.

ist umstritten.[344] Die Gesellschaft trifft für einen formell ordnungsgemäßen Gegenantrag eine Publizitätspflicht nach § 126 Abs. 1 AktG.

a) Einbeziehung unternehmerischer Klimaschutzentscheidungen

Der Inhalt des Gegenantragsrechts richtet sich nach den bekanntgemachten Tagesordnungspunkten. Regelmäßig beziehen sich die Tagesordnungspunkte nicht unmittelbar auf unternehmerische Klimaschutzentscheidungen, wenn nicht der Vorstand von der Hauptversammlung eine Beschlussfassung in Geschäftsführungsfragen nach § 119 Abs. 2 AktG verlangt[345]. Dennoch können die Tagesordnungspunkte, wie bereits dargelegt, indirekt Gegenstände der Geschäftsführung einbeziehen.[346] Somit kann sich das Gegenantragsrecht gegen einen Beschlussvorschlag der Verwaltung richten und in der Sache Anlass in unternehmerischen Klimaschutzentscheidungen nehmen. Insoweit gewährt die Begründungsmöglichkeit[347] des Gegenantrags die nähere Ausführung und Erläuterung des Anliegens. Der Normzweck liegt in der Unterrichtung der anderen Aktionäre über eine beabsichtigte Opposition bekanntgemachter Beschlussvorschläge der Verwaltung.[348]

b) Der Fall Siemens

Beispielhaft ist der Fall Siemens hervorzuheben. Ein Einzelaktionär stellte bei der Siemens AG zur Hauptversammlung 2022 einen Gegenantrag gegen

---

344 Vgl. für eine Übertragung auf nicht-börsennotierte Unternehmen *Kubis*, in MüKo AktG, § 126 Rn. 10; a.A. *Rieckers*, in BeckOGK, AktG, § 126 Rn. 11, Stand: 01.10.2024.

345 Merkner/Schulenburg/Elixmann, AG 2024, 257 (266).

346 Vgl. zur Erörterung durch die mittelbare Einbeziehung in anderweitige Beschlusskompetenzen → C. II. 2., sowie generell anlässlich von gesetzlichen Tagesordnungspunkten → C. III. 1. a).

347 Vgl. zur Entbehrlichkeit der Begründung in richtlinienkonformer Rechtsfortbildung für börsennotierte Unternehmen *Habersack/Verse*, Europäisches Gesellschaftsrecht, § 7 Rn. 15; sowie zur Übertragung auf nicht-börsennotierte Unternehmen *Kubis*, in MüKo AktG, § 126 Rn. 16; *Ziemons*, in Schmidt/Lutter, AktG, § 126 Rn. 18; a.A. *Rieckers*, in BeckOGK, AktG, § 126 Rn. 15, Stand: 01.10.2024.

348 *Kubis*, in MüKo AktG, § 126 Rn. 1; *Rieckers*, in BeckOGK, AktG, § 126 Rn. 1, Stand: 01.10.2024; *Ziemons*, in Schmidt/Lutter, AktG, § 126 Rn. 1.

die Beschlussfassung über die Verwendung des Bilanzgewinns.[349] Der Gegenantrag beinhaltete den Beschlussvorschlag, Anteile an dem Bilanzgewinn dem konzerneigenen Nachhaltigkeitsprogramm zufließen zu lassen, um das Unternehmensziel der CO_2-Neutralität aller Produktionsstätten und Gebäude bereits vor 2030 zu erreichen. Trotz Bekanntmachung des Gegenantrags nahm die Hauptversammlung die Verwendung des Bilanzgewinns nach dem Beschlussvorschlag der Verwaltung mit einer Mehrheit von 99,71 % der abgegebenen Stimmen an.[350]

c) Bewertung im Sinne des Say on Climate

Das Gegenantragsrecht ermöglicht grundsätzlich die Inbezugnahme unternehmerischer Klimaschutzentscheidungen, schließlich verleiht die Veröffentlichung des Gegenantrags dem Inhalt Ausdruck.[351] Jedoch ist das Gegenantragsrecht nicht zielgenau auf unternehmerische Klimaschutzentscheidungen zugeschnitten und hat sich an der jeweiligen Tagesordnung im Einzelfall zu orientieren.[352] Es verbleibt bei individuellen Meinungsäußerungen, die nicht repräsentativ für die Mehrheit stehen.[353]

3. Aktionärsvorschlag bei Aufsichtsratswahlen

Für eine Mitsprache zum unternehmerischen Klimaschutz kommen ferner der Aktionärsvorschlag bei Aufsichtsratswahlen nach § 127 AktG und der Antrag auf vorrangige Abstimmung nach § 137 AktG in Betracht. Nach §§ 127,

---

349 *Ohmer*, in Siemens, Gegenanträge und Wahlvorschläge zur ordentlichen Hauptversammlung 2022, S. 6, abrufbar unter https://assets.new.siemens.com/siemens/assets/api/uuid:d7f93cbc-4596-4d63-9670-38dc0aead7ae/Gegenantraege-HV2022-220127.pdf, archiviert unter https://web.archive.org/web/20240220113053/https://assets.new.siemens.com/siemens/assets/api/uuid:d7f93cbc-4596-4d63-9670-38dc0aead7ae/Gegenantraege-HV2022-220127.pdf, zuletzt abgerufen am 15.05.2025.

350 Abstimmungsergebnisse, Tagesordnungspunkt 2, Hauptversammlung 2022 der Siemens AG, https://assets.new.siemens.com/siemens/assets/api/uuid:be1bf259-89b7-4946-80eb-373175b703d4/Siemens-HV2022-Abstimmungsergebnisse.pdf, archiviert unter https://web.archive.org/web/20230227210028/https://assets.new.siemens.com/siemens/assets/api/uuid:be1bf259-89b7-4946-80eb-373175b703d4/Siemens-HV2022-Abstimmungsergebnisse.pdf, zuletzt abgerufen am 15.05.2025.

351 *Jaspers*, AG 2022, 145 (151); *Weller/Hoppmann*, AG 2022, 640 (644).

352 Vgl. *Keltsch*, Aktionärsrechte, S. 382.

353 *Drinhausen*, ZHR 186 (2022), 201 (209); vgl. *Schirmer*, ZHR 188 (2024), 60 (81 f.).

126 Abs. 1 AktG können teilnahmeberechtigte Aktionäre einen konkreten Gegenkandidaten zur Wahl des Aufsichtsrats vorschlagen.[354] Ein ordnungsgemäßer Vorschlag ist nach § 127 S. 1 i.V.m. § 126 Abs. 1 AktG publizitätspflichtig. Beantragt der Aktionär in der Hauptversammlung die Wahl des von ihm nach § 127 AktG vorgeschlagenen Gegenkandidaten, so kann nach § 137 AktG eine qualifizierte Minderheit die vorrangige Abstimmung über diesen Wahlvorschlag verlangen.[355] Das Quorum beträgt 10 % des vertretenen Grundkapitals in der Hauptversammlung.

a) Einbeziehung unternehmerischer Klimaschutzentscheidungen

Mithilfe des Wahlvorschlages nach § 127 AktG und des Antrags auf vorrangige Abstimmung hierüber gemäß § 137 AktG kann der einzelne Aktionär unmittelbar die zur Wahl stehenden Kandidaten beeinflussen, die schließliche Bestellung der Aufsichtsratsmitglieder liegt nach §§ 101, 119 Abs. 1 Nr. 1 AktG in der Hand der Hauptversammlung.[356] Für klimaschutzbezogene Hintergründe liefert der Wahlvorschlag nach § 127 S. 2 AktG eine Begründungsmöglichkeit.

b) Bewertung im Sinne des Say on Climate

Aktivistische Aktionäre und institutionelle Investoren können einerseits als einzelne Aktionäre über den Wahlvorschlag nach §§ 127, 137 AktG und andererseits mittels des Hauptversammlungsbeschlusses zur Bestellung der Aufsichtsratsmitglieder nach §§ 101, 119 Abs. 1 Nr. 1 AktG die Aufsichtsratsbildung nutzen, um Einfluss auf die Klimaschutzpolitik der Gesellschaft zu nehmen.[357] Klimabewusste Aufsichtsratsmitglieder können insbesondere durch die Bestellung der Vorstandsmitglieder nach § 84 AktG eine

---

354 *Rieckers*, in BeckOGK, AktG, § 127 Rn. 4, Stand: 01.10.2024; vgl. zum Gegenantragsrecht nach § 126 AktG und zur Teilnahmeberechtigung → C. III. 1. a) aa).

355 *Arnold*, in MüKo AktG, § 137 Rn. 6.

356 *Fleischer*, DB 2022, 37 (42); Der Aufsichtsrat 2022, 26 (27); *Weller/Hoppmann*, AG 2022, 640 (645).

357 *Fleischer*, DB 2022, 37 (42); Der Aufsichtsrat 2022, 26 (27); *Jaspers*, AG 2022, 145 (149); *Weller/Hoppmann*, AG 2022, 640 (645) jeweils mit Verweis auf die Aufsichtsratsbildung 2021 bei Exxon Mobil in den USA, vgl. https://www.theguardian.com/business/2017/may/31/exxonmobil-climate-change-cost-shareholders, zuletzt abgerufen am 15.05.2025; tiefergehend vgl. *Bachmann*, ZHR (187) 2023, 166 (189 ff.).

klimafreundliche Geschäftsführung fördern. Maßgeblich ist stets der Zeitpunkt von Aufsichtsratswahlen.[358] Es handelt sich jedoch um keine zielgerichtete Mitsprache der Aktionäre oder der Hauptversammlung zu unternehmerischen Klimaschutzentscheidungen.

4. Bestellung eines Nachhaltigkeitsprüfers

Fraglich ist, inwieweit die Nachhaltigkeitsberichterstattung nach der *Corporate Sustainability Reporting*-Richtlinie (CSRD)[359] eine Grundlage für das Say on Climate bietet.

a) Gegenwärtige Rechtslage und unionsrechtlicher Hintergrund

Nach § 119 Abs. 1 Nr. 5 AktG beschließt die Hauptversammlung über die Bestellung des Abschlussprüfers i.S.d. §§ 316, 319 HGB. Nach § 317 Abs. 2 S. 4 HGB prüft der Abschlussprüfer ausschließlich, ob eine nichtfinanzielle Erklärung abgegeben wurde. Allein der Aufsichtsrat kann nach § 111 Abs. 2 S. 4 AktG eine externe inhaltliche Prüfung der nichtfinanziellen Erklärung oder des gesonderten nichtfinanziellen Berichts, § 289b HGB, der nichtfinanziellen Konzernerklärung oder des gesonderten nichtfinanziellen Konzernberichts, § 315b HGB, beauftragen.[360] Diese Rechtslage ist auf die CSR-Richtlinie[361] und das Mitgliedstaatenwahlrecht in Art. 19a Abs. 6 der Richtlinie 2013/34/EU zurückzuführen. Die Mitgliedstaaten hatten demnach die Wahl, die Überprüfung der in der nichtfinanziellen Erklärung oder im gesonderten Bericht enthaltenen Informationen durch einen unabhängigen Erbringer von

---

358 *Schäfer/Wucherer*, AG 2023, 483 (489).

359 Richtlinie 2022/2464 des Europäischen Parlaments und des Rates vom 14. Dezember 2022 zur Änderung der Verordnung (EU) Nr. 537/2014 und der Richtlinien 2004/109/EG, 2006/43/EG und 2013/34/EU hinsichtlich der Nachhaltigkeitsberichterstattung von Unternehmen, ABl. der Europäischen Union, L 322/15, nachfolgend: CSRD.

360 Zur gegenwärtigen Rechtslage vgl. *Jaspers*, AG 2022, R240 (R241); *Orth/Meyer*, WPg 2022, 909.

361 Richtlinie 2014/95/EU des Europäischen Parlaments und des Rates vom 22. Oktober 2014 zur Änderung der Richtlinie 2013/34/EU im Hinblick auf die Angabe nichtfinanzieller und die Diversität betreffender Informationen durch bestimmte große Unternehmen und Gruppen, ABl. der Europäischen Union, L 330/1, nachfolgend: CSR-Richtlinie, CSR-RL.

Bestätigungsleistungen vorzuschreiben. Hiervon hat der deutsche Gesetzgeber keinen Gebrauch gemacht.[362]

b) Corporate Sustainability Reporting-Richtlinie

Mit Inkrafttreten der *Corporate Sustainability Reporting*-Richtlinie zum 5. Januar 2023 gewann die nichtfinanzielle CSR-Berichterstattung durch Schaffung von Art. 19a, 29a, 40a der Richtlinie 2013/34/EU als Nachhaltigkeitsberichterstattung an Bedeutung.[363] Nach dem neugefassten Art. 27a der Richtlinie 2013/34/EU untersteht die Bestätigung der Nachhaltigkeitsberichterstattung den Bestimmungen der Abschlussprüfer-Richtlinie[364].[365] Nach Art. 37 Abs. 1 Richtlinie 2006/43/EG hat im Regelfall der Abschlussprüfer den Nachhaltigkeitsbericht zu prüfen.[366] Hinzu tritt nach Art. 34 Abs. 3, Abs. 4 der Richtlinie 2013/34/EU in der Fassung nach der *Corporate Sustainability Reporting*-Richtlinie ein Wahlrecht der Mitgliedstaaten, nach welchem der deutsche Gesetzgeber anstatt des Abschlussprüfers auch einen anderen Wirtschaftsprüfer oder einen unabhängigen Erbringer von Bestätigungsleistungen als Nachhaltigkeitsprüfer zulassen kann.[367] Unabhängig von diesem Wahlrecht schafft die *Corporate Sustainability Reporting*-Richtlinie in Art. 37 Abs. 3 UAbs. 2 Richtlinie 2006/43/EG sinngemäß folgendes Aktionärsrecht für das Einfordern einer inhaltlichen Überprüfung der Nachhaltigkeitsberichterstattung durch Dritte: Aktionäre großer Unternehmen, die mehr als 5 % der Stimmrechte oder 5 % des Kapitals des Unternehmens ausmachen, haben einzeln oder gemeinsam das Recht, die Beschlussfassung der

---

362 Vgl. *Jaspers*, AG 2022, R240 (R241); *Orth/Meyer*, WPg 2022, 909; *Velte/Stawinoga*, WPg, 2022, 1135 (1136).

363 Art. 1 Nr. 1, Nr. 7 CSRD.

364 Richtlinie 2006/43/EG des Europäischen Parlaments und des Rates vom 17. Mai 2006 über Abschlussprüfungen von Jahresabschlüssen und konsolidierten Abschlüssen, zu Änderung der Richtlinien 78/660/EWG und 83/349/EWG des Rates und zur Aufhebung der Richtlinie 84/253/EWG des Rates, ABl. der Europäischen Union, L 157/87; nachfolgend: Abschlussprüfer-Richtlinie, Abschlussprüfer-RL.

365 Art. 3 Nr. 16, Erwägungsgrund 74 CSRD.

366 Art. 3 Nr. 25 c) *Corporate Sustainability Reporting*-Richtlinie, ABl. der Europäischen Union, L 322/73.

367 Art. 1 Nr. 13 b) *Corporate Sustainability Reporting*-Richtlinie, ABl. der Europäischen Union, L 322/56; vgl. *Hillmer*, BC 2023, 255 (256); *Marten/Lorenzer*, DB 2024, 609, *Schüttler*, DB 2023, 1237; *Walka*, ZIP 2024, 613.

Hauptversammlung darüber zu beantragen, ob eine akkreditierte dritte Partei, die nicht die Abschlussprüfung vornimmt, einen Bericht über bestimmte Bestandteile der Nachhaltigkeitsberichterstattung ausarbeiten und der Hauptversammlung zur Verfügung stellen soll.[368]

c) Bewertung im Sinne des Say on Climate

Das nach der *Corporate Sustainability Reporting*-Richtlinie umzusetzende Aktionärsrecht für eine qualifizierte Minderheit führt bei positiver Beschlussfassung zur Vorlage eines Berichts über die Inhalte der Nachhaltigkeitsberichterstattung gegenüber der Hauptversammlung. Eine inhaltliche Auseinandersetzung mit dem Nachhaltigkeitsbericht, die einer Mitsprache zum unternehmerischen Klimaschutz entspräche, ist nicht nach dem Minderheitenrecht vorgesehen. Zudem sieht die *Corporate Sustainability Reporting*-Richtlinie keine Beschlussfassung der Hauptversammlung über den vorgelegten Bericht des Nachhaltigkeitsprüfers vor. Somit besteht zukünftig nur die Möglichkeit, die Ergebnisse des Nachhaltigkeitsprüfers mittelbar in anderweitige Beschlusskompetenzen einzubeziehen.[369]

Nach gegenwärtigem Stand ist nicht zu erwarten, dass der deutsche Gesetzgeber das Aktionärsrecht nach der *Corporate Sustainability Reporting*-Richtlinie zum Anlass nehmen wird, eine eigene Hauptversammlungskompetenz für die Billigung des Berichts zu begründen.[370] Der Gesetzesentwurf der Bundesregierung für ein CSRD-Umsetzungsgesetz sieht bislang keine überschießende Umsetzung der Richtlinie vor und verfolgt eine 1:1 Umsetzung.[371] In diesem Sinne soll der neue § 324k HGB-CSRD-E im Wesentlichen

---

368 Erwägungsgrund 75 UAbs. 2, Art. 3 Nr. 25 c) *Corporate Sustainability Reporting*-Richtlinie, ABl. der Europäischen Union, L 322/73; tiefergehend zu Anwendungsbereich und Anforderungen *Jaspers*, AG 2022, R240 (R242); *Velte/Stawinoga*, WPg 2022, 1135 (1139).

369 Vgl. zur mittelbaren Einbeziehung in anderweitige Beschlusskompetenzen → C. II. 2.

370 Vgl. *Jaspers*, AG 2022, R240 (R243); *Sanders*, in VGR, Gesellschaftsrecht 2022, S. 79.

371 Siehe Regierungsentwurf für ein CSRD-Umsetzungsgesetz, vom 24.07.2024, a.a.O. Fn. 315; vgl. die Berichterstattung Redaktion, NZG, 2024, 418; *Scheffler*, AG 2024, R1110; *Schüppen*, NZG 2024, 475; *Walka*, ZIP 2024, 613.

inhaltsgleich zur *Corporate Sustainability Reporting*-Richtlinie das Minderheitenrecht auf einen „Bericht durch eine akkreditierte unabhängige Partei" einführen.[372]

5. Zwischenergebnis

Allein der Vorstand hat die Handlungsmöglichkeit, eine beschlusslose Hauptversammlung zu unternehmerischen Klimaschutzentscheidungen auf einer ohnehin stattfindenden Hauptversammlung durchzuführen. Mit dieser Vorgehensweise kann der Vorstand den Aktionären in der Hauptversammlung eine Say on Climate-Mitsprache eröffnen. Davon abgesehen liefert das geltende Aktienrecht keine Mitsprache zum unternehmerischen Klimaschutz, anhand welcher die Aktionäre in der Hauptversammlung langfristig und regelmäßig ihrer Zustimmung oder Ablehnung der unternehmerischen Klimapolitik Ausdruck verleihen können.

IV. Mitsprache nach dem Deutschen Corporate Governance Kodex

Schließlich ist die Mitsprache zu unternehmerischen Klimaschutzentscheidungen nach dem Deutschen Corporate Governance Kodex (DCGK) zu untersuchen. Der Kodex richtet sich an börsennotierte Aktiengesellschaften und enthält neben Grundsätzen, die den gesetzlichen Status quo wiedergeben, Empfehlungen und Anregungen für Vorstand und Aufsichtsrat.[373] Mangels Gesetzesqualität kann der Kodex keine Mitspracherechte der Aktionäre bzw. der Hauptversammlung begründen. Dennoch sind Kodex-Empfehlungen Gegenstand der gesetzlichen Verpflichtung von Vorstand und Aufsichtsrat börsennotierter Gesellschaften und Gesellschaften mit Kapitalmarktzugang nach § 161 AktG, Entsprechungserklärungen abzugeben und Abweichungen zu begründen (*comply or explain*).[374]

---

372 Artikel 1 Nr. 31 des Regierungsentwurfs für ein CSRD-Umsetzungsgesetz, vom 24.07.2024, a.a.O. Fn. 315, S. 29 sowie S. 2, 113 zur geplanten „1:1" Umsetzung.

373 DCGK Präambel; *Goette*, in MüKo AktG, § 161 Rn. 23; *Favoccia*, in Corporate Sustainability, S. 27.

374 *Bayer/Scholz*, in BeckOGK, AktG, § 161 Rn. 2 ff., 20, Stand: 01.02.2024.

Der Kodex adressiert in seiner aktuellen Fassung 2022[375] keine Mitsprache der Hauptversammlung zum unternehmerischen Klimaschutz.[376] Nach Grundsatz 2 entwickelt der Vorstand die strategische Ausrichtung des Unternehmens, stimmt sie mit dem Aufsichtsrat ab und sorgt für die Umsetzung. Dem liegt die bereits dargestellte Rechtslage zugrunde, nach welcher der Vorstand für unternehmerische Klimaschutzentscheidungen zuständig ist.[377] Empfehlung A.1 konkretisiert, dass der Vorstand „die mit den Sozial- und Umweltfaktoren verbundenen Risiken und Chancen für das Unternehmen sowie die ökologischen und sozialen Auswirkungen der Unternehmenstätigkeit systematisch identifizieren und bewerten [soll]. Die Unternehmensstrategie soll neben den langfristigen wirtschaftlichen Zielen auch ökologische und soziale Ziele angemessen berücksichtigen. Die Unternehmensplanung soll entsprechende finanzielle und nachhaltigkeitsbezogene Ziele umfassen."[378] Das Verlangen eines Hauptversammlungsbeschlusses durch den Vorstand nach § 119 Abs. 2 AktG ist nicht Gegenstand des Kodex.

Der Kodex behandelt die Hauptversammlung generell zurückhaltend.[379] Nach der Präambel richtet sich der Kodex an Vorstand und Aufsichtsrat und verfolgt das Ziel, zur Führung der Gesellschaft im Unternehmensinteresse beizutragen.[380] In Anregung A.6 findet sich die Mitsprache von Aktionären in den sog. Investorengesprächen wieder; es sollte „der Aufsichtsrat […] in angemessenem Rahmen bereit sein, mit Investoren über aufsichtsratsspezifische Themen Gespräche zu führen." Es verbleibt gegenwärtig bei nach A.6

---

375 Deutscher Corporate Governance Kodex in der Fassung vom 28.04.2022, abrufbar unter https://www.dcgk.de/de/kodex/aktuelle-fassung/praeambel.html; zuletzt abgerufen am 15.05.2025.

376 Vgl. auch *Kremer*, in Kremer, DCGK, G. 8 Rn. 19.

377 Vgl. zur Einordnung als Geschäftsführungsangelegenheit → C. I. 2., zur fehlenden Hauptversammlungszuständigkeit → C. II. 1. a);

378 Tiefergehend *Bachmann*, ZHR (186) 2022, 641 (647 ff.); *Dörrwächter*, NZG 2022, 1083 (1089); zu den materiellen Vorgaben für nachhaltige Unternehmensführung *Favoccia*, in Corporate Sustainability, S. 27 ff.

379 Vgl. DCGK Grundsatz 8 sowie Anregungen A.7, A.8; *Simons*, in Ghassemi-Tabar, DCGK, G8 Rn. 6; VGR, AG 2022, 239 (242).

380 Vgl. DCGK Präambel; *Bachmann*, ZHR (186) 2022, 641 (650).

angeregten Investorengesprächen einzelner Aktionäre mit dem Aufsichtsrat.[381] Diese können als Nachhaltigkeitsdialog ausgestaltet sein.[382]

Die Gesellschaftsrechtliche Vereinigung (VGR) kritisierte in ihrer Stellungnahme im Konsultationsverfahren zur Reform des Deutschen Corporate Governance Kodex 2022 die mangelnde Auseinandersetzung des Reformvorschlags der Regierungskommission[383] mit der Klimakrise.[384] Weiterhin hat sich die VGR ausdrücklich für eine Anregung ausgesprochen, nach welcher der Vorstand dem Verlangen einer qualifizierten Minderheit nach einem Say on Climate-Votum nachkommen sollte.[385] Dieser Vorschlag ist im Rahmen der rechtspolitischen Überlegungen der Arbeit noch eingehend inhaltlich zu untersuchen.[386] Die Regierungskommission nahm die Anregung nicht in den Kodex auf. Im Ergebnis spielt der Deutsche Corporate Governance Kodex nach seiner gegenwärtigen Fassung eine für das Say on Climate untergeordnete Rolle.

V. Fazit zum Say on Climate nach deutschem Recht

Die Aktionäre bzw. die Hauptversammlung haben nach dem geltenden Aktienrecht keine originäre Rechtsstellung für ein Say on Climate-Votum inne. Nur in Abhängigkeit von einem Tätigwerden des Vorstands besteht ein Say on Climate. Der Vorstand kann nach seinem weiten Ermessen ein unmittelbares Say on Climate-Votum von der Hauptversammlung nach § 119 Abs. 2 AktG verlangen. Insbesondere kann er, um einen bindenden Hauptversammlungsbeschluss zu vermeiden, in der Rechtsfolge gezielt einen Konsultativbeschluss verlangen. Anhand dieser Vorgehensweise verwirklichten bislang die Alzchem Group AG als erstes börsennotiertes Unternehmen

381 DCGK A.6; *Bachmann*, ZHR (187) 2023, 166 (192); *Drinhausen*, ZHR 186 (2022), 201 (209); tiefergehend *Roth/Ekkenga*, AG 2021, 409 (417 f.); vgl. auch *Gelter/Langenbucher*, in Hommelhoff/Hopt/Leyens, Handbuch Unternehmensführung, § 38 Rn. 39 f.

382 Vgl. *Roth/Ekkenga*, AG 2021, 409 (417 f.).

383 Entwurf der Regierungskommission vom 21.01.2022 zum DCGK 2022, https://www.dcgk.de/de/konsultationen/archiv/konsultation-2022.html, zuletzt abgerufen am 15.05.2025.

384 VGR, AG 2022, 239 (239, 242 f.).

385 VGR, AG 2022, 239 (239, 242 f.); vgl. *Mock/Velte*, AG 2022, 885 (892).

386 Vgl. zur tiefergehenden Betrachtung *de lege ferenda* → E. II. 1.; siehe auch den Kodex in seiner aktuellen Fassung von 2022, a.a.O. Fn. 375.

im Jahr 2023 sowie die GEA Group AG als erstes im MDAX geführtes Unternehmen im Jahr 2024 ein Say on Climate, indem jeweils der Vorstand der Hauptversammlung einen Klimatransformationsplan der Gesellschaft zur Zustimmung vorlegte. Es bleibt abzuwarten, ob sich ein Vorstandsverlangen von Say on Climate-Beschlüssen national etabliert. Daneben kann der Vorstand für eine Say on Climate-Mitsprache der Aktionäre eine beschlusslose Hauptversammlungskonsultation, auch informatorische Hauptversammlung genannt, durchführen.

Aus der Aktionärsperspektive handelt es sich in sämtlichen der genannten Konstellationen jeweils um kein gesetzlich eingeräumtes, sondern ein gewillkürtes Say on Climate in Abhängigkeit zu einer Vorstandsentscheidung und dessen sog. *Management Proposals*. Der Deutsche Corporate Governance Kodex enthält nach gegenwärtigem Stand keine Empfehlung oder Anregung an den Vorstand, von seinem Vorlagerecht in Geschäftsführungsfragen im Sinne des Say on Climate Gebrauch zu machen. Letztlich obliegt es stets dem weiten Ermessen des Vorstands, ein Say on Climate abzuhalten und gegebenenfalls langfristig zu etablieren.

Diese Rechtslage resultiert aus der historisch gewachsenen Kompetenzverteilung im Aktienrecht. Die maßgebenden unternehmerischen Klimaschutzentscheidungen sind als Geschäftsführungsangelegenheiten zu qualifizieren. Sie fallen in den Zuständigkeitsbereich des Vorstands, da eine langfristige, regelmäßige Mitsprache zur unternehmerischen Planung der generellen Klimaschutzstrategie prägend ist und strategische Entscheidungen in besonderen Ausnahmekonstellationen gerade nicht relevant sind. Für einen direkt auf unternehmerische Klimaschutzentscheidungen gerichteten Hauptversammlungsbeschluss als unmittelbares Say on Climate-Votum sind geschriebene sowie ungeschriebene Hauptversammlungskompetenzen nicht einschlägig. Anderweitige Beschlusskompetenzen der Hauptversammlung bieten zwar diverse Möglichkeiten zur Erörterung unternehmerischer Klimaschutzentscheidungen, die in die Stimmrechtsausübung der Aktionäre einfließen können. Zudem haben die Aktionäre nach dem Aktiengesetz verschiedene Mitsprachemöglichkeiten. Diese können jedoch keine zielgerichtete, langfristige und regelmäßige Mitsprache zur unternehmerischen Klimapolitik eröffnen.

Das Tagesordnungsergänzungsverlangen nach § 122 Abs. 2 AktG folgt der Zuständigkeit der Hauptversammlung und ist daher als Instrument für

Beschlussgegenstände, die auf unternehmerische Klimaschutzentscheidungen gerichtet sind oder einer Aussprache in einer beschlusslosen Hauptversammlung dienen, nicht unmittelbar geeignet. Darüber hinaus sind nach dem Aktiengesetz keine unverlangten Konsultativbeschlüsse zulässig, sodass sich ein Ergänzungsverlangen hierauf nicht beziehen kann. § 122 Abs. 2 AktG kann selbst für ein Verlangen nach einem Say on Climate keine Grundlage bieten, da der Ausdruck des Verlangens der Aktionäre nach einer Mitsprache zum Klimaschutz unzulässig und somit rechtswidrig ist. Den Vorstand trifft keine Bekanntmachungspflicht und die Realisierung des verlangten Inhalts steht in dessen weiten Ermessen.

Im Ergebnis ist nach der gegenwärtigen Rechtslage des Aktiengesetzes die Rechtsstellung der Hauptversammlung und der Aktionäre eng begrenzt.

D. Say on Climate in den USA

Die Rechtslage in den USA kann Anregungen für eine künftige nationale Regelung des Say on Climate liefern. Sie verdient besondere Aufmerksamkeit, da sich hieran die prägende Say-on-Climate-Initiative orientiert. Darüber hinaus ist der US-amerikanische Rechtsrahmen für internationale institutionelle Investoren und Investoren-Netzwerke von gesteigerter Bedeutung. Nachstehend wird zunächst die Möglichkeit eines Say on Climate durch einen Vorschlag der Verwaltung der Gesellschaft vorgestellt (I.). und anschließend das Say on Climate nach dem Recht der Aktionäre auf einen Aktionärsantrag eingehend beleuchtet (II.). Beide Ausgestaltungen werden mit Beispielen aus der Praxis unterlegt. Ziel dieses Kapitels ist es, rechtsvergleichende Erkenntnisse über das Say on Climate zu gewinnen, um auf dieser Grundlage im nachfolgenden Kapitel (E.) mögliche Reformvorschläge für das deutsche Recht zu diskutieren.

I. Say on Climate durch *Management Proposal*

Die Verwaltung einer Gesellschaft kann den Aktionären in der Hauptversammlung eine Beschlussvorlage für einen Say on Climate-Beschluss freiwillig unterbreiten, die Rechtsgrundlage ist nach dem Recht des Staates Delaware darzustellen (1.) und anschließend auf den tatsächlichen Einsatz bei US-amerikanischen börsennotierten Gesellschaften einzugehen (2.).

1. Rechtsgrundlage für Beschlussvorschläge der Verwaltung

Die Gesellschaftsform der „*business corporation*", auch „*stock corporation*" oder lediglich „*corporation*" genannt, entspricht nach US-amerikanischem Recht der „Grundform der Kapitalgesellschaft".[1] Das Gesellschaftsrecht wird nach dem föderalen System der USA einzelstaatlich geregelt.[2] Regelmäßig gilt in den US-amerikanischen Bundesstaaten für *corporations* das monistische „*statutory scheme*", nach welchem die Verwaltung („*management*") der Gesellschaft durch ein zentrales Organ, das sog. „*board of directors*", erfolgt.[3] Stellvertretend wird nachfolgend die Rechtslage in Delaware herangezogen, die führend für öffentlich gehandelte Kapitalgesellschaften ist.[4] Dem *statutory scheme* folgend weist § 141 (a) Delaware General Corporation Law (DGCL) sämtliche Geschäfte und Angelegenheiten der Gesellschaft dem Verwaltungsorgan *board of directors* zu:

> „*The business and affairs of every corporation organized under this chapter shall be managed by or under the direction of a board of directors, except as may be otherwise provided in this chapter or in its certificate of incorporation.*"[5]

---

1 *Merkt*, US-amerikanisches Gesellschaftsrecht, Rn. 194 f.

2 Siehe die abschließenden bundesstaatlichen Kompetenzen in Art. I Abs. 8 der Verfassung der Vereinigten Staaten (*Constitution of the United States*) vom 17.09.1787, sog. *enumerated powers*, sowie den 10. Zusatzartikel zur Verfassung der vereinigten Staaten (*Article the twelfth Bill of Rights*) vom 25.09.1789, nach welchem jene Zuständigkeiten, die nicht dem Bund zugewiesen sind und den Einzelstaaten nicht versagt sind, den Einzelstaaten oder dem Volk zufallen; *Lange*, in Wegen/Spahlinger/Barth, Gesellschaftsrecht des Auslands, USA – Allgemeiner Teil, Rn. 1 ff., 53 ff.; *Merkt*, US-amerikanisches Gesellschaftsrecht, Rn. 216 ff.

3 *Clark*, Corporate Law, S. 93 ff.; *Fleischer*, in Aktienrecht im Wandel, Band II, 9. Kapitel, Rn. 46; *Merkt*, US-amerikanisches Gesellschaftsrecht, Rn. 609 ff.; vgl. *Hüffer*, in Aktienrecht im Wandel, Band II, 7. Kapitel, Rn. 13.

4 Nach eigenen Angaben des Delaware State entsprechen mehr als die Hälfte der börsennotierten Gesellschaften in Delaware gegründeten Aktiengesellschaften; https://corplaw.delaware.gov/facts-and-myths/, archiviert unter https://web.archive.org/web/20240220094554/https://corplaw.delaware.gov/facts-and-myths/, zuletzt abgerufen am 15.05.2025; vgl. auch *Bebchuk*, Harvard Law Review, Volume 118 (2005), 833 (844); *Hofstetter*, ZGR 2008, 560 (568); *Lange*, in Wegen/Spahlinger/Barth, Gesellschaftsrecht des Auslands, USA – Allgemeiner Teil, Rn. 4, 31 ff.

5 Abrufbar unter https://delcode.delaware.gov/title8/c001/sc04/index.html, zuletzt abgerufen am 15.05.2025; im Anhang Auszüge aus Delaware General Corporation Law samt sinngemäßer Übersetzung → Anhang II.

Nach der Rechtsprechung beruht die Verwaltungsmacht des *board of directors* auf dessen „*original and undelegated* [*power*]“, welche sich aus der Gründung selbst ergibt und auf welche die Aktionäre keinen Einfluss ausüben.[6]

Ausdrücklich regelt das einzelstaatliche Gesellschaftsrecht keine Beschlussvorlage der Verwaltung gegenüber den Aktionären zur Abstimmung in der Hauptversammlung, welche einem Vorstandsverlangen nach § 119 Abs. 2 AktG gleichkommt.[7] Dennoch ist die Zulässigkeit von Beschlussvorschlägen der Verwaltung als „*board proposal*“ bzw. „*management (sponsored) proposal*“ gängige Praxis.[8] Insbesondere fehlen entgegenstehende einzelstaatliche Regelungen, sodass die Verwaltung aufgrund ihrer umfassenden, eigenverantwortlichen Zuständigkeit in Geschäftsführungsfragen berechtigt ist, in ihrem Ermessen Beschlussgegenstände den Aktionären in der Hauptversammlung zur beratenden und unverbindlichen Abstimmung zu stellen.[9] Ergänzend trifft die Gründungsurkunde der Gesellschaft oder die Satzung regelmäßig Regelungen zur Durchführung von *Management Proposals*, da es nach einzelstaatlichem Recht der Gesellschaft obliegt, den Ablauf der Hauptversammlung zu konkretisieren.[10]

Das *board of directors* hat in seiner Ermessensentscheidung treuhänderische Pflichten („*fiduciary duties*“) zu beachten.[11] Insbesondere gilt nach der Sorg-

---

6 Siehe Grundsatzentscheidung des New York Court of Appeals, v. 23.04.1918, Manson v. Curtis, 223 N.Y. 313, 119 N.E. 559, 562: „*In corporate bodies, the powers of the board of directors are, in a very important sense, original and undelegated. The stockholders do not confer, nor can they revoke those powers. They are derivative only in the sense of being received from the state in the act of incorporation.*“; zur historischen Einordnung der Grundsatzentscheidung Manson v. Curtis siehe *Bruno*, ECFR 2012, 421 (441 ff.); *Fleischer*, in Aktienrecht im Wandel, Band II, 9. Kapitel, Rn. 47.

7 *Çapa*, Konsultative Hauptversammlungsbeschlüsse, S. 150 f.; zur Einordnung nach dem deutschen Aktienrecht vgl. → C. II. 1. a).

8 *Çapa*, Konsultative Hauptversammlungsbeschlüsse, S. 150 f.; vgl. *Cahn/Donald*, Comparative Company Law, S. 687 f.; vgl. zur statistischen Untersuchung *Babenko/Choi/Sen*, Management (of) Proposals, 15.04.2023, S. 1, S. 37 Figure 2, abrufbar unter https://ssrn.com/abstract=3155428; zuletzt abgerufen am 15.05.2025; *Listokin*, American Law and Economics Review, Volume 10 (2008), 159.

9 *Çapa*, Konsultative Hauptversammlungsbeschlüsse, S. 150 f.

10 *Cahn/Donald*, Comparative Company Law, S. 687 f.

11 Generell *Cox/Hazen*, Treatise on Corporations, §§ 10:1 ff.; *Merkt*, US-amerikanisches Gesellschaftsrecht, Rn. 904 ff.; generell für Delaware siehe Entscheidung des Supreme Court of Delaware, v. 09.02.2000, Brehm v. Eisner, 26 Del. 3 (Del. 2000); im Kontext von Say on Climate-Abstimmungen *Armour/Enriques/Wetzer*, Arizona Law Review, Volume 65 (2023), 285 (291, 335); zum sog. „*twice testing principal*“ die Entscheidung

faltspflicht („*duty of care*") das Gebot, im guten Glauben („*good faith*") nach dem bestmöglichen Interesse der Gesellschaft zu handeln.[12] Bestimmend ist nicht nur das Interesse der Aktionäre, vielmehr kann die Verwaltung Stakeholder-Interessen, insbesondere Klimaschutz und Umweltauswirkungen, in ihre Entscheidungsfindung einbeziehen.[13] Im Einzelfall ist der satzungsmäßige Unternehmenszweck („*purpose clause*") der Gesellschaft ausschlaggebend.[14]

Fällt die Gesellschaft in den Anwendungsbereich der sog. „*Proxy Rules*", welche im 17. Titel des *Code of Regulations* unter § 240.14a, kurz 17 CFR § 240.14a, niedergeschrieben sind, hat die Verwaltung den Tagesordnungspunkt sowie den konkreten Inhalt der Beschlussvorlage in ihrem „*proxy statement*" aufzunehmen.[15]

2. Einsatz von *Management Proposals* im Sinne des Say on Climate

Bislang sind zwei Fälle eines unternehmensseitig initiierten Say on Climate bei US-amerikanischen börsennotierten Unternehmen in der Hauptversammlungssaison 2021 bekannt.[16]

---

des Court of Chancery of Delaware, v. 23.01.2007, Sample v. Morgan, 914 A.2d 647 (Del. Ch. 2007), Rn. 672; vgl. zum Schutz nach der *Business Judgement Rule* die Entscheidung des Court of Chancery of Delaware, New Castle County, v. 19.07.1996, Gagliardi v. Trifoods, 683 A.2d 1049.

12 *Cox/Hazen*, Treatise on Corporations, §§ 10:1; 10:2; 10:3; 10:6; 10:10; *Merkt*, US-amerikanisches Gesellschaftsrecht, Rn. 905; *Keltsch*, Aktionärsrechte, S. 260 ff.; *Winden*, Hastings Law Journal, Volume 47 (2023), 1167 (1184); generell für Delaware siehe Entscheidung des Supreme Court of Delaware, v. 09.02.2000, Brehm v. Eisner, 26 Del. 3 (Del. 2000).

13 *Keltsch*, Aktionärsrechte, S. 260 ff., 276; *Cox/Hazen*, Treatise on Corporations, § 4:10; vgl. für Ausführung zu Delaware *Drechsler*, ZVglRWiss 123 (2024), 231 (249 f.); zum Verhältnis zur „*shareholder wealth maximization*" vgl. *Bebchuk/Kastiel/Tallarita*, Business Law Review, Volume 77 (2022), 731; *Benjamin*, Utah Law Review, Volume 2 (2020), 313 (363 ff.); vgl. zur „*shareholder primacy doctrine*" als rechtspolitischer Forderung *Keltsch*, Aktionärsrechte, S. 276.

14 *Cox/Hazen*, Treatise on Corporations, §§ 10:10; 4:1 ff.

15 Vgl. zum Anwendungsbereich der *Proxy Rules* nachstehend → D. II. 2. c) aa); siehe zu den Anforderungen des proxy statements im Proxy-Verfahren Schedule 14A, 17 CFR § 240.14a-101.

16 Vgl. ISS Corporate Solutions, The Rise of Say on Climate Proposals, 2022, Chart 4, abrufbar unter https://www.isscorporatesolutions.com/library/the-rise-of-say-on-climate-proposals/, archiviert unter https://web.archive.org/web/20240220095020/

Die Verwaltung von Moody's Corp. (Moody's) legte 2021 den Aktionären in der Hauptversammlung ihren „*Decarbonization Plan 2020*" zur beratenden und unverbindlichen Abstimmung vor.[17] Der im *proxy statement* der Gesellschaft aufgenommene Beschlussvorschlag lautete:

„*RESOLVED, that the stockholders of Moody's Corporation (the "Company") approve, on an advisory basis, the Company's 2020 Decarbonization Plan as disclosed in Appendix A to the Proxy Statement for the Company's 2021 Annual Meeting of Stockholders.*"[18]

Zudem äußerte die Verwaltung von Moody's im *proxy statement* die Absicht, zukünftig jährlich über die Treibhausgasemissionen und über den Fortschritt der Umsetzung des Plans zu berichten.[19] Die Aktionäre stimmten in der Hauptversammlung 2021 dem „*Decarbonization Plan 2020*" mit 93,3 % der abgegebenen Stimmen zu.[20] Die planmäigen Fortschritte der Gesellschaft zeigte die Verwaltung von Moody's in den *proxy statements* der nachfolgenden Jahre 2022 und 2023 auf.[21]

---

https://www.iss-corporate.com/library/the-rise-of-say-on-climate-proposals/, zuletzt abgerufen am 15.05.2025.

17 Moody's 2021 Proxy Statement, vom 10.03.2021, Tagesordnungspunkt 4 (Item 4), S. 72 f., sowie Anhang A-1 f., abrufbar unter https://s28.q4cdn.com/193705676/files/doc_financials/proxy/103089_020_Web_BMK.pdf, archiviert unter https://web.archive.org/web/20240220100144/https://s28.q4cdn.com/193705676/files/doc_financials/proxy/103089_020_Web_BMK.pdf, zuletzt abgerufen am 15.05.2025.

18 Moody's 2021 Proxy Statement, vom 10.03.2021, Tagesordnungspunkt 4 (Item 4), S. 73, a.a.O. Fn. 17.

19 Moody's 2021 Proxy Statement, vom 10.03.2021, Tagesordnungspunkt 4 (Item 4), S. 72, a.a.O. Fn. 17.

20 Vgl. Moody's 2022 Proxy Statement, vom 16.03.2022, S. 5, abrufbar unter https://ir.moodys.com/financials/annual-reports/default.aspx, archiviert unter https://web.archive.org/web/20240220095824/https://s28.q4cdn.com/193705676/files/doc_financials/2021/ar/Moody%27s-2022-Proxy-Statement.pdf, zuletzt abgerufen am 15.05.2025; *Orowitz/Torressen/Maiolo*, Georgeson LLC, Early Insights to 2021 Annual General Meetings Annual Corporate Governance Review, 05.07.2021, Harvard Law School Forum on Corporate Governance, abrufbar unter https://corpgov.law.harvard.edu/2021/07/05/early-insights-to-2021-annual-general-meetings-annual-corporate-governance-review/, zuletzt abgerufen am 15.05.2025.

21 Vgl. Moody's 2022 Proxy Statement, vom 16.03.2022, S. 5, a.a.O. Fn. 20; Moody's 2023 Proxy Statement, vom 08.03.2023, S. 6, abrufbar unter https://s28.q4cdn.

Gleichermaßen legte die Verwaltung von S&P Global, Inc., (S&P Global) im März 2021 ihren Aktionären die beratende und unverbindliche Abstimmung über ihren „*Greenhouse Gas Emissions Reduction Plan*" vor.[22] Der Beschlussvorschlag im *proxy statement* lautete:

„*RESOLVED: That the Emissions Reduction Plan be, and hereby is, approved.*"[23]

Zusätzlich stellte die Verwaltung von S&P Global im *proxy statement* in Aussicht, dass die Aktionäre im nachfolgenden Jahr 2022 abermals über etwaige Anpassungen des Plans in der Hauptversammlung abstimmen sollten.[24] Die Aktionäre stimmten in der Hauptversammlung 2021 dem „*Greenhouse Gas Emissions Reduction Plan*" mit 99,5 % der abgegebenen Stimmen zu.[25] Die Verwaltung von S&P Global verzichtete im Jahr 2022 auf eine weitere

---

com/193705676/files/doc_financials/2022/ar/6408b86880c7da59d0983ea1_Moody's_Proxy_Statement_2022.pdf, archiviert unter https://s28.q4cdn.com/193705676/files/doc_financials/2021/ar/Moody's-2022-Proxy-Statement.pdf; Moody's 2024 Proxy Statement, vom 06.03.2024, S. 7, abrufbar unter https://ir.moodys.com/files/doc_financials/2023/ar/moody-s_proxy_statement_2024.pdf, archiviert unter https://web.archive.org/web/20240607122937/https://ir.moodys.com/files/doc_financials/2023/ar/moody-s_proxy_statement_2024.pdf; jeweils zuletzt abgerufen am 15.05.2025.

22 S&P Proxy Statement 2021, 29.03.2021, S. 121 ff., abrufbar unter https://investor.spglobal.com/sec-filings-reports/proxy-statements/default.aspx, archiviert unter https://web.archive.org/web/20240220101136/https://s29.q4cdn.com/690959130/files/doc_financials/2021/sr/S-P-Global-Inc.-2021-Proxy-Statement.pdf, zuletzt abgerufen am 15.05.2025.

23 S&P Proxy Statement 2021, 29.03.2021, S. 123, a.a.O. Fn. 22.

24 S&P Proxy Statement 2021, 29.03.2021, S. 123, a.a.O. Fn. 22.

25 Vgl. S&P Proxy Statement 2022, 22.03.2022, S. 16, abrufbar unter https://investor.spglobal.com/sec-filings-reports/proxy-statements/default.aspx, archiviert unter https://web.archive.org/web/20240220101322/https://s29.q4cdn.com/690959130/files/doc_financials/2022/sr/S-P-Global-2022-Proxy-Statement.pdf, zuletzt abgerufen am 15.05.2025; vgl. Freshfields, Overview of the Trends from the 2021 Proxy Season, 15.07.2021, S. 39, abrufbar unter https://www.freshfields.us/4a03e6/globalassets/our-thinking/campaigns/proxy-trends/an-overview-of-trends-from-the-2021-proxy-season.pdf, archiviert unter https://web.archive.org/web/20240220101436/https://www.freshfields.us/4a03e6/globalassets/our-thinking/campaigns/proxy-trends/an-overview-of-trends-from-the-2021-proxy-season.pdf, zuletzt abgerufen am 15.05.2025; *Orowitz/Torressen/Maiolo*, Georgeson LLC, Early Insights to 2021 Annual General Meetings Annual Corporate Governance Review, 05.07.2021, Harvard Law School Forum on Corporate Governance, a.a.O. Fn. 20.

Abstimmung, da trotz der hohen Unterstützung teilweise Vorbehalte seitens Investoren geäußert worden seien und infolge der hohen Zustimmung von einer weiteren Anpassung des Plans abgesehen werden könne.[26]

Dem *Management Proposal* von Moody's und S&P Global zu einem Klimatransformationsplan ging jeweils ein Aktionärsantrag[27] des Aktionärs TCI aus dem November 2020 voraus.[28] Inhaltlich entsprachen beide Aktionärsanträge dem Beschlussvorschlag der Say-on-Climate-Initiative.[29] TCI nahm beide Aktionärsanträge aufgrund der nachfolgenden Gespräche zurück, sodass die Aktionärsantragsgegenstände in den jeweiligen Hauptversammlungen von Moody's und S&P Global im Jahr 2021 nicht zur Abstimmung standen.[30]

3. Zwischenergebnis

Ein unternehmensseitiges Say on Climate beruht nach der grundsätzlich umfassenden Zuständigkeit der Verwaltung in Geschäftsführungsfragen auf deren freier Ermessensentscheidung. Bislang haben nur zwei US-amerikanische börsennotierte Unternehmen ihre Aktionäre beratend in der Hauptversammlung über einen Klimatransformationsplan in der Hauptversammlung abstimmen lassen.

II. Say on Climate durch *Shareholder Proposal*

Aktionäre können einen Aktionärsantrag (*Shareholder Proposal*) stellen und somit eine Abstimmung in der Hauptversammlung über den Antragsgegenstand erwirken. Zunächst ist auf das Recht der Aktionäre auf einen Präsenzantrag in der Hauptversammlung, sog. „*floor proposal*", einzugehen (1.). Anschließend ist das Aktionärsantragsrecht nach der *Shareholder Proposal*

---

26 S&P Proxy Statement 2022, 22.03.2022, S. 16, a.a.O. Fn. 25.

27 Zur Rechtslage der Aktionärsanträge nach der *Shareholder Proposal Rule* nachstehend → D. II. 2.

28 Vgl. Moody's 2021 Proxy Statement, vom 10.03.2021, S. 73, a.a.O. Fn. 17; vgl. TCI, abrufbar unter https://www.tcifund.com/ESGEngagements, archiviert unter https://perma.cc/7STL-5GC6, zuletzt abgerufen am 15.05.2025; vgl. Freshfields, Overview of the Trends from the 2021 Proxy Season, 15.07.2021, S. 39, a.a.O. Fn. 25; *Orowitz/Torressen/Maiolo*, Georgeson LLC, Early Insights to 2021 Annual General Meetings Annual Corporate Governance Review, 05.07.2021, Harvard Law School Forum on Corporate Governance, a.a.O. Fn. 20.

29 Vgl. für den Wortlaut der Beschlussvorlage der Say-on-Climate-Initiative → B. I. 2.

30 Ebd.

Rule Rule 14a-8 eingehend vorzustellen (2.) und es sind dessen materiellrechtlichen Grenzen nach den Ausschlussgründen in Rule 14a-8 (i) für den Einsatz als Say on Climate herauszuarbeiten (3.). Der tatsächliche Einsatz von Aktionärsanträgen im Sinne des Say on Climate in den vergangenen Hauptversammlungssaisons ist zu untersuchen (4.) und ein rechtspolitischer Ausblick auf eine gesetzliche ESG-Berichterstattungspflicht zu geben (5.).

1. Das Recht der Aktionäre auf einen Präsenzantrag („*floor proposal*")

a) Rechtsgrundlage

Die Verwaltung der Gesellschaft ist aufgrund ihrer umfassenden Zuständigkeit in Fragen der Geschäftsführung frei von Weisungen der Aktionäre.[31] Den Aktionären kommt nach einzelstaatlichem Recht nur begrenzt das Recht zu, in der Hauptversammlung über Gesellschaftsangelegenheiten abzustimmen.[32] Hierzu zählen nach dem Recht von Delaware die Bestellung und Abberufung der Verwaltung nach § 211 (b) und § 141 (k) DGCL, Änderungen der Gesellschaftsstatuten („*bylaws*") nach § 109 (a) GDCL, Verschmelzungen nach § 241 (c) GDCL, Gesamtvermögensgeschäfte nach § 271 (a) GDCL sowie die Auflösung der Gesellschaft nach § 275 GDCL.[33]

Es ist allgemein anerkannt, dass jeder Aktionär in der laufenden Hauptversammlung einen Präsenzantrag (sog. „*floor proposal*") auf Beschlussfassung

---

31 Siehe nur Entscheidung des New York Court of Appeals, v. 11.06.1912, Continental Securities Co. v. Belmont, 206 N.Y. 7, 99 N.E. 138, 51 L.R.A., N.S., 112, 113: „*As a general rule, stockholders cannot act in relation to the ordinary business of a corporation.*"; *Coffee*, University of Miami Law Review, Volume 51 (1997), 605 (608); *Fleischer*, in Aktienrecht im Wandel, Band II, 9. Kapitel, Rn. 47; vgl. vorstehend zur Zuständigkeit der Verwaltung der Gesellschaft → D. I. 1.

32 *Bauman/Weiss/Palmiter*, Corporations, Law and Policy, S. 392 ff.; *Çapa*, Konsultative Hauptversammlungsbeschlüsse, S. 37, 43; *Cox/Hazen*, Treatise on Corporations, § 13:1; *Fleischer*, in Aktienrecht im Wandel, Band II, 9. Kapitel, Rn. 47, 49 ff.; *Gelter/Langenbucher*, in Hommelhoff/Hopt/Leyens, Handbuch Unternehmensführung, § 38 Rn. 43; *Gordon*, University of Cincinnati Law Review, Volume 60 (1991), 347 (351).

33 Tiefergehend *Bebchuk*, Harvard Law Review, Volume 118 (2005), 833 (844 ff.); *Cox/Hazen*, Treatise on Corporations, § 13:1; *Fleischer*, in Aktienrecht im Wandel, Band II, 9. Kapitel, Rn. 49 ff.; *Gelter/Langenbucher*, in Hommelhoff/Hopt/Leyens, Handbuch Unternehmensführung, § 38 Rn. 43 ff.; *Hofstetter*, ZGR 2008, 560 (568 ff.); rechtsvergleichend *Cahn/Donald*, Comparative Company Law, S. 585 ff.; 592.

der Aktionäre stellen kann.[34] Anklang findet dieses Aktionärsrecht in § 211 (b) S. 3 DCGL: *„Any other proper business may be transacted at the annual meeting.*"[35] Danach ist grundsätzliche Voraussetzung ein zulässiger Antragsgegenstand als *„proper subject"*, für welchen die Aktionäre in der Hauptversammlung zuständig sind.[36] Die höchstrichterliche Rechtsprechung erweitert den Anwendungsbereich der Präsenzanträge über die eng begrenzten gesetzlichen Stimmrechte der Aktionäre hinaus und erklärt empfehlende und unverbindliche Beschlussanträge generell als *„proper subject"* für zulässig.[37] Somit können Aktionäre eine unverbindliche Beschlussfassung in der Hauptversammlung stets vor Ort beantragen, ohne dass es auf eine Aktionärszuständigkeit für den Antragsgegenstand ankommt.[38]

b) Einfluss des *Proxy*-Systems auf Präsenzanträge in der Hauptversammlung

Die Hauptversammlung dient nach § 212 (b) DGCL der Stimmabgabe der Aktionäre. Maßgebend für den Ablauf ist das *Proxy*-System, wonach die Mehrheit der Aktionäre nicht persönlich an der Hauptversammlung teilnimmt, sondern einem Vertreter vorab die Vollmacht zur Stimmrechtsausübung in der Hauptversammlung erteilt.[39] Die Stimmrechtsvertretung nach dem *Proxy*-System hat sich in der Hauptversammlungspraxis fest etabliert und überwiegt die

---

34 *Brown*, Seton Hall Law Review, Volume 47 (2016), 45 (46, 49); *Gelter/Langenbucher*, in Hommelhoff/Hopt/Leyens, Handbuch Unternehmensführung, § 38 Rn. 71; *Keltsch*, Aktionärsrechte, S. 82 f.; *Merkt*, US-amerikanisches Gesellschaftsrecht, Rn. 202; vgl. *Freeman*, University of Detroit Law Journal, Volume 34 (1957), 549 (549 f.); *Garrett*, Northwestern University Law Review, Volume 51 (1956), 310 (333 f.).

35 *Brown*, Seton Hall Law Review, Volume 47 (2016), 45 (49 f.).

36 *Keltsch*, Aktionärsrechte, S. 82 f.; *Freeman*, University of Detroit Law Journal, Volume 34 (1957), 549 (549 f.).

37 Siehe die Grundsatzentscheidung des New York Court of Appeals, v. 25.02.1954, Auer v Dressel, 306 N.Y. 427 (N.Y. 1954), 118 N.E.2d 590, 433 *„nothing invalid in their* [...] *expressing themselves* [*by expressing their approval*]"; *Hazen*, Treatise Securities Regulation, § 10:34 Fn. 9; *Keltsch*, Aktionärsrechte, S. 152, 254, 436.

38 Ebd.

39 *Bauman/Weiss/Palmiter*, Corporations, Law and Policy, S. 471, 473 ff.; *Cox/Hazen*, Business Organizations Law, S. 365 f.; *Hofstetter*, ZGR 2008, 560 (572); *Merkt*, US-amerikanisches Gesellschaftsrecht, Rn. 855; *Poelzig*, in BeckOGK, AktG, § 131 Rn. 24, Stand: 01.10.2024.

persönliche Stimmrechtsausübung.[40] Somit wird in der Hauptversammlung vornehmlich der bereits gebildete Wille der Aktionäre festgestellt.[41]

Ein kurzfristiger Präsenzantrag würde aufgrund der zum Zeitpunkt der Hauptversammlung bereits abgeschlossenen Willensbildung der Aktionäre grundsätzlich keine Aussicht auf Erfolg bergen, da sich naturgemäß die Willensbildung nur auf bereits bekanntgemachte Abstimmungsgegenstände beziehen kann.[42] Zwar kommt für neu auftretende Abstimmungsgegenstände den bevollmächtigten Stimmrechtsvertretern ein Ermessensspielraum („*discretionary authority*“) in der Stimmrechtsausübung zu.[43] Jedoch werben aufgrund der hohen Kosten und des Aufwands überwiegend die Verwaltungen der Gesellschaften die Stimmrechtsvollmachten von den Aktionären ein („*proxy solicitation*“) und übernehmen folglich regelmäßig die Stimmrechtsausübung in Vertretung der Aktionäre[44], sodass bei Präsenzanträgen keine hohen Zustimmungswerte zu erwarten sind[45].

2. Das Recht der Aktionäre auf einen Aktionärsantrag nach der *Shareholder Proposal Rule* (Rule 14a-8)

Das *Proxy*-System bietet Aktionären börsennotierter Gesellschaften die Möglichkeit, mittels Aktionärsanträgen (*Shareholder Proposals*) spezifische

---

40 Vgl. Entscheidung des Delaware Supreme Courts, v. 09.04.1992, Stroud v. Grace, 606 A.2d 75 (Del. 1992), 86; *Bauman/Weiss/Palmiter*, Corporations, Law and Policy, S. 473; *Cox/Hazen*, Business Organizations Law, S. 368 f.; *Eisenberg*, Harvard Law Review, Volume 83 (1970), 1489 (1490 ff.).

41 *Bauman/Weiss/Palmiter*, Corporations, Law and Policy, S. 495; *Hofstetter*, ZGR 2008, 560 (572); *Hellgardt/Hoger*, ZGR 2011, 38 (43 f.); *Keltsch*, Aktionärsrechte, S. 83, 94 ff.; *Poelzig*, in BeckOGK, AktG, § 131 Rn. 24, Stand: 01.10.2024.

42 *Brown*, Seton Hall Law Review, Volume 47 (2016), 45 (47, 54); *Gelter/Langenbucher*, in Hommelhoff/Hopt/Leyens, Handbuch Unternehmensführung, § 38 Rn. 72; *Keltsch*, Aktionärsrechte, S. 83.

43 17 CFR § 240.14a-4 (c) (1); *Brown*, Seton Hall Law Review, Volume 47 (2016), 45 (56 ff.).

44 *Bauman/Weiss/Palmiter*, Corporations, Law and Policy, S. 475; *Cox/Hazen*, Business Organizations Law, S. 369 f.; *Gelter/Langenbucher*, in Hommelhoff/Hopt/Leyens, Handbuch Unternehmensführung, § 38 Rn. 72; *Merkt*, US-amerikanisches Gesellschaftsrecht, Rn. 855; vgl. *Khanna*, in Cambridge Handbook of Shareholder Engagement and Voting, S. 248; *Ryan*, Georgia Law Review, Volume 23 (1988), 97 (105); zur Kostenregelung vgl. 17 CFR § 240.14a-8 (e) (2); 17 CFR § 240.14a-16 (n); 17 CFR § 240.14a-7 (e).

45 *Brown*, Seton Hall Law Review, Volume 47 (2016), 45 (47).

Anliegen an die Verwaltung einer Gesellschaft heranzutragen und ein Aktionärsvotum in der Hauptversammlung (*Shareholder Resolution*) zu beantragen. Nachfolgend werden die Rechtsgrundlage (a), das Verhältnis zum *Proxy*-Verfahren (b), die Voraussetzungen (c), der Verfahrensablauf (d) und schließlich die Rechtsfolgen (e) betrachtet.

a) Rechtsgrundlage 17 CFR § 240.14a-8

Das Recht auf Aktionärsanträge richtet sich nach 17 CFR § 240.14a-8.[46] Die Vorschrift wird auch *Shareholder Proposal Rule*, SEC Rule 14a-8 oder kurz Rule 14a-8 genannt.

Rule 14a-8 ist eine Durchführungsvorschrift der bundesbehördlichen Börsenaufsicht United States Securities and Exchange Commission (SEC) und Bestandteil der sog. *Proxy Rules*, niedergeschrieben im 17. Titel des *Code of Regulations* unter § 240.14a. Die bundesgesetzliche Verordnungsermächtigung der SEC liegt in Sec. 14 (a) Securities Exchange Act von 1934 (SEA) und gilt für die Regelung des Einwerbens von Stimmrechtsvollmachten im Vorfeld der Hauptversammlung, sog. „*proxy solicitation*".[47]

Zur Auslegung der *Shareholder Proposal Rule* sind die aktuellen Verlautbarungen der SEC in ihren *Staff Legal Bulletins* hinzuzuziehen. Die SEC fasst in den *Staff Legal Bulletins* ihre aktuellen Rechtsansichten, Anwendungsvorgaben und Leitlinien zu ihren bundesbehördlichen Durchführungsvorschriften und Verordnungen zusammen.[48] Die *Staff Legal Bulletins* entfalten nach eigener Angabe der SEC keine Rechtswirkung.[49]

---

46 17 CFR § 240.14a-8; im Anhang abgebildet samt sinngemäßer Übersetzung → Anhang IV.

47 Sec. 14 (a) SEA, kodifiziert in 15 U.S. Code § 78n (a); im Anhang abgebildet samt sinngemäßer Übersetzung → Anhang III.; vgl. Hazen, Securities Regulation, S. 369.

48 Vgl. für die Definition der SEC sowie einer Übersicht sämtlicher *Staff Legal Bulletins* https://www.sec.gov/regulation/staff-interpretations/legal-bulletins, zuletzt abgerufen am 15.05.2025; vgl. Hazen, Securities Regulation, S. 385.

49 Ebd.

c) Systematische Einbettung des Aktionärsantrags nach Rule 14a-8 in das *Proxy*-Verfahren

Entspricht der Aktionärsantrag den Vorgaben von Rule 14a-8, hat die Gesellschaft den Aktionärsantrag in ihr *proxy statement*[50] sowie in die Mustervollmacht (*form of proxy*)[51] (zusammen die *proxy materials* der Gesellschaft[52]) aufzunehmen. Sinn und Zweck des Aktionärsantrags nach Rule 14a-8 liegen im Ablauf des *Proxy*-Verfahrens begründet. Ohne die *Shareholder Proposal Rule* wären Aktionäre, die eine Abstimmung in der Hauptversammlung beantragen wollten, aufgrund des *Proxy*-Systems darauf angewiesen, ein kostenintensives und aufwendiges Einwerben von Stimmrechtsvollmachten (*proxy solicitation*) zu betreiben.[53] Rule 14a-8 bewirkt durch die Verpflichtung der Gesellschaft, den Aktionärsantrag ihren *proxy materials* aufzunehmen, dass im Gegensatz zum Präsenzantrag[54] sich die Meinungs- und Willensbildung der Aktionäre auch im *Proxy-Verfahren* auf den Antragsgegenstand des Aktionärsantrags nach der *Shareholder Proposal Rule* erstrecken kann.[55] Insofern sind Aktionärsanträge eine effektive und kostengünstige Methode für Aktionäre, im *Proxy*-Verfahren Antragsgegenstände zur Abstimmung zu bringen.[56]

Somit dient die *Shareholder Proposal Rule* der abstimmungsvorbereitenden „horizontalen und vertikalen Kommunikation" der Aktionäre, d.h. untereinander sowie gegenüber der Verwaltung der Gesellschaft.[57] Der Einsatz

---

50 17 CFR § 240.14a-101; 17 CFR § 240.14a-9; vertiefend Hazen, Securities Regulation, S. 372 ff.

51 Vgl. 17 CFR § 240.14a-4; 17 CFR § 240.14a-3 (e) (1) (i) (D); 17 CFR § 240.14a-4 (a) (1), (2).

52 Vgl. 17 CFR § 240.14a-8 (e) (2); vgl. 17 CFR § 240.14a-16 (n); siehe Muster bei *Merkt*, US-amerikanisches Gesellschaftsrecht, Anhang 3.

53 *Bauman/Weiss/Palmiter*, Corporations, Law and Policy, S. 495; *Keltsch*, Aktionärsrechte, S. 83.

54 Vgl. vorstehend zum Einfluss des *Proxy*-Verfahrens auf den Präsenzantrag → D. II. 1. b).

55 Rule 14a-8, vgl. *Gelter/Langenbucher*, in Hommelhoff/Hopt/Leyens, Handbuch Unternehmensführung, § 38 Rn. 73; vgl. zur Entstehungsgeschichte *Keltsch*, Aktionärsrechte, S. 94 ff.

56 *Fisch*, Chicago Business Law Review, Volume 1 (2022), 113 (118).

57 *Keltsch*, Aktionärsrechte, S. 89 f.; vgl. *Brownstein/Kirman*, Business Lawyer, Volume 60 (2004), 23 (40); *Fisch*, Chicago Business Law Review, Volume 1 (2022), 113 (122); *Merkt*, US-amerikanisches Gesellschaftsrecht, Rn. 876, 879; vgl. für den weitergehenden Ansatz eines öffentlichen Forums *Cox/Thomas*, Columbia Business Law Review, Volume 3 (2021), 1147 (1193 ff.).

des Aktionärsantrags ist dafür bekannt, Informationen und Transparenz zu erzeugen,[58] sodass die Funktion der Vorschrift teilweise einem Frage- und Rederecht der Aktionäre gleichgestellt wird[59].

c) Voraussetzungen

Ein zulässiger Aktionärsantrag setzt nach der *Shareholder Proposal Rule* voraus, dass der Anwendungsbereich der *Proxy Rules* eröffnet ist, die formellen Voraussetzungen vorliegen und keine Ausschlussgründe gegeben sind.

aa) Anwendungsbereich der *Proxy Rules*

Die *Proxy Rules* finden Anwendung auf registrierungspflichtige Gesellschaften nach Sec. 12 SEA.[60] Es handelt sich hierbei im Wesentlichen um börsennotierte Gesellschaften, da unter anderem jeder Emittent registrierungspflichtig ist, der (i) im zwischenstaatlichen Handel tätig ist, dessen Geschäft den zwischenstaatlichen Handel betrifft oder dessen Wertpapiere zwischenstaatlich gehandelt werden, (ii) ein Geschäftsvermögen über EUR 10.000.000,00 aufweist und (iii) dessen Wertpapiere von mindestens 2.000 Anlegern oder von mindestens 500 nicht registrierten Anlegern gehalten werden.[61] Der Bundesgesetzgeber, United States Congress, ist exklusiv für diesen Bereich des Kapitalmarkts als zwischenstaatliches Handelsrecht („*interstate commerce*") nach Art. I Abs. 8 der Verfassung der Vereinigten Staaten zuständig.[62]

bb) Formelle Voraussetzungen

Zudem müssen die formellen Voraussetzungen nach Rule 14a-8 gegeben sein, die an die Aktionärseigenschaft und an die Fassung des Antrags anknüpfen.[63]

---

58 *Keltsch*, Aktionärsrechte, S. 90; *Poelzig*, in BeckOGK, AktG, § 131 Rn. 24, Stand: 01.10.2024; vgl. *Hell*, ZVglRWiss, 119 (2020), 314 (326 ff.).

59 *Hellgardt/Hoger*, ZGR 2011, 38 (43 f.); *Keltsch*, Aktionärsrechte, S. 76, 89 f.; *Poelzig*, in BeckOGK, AktG, § 131 Rn. 24, Stand: 01.10.2024.

60 Sec. 12 SEA, kodifiziert in 15 U.S. Code § 78l; im Anhang abgebildet samt sinngemäßer Übersetzung → Anhang III.; vertiefend Hazen, Securities Regulation, S. 329 ff.

61 Sec. 12 (a), (g) (1) (A) SEA.

62 *Merkt*, US-amerikanisches Gesellschaftsrecht, Rn. 271; Rn. 856; vgl. *Lange*, in Wegen/Spahlinger/Barth, Gesellschaftsrecht des Auslands, USA – Allgemeiner Teil, Rn. 6, 53.

63 Zu einer detaillierten Gegenüberstellung siehe Hazen, Securities Regulation, S. 385 ff.; *Keltsch*, Aktionärsrechte, S. 239 ff.

Antragsbefugt ist jeder Aktionär, der entweder (i) seit mindestens drei Jahren Aktien im Marktwert von mindestens USD 2.000, (ii) seit zwei Jahren Aktien im Marktwert von mindestens USD 15.000 oder (iii) seit einem Jahr Aktien im Marktwert von mindestens USD 25.000 hält.[64] Die Aktien müssen zur Abstimmung in der Hauptversammlung berechtigen und bis zur betreffenden Hauptversammlung gehalten werden.[65] Der Aktionär muss seine Antragsbefugnis nachweisen[66] und die Bereitschaft erbringen, sich nach Einreichung des Antrags mit der Gesellschaft persönlich oder per Telekonferenz zusammenzufinden[67]. Jeder Aktionär darf pro Hauptversammlung nur einen Aktionärsantrag stellen.[68] Die Antragstellung durch einen Vertreter ist möglich.[69]

Schließlich darf der Umfang des Antrags, einschließlich der unterstützenden Antragsbegründung, 500 Wörter nicht überschreiten[70] und muss fristgemäß[71] vor der betreffenden Hauptversammlung gestellt werden.

---

64 Rule 14a-8 (b) (1) (i), (ii).

65 Ebd.

66 Rule 14a-8 (b) (1) (ii), (2); vgl. *Staff Legal Bulletin* Nr. 14F vom 18.10.2011, B., C., abrufbar unter https://www.sec.gov/corpfin/staff-legal-bulletin-14f-shareholder-proposals?, archiviert unter https://web.archive.org/web/20240220101654/https://www.sec.gov/corpfin/staff-legal-bulletin-14f-shareholder-proposals?; *Staff Legal Bulletin* Nr. 14G vom 16.10.2012, B., C., abrufbar unter https://www.sec.gov/corpfin/staff-legal-bulletin-14g-shareholder-proposals?, archiviert unter https://web.archive.org/web/20240220101847/https://www.sec.gov/corpfin/staff-legal-bulletin-14g-shareholder-proposals; in der Administration unter Präsident Biden mit Geltung bis zum 11.02.2025 siehe *Staff Legal Bulletin* Nr. 14L vom 03.11.2021, E., abrufbar unter https://www.sec.gov/corpfin/staff-legal-bulletin-14l-shareholder-proposals?, archiviert https://web.archive.org/web/20240220102134/https://www.sec.gov/corpfin/staff-legal-bulletin-14l-shareholder-proposals?; seit 12.02.2025 in der Administration unter Präsident Trump siehe *Staff Legal Bulletin* Nr. 14M vom 12.02.2025, G., abrufbar unter https://www.sec.gov/about/shareholder-proposals-staff-legal-bulletin-no-14m-cf, archiviert unter https://web.archive.org/web/20250512075416/https://www.sec.gov/about/shareholder-proposals-staff-legal-bulletin-no-14m-cf; jeweils zuletzt abgerufen am 15.05.2025.

67 Rule 14a-8 (b) (1) (iii).

68 Rule 14a-8 (c).

69 Rule 14a-8 (b) (1) (iv).

70 Rule 14a-8 (d); *Staff Legal Bulletin* Nr. 14M vom 12.02.2025, E., a.a.O. Fn. 66.

71 Rule 14a-8 (e).

cc) Keine Ausschlussgründe

Ausnahmsweise kann die Gesellschaft beim Vorliegen eines Ausschlussgrundes davon absehen, den Aktionärsantrag in seine *proxy materials* aufzunehmen. Diesbezüglich enthält Rule 14a-8 (i) eine Aufzählung von 13 Ausschlussgründen in den Unterabsätzen (1) bis (13) (*grounds for omission*).[72] Durch die Festlegung der Ausschlussgründe in Rule 14a-8 (i) begrenzt die SEC den Einsatz, den Umfang und die gegenständliche Reichweite der *Shareholder Proposal Rule*, sodass die Ausschlussgründe materiell-rechtliche Grenzen setzen.[73]

d) Verfahrensablauf nach der *Shareholder Proposal Rule*

Für einen gestellten Aktionärsantrag bestehen nach Rule 14a-8 zwei wesentliche Ausgangsmöglichkeiten, die Veröffentlichung oder Nichtveröffentlichung des Aktionärsantrags in den *proxy materials* der Gesellschaft.

aa) Nichtveröffentlichung des Aktionärsantrags

Eine Gesellschaft kann von der Veröffentlichung des Aktionärsantrags in ihren *proxy materials* unter bestimmten Voraussetzungen absehen. In der Folge nimmt der Antragsgegenstand nicht am *Proxy*-Verfahren teil und wird nicht Abstimmungsgegenstand in der Hauptversammlung.

(1) Ausschlussverfahren und *no-action process*

Fehlt es einem Antrag bereits an den formellen Voraussetzungen, kann die Gesellschaft den Antrag ablehnen und von seinen *proxy materials* ausschließen.[74] Handelt es sich um behebbare Mängel der Voraussetzungen nach Rule 14a-8 (a) bis (d), ist der Antragsteller nach einem Hinweis der Gesellschaft berechtigt, innerhalb von 14 Tagen den Mangel zu beheben.[75] Missachtet der Antragsteller die Pflicht, die jeweilige Mindestanzahl an Aktien nach Rule 14a-8 (b) (1) (ii) bis zum Zeitpunkt der jeweiligen Hauptversammlung zu halten, kann die Gesellschaft in den folgenden zwei Kalenderjahren jegliche Aktionärsanträge des antragstellenden Aktionärs aus seinen *proxy materials*

---

72 Zu den für das Say on Climate relevanten Ausschlussgründen im Einzelnen → D. II. 3.

73 *Hazen*, Treatise Securities Regulation, § 10:33.

74 Rule 14a-8 (f).

75 Rule 14a-8 (f) (1).

ausschließen.[76] Davon abgesehen kann die Gesellschaft aufgrund der 13 in Rule 14a-8 (i) festgelegten Ausschlussgründe (*grounds for omission*)[77] einen Aktionärsantrag ablehnen und auf dessen Veröffentlichung in den *proxy materials* der Gesellschaft verzichten.

Beabsichtigt die Gesellschaft, einen Antrag auszuschließen und nicht in die Stimmrechtsunterlagen des *proxy statements* aufzunehmen, muss die Gesellschaft die SEC in Kenntnis setzen, den Aktionärsantrag übermitteln und ihre Gründe anwaltlich darlegen.[78] Aufgrund der Bitte gegenüber der SEC, den geplanten Ausschluss nicht zu beanstanden, wird die Anzeige des gestellten Aktionärsantrags durch die Gesellschaft als „*no-action request*" bezeichnet.[79] Da die Gesellschaft ihrerseits verpflichtet ist, ihre *proxy materials* bei der SEC fristgemäß zu hinterlegen, darf sie einen gestellten Aktionärsantrag nicht später als 80 Tage vor ihrem endgültigen Einreichen der Dokumente beanstanden.[80]

Die SEC prüft im sich anschließenden behördlichen Verfahren, dem sog. „*no-action process*", das Vorliegen der formellen Verfahrensvoraussetzungen und etwaiger Ausschlussgründe.[81] Die zuständigen Mitarbeiter gehen hierbei stets einzelfallbezogen vor („*case by case approach*"), sodass keine verallgemeinerungsfähige

---

76 Rule 14a-8 (f) (2).

77 Zu den für das Say on Climate relevanten Ausschlussgründen im Einzelnen → D. II. 3.

78 Rule 14a-8 (j) (1); sowie Verweis in Rule 14a-8 (f) (1); siehe *Staff Legal Bulletin* Nr. 14 vom 13.06.2001, B., abrufbar unter https://www.sec.gov/interps/legal/cfslb14.htm, archiviert unter https://web.archive.org/web/20240220102433/https://www.sec.gov/interps/legal/cfslb14.htm, zuletzt abgerufen am 15.05.2025; generell *Hazen*, Treatise Securities Regulation, § 10:28.

79 Der Begriff „*no-action*" entstammt der Praxis der SEC im „*no-action process*" auf fakultative Anfrage zu bestätigen, dass sie keine kapitalmarktrechtlichen Maßnahmen gegen Unternehmen ergreifen wird; im vorliegenden Fall der *Shareholder Proposal Rule* handelt es sich jedoch um eine verpflichtende Einbeziehung der SEC nach Rule 14a-8 (j); *Hell*, ZVglRWiss, 119 (2020), 314 (320 Fn. 27); *Keltsch*, Aktionärsrechte, S. 84.

80 Rule 14a-8 (j) (1); siehe zu den *filing requirements* für die *proxy materials* 17 CFR § 240.14a-6 (b).

81 *Staff Legal Bulletin* Nr. 14 vom 13.06.2001, E., a.a.O. Fn. 78; *Staff Legal Bulletin* Nr. 14B vom 15.09.2004, F., abrufbar unter https://www.sec.gov/corpfin/staff-legal-bulletin-14b-shareholder-proposals?, archiviert unter https://web.archive.org/web/20240220102713/https://www.sec.gov/corpfin/staff-legal-bulletin-14b-shareholder-proposals, zuletzt abgerufen am 15.05.2025.

Rechtsansicht vom Ausgang des Verfahrens abzuleiten ist.[82] Der antragstellende Aktionär kann eine Stellungnahme verfassen und der SEC übermitteln.[83] Nach Abschluss des Prüfverfahrens bestätigt die SEC, ob sie die Rechtsansichten der Gesellschaft teilt und einen Ausschluss des Aktionärsantrags nicht beanstandet („*some basis for the company's view to exclude the proposal*") oder dem Ausschluss nicht zustimmt („*unable to concur in the company's view that it may exclude the proposal*").[84] Die SEC ist nicht verpflichtet, im „*no-action process*" schriftlich zu entscheiden, jedoch dazu berechtigt.[85] Sie trifft gleichermaßen keine Begründungspflicht.[86] Im Zeitraum von Mitte 2019 bis Ende 2021 zog die SEC es zeitweise vor, überwiegend mündlich im *no-action process* zu reagieren.[87] Nach eigenen Angaben beantwortet die SEC *no-action requests* der Gesellschaften gegenwärtig stets schriftlich mit einer sog. „*no-action response*", bzw. einem „*no-action letter*".[88] Bei der schriftlichen *no-action response* der SEC handelt es sich um eine unverbindliche Stellungnahme, die keine Bindungswirkung für die Gesellschaft oder Gerichte entfaltet.[89]

---

82 *Hazen*, Treatise Securities Regulation, § 10:28; vgl. grundsätzlich zu Aufgaben und Funktion der SEC Mitarbeiter *Burke*, Journal of Accounting and Public Policy, Volume 42 (2023), 107048.

83 Rule 14a-8 (k).

84 *Staff Legal Bulletin* Nr. 14 vom 13.06.2001, B. 10., a.a.O. Fn. 78.

85 *Staff Legal Bulletin* Nr. 14 vom 13.06.2001, B. 8., a.a.O. Fn. 78; *Hazen*, Treatise Securities Regulation, § 10:28; *Keltsch*, Aktionärsrechte, S. 84 ff.

86 Ebd.

87 SEC Announcement Regarding Rule 14a-8 No-Action Requests, 06.09.2019, abrufbar unter https://www.sec.gov/corpfin/announcement/announcement-rule-14a-8-no-action-requests, archiviert unter https://web.archive.org/web/20240220102909/https://www.sec.gov/corpfin/announcement/announcement-rule-14a-8-no-action-requests; und SEC Announcement Regarding Rule 14a-8 No-Action Requests, 13.12.2021, abrufbar unter https://www.sec.gov/corpfin/announcement/announcement-14a-8-no-action-requests-20211213, archiviert unter https://web.archive.org/web/20240220103108/https://www.sec.gov/corpfin/announcement/announcement-14a-8-no-action-requests-20211213; jeweils zuletzt abgerufen am 15.05.2025.

88 Ebd.; Begriff „*no-action response*" direkt erwähnt in Rule 14a-8 (m) (3) (i); vgl. *Staff Legal Bulletin* Nr. 14 vom 13.06.2001, B. 10. ff., a.a.O. Fn. 78.

89 *Staff Legal Bulletin* Nr. 14 vom 13.06.2001, B. 9., B. 11., a.a.O. Fn. 78; *Hazen*, Treatise Securities Regulation, § 10:28; tiefergehend zum Rechtsschutz gegen die „*no-action response*" *Keltsch*, Aktionärsrechte, S. 305 ff.

Dennoch wird das Ergebnis der SEC allgemein als überzeugende Auslegung und Anwendung von Rule 14a-8 gewertet.[90]

(2) Rücknahme der Antragstellung

Der antragstellende Aktionär ist stets berechtigt, seinen Aktionärsantrag zurückzunehmen, aufgrund von Gegenstandslosigkeit („*mootness*“) hat die Gesellschaft diesen nicht mehr in den *proxy materials* zu veröffentlichen.[91] Insofern besteht für Gesellschaften die Möglichkeit, ein „*shareholder proposal settlement*“ mit dem antragstellenden Aktionär abzuschließen. Es handelt sich hierbei um einen privatrechtlichen Vertrag, dessen Inhalt und Umfang der freien Vertragsgestaltung unterliegt.[92] Regelmäßig verpflichtet sich der antragstellende Aktionär dazu, den Aktionärsantrag zurückzunehmen, wohingegen die Gesellschaft sich einem „konkreten Tun oder Unterlassen“ unterwerfen kann.[93] Die Vorgehensweise ist allgemein anerkannt und fester Bestandteil der Praxis.[94]

(3) Bundesgerichtliche Klage gegen Antragsteller

Im Frühjahr 2024 erregte die Gesellschaft ExxonMobil Corp. Aufsehen, als sie, anstatt im *no-action process* gegen einen Aktionärsantrag vorzugehen, Klage gegen die zwei Antragstellerinnen Arjuna Capital, LLC, und Nichtregierungsorganisation Follow This bei dem Bundesbezirksgericht für die nördlichen Bezirke von Texas einreichte.[95] Die Klage von ExxonMobil Corp.

---

90 *Hazen*, Treatise Securities Regulation, § 10:28; mit Verweis auf die Entscheidung des United States District Court, S.D. Texas, v. 09.03.2011, KBR, Inc., v. Chevedden, 776 F. Supp. 2d 415 (S.D. Tex. 2011), Rn. 27.

91 *Hazen*, Treatise Securities Regulation, § 10:61.

92 *Haan*, Yale Law Journal, Volume 126 (2016), 262 (264 ff.); *Hell*, ZVglRWiss 119 (2020), 314 (326).

93 *Hell*, ZVglRWiss 119 (2020), 314 (326).

94 *Haan*, Yale Law Journal, Volume 126 (2016), 262 (264 ff.); *Hell*, ZVglRWiss 119 (2020), 314 (326); vgl. auch *Behar*, Shareholder Action Guide, Kapitel 10.

95 Siehe die Klageschrift von ExxonMobil Corp. vom 21.01.2024, abrufbar unter https://climatecasechart.com/case/exxon-mobil-corp-v-arjuna-capital-llc/; zur Berichterstattung siehe Wall Street Journal, Exxon Sues Two ESG Investors, Beitrag v. 22.01.2024, abrufbar unter https://www.wsj.com/business/energy-oil/exxon-sues-two-esg-investors-2057e69; Forbes, Big Oil Vs. Green Finance: Exxon Sues Sustainable Investment Firms, Beitrag v. 25.01.2024, abrufbar unter https://www.forbes.com/

richtete sich darauf, den Ausschluss des Aktionärsantrags von den *proxy materials* gerichtlich ohne Einbeziehung der SEC bestätigen zu lassen, da deren Auslegung und Anwendung der Ausschlussgründe[96] nicht dem Wortlaut von Rule 14a-8 entsprächen.[97] Es erging jedoch keine gerichtliche Entscheidung in der Sache, sodass kein Präzedenzfall geschaffen wurde. Das Gericht wies die Klage gegenüber Follow This wegen fehlender Gerichtsbarkeit für eine Organisation mit Sitz in den Niederlanden zurück.[98] Indem beide Antragstellerinnen den Aktionärsantrag zurücknahmen und Arjuna Capital, LLC, zusagte, in der Zukunft keine weiteren Aktionärsanträge mit vergleichbarem Inhalt zu stellen, erklärte das Gericht den Rechtsstreit im Übrigen für gegenstandslos („*moot*").[99]

bb) Veröffentlichung des Aktionärsantrags in den *proxy materials*

Nach Rule 14a-8 ist eine Gesellschaft verpflichtet, zulässige und verfahrensmäßig gestellte Aktionärsanträge in ihr *proxy statement* sowie in die Mustervollmacht (*form of proxy*) (zusammen *proxy materials*) aufzunehmen.[100] Die Gesellschaft hat jedem Werben um Stimmrechtsvollmachten das endgültige oder, falls zulässig, das vorläufige *proxy statement* beizufügen[101] und zusammen mit der Mustervollmacht auf eigene Kosten an die Aktionäre zu versenden.[102] Die Mustervollmacht muss die Wahl zwischen Zustimmung, Ablehnung oder Enthaltung zum Aktionärsantrag vorsehen.[103] Die Gesellschaft ist berechtigt, eine eigene Stellungnahme in ihr *proxy statement* aufzunehmen

---

sites/jasonschenker/2024/11/30/new-home-sales-fall-in-october-2024-to-lowest-since-november-2022/?; jeweils zuletzt abgerufen am 15.05.2025.

96 Zu den für das Say on Climate relevanten Ausschlussgründen im Einzelnen → D. II. 3.

97 Klageschrift von ExxonMobil Corp. vom 21.01.2024, S. 5, a.a.O. Fn. 95.

98 U.S. District Court for the Northern District of Texas, Fort Worth Division, Memorandum Opinion & Order v. 22.05.2024, No. 4:24-cv-00069-P.

99 U.S. District Court for the Northern District of Texas, Fort Worth Division, Order v. 17.06.2024, No. 4:24-cv-00069-P.

100 Rule 14a-8; vgl. nur *Çapa*, Konsultative Hauptversammlungsbeschlüsse, S. 88 f.; *Cox/Hazen*, Business Organizations Law, S. 376.

101 17 CFR § 240.14a-3 (a).

102 17 CFR § 240.14a-8 (e) (2); vgl. 17 CFR § 240.14a-16 (n); *Fleischer*, DB 2022, 37 (43); *Merkt*, US-amerikanisches Gesellschaftsrecht, Rn. 876.

103 Rule 14a-8 (a).

und gegebenenfalls den Aktionären zur Ablehnung des Antrags zu raten.[104] Schließlich hat die Gesellschaft die *proxy materials* im Internet zu veröffentlichen[105] und in vorläufiger Ausführung sowie schließlich in ihrer endgültigen Fassung bei der SEC einzureichen.[106]

e) Rechtsfolge: Aktionärsvotum (*Shareholders Resolution*)

Ein zulässiger Aktionärsantrag (*Shareholder Proposal*), welcher in den *proxy materials* der Gesellschaft veröffentlicht wird, mündet durch die Teilnahme am *Proxy*-Verfahren in einem Aktionärsvotum in der Hauptversammlung (*Shareholders Resolution*).[107]

aa) Bindende oder empfehlende Rechtsnatur; Zulässigkeit von Konsultativbeschlüssen

Die Bindungswirkung des Aktionärsvotums richtet sich stets nach dem zugrundeliegenden Aktionärsantrag.[108] Rule 14a-8 (a) definiert einen Aktionärsantrag ausdrücklich als Empfehlung oder Forderung („*recommendation or requirement*"), sodass in der Folge Beschlüsse sowohl mit empfehlendem als auch mit verpflichtendem Charakter angelegt sind. Somit bietet die *Shareholder Proposal Rule* eine Rechtsgrundlage für aktionärsseitig initiierte Konsultativbeschlüsse der Aktionäre in der Hauptversammlung.[109] Rule 14a-8 bezeichnet Konsultativbeschlüsse als „*advisory vote*"[110] und darauf gerichtete Anträge und Antragsgegenstände als „*recommendations*", „*requests*" oder „*suggestions*", d.h. als Empfehlungen, Ersuchen oder Vorschläge[111]. Die US-amerika-

---

104 Rule 14a-8 (m).

105 17 CFR § 240.14a-16 (c).

106 Zu den „*filing requirements*" 17 CFR § 240.14a-6 (a); die eingereichten Unterlagen sind öffentlich zugänglich und abrufbar unter https://www.sec.gov/edgar/search/, zuletzt abgerufen am 15.05.2025.

107 Vgl. zur Veröffentlichung des Aktionärsantrags zur Abstimmung in der Hauptversammlung → D. II. 2. d) bb).

108 *Keltsch*, Aktionärsrechte, S. 252 f.

109 *Çapa*, Konsultative Hauptversammlungsbeschlüsse, S. 89.

110 Rule 14a-8, Anmerkung zu Absatz (i) (10).

111 Rule 14a-8 (a) und Anmerkung zu Absatz (i) (1).

nische Literatur diskutiert diese Aktionärsanträge unter *„precatory proposals“*[112] und nimmt einhellig die Beschlussqualität der Konsultativbeschlüsse an.[113]

Die Reaktion auf einen Konsultativbeschluss der Aktionäre, insbesondere die Umsetzung, liegt im eigenen Ermessen der Verwaltung.[114] In Wahrnehmung ihrer Sorgfaltspflicht hat die Verwaltung das Ergebnis des empfehlenden Aktionärsvotums in ihre Entscheidungsfindung einzubeziehen.[115] Um einem bloßen Durchwinken im Sinne des sog. *„rubber stamping“* entgegenzuwirken, hat die Verwaltung auch einen Minderheitsbeschluss inhaltlich zu würdigen oder im Falle eines Mehrheitsbeschlusses die Interessen der Minderheit anzuerkennen.[116] Der Konsultativbeschluss führt zu keinem Haftungsausschluss und keiner Haftungsbeschränkung der Verwaltung.[117]

bb) Beschlussfassung in der Hauptversammlung

Für die Abstimmung über den Aktionärsantragsgegenstand in der Hauptversammlung gelten die einzelstaatlichen Regelungen. Sofern die Gründungsurkunde oder die Gesellschaftsstatuten nichts Anderweitiges bestimmen, sieht § 216 DGCL für bindende Beschlüsse ausdrücklich die Mehrheit der anwesenden oder stimmrechtsvertretenen stimmberechtigten Aktien vor.[118] Auch wenn es für Konsultativbeschlüsse bei einer Ermessensentscheidung der Verwaltung der Gesellschaft verbleibt,[119] kann durch beratende Mehr-

---

112 Siehe nur *Brownstein/Kirman*, Business Lawyer, Volume 60 (2004), 23 (40); *Tallarita*, Hastings Law Journal, Volume 73 (2022), 1697 (1716); vgl. *Bruno*, ECFR 2019, 687 (705).

113 *Brownstein/Kirman*, Business Lawyer, Volume 60 (2004), 23 (40); *Çapa*, Konsultative Hauptversammlungsbeschlüsse, S. 63 f.

114 *Brownstein/Kirman*, Business Lawyer, Volume 60 (2004), 23 (42 ff.); *Çapa*, Konsultative Hauptversammlungsbeschlüsse, S. 89; *Fisch*, Chicago Business Law Review, Volume 1 (2022), 113 (118).

115 *Brownstein/Kirman*, Business Lawyer, Volume 60 (2004), 23 (43); *Çapa*, Konsultative Hauptversammlungsbeschlüsse, S. 194 f.; jeweils mit Verweis auf die Entscheidung zur *Business Judgement Rule* des Court of Chancery of Delaware, New Castle County, v. 19.07.1996, Gagliardi v. Trifoods, 683 A.2d 1049; *Fisch*, Chicago Business Law Review, Volume 1 (2022), 113 (147).

116 *Fisch*, Chicago Business Law Review, Volume 1 (2022), 113 (147).

117 *Brownstein/Kirman*, Business Lawyer, Volume 60 (2004), 23 (42 ff.); *Çapa*, Konsultative Hauptversammlungsbeschlüsse, S. 194 f.

118 Siehe Wortlaut des § 216 DGCL: „vote that shall be required for a specified action“.

119 Vgl. → D. II. 2. e) aa).

heitsbeschlüsse ein faktischer Druck auf die Verwaltung des Unternehmens entstehen, danach zu handeln.[120] Zu dieser Erwartungshaltung tragen insbesondere aktive Aktionäre bei.[121] Auch Stimmrechtsberater empfehlen teilweise, „von Fall zu Fall" über die Verwaltung der Gesellschaft, einschließlich der einzelnen Mitglieder, abzustimmen, sollte auf einen Mehrheitsbeschluss der Aktionäre ein Tätigwerden der Verwaltung ausbleiben.[122] Im Einzelfall können selbst Konsultativbeschlüsse, die keine Mehrheit erreichen, Auswirkungen auf Verhandlungen mit der Verwaltung einer Gesellschaft haben.[123]

3. Relevante Ausschlussgründe nach Rule 14a-8 (i) für Aktionärsanträge im Sinne des Say on Climate

Mit Blick auf das Say on Climate sind nachstehend die in Betracht kommenden Ausschlussgründe nach Rule 14a-8 (i) aufzuzeigen und die anzuwendende Auslegungspraxis nach den *Staff Legal Bulletins*[124] der SEC darzustellen.

---

120 *Brownstein/Kirman*, Business Lawyer, Volume 60 (2004), 23 (40); *Ertimur/Ferri/Stubben*, Journal of Corporate Finance, Volume 16 (2010), 53 (54, 69); *Fisch*, Chicago Business Law Review, Volume 1 (2022), 113 (122 f.); *Haan*, Yale Law Journal, Volume 126 (2016), 262 (294 f.).

121 *Brownstein/Kirman*, Business Lawyer, Volume 60 (2004), 23 (42); *Ertimur/Ferri/Stubben*, Journal of Corporate Finance, Volume 16 (2010), 53 (54).

122 Vgl. zur sog. *„responsiveness"* ISS Corporate Solutions, United States, Proxy Voting Guidelines, Benchmark Policy Recommendations, Januar 2024, S. 13, abrufbar unter https://www.issgovernance.com/file/policy/active/americas/US-Voting-Guidelines.pdf?v=1, archiviert unter https://web.archive.org/web/20240220103457/https://www.issgovernance.com/file/policy/active/americas/US-Voting-Guidelines.pdf?v=1, zuletzt abgerufen am 15.05.2025; *Ertimur/Ferri/Stubben*, Journal of Corporate Finance, Volume 16 (2010), 53 (54); *Fisch*, Chicago Business Law Review, Volume 1 (2022), 113 (122 f.).

123 *Cools*, Climate Proposals, S. 8; *Cox/Thomas*, Columbia Business Law Review, Volume 3 (2021), 1147 (1168; 1195); *Dyck/Lins/Roth/Wagner*, Journal of Financial Economics, Volume 131 (2019), 693 (702 f.); *Fisch*, Chicago Business Law Review, Volume 1 (2022), 113 (147).

124 Vgl. für die Definition der SEC sowie einer Übersicht sämtlicher *Staff Legal Bulletins* https://www.sec.gov/regulation/staff-interpretations/legal-bulletins, zuletzt abgerufen am 15.05.2025; vgl. Hazen, Securities Regulation, S. 385.

a) Unzuständigkeit nach einzelstaatlichem Recht, Rule 14a-8 (i) (1)

Zunächst unterliegen Aktionärsanträge dem Ausschlussgrund nach Rule 14a-8 (i) (1), wenn Aktionäre nach einzelstaatlichem Recht unzuständig für den Antragsinhalt sind („*improper under state law*"). Der Ausschlusstatbestand ist grundsätzlich erfüllt, wenn den Aktionären für den Antragsinhalt keine Beschlusskompetenz zukommt („*not a proper subject for action by shareholders*").[125] Damit soll im Bundesrecht das einzelstaatliche Gesellschaftsrecht gewahrt werden,[126] nach welchem grundsätzlich eine umfassende Alleinzuständigkeit der Verwaltung für sämtliche Geschäfte und Angelegenheiten der Gesellschaft besteht und der Zuständigkeitsbereich der Aktionäre eng begrenzt ist.[127] Die SEC stellt in ihrer Anmerkung zu Rule 14a-8 (i) (1) klar, dass der Ausschlussgrund für empfehlende oder ersuchende Aktionärsanträge („*recommendations or requests*") grundsätzlich nicht einschlägig ist.[128] Denn die SEC geht davon aus, dass der Zuständigkeitsbereich der Verwaltung durch eine beratende Empfehlung eines bestimmten Verhaltens mangels Bindungswirkung nicht betroffen wird, auch wenn es sich um einen Mehrheitsbeschluss handeln sollte.[129] Im Ergebnis greift die SEC die höchstrichterliche, einzelstaatliche Rechtsprechung auf, nach welcher rein empfehlende

---

125 Rule 14a-8 (i) (1).

126 *Hazen*, Securities Regulation, S. 387; vgl. *Fleischer*, AG 2010, 681 (687).

127 Vgl. zur Zuständigkeitsverteilung → D. I. 1. sowie II. 1. a).

128 Anmerkung zu Rule 14a-8 (i) (1) („*note to paragraph*"); *Bauman/Weiss/Palmiter*, Corporations, Law and Policy, S. 499; Hazen, Securities Regulation, S. 387 f.; *Hazen*, Treatise Securities Regulation, § 10:35; zur Entwicklung dieser Anmerkung *Keltsch*, Aktionärsrechte, S. 150 ff.; vgl. auch die kritische Einordnung dieser Rechtspraxis der SEC *Strine*, Business Lawyer, Volume 63 (2008), 1078 (1088 ff.); die Kritik entkräftend *Keltsch*, Aktionärsrechte, S. 253 f.

129 SEC Release No. 34-12999, vom 22.11.1976, Federal Register Volume 41 (1976), 52994 (52996), abrufbar unter https://archives.federalregister.gov/issue_slice/1976/12/3/52980-53001.pdf#page=15, archiviert unter https://web.archive.org/web/20240220103236/https://archives.federalregister.gov/issue_slice/1976/12/3/52980-53001.pdf#page=15, zuletzt abgerufen am 15.05.2025; *Brownstein/Kirman*, Business Lawyer, Volume 60 (2004), 23 (40 ff.); *Çapa*, Konsultative Hauptversammlungsbeschlüsse, S. 81 f.; Hazen, Securities Regulation, S. 387 f.; *Keltsch*, Aktionärsrechte, S. 253.

Präsenzanträge der Aktionäre als *„proper subject"* stets zulässig sind.[130] Unabhängig von der Zuständigkeit der Aktionäre in der Sache sind empfehlende Aktionärsanträge demnach nicht von einem Ausschluss nach Rule 14a-8 (i) (1) bedroht. In gewöhnlichen Geschäftsführungsangelegenheiten kann jedoch der Ausschlussgrund nach Rule 14a-8 (i) (7) einschlägig sein.

Es verbleibt ein Restanwendungsbereich des Ausschlussgrundes auf verpflichtende Aktionärsanträge. Diese sind unter Anwendung von Rule 14a-8 (i) (7) vielmals unzulässig, wenn den Aktionären nicht in eng begrenzten Fällen ein Stimmrecht in der Hauptversammlung zu kommt.[131] In der Praxis überwiegen somit Aktionärsanträge mit empfehlendem Inhalt und folglich Konsultativbeschlüsse.[132]

b) Gesetzeswidrigkeit, Rule 14a-8 (i) (2)

Der Ausschlussgrund nach Rule 14a-8 (i) (2) greift im Falle der generellen Gesetzeswidrigkeit eines Aktionärsantrags (*„violation of law"*).[133] Der Prüfungsumfang umfasst nach seinem Wortlaut anwendbares einzelstaatliches Recht, Bundesrecht sowie ausländisches Recht. Das einzelstaatliche Gesellschaftsrecht und seine Anforderungen an pflichtgemäßes Verwaltungshandeln

---

130 Siehe die Grundsatzentscheidung des New York Court of Appeals, v. 25.02.1954, Auer v Dressel, 306 N.Y. 427 (N.Y. 1954), 118 N.E.2d 590, 433 *„nothing invalid in their [...] expressing themselves [by expressing their approval]"*; *Hazen*, Treatise Securities Regulation, § 10:34 Fn. 9; *Keltsch*, Aktionärsrechte, S. 152, 254, 436; vgl. zur Zulässigkeit von Präsenzanträgen → D. II. 1. a).

131 *Gorman*, New York University Annual Survey of American Law, Volume 72 (2017), 113 (135); *Sachs*, Irvine Law Review, Volume 2 (2012), 931 (934); vgl. *Çapa*, Konsultative Hauptversammlungsbeschlüsse, S. 81 f.; *Keltsch*, Aktionärsrechte, S. 252; beispielsweise die Änderung der Gesellschaftsstatuten (*„bylaws"*) nach § 109 (a) GDCL, siehe *Brownstein/Kirman*, Business Lawyer, Volume 60 (2004), 23 (41; 52 ff.); *Hazen*, Treatise Securities Regulation, § 10:36; *Keltsch*, Aktionärsrechte, S. 254 ff.; vgl. zur Zuständigkeitsverteilung → D. I. I sowie II. 1. a).

132 *Bauman/Weiss/Palmiter*, Corporations, Law and Policy, S. 506; *Brownstein/Kirman*, Business Lawyer, Volume 60 (2004), 23 (41; 52 ff.); *Fisch*, Chicago Business Law Review, Volume 1 (2022), 113 (118, 122); *Gorman*, New York University Annual Survey of American Law, Volume 72 (2017), 113 (135); *Keltsch*, Aktionärsrechte, S. 252; *Sachs*, Irvine Law Review, Volume 2 (2012), 931 (934); McDonnell/Osofsky/Peel/Foerster, Connecticut Law Review, Volume 53 (2021), 335 (371); *Tallarita*, Hastings Law Journal, Volume 73 (2022), 1697 (1716); für umweltbezogene Aktionärsanträge *Haan*, Yale Law Journal, Volume 126 (2016), 262 (273).

133 Hazen, Securities Regulation, S. 389.

könnte somit dem Aktionärsantragsrecht eine Grenze bieten, sofern die Verwaltung bei der Umsetzung des Antragsgegenstands hiergegen verstieße.[134]

Die Umsetzung eines mehrheitlich gefassten Konsultativbeschlusses steht im pflichtgemäßen Ermessen der Verwaltung.[135] Das freiwillige Befolgen eines Aktionärsantrags widerspricht grundsätzlich nicht dem Pflichtenkatalog des *board of directors*, sofern die Verwaltung im Einzelfall ihre treuhänderischen Pflichten („*fiduciary duties*") wahrt.[136] Insbesondere kann die Verwaltung rechtmäßig Klimaschutz und Umweltauswirkungen in ihre Entscheidungsfindung einbeziehen.[137] Dementsprechend spielt Rule 14a-8 (i) (2) für nachhaltigkeitsorientierte Aktionärsanträge im *no-action process* der SEC regelmäßig keine Rolle.[138]

c) Verstoß gegen die *Proxy Rules*, Rule 14a-8 (i) (3)

Weiterhin darf ein Aktionärsantrag nach Rule 14a-8 (i) (3) nicht gegen andere *Proxy Rules* der SEC verstoßen („*violation of proxy rules*"). Insbesondere dürfen Antrag und/oder Antragsbegründung unter Verweis auf die Vorgaben nach Rule 14a-9 keine falschen oder irreführenden Angaben enthalten, nicht ungenau oder unbestimmt sein.[139] Der Ausschlussgrund ist insbesondere erfüllt, wenn die abstimmenden Aktionäre oder die Gesellschaft nicht hinreichend genau erkennen können, welche Maßnahmen der Aktionärsantrag verlangt, und somit ein im Wesentlichen irreführender Aktionärsantrag vorliegt.[140] Nach der SEC kommt es auf die Gesamtheit des Antrags an, sodass relevante Schlüsselbegriffe und der Umfang geforderter Maßnahmen auch

---

134 *Hell*, ZVglRWiss, 119 (2020), 314 (322); *Keltsch*, Aktionärsrechte, S. 259 ff.

135 *Brownstein/Kirman*, Business Lawyer, Volume 60 (2004), 23 (42); vgl. → D. II. 2. e) aa).

136 Vgl. zum Ermessen der Verwaltung → D. I. 1.

137 *Keltsch*, Aktionärsrechte, S. 260 ff., 276; *Cox/Hazen*, Treatise on Corporations, § 4:10; vgl. für Ausführung zu Delaware *Drechsler*, ZVglRWiss 123 (2024), 231 (249 f.); zum Verhältnis zur „*shareholder wealth maximization*" vgl. *Bebchuk/Kastiel/Tallarita*, Business Law Review, Volume 77 (2022), 731; *Benjamin*, Utah Law Review, Volume 2 (2020), 313 (363 ff.); vgl. zur „*shareholder primacy doctrine*" als rechtspolitischer Forderung *Keltsch*, Aktionärsrechte, S. 276.

138 Vgl. zur generellen Zurückhaltung der SEC für den Ausschlussgrund nach Rule 14a-8 (i) (2) *Hazen*, Treatise Securities Regulation, § 10:34, 10:37; für sozial-ökologische Aktionärsanträge *Keltsch*, Aktionärsrechte, S. 276.

139 17 CFR § 240.14a-9; Hazen, Securities Regulation, S. 389.

140 *Staff Legal Bulletin* Nr. 14B vom 15.09.2004, B. 4., a.a.O. Fn. 81.

in der Antragsbegründung konkretisiert werden können.[141] Es ist stets eine Betrachtung im Einzelfall notwendig.

d) Fehlende Erheblichkeit, Rule 14a-8 (i) (5)

Nach Rule 14a-8 (i) (5) sind Aktionärsanträge mit einer fehlenden Erheblichkeit („*relevance*") ausschlussbewehrt. Die Erheblichkeit lässt sich zum einen objektiv und wirtschaftlich anhand eines umsatzbezogenen Schwellenwertes bestimmen, der bei 5 % des Umsatzes liegt, sog. „*quantitative threshold*".[142] Zum anderen kann nach dem Wortlaut die Erheblichkeit subjektiv in einem wesentlichen Zusammenhang mit der Geschäftstätigkeit begründet sein („*otherwise significantly related to the company's business*").[143]

Für Aktionärsanträge, welche gesellschaftsrelevante Fragen abseits eines unmittelbaren ökonomischen Bezugs betreffen, ist regelmäßig die subjektive Beurteilung ausschlaggebend.[144] In der Vergangenheit stellte die SEC unterschiedliche Anforderungen an den erforderlichen wesentlichen Zusammenhang und das Verhältnis zur wirtschaftlichen Erheblichkeit nach dem Schwellenwert von 5 % des Umsatzes.[145] Jüngst nahm die SEC die zweite Amtszeit von Präsident Trump zum Anlass, ihre Auslegung und Anwendung des Ausschlussgrundes neu zu bewerten und sich zur vorangehenden Administration unter Präsident Biden abzugrenzen. Im Februar 2025 hob die SEC

---

141 Siehe den Schriftverkehr der SEC mit ExxonMobil im *no-action process* unter https://www.sec.gov/divisions/corpfin/cf-noaction/14a-8/2020/milloyexxon032020-14a8.pdf, zuletzt abgerufen am 15.05.2025; sowie mit Exelon Corporation, abrufbar unter https://www.sec.gov/divisions/corpfin/cf-noaction/14a-8/2019/milloyexelon031219-14a8.pdf; sowie mit Duke Energy Corporation, abrufbar unter https://www.sec.gov/divisions/corpfin/cf-noaction/14a-8/2019/stevenmilloy031219-14a8.pdf; jeweils zuletzt abgerufen am 15.05.2025.

142 Hazen, Securities Regulation, S. 390; Treatise Securities Regulation, § 10:40.

143 Ebd.

144 Hazen, Treatise Securities Regulation, § 10:40.

145 *Staff Legal Bulletin* Nr. 14I vom 01.11.2017, C. 2., abrufbar unter https://www.sec.gov/corpfin/staff-legal-bulletin-14i-shareholder-proposals?, archiviert unter https://web.archive.org/web/20240220104730/https://www.sec.gov/corpfin/staff-legal-bulletin-14i-shareholder-proposals, zuletzt abgerufen am 15.05.2025; sowie für einen Überblick der Historie siehe *Staff Legal Bulletin* Nr. 14M vom 12.02.2025, B. 2., a.a.O. Fn. 66; *Hell*, ZVglRWiss, 119 (2020), 314 (323); vertiefend *Keltsch*, Aktionärsrechte, S. 285 ff.

in ihrer Verlautbarung *Staff Legal Bulletin* Nr. 14M die vormals geltenden *Staff Legal Bulletin* Nr. 14L teilweise inhaltlich auf.[146]

Bis zum Frühjahr 2025 griff die SEC noch auf ihre eigene Anwendungspraxis aus dem Jahr 2017 zurück und nahm auf die Gerichtsentscheidung *Lovenheim v. Iroquois* Bezug.[147] Danach konnte ein generell wesentlicher sozialer oder ethischer Bezug des Aktionärsantrags zur Geschäftstätigkeit die notwendige Erheblichkeit herstellen, ohne dass es auf einen umsatzbezogenen Schwellenwert oder eine weitergehende Prüfung des wesentlichen Zusammenhangs mit der Geschäftstätigkeit angekommen wäre.[148] Dementsprechend wendete die SEC den Ausschluss von Aktionärsanträgen nach Rule 14a-8 (i) (5) bis zum Frühjahr 2025 zurückhaltend an, ohne einen Schwerpunkt auf die objektiv zu bestimmende, wirtschaftliche Erheblichkeit zu legen.[149] In der Folge unterlagen Aktionärsanträge, welche sich auf Treibhausgasemissionen der Gesellschaft und den unternehmerischen Klimaschutz bezogen, aufgrund ihrer hohen sozialen Bedeutung regelmäßig nicht dem Ausschlussgrund nach Rule 14a-8 (i) (5), wenn sie sich auf wesentliche Geschäftstätigkeiten bezogen.[150] Dies stützt auch die Beobachtung, dass in den Jahren 2022, 2023 und 2024 generell kein Ausschluss von Aktionärsanträgen auf Rule 14a-8 (i) (5) zurückzuführen war.[151]

---

146 *Staff Legal Bulletin* Nr. 14M vom 12.02.2025, A., a.a.O. Fn. 66; *Staff Legal Bulletin* Nr. 14L vom 03.11.2021, a.a.O. Fn. 66.

147 *Staff Legal Bulletin* Nr. 14L vom 03.11.2021, C., a.a.O. Fn. 66; mit Verweis auf grundsätzlich aufgehobenen *Staff Legal Bulletin* Nr. 14I vom 01.11.2017, C. 3., a.a.O. Fn. 145; Entscheidung des United States District Court, D. Columbia, v. 28.03.1985, Lovenheim v. Iroquois, 618 F.Supp.554 (D.D.C. 1985), Rn. 561; *Çapa*, Konsultative Hauptversammlungsbeschlüsse, S. 85.

148 Ebd.

149 *Staff Legal Bulletin* Nr. 14L vom 03.11.2021, C., a.a.O. Fn. 66; siehe nur Schriftverkehr der SEC mit Amazon.com, Inc., im *no-action process* abrufbar unter https://www.sec.gov/divisions/corpfin/cf-noaction/14a-8/2019/hammermanfamily040319-14a8.pdf, zuletzt abgerufen am 15.05.2025; *Keltsch*, Aktionärsrechte, S. 289.

150 Vgl. zu CSR-Aktionärsanträgen Hazen, Securities Regulation, S. 390; Treatise Securities Regulation, § 10:40; zu CSR-Aktionärsanträgen und zur nachhaltigen Entwicklung *Çapa*, Konsultative Hauptversammlungsbeschlüsse, S. 85.

151 Zu den Hauptversammlungssaisons 2022 und 2023 *Mueller/Ising/Kim*, Gibson, Dunn & Crutcher LLP, Shareholder Proposal Developments During the 2023 Proxy Season, 03.08.2023, III. B. 2., Harvard Law School Forum on Corporate Governance, abrufbar unter https://corpgov.law.harvard.edu/2023/08/03/

Mit dem Regierungswechsel zu Beginn des Jahres 2025 beruft sich die SEC, in Abkehr von der Gerichtsentscheidung *Lovenheim v. Iroquois*, auf ihren vormaligen Standpunkt aus dem Jahr 1982 zum Zeitpunkt des Erlasses des Ausschlussgrundes in seiner gegenwärtigen Fassung.[152] In der Folge könne allein die abstrakt-generelle Bedeutung eines Aktionärsantragsgegenstandes und jeglicher Bezug zur Geschäftstätigkeit nicht mehr ausschlaggebend sein, um einen Ausschluss nach Rule 14a-8 (i) (5) zu verhindern.[153] Gemäß dem Wortlaut des Ausschlussgrundes komme es primär auf das objektive Erreichen der umsatzbezogenen Schwellenwerte an, sodass die SEC die in Frage stehende Erheblichkeit weitgehend als *„economic relevance"*, d.h. als wirtschaftliche Erheblichkeit, begreift. Zwar könne die notwendige Erheblichkeit auch subjektiv in einem sonstigen wesentlichen Zusammenhang mit der Geschäftstätigkeit liegen, jedoch sieht die SEC die bloße Möglichkeit eines wirtschaftlichen Schadens nicht als ausreichend an. Weiterhin stellt die SEC klar, dass es insoweit auf eine Prüfung im Einzelfall ankäme, wobei jedenfalls wesentliche Themen der Corporate Governance regelmäßig einen wesentlichen Zusammenhang mit der Geschäftstätigkeit darstellen sollten. Im Zuge dessen sei die Anwendung des Ausschlussgrunds Rule 14a-8 (i) (5) inhaltlich und von Rule 14a-8 (i) (7) zu trennen.[154]

In dieser Richtungsänderung der SEC sehen US-amerikanische Rechtsanwälte eine Wiederbelebung des zuvor im Anwendungsbereich stark eingegrenzten Ausschlussgrundes nach Rule 14a-8 (i) (5).[155] Es bleibt abzuwarten,

---

shareholder-proposal-developments-during-the-2023-proxy-season/, zuletzt abgerufen am 15.05.2025; zur Hauptversammlungssaison 2024 Shareholder Rights Group, SEC No Action Statistics to May 1, 2024, abrufbar unter https://www.shareholderrightsgroup.com/2024/05/sec-no-action-statistics-for-2024.html, archiviert unter https://web.archive.org/web/20240617132056/https://www.shareholderrightsgroup.com/2024/05/sec-no-action-statistics-for-2024.html, zuletzt abgerufen am 15.05.2025.

152 *Staff Legal Bulletin* Nr. 14M vom 12.02.2025, B. 3., a.a.O. Fn. 66, mit Verweis auf SEC Release No. 34-19135, v. 14.10.1982.

153 *Staff Legal Bulletin* Nr. 14M vom 12.02.2025, B. 3., a.a.O. Fn. 66.

154 Ebd.

155 *Mueller/Ising/Kim*, 23.02.2025, Harvard Law School Forum on Corporate Governance, abrufbar unter https://corpgov.law.harvard.edu/2025/02/23/sec-staff-reinstates-traditional-approach-to-interpreting-the-shareholder-proposal-rule/, archiviert unter https://web.archive.org/web/20250512092535/https://corpgov.law.harvard.edu/2025/02/23/sec-staff-reinstates-traditional-approach-to-interpreting-the-shareholder-proposal-rule/, zuletzt abgerufen am 15.05.2025.

wo und wie die SEC bei Antragsgegenständen mit Bezug zur Corporate Governance und dem unternehmerischen Klimaschutz die (wirtschaftliche) Erheblichkeit als einschlägig erachtet oder solche Aktionärsanträge für ausschlussbewehrt hält.

e) Gewöhnliche Geschäftsführungsangelegenheiten der Gesellschaft, Rule 14a-8 (i) (7)

Aktionärsanträge, welche gewöhnliche Geschäftsführungsangelegenheiten („*company's ordinary business operations*") betreffen, unterliegen dem Ausschlussgrund nach Rule 14a-8 (i) (7). Der Ausschluss wahrt das einzelstaatliche Gesellschaftsrecht der Bundesstaaten, nach welchem regelmäßig die Verwaltung für die Geschäftsführung der Gesellschaft zuständig ist und nicht die Hauptversammlung.[156] Generell ist die Anwendung von Rule 14a-8 (i) (7) in der Aktionärsantragspraxis von gesteigerter Relevanz.[157] Die historische Entwicklung des Ausschlussgrundes ist von einer wechselnden politischen Ausrichtung der SEC geprägt.[158] Mehrfach stellte die SEC in *Staff Legal Bulletins* ihre wandelnden Auslegungsgrundsätze klar.[159] Im Ergebnis hat sich eine spezifische Kasuistik für den Ausschlussgrund der gewöhnlichen Geschäftsführungsangelegenheiten gebildet, für welche bereits leichte Abweichungen

---

156 SEC Release No. 34-40018, v. 21.03.1998, abrufbar unter https://www.sec.gov/rules/1998/05/amendments-rules-shareholder-proposals?, archiviert unter https://web.archive.org/web/20240220104920/https://www.sec.gov/rules/1998/05/amendments-rules-shareholder-proposals?, zuletzt abgerufen am 15.05.2025; bekräftigt im vormalig geltenden *Staff Legal Bulletin* Nr. 14L vom 03.11.2021, B. 1., a.a.O. Fn. 66; sowie nunmehr bekräftigt in *Staff Legal Bulletin* Nr. 14M vom 12.02.2025, C. 1., a.a.O. Fn. 66; vgl. *Tallarita*, Hastings Law Journal, Volume 73 (2022), 1697 (1754); vgl. zur Zuständigkeitsverteilung → D. I. 1.

157 Hazen, Securities Regulation, S. 391; Treatise Securities Regulation, § 10:43.

158 Hazen, Securities Regulation, S. 391 ff.; Treatise Securities Regulation, § 10:43; zur historischen Entwicklung Bainbridge, UCLA Law & Economics Research Paper, No. 16-06; Ho, Washington and Lee Law Review, Volume 76 (2019), 1231 (1244 ff.); *Petrozziello*, Rutgers Business Law Review, Volume 13 (2016), 22, (33 ff.); *Pouliot*, Columbia Business Law Review, Volume 1 (2018), 287.

159 Zuletzt *Staff Legal Bulletin* Nr. 14M vom 12.02.2025, A., C., a.a.O. Fn. 66; vgl. auch die Übersicht zu den bislang in Kraft getretenen und zwischenzeitlich aufgehobenen *Staff Legal Bulletins* unter https://www.sec.gov/regulation/staff-interpretations/legal-bulletins, zuletzt abgerufen am 15.05.2025.

im Wortlaut des Antrags maßgebend sein können.[160] Die Auswertung vergangener Entscheidungen im *no-action process* zeigt teilweise bis heute eine widersprüchliche Auslegungs- und Entscheidungspraxis der SEC für Rule 14a-8 (i) (7).[161] Insbesondere bei einem inhaltlichen Klimaschutzbezug des Aktionärsantrags tragen Gesellschaften häufig Mikromanagement vor, um einen Ausschluss zu begründen.[162]

Vorbehaltlich der Auslegungspraxis der SEC im Einzelnen sind nach der SEC gewöhnliche Geschäftsführungsangelegenheiten betroffen, sobald sich der Aktionärsantrag auf alltägliche unternehmerische Entscheidungen der Verwaltung bezieht.[163] Eine ausschlussbewehrte Fallgruppe ist das sog. „*micromanagement*" der Verwaltung der Gesellschaft. Dieses liegt nach genereller Einschätzung der SEC vor, wenn der Aktionärsantrag komplexe Geschäftsführungsangelegenheiten betrifft, über welche die Aktionäre keine sachgerechte Entscheidung in der Hauptversammlung treffen können.[164] Jedoch greift der Ausschlussgrund nach Rule 14a-8 (i) (7) grundsätzlich nicht, wenn wichtige sozialpolitische Fragen („*significant social policy issues*") im Aktionärsantrag adressiert werden, die über das Tagesgeschäft hinausgehen.[165] Betrifft ein

---

160 Für Ausprägungen der Kasuistik siehe Hazen, Securities Regulation, S. 391 ff.; Treatise Securities Regulation, §§ 10:42 ff.

161 Jeweils mit weiteren Nachweisen Hazen, Securities Regulation, S. 391; Treatise Securities Regulation, § 10:43; Keltsch, Aktionärsrechte, S. 293 ff.; *Tallarita*, Hastings Law Journal, Volume 73 (2022), 1697 (1755).

162 *Alsop/Kim*, Shearman & Sterling LLP, Shareholder Proposals 2019 – ESG No-Action Letter Trends and Strategies, 25.03.2020, Harvard Law School Forum on Corporate Governance, abrufbar unter https://corpgov.law.harvard.edu/2020/03/25/shareholder-proposals-2019-esg-no-action-letter-trends-and-strategies/, zuletzt abgerufen am 15.05.2025; *Bruno*, ECFR 2019, 687 (705 f.); *Fleischer*, DB 2022, 37 (43); *Hell*, ZVglRWiss, 119 (2020), 314 (324 f.); vgl. *Khanna*, in Cambridge Handbook of Shareholder Engagement and Voting, S. 258; vgl. zu CSR-Aktionärsanträgen *Petrozziello*, Rutgers Business Law Review, Volume 13 (2016), 22 (25 f.).

163 SEC Release No. 34-40018, v. 21.03.1998, a.a.O. Fn. 151; Hazen, Securities Regulation, S. 391; Treatise Securities Regulation, § 10:43.

164 SEC Release No. 34-40018, v. 21.03.1998, a.a.O. Fn. 151; bekräftigt im vormalig geltenden *Staff Legal Bulletin* Nr. 14L vom 03.11.2021, B. 3., a.a.O. Fn. 66; sowie nunmehr bekräftigt in *Staff Legal Bulletin* Nr. 14M vom 12.02.2025, C. 1., a.a.O. Fn. 66; Hazen, Securities Regulation, S. 391; Treatise Securities Regulation, § 10:43; *Hell*, ZVglRWiss, 119 (2020), 314 (324 ff.).

165 SEC Release No. 34-40018, v. 21.03.1998, a.a.O. Fn. 151; bekräftigt im vormalig geltenden *Staff Legal Bulletin* Nr. 14L vom 03.11.2021, B. 2., a.a.O. Fn. 66; sowie

Aktionärsantrag sowohl sozialpolitische Fragen als auch die gewöhnliche Geschäftsführung, richtet sich die Bewertung nach dem Schwerpunkt des gegenständlichen Antragsinhalts.[166]

In der Vergangenheit legte die SEC für die konkrete Auslegung der Fallgruppe von Mikromanagement und der bestehenden Grenze der wichtigen sozialpolitischen Fragen unterschiedliche Maßstäbe an. Zuletzt nahm die SEC in der zweiten Amtszeit von Präsident Trump auch hinsichtlich des Ausschlussgrunds der gewöhnlichen Geschäftsführungsangelegenheiten nach Rule 14a-8 (i) (7) Anlass für eine neue inhaltliche Bewertung der Voraussetzungen im Einzelnen.[167] Die jüngste Entwicklung der gegenwärtig geltenden Auslegungsgrundsätze soll nachstehend Anhand des Zeitraums der Amtszeit von Präsident Biden mit Beginn im Januar 2021 bis hin zur zweiten Amtszeit von Präsident Trump mit Beginn im Januar 2025 dargestellt werden.

(1) Uneinheitliche Anwendung von Rule 14a-8 (i) (7) durch die SEC bis 2021

Die SEC lehnte in verschiedenen Einzelfällen bis 2021 wiederholt Mikromanagement im Sinne der Antragsteller ab und gestattete den Gesellschaften den Ausschluss von Aktionärsanträgen nach Rule 14a-8 (i) (7) nicht, da das beratende Ersuchen von Klimatransformationsplänen in den jeweiligen Einzelfällen die gewöhnliche Geschäftsführung überstiegen habe.[168] Gleichwohl nahm die SEC in ähnlich gelagerten Fällen teilweise Mikromanagement an

---

nunmehr bekräftigt in *Staff Legal Bulletin* Nr. 14M vom 12.02.2025, C. 2., a.a.O. Fn. 66; Hazen, Securities Regulation, S. 391; Treatise Securities Regulation, § 10:43; *Hell*, ZVglRWiss, 119 (2020), 314 (324 ff.); *Petrozziello*, Rutgers Business Law Review, Volume 13 (2016), 22, (25 f.).

166 Hazen, Securities Regulation, S. 391 f.; Treatise Securities Regulation, § 10:43.

167 Siehe bereits vorstehend zum Ausschlussgrund der fehlenden Erheblichkeit nach Rule 14a-8 (i) (5) → D. II. 3. e) sowie die aktuelle Verlautbarung der SEC in *Staff Legal Bulletin* Nr. 14M vom 12.02.2025, A., C., a.a.O. Fn. 66.

168 Vgl. den Ausschluss von den *proxy materials* aufgrund von Rule 14a-8 (i) (7) ablehnenden Schriftverkehr der SEC im *no-action process* mit Autozone, Inc., abrufbar unter https://www.sec.gov/divisions/corpfin/cf-noaction/14a-8/2021/asyousowautozone101221-14a8.pdf; mit Anadarko Petroleum Corp., abrufbar unter https://www.sec.gov/divisions/corpfin/cf-noaction/14a-8/2019/asyousowetal030419-14a8.pdf; sowie mit Ross Stores, Inc., abrufbar unter https://www.sec.gov/divisions/corpfin/cf-noaction/14a-8/2019/jantzmgt032919-14a8.pdf; jeweils zuletzt abgerufen am 15.05.2025; hierzu auch Hazen, Treatise Securities Regulation, § 10:43.

und billigte den Gesellschaften den Ausschluss von Aktionärsanträgen, die sich ebenfalls auf die Offenlegung von Treibhausgasemissionen bezogen, da der Verwaltung in den jeweiligen Einzelfällen spezifische Methoden für die Umsetzung komplexer Unternehmensstrategien vorgeschrieben worden wären, welche eine laufende Beurteilung durch die Verwaltung ersetzen würden.[169] In der US-amerikanischen Literatur wurde diese Behandlung von Aktionärsanträgen in Folge von geringfügigen Abweichungen im Wortlaut der Anträge teilweise als uneinheitlich beschrieben.[170]

(2) Verlautbarung der SEC in *Staff Legal Bulletin* Nr. 14L aus 2021

Die SEC in der Administration unter Präsident Biden reagierte im November 2021 mit *Staff Legal Bulletin* Nr. 14L und legte sich selbst eine differenzierte Bewertung von Mikromanagement auf, um eine einheitliche Bewertung zu gewährleisten.[171] Danach entsprach allein ein hoher Grad an Details oder das beratende Ersuchen der Umsetzung von Zeitplänen oder Verfahrensweisen noch keinem unzulässigen Mikromanagement.[172] Zuvor konnten beide dieser 2021 aufgegebenen Kriterien nach der vormaligen, auf das Jahr 1998 zurückgehenden Auslegungspraxis ein ausschlussbewehrtes Mikromanagement begründen.[173] Ausschlaggebend war nunmehr, ob und inwieweit der Aktionärsantrag den Ermessenspielraum der Verwaltung in unangemessener Weise eingeschränkt hat und ob der enthaltene Detaillierungsgrad

---

169 Vgl. den Ausschluss von den *proxy materials* aufgrund von Rule 14a-8 (i) (7) bestätigenden Schriftverkehr der SEC im *no-action process* mit Devon Energy Corp., abrufbar unter https://www.sec.gov/divisions/corpfin/cf-noaction/14a-8/2019/georgegund030419-14a8.pdf; mit Exxon Mobil Corp., abrufbar unter https://www.sec.gov/divisions/corpfin/cf-noaction/14a-8/2019/nyscrf040219-14a8.pdf; jeweils zuletzt abgerufen am 15.05.2025; hierzu auch Hazen, Treatise Securities Regulation, § 10:43.

170 Hazen, Treatise Securities Regulation, § 10:43.

171 *Staff Legal Bulletin* Nr. 14L vom 03.11.2021, B. 3., a.a.O. Fn. 66; Hazen, Treatise Securities Regulation, § 10:43; *Olson*, Publicly Traded Corporations, § 10:18 b).

172 Ebd.

173 Vgl. die konträre Bestimmung von Mikromanagement in SEC Release No. 34-40018, v. 21.03.1998, a.a.O. Fn. 151; generell zur vorhergehenden Rechtslage einschließlich kritischer Auseinandersetzung siehe Bainbridge, UCLA Law & Economics Research Paper, No. 16-06; *Bruno*, ECFR 2019, 687 (705); *Hell*, ZVglRWiss, 119 (2020), 314 (324 ff.); Ho, Washington and Lee Law Review, Volume 76 (2019), 1231 (1244 ff.); *Martin*, Wyoming Law Review, Volume 14 (2014), 289 (296); *Pouliot*, Columbia Business Law Review, Volume 1 (2018), 287.

erforderlich gewesen ist, um eine sachgerechte Bewertung der Aktionäre in der Abstimmung zu ermöglichen.[174] Zudem betonte die SEC im Zuge dessen, dass das Kriterium wichtiger sozialpolitischer Fragen („*significant social policy issues*“), für welche der Ausschlussgrund keine Anwendung findet, abstrakt zu bewerten und nicht von der jeweiligen Geschäftstätigkeit der Gesellschaft abhängig sei.[175]

In Anwendung dieser revidierten Auslegungsgrundsätze betrafen klimaschutzbezogene Aktionärsanträge im Zeitraum von 2021 bis 2025 regelmäßig wichtige sozialpolitische Fragen, sodass grundsätzlich geringere Erfolgsaussichten der Gesellschaften bestanden, diese Anträge nach Rule 14a-8 (i) (7) von den *proxy materials* auszuschließen.[176] Die SEC gestatte Gesellschaften regelmäßig nicht den Ausschluss von Aktionärsanträgen, welche die Offenlegung von Treibhausgasemissionen, unter anderem in Gestalt von Klimatransformationsplänen, ersuchten, sofern keine spezifischen Methoden für die Aufstellung von Treibhausgasemissionszielen vorgegeben wurden.[177] Einen Ausschluss von Aktionärsanträgen nach Rule 14a-8 (i) (7) gestand die SEC zu, wenn in einem ersuchten Klimatransformationsplan die Treibhausgasemissionen aus gekauften Waren und Dienstleistungen aufgeschlüsselt werden sollten und/oder die Verwendung verkaufter Produkte oder die Treibhausgasemissionen aus einzelnen Kundenbeziehungen angegeben werden sollten.[178]

---

174 *Staff Legal Bulletin* Nr. 14L vom 03.11.2021, B. 3., a.a.O. Fn. 66; Hazen, Treatise Securities Regulation, § 10:43; *Olson*, Publicly Traded Corporations, § 10:18 b).

175 *Staff Legal Bulletin* Nr. 14L vom 03.11.2021, B. 2., a.a.O. Fn. 66; *Fisch*, Chicago Business Law Review, Volume 1 (2022), 113 (127 f.); Hazen, Treatise Securities Regulation, § 10:43; *Olson*, Publicly Traded Corporations, § 10:18 b).

176 *Cools*, Climate Proposals, S. 10; Hazen, Treatise Securities Regulation, § 10:43; McDonnell/Osofsky/Peel/Foerster, Connecticut Law Review, Volume 53 (2021), 335 (376); *Mueller/Ising/Kim*, Gibson, Dunn & Crutcher LLP, Shareholder Proposal Developments During the 2023 Proxy Season, 03.08.2023, III. B. 2., Harvard Law School Forum on Corporate Governance, a.a.O. Fn. 151.

177 *Olson*, Publicly Traded Corporations, § 10:18 b), mit Verweis auf den Schriftverkehr der SEC im *no-action process* mit ConocoPhillips Company, abrufbar unter https://www.sec.gov/divisions/corpfin/cf-noaction/14a-8/2021/followconocophilips031921-14a8.pdf, zuletzt abgerufen am 15.05.2025.

178 Siehe jeweils aus dem Jahr 2024 Schriftverkehr der SEC im *no-action process* mit Tractor Supply Company, abrufbar unter https://www.sec.gov/files/corpfin/no-action/14a-8/gcbftractor031824-14a8.pdf, zuletzt abgerufen am 15.05.2025; Schriftverkehr der SEC im *no-action process* mit Walmart, Inc., abrufbar unter https://www.sec.gov/

In diesen Fällen kam die SEC zu dem Ergebnis, dass in der Gesamtschau der Ermessenspielraum der Verwaltung in unangemessener Weise eingeschränkt würde, ohne dass der Detaillierungsgrad des Antragsgegenstands erforderlich sei, um eine sachgerechte Bewertung der Aktionäre in der Abstimmung zu ermöglichen.[179]

(3) Verlautbarung der SEC in *Staff Legal Bulletin* Nr. 14M aus 2025

Kurz nach Amtsantritt von Präsident Trump zu seiner zweiten Amtszeit hob die SEC im Februar 2025 mit *Staff Legal Bulletin* Nr. 14M ihre vorangehende Verlautbarung *Staff Legal Bulletin* Nr. 14L auf und setzte die Verlautbarungen in *Staff Legal Bulletin* Nr. 14J und 14K hinsichtlich Mikromanagements nach Rule 14a-8 (i) (7) teilweise wieder in Kraft.[180] Nach *Staff Legal Bulletin* Nr. 14M erfordere das Kriterium wichtiger sozialpolitischer Fragen („*significant social policy issues*"), in Abkehr von der vorherigen Auslegungspraxis, einen konkreten engeren Zusammenhang mit der Geschäftstätigkeit der Gesellschaft, ohne dass eine im Antragsgegenstand adressierte generelle sozialpolitische Auswirkung ausreiche.[181] Somit werden nunmehr an wichtige sozialpolitische Fragen als Grenze des Ausschlussgrundes höhere Anforderungen gestellt, wodurch ein Ausschluss von Aktionärsanträgen auf der Grundlage von Rule 14a-8 (i) (7) erleichtert wird. Bislang hat sich die SEC nicht dazu geäußert, wie es sich mit Aktionärsanträgen verhält, die auf Corporate Governance Themen, insbesondere den unternehmerischen Klimaschutz, ausgerichtet sind.

Weiterhin kehrt die SEC nach *Staff Legal Bulletin* Nr. 14M bezüglich der Fallgruppe des Mikromanagements ausdrücklich zu vormals bereits

files/corpfin/no-action/14a-8/greenwalmart041824-14a8.pdf, zuletzt abgerufen am 15.05.2025; Schriftverkehr der SEC im *no-action process* mit Goldman Sachs Group, Inc., abrufbar unter https://www.sec.gov/files/corpfin/no-action/14a-8/mackmanolisgsg030424-14a8.pdf; Schriftverkehr der SEC im *no-action process* mit Wells Fargo & Company, abrufbar unter https://www.sec.gov/files/corpfin/no-action/14a-8/wwcwells030624-14a8.pdf; jeweils zuletzt abgerufen am 15.05.2025; Schriftverkehr der SEC im *no-action process* mit Bank of America Corp., abrufbar unter https://www.sec.gov/files/corpfin/no-action/14a-8/wwcbao022924-14a8.pdf, zuletzt abgerufen am 15.05.2025.

179 Ebd.

180 *Staff Legal Bulletin* Nr. 14M vom 12.02.2025, A., C. 3., a.a.O. Fn. 66.

181 *Staff Legal Bulletin* Nr. 14M vom 12.02.2025, C. 2., a.a.O. Fn. 66.

vertretenen Auslegungsgrundsätzen zurück, wonach Mikromanagement entweder im Inhalt des Antragsgegenstands begründet sein könne und/oder bereits daraus folgen könne, dass der Aktionärsantrag zu tief in komplexe Angelegenheiten der Geschäftsführung eindringe, über welche die Aktionäre als Gruppe nicht in der Lage seien, sich ein fundiertes Urteil zu bilden.[182] Insoweit können bereits detaillierte Vorgaben des Aktionärsantrags zu Geschäftsführungsfragen im Einzelfall ein Mikromanagement darstellen, wenn der Verwaltung der Gesellschaft nicht ausreichend Flexibilität oder Ermessensspielraum verbleibt.[183] Beispielhaft bezieht sich die SEC für Anwendungsfälle von Mikromanagement auf Aktionärsanträge, die die Gesellschaft ersuchen, eine Studie oder einen Bericht zu erstellen, insbesondere wenn in einem solchen Bericht für die Erreichung von Treibhausgasneutralität bis zu einem bestimmten Jahr der Verwaltung der Gesellschaft spezifische Zeitrahmen oder Methoden vorgeschrieben werden sollen.[184]

---

182 *Staff Legal Bulletin* Nr. 14M vom 12.02.2025, C. 3., a.a.O. Fn. 66, mit Verweis auf *Staff Legal Bulletin* Nr. 14J vom 23.10.2018, C.2., abrufbar unter https://www.sec.gov/rules-regulations/staff-guidance/staff-legal-bulletins/shareholder-proposals-staff-legal-bulletin-no-14j-cf, archiviert unter https://web.archive.org/web/20250512145939/https://www.sec.gov/rules-regulations/staff-guidance/staff-legal-bulletins/shareholder-proposals-staff-legal-bulletin-no-14j-cf#_edn7 zuletzt abgerufen am 15.05.2025.

183 *Staff Legal Bulletin* Nr. 14M vom 12.02.2025, C. 3., a.a.O. Fn. 66, mit Verweis auf *Staff Legal Bulletin* Nr. 14J vom 23.10.2018, C.2., a.a.O. Fn. 183, mit Verweis auf SEC Release No. 34-40018, v. 21.03.1998, a.a.O. Fn. 151; sowie *Staff Legal Bulletin* Nr. 14M vom 12.02.2025, C. 3., a.a.O. Fn. 66, mit Verweis auf *Staff Legal Bulletin* Nr. 14K vom 16.10.2019, B. 4., abrufbar unter https://www.sec.gov/rules-regulations/staff-guidance/staff-legal-bulletins/staff-legal-bulletin-14k-shareholder-proposals, archiviert unter https://web.archive.org/web/20250512155152/https://www.sec.gov/rules-regulations/staff-guidance/staff-legal-bulletins/staff-legal-bulletin-14k-shareholder-proposals, zuletzt abgerufen am 15.05.2025.

184 *Staff Legal Bulletin* Nr. 14M vom 12.02.2025, C. 3., a.a.O. Fn. 66, mit Verweis auf *Staff Legal Bulletin* Nr. 14J vom 23.10.2018, C.2., a.a.O. Fn. 182, mit Verweis auf den Schriftverkehr der SEC im *no-action process* mit Apple, Inc., abrufbar unter https://www.sec.gov/divisions/corpfin/cf-noaction/14a-8/2016/christinejantzapple120516-14a8.pdf, sowie den Schriftverkehr der SEC im *no-action process* mit PayPal Holdings, Inc., https://www.sec.gov/divisions/corpfin/cf-noaction/14a-8/2018/amalgamatedbankpaypal030618-14a8.pdf, jeweils zuletzt abgerufen am 15.05.2025; sowie *Staff Legal Bulletin* Nr. 14M vom 12.02.2025, C. 3., a.a.O. Fn. 66, mit Verweis auf *Staff Legal Bulletin* Nr. 14K vom 16.10.2019, B. 4., a.a.O. Fn. 183, mit Verweis auf den Schriftverkehr der SEC im *no-action process* mit Devon Energy Corp., a.a.O. 169.

Insbesondere gelte es bereits als ausschlussbewehrtes Mikromanagement, wenn ein Aktionärsantrag einen Klimatransformationsplan ersuchen und damit der Verwaltung in unverbindlicher Weise nahelegen sollte, bezüglich der Reduktion von Treibhausgasen zeitgebundene Ziele (kurz-, mittel- und langfristig) aufzustellen.[185] Demgegenüber sei ein Ausschluss jedoch nicht einschlägig, wenn die Gesellschaft lediglich aufgefordert werde, in Berichtsform die relativen Vor- und Nachteile verschiedener Maßnahmen zu prüfen.[186] Es bleibt abzuwarten, wie die SEC fortan Berichte einordnen wird, die allein auf die Offenlegung von Treibhausgasemissionen abzielen, beispielsweise in Gestalt eines Klimatransformationsplans. Es ist davon auszugehen, dass die SEC künftig den betroffenen Gesellschaften gegenüber in großzügiger Weise einen Ausschluss von Aktionärsanträgen auf der Grundlage des Ausschlussgrundes nach Rule 14a-8 (i) (7) gestatten wird. Ausschlaggebend wird wohl stets eine Prüfung im Einzelfall sein, die nach gegenwärtigem Stand kaum vorhersehbar ist und keinen klaren Kriterien folgt.

f) Gegenstandslosigkeit durch wesentliche Umsetzung, Rule 14a-8 (i) (10)

Hat die Gesellschaft den Gegenstand eines Aktionärsantrags bereits im Wesentlichen umgesetzt („*substantially implemented*"), kann ein Ausschluss des Aktionärsantrags nach Rule 14a-8 (i) (10) erfolgen. Erforderlich ist, dass der Antragsgegenstand gegenstandslos geworden ist („*mootness*").[187] Nicht ausreichend ist ein bloßes Tätigwerden der Gesellschaft im Zusammenhang mit dem Antragsgegenstand, vielmehr muss die Gesellschaft darlegen, dass sie notwendige Schritte unternommen hat.[188] Eine vollumfängliche Umsetzung ist demgegenüber nicht notwendig.[189]

---

185 *Staff Legal Bulletin* Nr. 14M vom 12.02.2025, C. 3., a.a.O. Fn. 66, mit Verweis auf *Staff Legal Bulletin* Nr. 14K vom 16.10.2019, B. 4., a.a.O. Fn. 183, mit Verweis auf den Schriftverkehr der SEC im *no-action process* mit Devon Energy Corp., a.a.O. 169.

186 sowie *Staff Legal Bulletin* Nr. 14M vom 12.02.2025, C. 3., a.a.O. Fn. 66, mit Verweis auf *Staff Legal Bulletin* Nr. 14K vom 16.10.2019, B. 4., a.a.O. Fn. 183, mit Verweis auf den Schriftverkehr der SEC im *no-action process* mit Anadarko Petroleum Corp., a.a.O. Fn. 168.

187 Hazen, Treatise Securities Regulation, § 10:61.

188 Hazen, Treatise Securities Regulation, § 10:61.

189 *Keltsch*, Aktionärsrechte, S. 296.

Die Einschätzung, ob eine wesentliche Umsetzung vorliegt oder nicht, geht seitens der Gesellschaften und der Antragssteller regelmäßig auseinander.[190] Dies lässt sich insbesondere bei Aktionärsanträgen, die sich auf den unternehmerischen Klimaschutz richten, beobachten.[191] Die SEC verlangt im *no-action process* zur Beurteilung vielmals eine umfangreiche „Tatsachenanalyse".[192] Nach einem aktuellen Änderungsvorschlag der SEC zu Rule 14a-8 (i) (10) vom 13. Juli 2022, welcher aus der Administration unter dem vormaligen Präsidenten Biden stammt, sollte sich die wesentliche Umsetzung zukünftig nach den essenziellen Bestandteilen des Aktionärsantrags („*essential elements*") richten, um das Verfahren zu erleichtern.[193] Die SEC hat den Änderungsvorschlag nach gegenwärtigem Stand noch nicht per Beschluss in Abänderung von Rule 14a-8 implementiert.[194] Gemäß der aktuellen Verlautbarung der SEC in der Administration unter der zweiten Amtszeit von Präsident Trump ist nach gegenwärtigem Stand wohl auch nicht mehr mit einer Umsetzung dieses Änderungsvorhabens zu rechnen.[195] Mehr noch sind zwei Gesetzesentwürfe republikanischer Abgeordneter im House of Congress zu verzeichnen, welche beabsichtigen, der SEC durch Gesetz eine Verschärfung der Fassung von Rule 14a-8 (i) (10) vorzuschreiben.[196] Nach diesen Entwürfen soll der

---

190 Vgl. generell zur Kasuistik Hazen, Treatise Securities Regulation, § 10:61.

191 Vgl. *Alsop/Kim*, Shearman & Sterling LLP, Shareholder Proposals 2019 – ESG No-Action Letter Trends and Strategies, 25.03.2020, Harvard Law School Forum on Corporate Governance, a.a.O. Fn. 162.

192 *Keltsch*, Aktionärsrechte, S. 295; vgl. den Schriftverkehr der SEC im *no-action process* mit Autozone, Inc., nach welchem der Ausschluss von den *proxy materials* nicht gestattet wurde, abrufbar unter https://www.sec.gov/divisions/corpfin/cf-noaction/14a-8/2021/asyousowautozone101221-14a8.pdf, zuletzt abgerufen am 15.05.2025.

193 Änderungsvorschlag der SEC, Release No. 34-95267, v. 13.07.2022, S. 10 ff., 80, abrufbar unter https://www.sec.gov/files/rules/proposed/2022/34-95267.pdf, zuletzt abgerufen am 15.05.2025; der Änderungsvorschlag stand der Öffentlichkeit verfahrensgemäß zur Kommentierung frei, vgl. https://www.sec.gov/rules/2022/07/substantial-implementation-duplication-and-resubmission-shareholder-proposals-under?, zuletzt abgerufen am 15.05.2025.

194 Siehe zum Erlass neuer SEC Rules Hazen, Treatise Securities Regulation, § 16:117 ff.; Hazen, Treatise Securities Regulation, § 16:118.

195 *Staff Legal Bulletin* Nr. 14M vom 12.02.2025, E., a.a.O. Fn. 66.

196 H.R.4644 – 118th Congress: No Expensive, Stifling Governance Act of 2023, introduced 14.07.2023, S. 1, abrufbar unter https://www.congress.gov/bill/118th-congress/house-bill/4644?q=%7B%22search%22%3A%22HR4644%22%7D&s=4&r=1; H.R.4767 – 118th Congress: Protecting Americans' Retirement Savings from Politics Act,

Anwendungsbereich des Ausschlussgrundes erweitert werden, indem eine wesentliche Umsetzung bereits in dem Einführen von vergleichbaren Strategien, Praktiken oder Verfahren läge.[197] Die Gesetzesvorschläge befinden sich jeweils im Gesetzgebungsverfahren und wurden zum gegenwärtigen Stand noch nicht vom House of Congress verabschiedet.

Über den Einzelfall hinaus ist keine gesteigerte Relevanz des Ausschlussgrundes Rule 14a-8 (i) (10) für Aktionärsanträge anzunehmen.[198]

g) Wiedervorlagen, Rule 14a-8 (i) (12)

Schließlich findet der Ausschlussgrund nach Rule 14a-8 (i) (12) auf Wiedervorlagen („*resubmissions*") Anwendung. Ein Aktionärsantrag kann danach von den *proxy materials* der Gesellschaft ausgeschlossen werden, wenn in der Vergangenheit ein Aktionärsantrag mit wesentlich gleichem Inhalt in den *proxy materials* der Gesellschaft veröffentlicht wurde und die jüngste Abstimmung hierüber in der Hauptversammlung keine ausreichende Zustimmung nach festgesetzten Schwellenwerten erreicht hat.[199] Die maßgebliche Höhe der Zustimmung richtet sich gemäß Rule 14a-8 (i) (12) (i) bis (iii) nach der Häufigkeit der Wiedervorlage im Verhältnis zu einer bestimmten Zeitspanne. Eine Wiedervorlage unterliegt dem Ausschlussgrund, wenn bereits einmalig in den letzten drei Jahren eine relevante Abstimmung erfolgte und die Zustimmung bei weniger als 5 % der abgegebenen Stimmen verblieben ist. Kam es in einem Zeitraum von fünf Jahren bereits zweifach zu einer relevanten Abstimmung, ist der Ausschluss gerechtfertigt, wenn die jüngste Abstimmung keine drei Jahre zurückliegt und weniger als 15 % der abgegebenen Stimmen erzielt hat. Schließlich unterliegen Aktionärsanträge dem Ausschluss bei einer drei- oder mehrfachen Abstimmung in den letzten fünf Jahren, wenn die jüngste Abstimmung keine drei Jahre zurückliegt und weniger als 25 % der abgegebenen Stimmen erzielt hat.

---

introduced 20.07.2023, S. 3, abrufbar unter https://www.congress.gov/bill/118th-congress/house-bill/4767?q=%7B%22search%22%3A%22HR+4767%22%7D&s=1&r=1; jeweils zuletzt abgerufen am 15.05.2025; H.R.

197 Ebd.

198 Vgl. zur geringen Relevanz auch *Mueller/Ising/Kim*, Gibson, Dunn & Crutcher LLP, Shareholder Proposal Developments During the 2023 Proxy Season, 03.08.2023, IV. B., Harvard Law School Forum on Corporate Governance, a.a.O. Fn. 150.

199 Hazen, Securities Regulation, S. 396 f.; Treatise Securities Regulation, § 10:63.

Die gegenwärtig bei 5 %, 15 % und 25 % liegenden Schwellenwerte gehen auf eine Verschärfung durch die SEC im Jahr 2020 zurück und lagen zuvor bei 3 %, 6 % und 10 %.[200] Die Verschärfung der erforderlichen Zustimmungswerte entstammt der Regierungsperiode unter der ersten Amtszeit von Präsident Trump, in welcher die Exekutive dem (ESG-motivierten) Aktionärsaktivismus vermehrt Beschränkungen auferlegte.[201] Betroffen sind vornehmlich Aktionärsanträge, welche eingangs eine geringe Zustimmung der Aktionäre erzielten, jedoch langfristig durch eine frequentierte Abstimmung eine steigende Zustimmung generieren sollen.[202] Unter anderem sind auch Aktionärsanträge mit Klimaschutzbezug betroffen.[203] Die Regierung unter Präsident Biden war bemüht, den Veränderungen der Trump-Administration gegenzusteuern.[204] Dementsprechend betrifft der bereits erwähnte Änderungsvorschlag der SEC vom 13. Juli 2022 auch Rule 14a-8 (i) (12) und die Voraussetzung des wesentlich gleichen Antragsinhalts („*substantially the same subject matter*").[205] Nach der vorgeschlagenen Neufassung des Wortlautes „*substantially duplicates (i.e. addresses the same subject matter and seeks the same objective by*

---

200 SEC Release No. 34-89964, v. 23.09.2020, S. 62 ff., abrufbar unter https://www.sec.gov/files/rules/final/2020/34-89964.pdf, zuletzt abgerufen am 15.05.2025; ursprünglicher Änderungsvorschlag der SEC, Release No. 34-87458, v. 05.11.2019, abrufbar unter https://www.sec.gov/files/rules/proposed/2019/34-87458.pdf, zuletzt abgerufen am 15.05.2025.

201 *Fisch*, Chicago Business Law Review, Volume 1 (2022), 113 (117); vgl. Wall Street Journal, SEC Raises Bar for Shareholder Resolutions, Beitrag v. 23.09.2020, abrufbar unter https://www.wsj.com/articles/sec-raises-bar-for-shareholder-resolutions-11600877050?mod=article_inline; Proxy Review, What Shareholders Can Expect From a Biden SEC, Beitrag v. 16.03.2021, abrufbar unter https://www.proxypreview.org/2021/contributor-articles-blog/what-shareholders-can-expect-from-a-biden-sec; Lever News, Biden Gives Activist Shareholders A Leg Up, Beitrag v. 02.08.2022, abrufbar unter https://www.levernews.com/biden-gives-activist-shareholders-a-leg-up/; jeweils zuletzt abgerufen am 15.05.2025.

202 *Khanna*, in Cambridge Handbook of Shareholder Engagement and Voting, S. 258.

203 *Khanna*, in Cambridge Handbook of Shareholder Engagement and Voting, S. 257 f.

204 Vgl. Proxy Review, What Shareholders Can Expect From a Biden SEC, Beitrag v. 16.03.2021, a.a.O. Fn. 201; Lever News, Biden Gives Activist Shareholders A Leg Up, Beitrag v. 02.08.2022, a.a.O. Fn. 201.

205 Änderungsvorschlag der SEC, Release No. 34-95267, v. 13.07.2022, S. 26 ff., 80, a.a.O. Fn. 193; vgl. → D. II. 3. g).

the same means as)"[206] sollte der Anwendungsbereich des Ausschlussgrundes für Wiedervorlagen reduziert werden, da neben dem bloßen Inhalt des Antrags auch die Beweggründe und wesentlichen Anliegen ausschlaggebend wären.[207] Der Änderungsvorschlag ist bislang noch nicht umgesetzt worden und nach dem zweiten Amtsantritt von Präsident Trump wohl auch nicht mehr zu erwarten.[208] Vielmehr beabsichtigen die zwei bereits erwähnten Gesetzesvorschläge aus dem republikanischen Lager im House of Congress, den Anwendungsbereich des Ausschlussgrundes zu erweitern.[209] Die erforderlichen Schwellenwerte sollen auf 10 %, 20 % und 40 % angehoben werden.[210]

h) Ergebnis zur Anwendung von Ausschlussgründen nach der Auslegungspraxis der SEC auf das Say on Climate

Nach der gegenwärtigen Auslegungspraxis der SEC ist der Einsatz von Aktionärsanträgen als Say on Climate im Grunde rechtmäßig und unterliegt nicht von vornherein einem der Ausschlussgründe nach Rule 14a-8 (i), sofern gemäß Rule 14a-8 (i) (1) der Aktionärsantrag auf einen Konsultativbeschluss der Hauptversammlung gerichtet ist, indem er als „*request or recommendation*" gefasst ist und die Umsetzung im Ermessen der Verwaltung verbleibt.

Der Ausschlussgrund für gewöhnliche Geschäftsführungsangelegenheiten („*company's ordinary business operations*") nach Rule 14a-8 (i) (7) ist von herausgehobener Bedeutung für Aktionärsanträge mit Bezug zum unternehmerischen Klimaschutz. Als Fallgruppe ist Mikromanagement der Verwaltung der Gesellschaft ausschlussbewehrt. Aktionärsanträge zu komplexen

---

206 Änderungsvorschlag der SEC, Release No. 34-95267, v. 13.07.2022, S. 26 ff., 80, a.a.O. Fn. 193.

207 Änderungsvorschlag der SEC, Release No. 34-95267, v. 13.07.2022, S. 26 ff., a.a.O. Fn. 193; White & Case, SEC Proposes Amendments to Narrow Certain Substantive Bases for Exclusion of Shareholder Proposals under Rule 14a-8, Beitrag v. 21.07.2022, abrufbar unter https://www.whitecase.com/insight-alert/sec-proposes-amendments-narrow-certain-substantive-bases-exclusion-shareholder, zuletzt abgerufen am 15.05.2025.

208 Vgl. → D. II. 3. g).

209 H.R.4644 – 118th Congress: No Expensive, Stifling Governance Act of 2023, introduced 14.07.2023, S. 2, abrufbar unter a.a.O. Fn. 196; H.R.4767 – 118th Congress: Protecting Americans' Retirement Savings from Politics Act, introduced 20.07.2023, S. 2 f., a.a.O. Fn. 196; vgl. → D. II. 3. g).

210 Ebd.

Geschäftsführungsangelegenheiten, über welche die Aktionäre keine sachgerechte Entscheidung in der Hauptversammlung treffen können, riskieren ein „*micromanagement*" zu beinhalten. Dementsprechend stützen sich Gesellschaften zur Verteidigung gegen Aktionärsanträge mit Klimaschutzbezug regelmäßig auf Rule 14a-8 (i) (7). Betrifft der Aktionärsantrag wichtige sozialpolitische Fragen („*significant social policy issues*"), die über das Tagesgeschäft hinausgehen, findet der Ausschlussgrund nur Anwendung, wenn die gewöhnliche Geschäftsführung den Schwerpunkt des Antragsinhalts darstellt. Nach vergangener Ansicht der SEC in der Administration unter Präsident Biden waren wichtige sozialpolitische Fragen bis zum Frühjahr 2025 abstrakt zu bestimmen und klimaschutzbezogene Aktionärsanträge grundsätzlich darunter zu subsumieren. Dementsprechend teilte die SEC die Rechtsauffassung, dass auf das Ersuchen von Klimatransformationsplänen der Ausschlussgrund für gewöhnliche Geschäftsführungsangelegenheiten keine Anwendung finde, solange der Ermessenspielraum der Verwaltung nicht unangemessen eingeschränkt werde. Demnach waren Aktionärsanträge in den vergangenen Hauptversammlungssaisons bis einschließlich 2024 von einem Ausschluss betroffen, wenn sie der Verwaltung spezifische Methoden für die Aufstellung von Treibhausgasemissionszielen vorgaben oder verlangten, Treibhausgasemissionen spezifischer Geschäftsbereiche (beispielsweise Kundenbeziehungen, bezogene Waren und Dienstleistungen, die Verwendung verkaufter Produkte) offenzulegen. In der Administration unter Präsident Trump hat die SEC mit einer Neuausrichtung ihrer Auslegungspraxis ab dem Frühjahr 2025 den Ausschluss von Aktionärsanträgen auf der Grundlage von Rule 14a-8 (i) (7) erleichtert. Denn die SEC vertritt nunmehr die Ansicht, dass wichtige sozialpolitische Fragen stets einen konkreten Zusammenhang mit der Geschäftstätigkeit der Gesellschaft erfordern, welcher über eine abstrakte sozialpolitische Zielrichtung des Antragsgegenstands hinausgehe. Weiterhin legt die SEC im Rahmen des Mikromanagements einen strengeren Maßstab daran an, ob das Ermessen der Verwaltung unangemessen eingeschränkt wird, sofern Aktionäre als Gruppe nicht in der Lage seien, sich ein fundiertes Urteil zu bilden. Insbesondere hinsichtlich Aktionärsanträgen, welche einen Klimatransformationsplan ersuchen, bleibt es abzuwarten, wie die SEC diese künftig im Einzelfall behandeln wird und ob eine klare Abgrenzung für verschiedene Fassungen und Ausgestaltungen von Aktionärsanträgen zu Klimatransformationsplänen erkennbar sein wird. Darüber hinaus ist ebenso zu beobachten, wie die SEC künftig den Ausschlussgrund nach Rule 14a-8 (i) (5) für mangelnde Erheblichkeit auf Aktionärsanträge anwenden wird, da sie dessen Anwendungsbereich nun wieder weiter auslegt.

Letztlich ist stets eine detaillierte Überprüfung sämtlicher Ausschlussgründe im Einzelfall indiziert, da die *Shareholder Proposal Rule* als komplexe Regelungsstruktur von einer vielschichtigen Anwendungspraxis und teilweise wortlautbezogenen Kasuistik der SEC begleitet wird. Rule 14a-8 ist als bundesbehördlich erlassene Durchführungsvorschrift dem Bundesrecht untergeordnet und erleichtert politisch motivierten Änderungsvorhaben zugänglich. In der Vergangenheit änderte sich die konkretisierende Auslegungspraxis der SEC mehrfach aufgrund der wechselnden Bundespolitik.[211]

4. Einsatz von Aktionärsanträgen im Sinne des Say on Climate

Der tatsächliche Einsatz von Aktionärsanträgen im Sinne des Say on Climate ist zu ermitteln. Da Aktionärsanträge behördlich nicht nach ihrem Inhalt erfasst werden, ist ergänzend auf Angaben von Gesellschaften und anderen privaten Akteuren zurückzugreifen. Einführend ist auf die die Datenlage (a) sowie die generelle Nachfrage nach umwelt- und klimawandelbezogenen Aktionärsanträgen in vergangenen Hauptversammlungssaisons einzugehen (b). Der als „Say on Climate" bezeichnete Einsatz zur Abstimmung gestellter Aktionärsanträge ist anhand der zur Verfügung stehenden Daten darzustellen (c) und schließlich einzuordnen (d).

a) Datenlage

Gesellschaften sind nach Rule 14a-8 verpflichtet, von Aktionären gestellte Aktionärsantragsgegenstände in ihren *proxy materials* aufzunehmen, diese bei der SEC einzureichen und im Internet zu veröffentlichen.[212] Auch die

---

211 *Keltsch*, Aktionärsrechte, S. 90 ff.; siehe zur kritischen Beleuchtung der wiederholt angepassten Rechtslage *Cox/Thomas*, Columbia Business Law Review, Volume 3 (2021), 1147 (1162 ff.; 1172 ff.); vgl. insbesondere zur gegenüber Aktionärsaktivismus skeptischen und defensiv regulierenden Reagan-Regierung *Keltsch*, Aktionärsrechte, S. 170 ff., sowie zum letztlichen Aufschwung, S. 208 ff.; zur kritischen Beleuchtung der wiederholt angepassten Rechtslage *Cox/Thomas*, Columbia Business Law Review, Volume 3 (2021), 1147.

212 17 CFR § 240.14a-6; 17 CFR § 240.14a-16; vgl. → D. II. 2. d) bb).

SEC macht die eingereichten *proxy materials* im Internet zugänglich.[213] Den veröffentlichten *proxy materials* können solche Aktionärsanträge entnommen werden, die den Aktionären in den Hauptversammlungen der jeweiligen Gesellschaften zur Abstimmung standen. Die SEC ordnet die eingereichten Aktionärsanträge jedoch nicht nach Aktionärsantragsgegenständen und teilt nicht in ein „*say on climate*" ein. Für Antragsrücknahmen des Antragstellers können abhängig vom zeitlichen Ablauf gegebenenfalls die vorläufigen *proxy materials* Rückschlüsse zulassen.[214]

Daneben veröffentlicht die SEC nach Abschluss des *no-action process* ihren Schriftverkehr mit Gesellschaften und Antragstellern.[215] Die *no-action responses* der SEC geben Auskunft über gestellte Aktionärsanträge, welche Gesellschaften erfolgreich oder erfolglos beabsichtigten, im *no-action process* einer Abstimmung der Aktionäre auszuschließen. Jedoch sind die Veröffentlichungen im Hinblick auf die Jahre 2019 bis einschließlich 2021 nicht vollständig, da die SEC zeitweise eine mündliche Entscheidung im *no-action process* vorzog.[216]

Demgegenüber äußern sich insbesondere institutionalisierte Antragsteller vielmals auch zu erfolglos gestellten oder zurückgenommenen Aktionärsanträgen. Zudem erheben institutionelle Stimmrechtsberater Daten zur Aktionärsantragspraxis.[217] Das Investoren-Netzwerk Ceres veröffentlicht in seinem Engagement-Tracker Aktionärsanträge im Bereich Nachhaltigkeit und Klimawandel in Nordamerika, schreibt diese teilweise einem „*say on climate*" zu und dokumentiert den Ausgang.[218] Somit ist ergänzend auf informelle

---

213 Siehe die behördliche Veröffentlichung unter https://www.sec.gov/edgar/search/, zuletzt abgerufen am 15.05.2025.

214 Vgl. zur Antragsrücknahme → D. II. 2. d) aa) (2).

215 Vgl. die veröffentlichten *no-action responses* der SEC für die Jahre 2022-2023, abrufbar unter https://www.sec.gov/corpfin/2022-2023-shareholder-proposals-no-action?; sowie die veröffentlichten *no-action responses* der SEC für die weiteren Jahre, abrufbar unter https://www.sec.gov/corpfin/shareholder-proposals-no-action-archive?; jeweils zuletzt abgerufen am 15.05.2025; vgl. zum *no-action process* → D. II. 2. d) aa) (1).

216 Vgl. SEC Announcement Regarding Rule 14a-8 No-Action Requests, 06.09.2019 sowie 13.12.2021, jeweils a.a.O. Fn. 87.

217 Vgl. zur generellen Datenlage nach ISS → D. II. 4. a).

218 Ceres Engagement-Tracker für Nordamerika, abrufbar unter https://engagements.ceres.org, zuletzt abgerufen am 15.05.2025.

Angaben privater Akteure zurückzugreifen, diese können jedoch uneinheitlichen Begriffsverständnissen eines *„say on climate"* entsprechen.

Schließlich bleibt es abzuwarten, wie sich der Regierungswechsel von Präsident Biden zu Präsident Trump im Januar 2025 auf die künftigen Hauptversammlungssaisons unter der Anwendung der neuausgerichteten Auslegungspraxis der SEC auswirken wird.[219]

b) Umwelt- und klimawandelbezogene Aktionärsanträge in den vergangenen Hauptversammlungssaisons

Aktionärsanträge können sich in ihrem Antragsgegenstand generell auf Umweltbelange oder im Besonderen auf Klimaschutz und Klimawandel beziehen. Es sind jeweils vielfältige Ausgestaltungen denkbar. Nachstehend soll ein Überblick über die jüngsten Hauptversammlungssaisons gegeben werden. Die Ausführungen folgen der Datenlage des Stimmrechtsberaters Institutional Shareholder Services (ISS), überwiegend ausgewertet durch *Mueller*, *Ising* und *Kim*, um einer einheitlichen begrifflichen Einordnung zu folgen. Die Angaben in Prozent handeln sich um Annäherungswerte. Sofern die Hauptversammlungssaison 2023 vorgestellt wird, beziehen sich die Angaben auf einen Zeitraum bis zum 1. Juni 2023.

In der Hauptversammlungssaison 2023 reichten Aktionäre bei börsennotierten Gesellschaften 188 umweltbezogene Aktionärsanträge ein.[220] Es handelt sich um einen Anstieg von 11 % im Vergleich zu 2022 und einen Anstieg von 68 % im Vergleich zu 2021.[221] Insgesamt 150 dieser Aktionärsanträge aus 2023 bezogen sich auf den Klimawandel,[222] davon adressierten 37 Klimatransformationspläne.[223]

---

219 Vgl. zur geänderten Auslegungspraxis der SEC für die Ausschlussgrüne Rule 14a-8 (i) (5), (7) → D. II. 3. d), e).

220 *Mueller/Ising/Kim*, Gibson, Dunn & Crutcher LLP, Shareholder Proposal Developments During the 2023 Proxy Season, 03.08.2023, I., II. A., Harvard Law School Forum on Corporate Governance, a.a.O. Fn. 151.

221 Ebd.

222 *Mueller/Ising/Kim*, Gibson, Dunn & Crutcher LLP, Shareholder Proposal Developments During the 2023 Proxy Season, 03.08.2023, II. A., Harvard Law School Forum on Corporate Governance, a.a.O. Fn. 151.

223 *Mueller/Ising/Kim*, Gibson, Dunn & Crutcher LLP, Shareholder Proposal Developments During the 2023 Proxy Season, 03.08.2023, II. A., IV. B. 1., Harvard Law School Forum on Corporate Governance, a.a.O. Fn. 151.

Die Rücknahmequote lag für umweltbezogene Aktionärsanträge im Jahr 2023 bei 32 % und 2022 bei 51 %.[224] Gesellschaften schlossen 2023 von 188 umweltbezogenen Aktionärsanträgen 13 Anträge erfolgreich von ihren *proxy materials* aus.[225] Im Jahr 2022 wurde ein Ausschluss von fünf umweltbezogenen Anträgen verzeichnet.[226] Bei umweltbezogenen Aktionärsanträgen ist ein Rückgang der durchschnittlichen Zustimmung zu verzeichnen. Umweltbezogene Aktionärsanträge erreichten 2023 eine durchschnittliche Zustimmung von 21,3 %, im Vorjahr 2022 lag sie bei ca. 33 % und im Jahr 2021 bei einem Hoch von 45,8 %.[227]

Im Jahr 2020 fanden vier klimawandelbezogene Aktionärsanträge, in den Jahren 2021 und 2022 jeweils neun, eine mehrheitliche Unterstützung.[228] 2023 wurden nur zwei klimawandelbezogene Aktionärsanträge mehrheitlich unterstützt.[229]

---

224 *Mueller/Ising/Kim*, Gibson, Dunn & Crutcher LLP, Shareholder Proposal Developments During the 2023 Proxy Season, 03.08.2023, II. A., IV. B. 1., Harvard Law School Forum on Corporate Governance, a.a.O. Fn. 151.

225 Ebd.

226 Ebd.

227 *Mueller/Ising/Kim*, Gibson, Dunn & Crutcher LLP, Shareholder Proposal Developments During the 2023 Proxy Season, 03.08.2023, I., II. B., Harvard Law School Forum on Corporate Governance, a.a.O. Fn. 151; für Rückgang ISS Corporate Solutions, 2021 Proxy Season Digest: Shareholder Proposal Engagement, S. 5, abrufbar unter https://www.iss-corporate.com/library/2021-proxy-season-digest-shareholder-proposal-engagement/, zuletzt abgerufen am 15.05.2025; ISS Corporate Solutions, 2022 Proxy Season Digest, S. 11, abrufbar unter https://www.iss-corporate.com/library/proxy-season-digest-2022/; zuletzt abgerufen am 15.05.2025; *Orowitz/Torressen/Maiolo*, Georgeson LLC, Early Insights to 2021 Annual General Meetings Annual Corporate Governance Review, 05.07.2021, Harvard Law School Forum on Corporate Governance, a.a.O. Fn. 20.

228 *Mueller/Ising/Kim*, Gibson, Dunn & Crutcher LLP, Shareholder Proposal Developments During the 2023 Proxy Season, 03.08.2023, II. B., Harvard Law School Forum on Corporate Governance, a.a.O. Fn. 151; ISS Corporate Solutions, 2022 Proxy Season Digest, S. 11, a.a.O. Fn. 227; 2023 Proxy Season Digest, S. 15, abrufbar unter https://www.iss-corporate.com/library/2023-proxy-season-digest/, zuletzt abgerufen am 15.05.2025.

229 Ebd.

Im Jahr 2023 wurden von den 37 erfassten Aktionärsanträgen zu Klimatransformationsplänen über zwölf in der Hauptversammlung abgestimmt.[230] Über neun dieser Anträge wurde bis zum 1. Juni 2023 abgestimmt und eine durchschnittliche Zustimmung von 28,7 % erzielt.[231]

Schließlich ist infolge der politischen Anti-ESG-Bewegung[232] ein Anstieg von Aktionärsanträgen zu verzeichnen, nach deren Antragsinhalt Gesellschaften weniger Rücksicht auf soziale Faktoren und Umweltauswirkungen nehmen sollen (sog. *„just say no"*-Kampagnen).[233] 2023 erreichten diese Anti-ESG-Aktionärsanträge in Hauptversammlungen Zustimmungswerte mit einem Mittelwert von 1,9 %.[234]

c) Einsatz von Aktionärsanträgen als „Say on Climate"

Nachstehend ist der Einsatz von Aktionärsanträgen unter der Zuschreibung *„say on climate"* nachzuvollziehen. Auf der Grundlage des Ceres Engagement-Trackers sind verbreitete Antragsgegenstände im Kontext des Say on Climate aufzuzeigen (aa) und die ausdrücklich als Say on Climate erfassten Aktionärsanträge vorzustellen (bb). Aus diesen geht das wiederholte Auftreten der Non-Profit Organisation As You Sow und des Hedgefonds The Children's Investment Fund Management Ltd. (TCI) hervor. Auf deren antragstellende Aktivitäten nach dem Say on Climate ist einzugehen (cc), (dd). In einer Übersicht werden in Tabelle 5 Aktionärsanträge, die unter Mitwirkung von As You Sow und TCI Gegenstand einer Abstimmung in der Hauptversammlung waren und von diesen als Say on Climate bewertet werden, abgebildet (ee).

---

230 *Mueller/Ising/Kim*, Gibson, Dunn & Crutcher LLP, Shareholder Proposal Developments During the 2023 Proxy Season, 03.08.2023, II. B., Harvard Law School Forum on Corporate Governance, a.a.O. Fn. 151.

231 Ebd.

232 Vgl. den prominenten Vertreter *Vivek Ramaswamy*, Woke, Inc.: Inside Corporate America's Social Justice Scam, 2021; generell vgl. → B. I. 3.

233 ISS Corporate Solutions, 2023 Proxy Season Digest, S. 17, a.a.O. Fn. 228; *Welsh*, Anti-ESG Shareholder Proposals in 2023, 01.06.2023, Harvard Law School Forum on Corporate Governance, abrufbar unter https://corpgov.law.harvard.edu/2023/06/01/anti-esg-shareholder-proposals-in-2023/, zuletzt abgerufen am 15.05.2025; siehe auch *Kuntz*, ZGR 2024, 745 (780 ff.).

234 ISS Corporate Solutions, 2023 Proxy Season Digest, S. 17, a.a.O. Fn. 228.

aa) Verbreitete Antragsgegenstände und deren Aufkommen

Der Ceres Engagement-Tracker liefert einen Überblick über zur Abstimmung gestellte Aktionärsantragsgegenstände.[235] Exemplarisch werden nachstehend Antragsgegenstände aus dem Ceres Engagement-Tracker abgebildet und deren Aufkommen bei US-amerikanischen Gesellschaften nach Jahreszahl und Häufigkeit der Abstimmung in der Hauptversammlung ausgewertet. Die Auszüge befinden sich auf dem Stand nach Abschluss der Hauptversammlungssaison 2024.

Zunächst verzeichnet der Ceres Engagement-Tracker bei US-amerikanischen Gesellschaften unter *„say on climate"* lediglich vier Abstimmungen der Aktionäre in der Hauptversammlung, jeweils im Jahr 2021.

Tabelle 1 Say on Climate nach Ceres Engagement-Tracker

Antragsgegenstand („Proposal") nach Ceres Engagement-Tracker	Aufkommen bei US-amerikanischen Gesellschaften	Anzahl der Abstimmung bei US-amerikanischen Gesellschaften
„Say on climate"	2021	4

Daneben stehen Antragsgegenstände, die die Gesellschaft ersuchen, sich für die Verringerung von Treibhausgasemissionen (*„greenhouse gas"*, kurz GHG[236]) Ziele zu setzen oder anderweitig eine Klimastrategie aufzustellen. Diese standen von 2009 bis 2024 verbreitet den Aktionären US-amerikanischer Gesellschaften in der Hauptversammlung zur Abstimmung.

235 Ceres Engagement-Tracker für Nordamerika, gefiltert nach genannten Antragsgegenständen sowie Status *„vote"*, abrufbar unter https://engagements.ceres.org, zuletzt abgerufen am 15.05.2025.

236 Siehe auch die Standards nach dem The Greenhouse Gas Protocol, abrufbar unter https://ghgprotocol.org/sites/default/files/standards/ghg-protocol-revised.pdf, zuletzt abgerufen am 15.05.2025; → B. II. 2. a).

Tabelle 2 Abstimmungen nach Ceres Engagement-Tracker zur Verringerung von Treibhausgasemissionen (GHG) 2009–2024

Antragsgegenstand („Proposal") nach Ceres Engagement-Tracker	Aufkommen bei US-amerikanischen Gesellschaften	Anzahl der Abstimmung bei US-amerikanischen Gesellschaften
„Adopt GHG reduction targets"	2009, 2010, 2011, 2012, 2013, 2014, 2015, 2016, 2017, 2018, 2019, 2020, 2021, 2022, 2024	108
„Adopt net-zero GHG reduction targets"	2016, 2017	3
„Adopt scope 1-2 GHG targets"	2023, 2024	3
„Adopt scope 1-3 GHG targets"	2021, 2023, 2024	7
„Adopt scope 3 GHG targets"	2021, 2023, 2024	10
„Adopt climate change action principles"	2010, 2016	2

Ebenfalls stimmten Aktionäre von 2009 bis 2024 gehäuft über Aktionärsantragsgegenstände ab, die Gesellschaften ersuchen, über ihre Treibhausgasemissionsziele zu berichten oder Klimatransformationspläne zu erstellen.

Tabelle 3 Abstimmungen nach Ceres Engagement-Tracker zu Treibhausgasemissionszielen und Klimatransformationsplänen 2009–2024

Antragsgegenstand („Proposal") nach Ceres Engagement-Tracker	Aufkommen bei US-amerikanischen Gesellschaften	Anzahl der Abstimmung bei US-amerikanischen Gesellschaften
„Report on GHG reduction targets (net-zero)"	2016, 2017, 2018	5
„Report on GHG emissions targets"	2009, 2017, 2019, 2022, 2024	15
„Report on climate transition plan (1.5C aligned)"	2021, 2022, 2023, 2024	12

Antragsgegenstand („Proposal") nach Ceres Engagement-Tracker	**Aufkommen bei US-amerikanischen Gesellschaften**	**Anzahl der Abstimmung bei US-amerikanischen Gesellschaften**
„Report on climate transition plan (<2C or unspecified)"	2019, 2021, 2023	7
„Report on climate related transition plan"	2017, 2018, 2019	5
„Report on climate related just transition plan"	2022, 2023, 2024	12
„Report on 2-degree analysis and strategy"	2013, 2014, 2015, 2016, 2017, 2018, 2020	50
„Adopt GHG targets and issue transition plan (1.5C aligned)"	2023, 2024	22
„Report on GHG reductions for underwriting in line with 1.5C"	2024	4
„Report on GHG targets and transition plan (1.5C aligned)"	2021, 2023, 2024	5
„Report progress on CA100+ benchmark indicators"237	2021, 2022	5

bb) Say on Climate nach dem Ceres Engagement-Tracker

Die zuvor aufgezeigten Aktionärsanträge, welche der Ceres Engagement-Tracker ausdrücklich unter dem Antragsgegenstand „*say on climate*" führt, sollen nachstehend abgebildet werden.[238] Die Abstimmungsergebnisse wurden gerundet auf eine Dezimalstelle übernommen.

---

[237] Vgl. zur Initiative CA 100+ → B. I. 1.

[238] Ceres Engagement-Tracker für Nordamerika, gefiltert nach „say on climate", a.a.O. Fn. 235.

Tabelle 4 Say on Climate-Abstimmungen nach Ceres Engagement-Tracker

Jahr	Antragssteller/ Unterstützer	Gesellschaft	Verfahrensstatus	Zustimmung
2021	As You Sow	Booking Holdings, Inc.	Abstimmung in Hauptversammlung	37,5 %
2021	TCI	Charter Communications, Inc.	Abstimmung in Hauptversammlung	39,0 %
2021	As You Sow	Monster Beverage Corp.	Abstimmung in Hauptversammlung	7,0 %
2021	n.a.	S&P Global, Inc.	Zurückgenommen	n.a.
2021	As You Sow	Union Pacific Corp.	Ausgeschlossen	n.a.
2021	TCI	Union Pacific Corp.	Abstimmung in Hauptversammlung	31,6 %

Sofern angegeben, wird für sämtliche der Anträge auf die Non-Profit Organisation As You Sow und den Hedgefonds The Children's Investment Fund Management Ltd. (TCI) als Antragsteller oder unterstützende Organisation verwiesen.

Der Antrag von As You Sow gegenüber Monster Beverage Corp. aus dem Jahr 2021 betraf inhaltlich eine Änderung der Gesellschaftsstatuten („*bylaws*").[239] Zum Inhalt des zurückgenommenen Aktionärsantrags gegenüber S&P Global, Inc., enthält der Ceres Engagement-Tracker keine weiteren Informationen.[240] Die übrigen Anträge von As You Sow gegenüber Booking Holdings, Inc., und Union Pacific Corp. sowie von TCI gegenüber Charter Communications, Inc., und ebenfalls Union Pacific Corp. stammen jeweils aus der Hauptversammlungssaison 2021. Von diesen unterlag allein der Antrag von As You Sow gegenüber Union Pacific Corp. einem Ausschluss von den *proxy materials*, die Übrigen Aktionärsantragsgegenstände standen den Aktionären in der Hauptversammlung zur Abstimmung.

---

239 Vgl. für den Aktionärsantrag von As You Sow gegenüber Monster Beverage Corp. aus dem Jahr 2021 die Zusammenfassung nach Ceres, abrufbar unter https://engagements.ceres.org/ceres_engagementdetailpage?recID=a0l1H00000Bt2SSQAZ; zuletzt abgerufen am 15.05.2025.

240 Vgl. für die fehlenden Angaben bei Ceres https://engagements.ceres.org/ceres_engagementdetailpage?recID=a0l1H00000CezCJQAZ, zuletzt abgerufen am 15.05.2025; im Übrigen drängt sich die Annahme auf, dass es sich bei dem Aktionärsantrag um den zurückgenommenen Antrag seitens TCI handelt, welcher Anlass für ein *Management Proposal* bei S&P war → D. I. 2.

Nach dem *proxy statement* von Booking Holdings, Inc., für die Hauptversammlung 2021 lautete der Aktionärsantrag:

„*Resolved: Shareholders of Booking Holdings request that the Company provide shareholders with the opportunity, in the annual proxy statement (starting with 2022), to provide an advisory vote on whether, in consideration of global climate benchmarks, they approve or disapprove of the Company's publicly available climate policies and strategies.*"[241]

Nach dem *proxy statement* von Charter Communications, Inc., für die Hauptversammlung 2021 lautete Aktionärsantrag:

„*RESOLVED, that the shareholders of Charter Communications, Inc. ("Charter" or the "Company") request that the Board of Directors of Charter disclose at each annual meeting of shareholders, beginning with the next annual meeting of shareholders, a report disclosing the Company's greenhouse gas emission levels (the "Emissions") in a manner consistent with the Task Force on Climate-related Financial Disclosure recommendations as well as any strategy that the Company may have adopted or will adopt to reduce the Emissions in the future, including any Emissions' progress made year over year (the "Reduction Plan"), and provide shareholders with the opportunity, at each such annual meeting, to express non-binding advisory approval or disapproval of the Reduction Plan.*"[242]

Nach dem *proxy statement* von Union Pacific Corp. für die Hauptversammlung 2021 lautete Aktionärsantrag:

„*RESOLVED, that the shareholders of Union Pacific Corporation ("UP" or the "Company") request that the Board of Directors of UP disclose at each annual*

241 Booking Holdings, Inc., Proxy Statement 2021, vom 03.06.2021, Antrag 8 (Proposal 8), S. 109, abrufbar unter https://ir.bookingholdings.com/financials/sec-filings/default.aspx, archiviert unter https://web.archive.org/web/20240326164247/https://d18rn0p25nwr6d.cloudfront.net/CIK-0001075531/2c886e62-4047-4c78-b8fb-b5d7b6cf09e7.pdf, zuletzt abgerufen am 15.05.2025.

242 Charter Communications, Inc., Proxy Statement 2021, vom 18.03.2021, Antrag 6 (Proposal 6), S. 72, abrufbar unter https://ir.charter.com/financial-information/sec-filings?field_nir_sec_form_group_target_id%5B%5D=491&field_nir_sec_date_filed_value=2021#views-exposed-form-widget-sec-filings-table, archiviert unter https://perma.cc/EF29-T9PX?type=image, zuletzt abgerufen am 15.05.2025.

meeting of shareholders, as soon as reasonably practicable but no later than 60 days after this annual meeting, and thereafter no later than the date the Company disseminates its proxy statement in connection with each subsequent annual meeting, a report disclosing the Company's greenhouse gas emission levels (the "Emissions") in a manner consistent with the Task Force on Climate-related Financial Disclosure recommendations as well as any strategy that the Company may have adopted or will adopt to reduce the Emissions in the future, including any Emissions' progress made year over year (the "Reduction Plan"), and provide shareholders with the opportunity, at each such annual meeting (starting at the next annual meeting), to express non-binding advisory approval or disapproval of the Reduction Plan."[243]

Die zitierten Antragsgegenstände waren allesamt als „*requests*" der Aktionäre gegenüber der Verwaltung der Gesellschaft gefasst und ersuchten im Kern eine jährliche, beratende Abstimmung in der Hauptversammlung über den (teilweise zu erstellenden) Klimatransformationsplan.

cc) As You Sow

In der Vergangenheit hat sich die Non-Profit Organisation As You Sow hervorgetan. As You Sow unterstützt Aktionäre und stellt regelmäßig Aktionärsanträge in fremden Namen, mit dem selbsterklärten Ziel, ein Say on Climate nach dem Verständnis der Say-on-Climate-Initiative in Gesellschaften zu etablieren.[244] As You Sow führt einen eigenen Resolution-Tracker, der Aktionärsanträge in der Kategorie „*say on climate*" dokumentiert.[245] Insgesamt weist der As You Sow

---

[243] Union Pacific Corp., Proxy Statement 2021, vom 31.03.2021, Antrag 8 (Proposal 8), S. 99, abrufbar unter https://www.up.com/investor/sec_filings/2021/index.htm, archiviert unter https://web.archive.org/web/20240326170748/https://www.up.com/cs/groups/public/@uprr/@investor/documents/investordocuments/pdf_up_proxy_03312021.pdf, zuletzt abgerufen am 15.05.2025.

[244] Vgl. Übersicht https://www.asyousow.org/our-work/climate-and-energy/say-on-climate, archiviert unter https://perma.cc/6TKK-H6CA; sowie den As You Sow Resolution-Tracker gefiltert nach Programm „Climate and Energy", Initiative „Say on Climate", abrufbar unter https://www.asyousow.org/resolutions-tracker, archiviert unter https://web.archive.org/web/20240614141805/https://www.asyousow.org/resolutions-tracker; jeweils zuletzt abgerufen am 15.05.2025; zur Konzeptbeschreibung der Say-on-Climate-Initiative → B. I. 2., II. 1. a), 2. a).

[245] Vgl. As You Sow Resolution-Tracker gefiltert nach Programm „Climate and Energy", Initiative „Say on Climate", a.a.O. Fn. 244.

Resolution-Tracker keine im *no-action process* ausgeschlossenen Aktionärsanträge aus. Es ergibt sich folgendes Vorgehen in den letzten Jahren:

In der Hauptversammlungssaison 2021 stellte As You Sow insgesamt 13 *„say on climate"* Aktionärsanträge bei börsennotierten Gesellschaften. Sieben der Aktionärsanträge wurden in Folge einer Einigung mit der Verwaltung der Gesellschaft zurückgenommen und über sechs Aktionärsantragsgegenstände fassten die Aktionäre in der Hauptversammlung Beschluss.

In der Hauptversammlungssaison 2022 stellte As You Sow insgesamt 20 *„say on climate"* Aktionärsanträge bei börsennotierten Gesellschaften. 15 der Aktionärsanträge wurden in Folge einer Einigung mit der Verwaltung der Gesellschaft zurückgenommen und über fünf Aktionärsantragsgegenstände fassten die Aktionäre in der Hauptversammlung Beschluss.

In der Hauptversammlungssaison 2023 stellte As You Sow insgesamt 14 *„say on climate"* Aktionärsanträge bei börsennotierten Gesellschaften. Sieben der Aktionärsanträge wurden in Folge einer Einigung mit der Verwaltung der Gesellschaft zurückgenommen und über sieben Aktionärsantragsgegenstände fassten die Aktionäre in der Hauptversammlung Beschluss.

Zum Stand Dezember 2024 weist As You Sow für die Hauptversammlungssaison 2024 keine Aktionärsanträge der Kategorie *„say on climate"* zu, stellte jedoch beispielsweise zu *„climate change"* 34 Aktionärsanträge.

dd) The Children's Investment Fund Management (TCI)

Daneben ist der Hedgefonds TCI, The Children's Investment Fund Management Ltd., in den Blick zu nehmen. Dessen Anträge im Jahr 2020 gegenüber der spanischen Aktiengesellschaft Aena, S.M.E., S.A waren für die Gründung der Say-on-Climate-Initiative durch die mit TCI zusammenarbeitende Stiftung CIFF ausschlaggebend.[246]

TCI hat nach eigenen Angaben bei insgesamt fünf US-amerikanischen börsennotierten Gesellschaften relevante Aktionärsanträge gestellt, zu welchen Alphabet, Inc., Charter Communications, Inc., Moody's Corp., S&P Global, Inc., sowie Union Pacific Corp. zählen.[247] Nähere Angaben trifft TCI selbst nicht. Nach dem Ceres Engagement-Tracker fassten in den

---

246 Vgl. zur Gründung der Say-on-Climate-Initiative und Forderung nach einem Say on Climate → B. I. 1.

247 Vgl. eigene Angaben unter https://www.tcifund.com/ESGEngagements, archiviert unter https://perma.cc/7STL-5GC6, zuletzt abgerufen am 15.05.2025.

Hauptversammlungssaisons 2021 und 2022 Aktionäre US-amerikanischer Gesellschaften über drei von TCI gestellte Aktionärsanträge Beschluss.[248] Jedenfalls in den zwei Fällen des bereits dargestellten Say on Climate durch *Management Proposal* im Jahr 2021 wurden Aktionärsanträge nach einer Einigung mit Moody's und S&P Global zurückgenommen.[249]

ee) Übersicht seitens As You Sow und TCI zur Abstimmung gestellter Aktionärsanträge

Von den Aktionärsanträgen, die nach der Erfassung von As You Sow und TCI einem „*say on climate*“[250] entsprechen, werden nachstehend in einer Übersicht die Anträge, über welche die Aktionäre in der Hauptversammlung Beschluss gefasst haben, näher dargestellt. Sämtliche Angaben zu As You Sow beruhen auf dem As You Sow Resolution-Tracker und zu TCI auf den Inhalten des Ceres Engagement-Trackers.[251] Die Abstimmungsergebnisse wurden gerundet auf eine Dezimalstelle übernommen. Sofern im Antragsgegenstand zusammengefasst auf einen „Klimatransformationsplan“ verwiesen wird, sind sämtliche Berichte über Treibhausgas-Emissionsziele oder die Klimastrategie der Gesellschaft jedweder Ausgestaltung erfasst.

Tabelle 5 Say on Climate-Abstimmungen nach Angaben und unter Mitwirkung von As You Sow und TCI

Jahr	Antragsteller/ Unterstützer	Gesellschaft	Antragsgegenstand: Ersuchen („request“),		Erzielte Zustimmung
			einen „Klimatransformationsplan“ zu erstellen	einen Konsultativbeschluss über den „Klimatransformationsplan“ einzuführen	
2021	As You Sow	Autozone, Inc.	Ja	Nein	70,4 %

[248] Vgl. Ceres Engagement-Tracker für Nordamerika, gefiltert nach „TCI“, abrufbar unter https://engagements.ceres.org, zuletzt abgerufen am 15.05.2025.

[249] Vgl. den Einsatz von *Management Proposals* bei Moody's und S&P → D. I. 2.

[250] Vgl. zu den Angaben von As You Sow und TCI → D. II. 4. c) cc), dd).

[251] Sämtliche Angaben zu As You Sow sind dem As You Sow Resolution-Tracker entnommen, gefiltert nach Programm „Climate and Energy“ sowie nach Initiative „Say on Climate“, a.a.O. Fn. 244; sämtliche Angaben zu TCI sind dem Ceres Engagement-Tracker zu U.S.-amerikanischen Gesellschaften entnommen, gefiltert nach „TCI“, a.a.O. Fn. 235.

Jahr	Antragsteller/ Unterstützer	Gesellschaft	Antragsgegenstand: Ersuchen („request"),		Erzielte Zustimmung
			einen „Klimatransformationsplan" zu erstellen	einen Konsultativbeschluss über den „Klimatransformationsplan" einzuführen	
2021	As You Sow	Booking Holdings, Inc.[252]	Nein	Ja	37,5 %
2021	As You Sow	Booking Holdings, Inc.	Ja	Nein	56,5 %
2021	TCI	Charter Communications, Inc.[253]	Ja	Ja	39,0 %
2021	As You Sow	Sysco Corp.	Ja	Nein	92,1 %
2021	TCI	Union Pacific Corp.[254]	Ja	Ja	31,6 %
2021	As You Sow	Worthington Industries, Inc.	Ja	Nein	40,9 %
2022	As You Sow	Boeing Co.	Ja	Nein	91,4 %
2022	TCI	Charter Communications, Inc.	Ja	Nein	37,5 %
2022	As You Sow	Dollar Tree, Inc.	Ja	Nein	54,8 %
2022	As You Sow	KLA-Tencor Corp.	Ja	Nein	25,5 %
2022	As You Sow	Monster Beverage Corp.	Ja	Nein	44,2 %
2022	As You Sow	Sketchers U.S.A., Inc.	Ja	Nein	25,0 %
2023	As You Sow	Casey's Retail Co.	Ja	Nein	32,5 %
2023	As You Sow	Constellation Brands, Inc.	Ja	Nein	31,2 %
2023	As You Sow	Lockheed Martin Corp.	Ja	Nein	35,4 %
2023	As You Sow	Mesa Laboratories, Inc.	Ja	Nein	28,3 %
2023	As You Sow	RTX Corp.	Ja	Nein	37,8 %
2023	As You Sow	Sketchers U.S.A., Inc.	Ja	Nein	12,6 %
2023	As You Sow	Mosaic Co.	Ja	Nein	29,8 %

252 Entspricht dem Aktionärsantrag unter → D. II. 4. c) bb).
253 Entspricht dem Aktionärsantrag unter → D. II. 4. c) bb).
254 Entspricht dem Aktionärsantrag unter → D. II. 4. c) bb).

Der Wortlaut des Aktionärsantrags von As You Sow gegenüber Booking Holdings, Inc., sowie der Aktionärsanträge von TCI gegenüber Charter Communications, Inc., und Union Pacific Corp. aus dem Jahr 2021 wurde bereits vorstehend wiedergegeben.[255] Die Gemeinsamkeit dieser drei Aktionärsanträge liegt darin, dass zukunftsgerichtet ein jährlicher Konsultativbeschluss zum Klimatransformationsplan ersucht wird.

Von diesen drei Aktionärsanträgen abgesehen beschränken sich die in Tabelle 5 aufgezählten Aktionärsanträge darauf, die Verwaltung der Gesellschaft zu ersuchen, einen Klimatransformationsplan zu erstellen. Um eine konsultative jährliche Abstimmungspraxis über den Klimatransformationsplan wird nicht gebeten. Für die Fassung der Aktionärsantragsgegenstände sind aus dem Jahr 2022 die Aktionärsanträge von As You Sow gegenüber Boeing Co. und gegenüber Dollar Tree, Inc., sowie der Antrag von TCI gegenüber Charter Communications, Inc. repräsentativ hervorzuheben.

Nach dem *proxy statement* von Charter Communications, Inc., für die Hauptversammlung 2022 lautete der von TCI gestellte Aktionärsantrag:

> „*RESOLVED, that shareholders of Charter Communications, Inc. (the "Company") request the Board of Directors of the Company disclose as soon as reasonably practicable but no later than 150 days after each annual meeting of shareholders of the Company (beginning with the 2022 annual meeting of shareholders), a climate-related financials risk report (the "Climate Action Plan") consistent with the recommendations of the Task Force on Climate-related Financial Disclosures. The Climate Action Plan should disclose the Company's greenhouse gas emissions and its plan to reduce them and whether, how and to what extent such plans align with or vary from the ten Disclosure Indicators set forth in the Climate Action 100+ Net-Zero Company Benchmark (as outlined in the supporting statement below).*"[256]

Nach dem *proxy statement* von Dollar Tree, Inc., für die Hauptversammlung 2022 lautete der von As You Sow gestellte Aktionärsantrag:

---

[255] Siehe die Darstellung der Aktionärsanträge im Wortlaut unter → D. II. 4. c) bb).

[256] Charter Communications, Inc., Proxy Statement 2022, vom 17.03.2022, Antrag 6 (Proposal 6), S. 74, abrufbar unter https://ir.charter.com/financial-information/sec-filings?field_nir_sec_form_group_target_id%5B%5D=491&field_nir_sec_date_filed_value=2022#views-exposed-form-widget-sec-filings-table, archiviert unter https://perma.cc/F2FP-7ZB9?type=image, zuletzt abgerufen am 15.05.2025.

„Resolved: Shareholders request the Board issue a report, at reasonable expense and excluding confidential information, disclosing how the Company intends to reduce its GHG emissions in alignment with the Paris Agreement's 1.5 degree goal requiring net zero emissions by 2050, including its relevant Scope 3 emissions."[257]

Nach dem *proxy statement* von Boeing Co. für die Hauptversammlung 2022 lautete der von As You Sow gestellte Aktionärsantrag:

„Resolved: Shareholders request the Board issue a report, at reasonable expense and excluding confidential information, evaluating and disclosing if and how the company has met the criteria of the Net Zero Indicator, including scope 3 use of product emissions, or whether it intends to revise its policies to be fully responsive to such Indicator."[258]

Der letztgenannte Antrag von As You Sow gegenüber Boeing Co. nimmt in seiner Antragsbegründung auf die Zielvorgaben der Initiative Climate Action 100+ Bezug, sodass der Ceres Engagement-Tracker ihn gesondert unter *„Report progress on CA100+ benchmark indicators"* einordnet.[259] Die ersuchte Berichterstattung soll nach dem Aktionärsantragsgegenstand auch eine Auskunft der Gesellschaft enthalten, ob sie beabsichtigt ihre Klimaschutzbemühungen an die Zielvorgaben der Initiative Climate Action 100+ anzupassen.

---

[257] Dollar Tree, Inc., Proxy Statement 2022, vom 18.05.2022, Antrag 5 (Proposal 5), S. 103 f., abrufbar unter https://corporate.dollartree.com/investors/sec-filings?form_type=DEF+14A&year=2022, archiviert unter https://web.archive.org/web/20240408101032/https://corporate.dollartree.com/investors/sec-filings/content/0001104659-22-062246/tm223490-2_def14a.htm, zuletzt abgerufen am 15.05.2025.

[258] Boing Co., Proxy Statement 2022, vom 11.03.2022, Tagesordnungspunkt 8 (Item 8), S. 80, abrufbar unter https://investors.boeing.com/investors/reports/default.aspx, archiviert unter https://web.archive.org/web/20240408082401/https://d18rn0p25nwr6d.cloudfront.net/CIK-0000012927/15c391f5-832c-4436-a557-48e3e84df6da.pdf, zuletzt abgerufen am 15.05.2025.

[259] Vgl. hierzu die Aktionärsanträge aus den Jahren 2021 und 2022 bezüglich des Fortschritts der Gesellschaft nach den Zielvorgaben der Initiative Climate Action 100+ für Treibhausgasneutralität aufgeführt unter den Antragsgegenständen nach dem Ceres Engagement-Tracker → D. II. 4. c) aa).

d) Einordnung des Einsatzes von Aktionärsanträgen und Bewertung im Sinne des Say on Climate

Der vorstehend dargestellte Einsatz von Aktionärsanträgen als „Say on Climate“ ist einzuordnen und zu bewerten.

aa) Divergierende Zuordnung zu einem Say on Climate

Zunächst ist festzuhalten, dass der Ceres Engagement-Tracker und die Angaben von As You Sow und TCI „Say on Climate-Aktionärsanträge“ unterschiedlich erfassen. Der Ceres Engagement-Tracker verortet „*say on climate*“ Aktionärsanträge allein im Jahr 2021 und schreibt As You Sow drei Anträge und TCI zwei Anträge zu, wovon Aktionäre über drei Anträge Beschluss fassten.[260] Demgegenüber nennen As You Sow und TCI für das „Say on Climate“ eine Mehrzahl von Anträgen, über die Aktionäre seit 2021 Beschluss gefasst haben.[261]

Der Ceres Engagement-Tracker verlangt für die Einordnung als „Say on Climate“, dass nach dem Antragsgegenstand ein jährlicher Konsultativbeschluss zu einem Klimatransformationsplan umfasst ist. Diese Einteilung deckt sich inhaltlich mit der Beschlussvorlage der Say-on-Climate-Initiative.[262] Davon losgelöst führt der Ceres Engagement-Tracker Aktionärsanträge, die sich lediglich darauf richten, dass die Gesellschaft eine Klimastrategie erstellt, Treibhausgas-Reduktionsziele festsetzt oder in Gestalt eines Klimatransformationsplans Bericht erstattet.

Demgegenüber erfassen TCI und As You Sow weitergehend auch Anträge als „Say on Climate“, die sich allein auf das Erstellen eines Klimatransformationsplan jedweder Art beziehen. Zwar bezieht sich As You Sow nach

---

260 Vgl. zu den Antragsgegenständen nach dem Ceres Engagement-Tracker → D. II. 4. c) aa); zu Say on Climate Aktionärsanträgen nach dem Ceres Engagement-Tracker → D. II. 4. c) bb).

261 Vgl. zu den Angaben von As You Sow und TCI → D. II. 4. c) cc), dd), sowie für die Übersicht der zur Abstimmung gestellten Aktionärsanträge in Tabelle 5 → D. II. 4. c) ee).

262 Vgl. zur Konzeptbeschreibung der Say-on-Climate-Initiative → B. I. 2., II. 1. a), 2. a); sowie im Anhang die wortlautgemäße Beschlussvorlage der Say-on-Climate-Initiative samt sinngemäßer Übersetzung → Anhang I.; abrufbar unter https://sayonclimate.org/template-agm-resolutions/, archiviert unter https://perma.cc/2ZFW-CC74, zuletzt abgerufen am 15.05.2025.

eigenen Angaben auf die Konzeptbeschreibung der Say-on-Climate-Initiative,[263] jedoch bleiben die jüngsten Aktionärsanträge seit 2022 hinter der Beschlussvorlage der Say-on-Climate-Initiative zurück und verzichten darauf, neben der Erstellung eines Klimatransformationsplans auch einen jährlichen Konsultativbeschluss zu ersuchen.[264]

Diese Abkehr ist auch bei TCI zu verzeichnen, obwohl der Hedgefonds hinter der Gründung der Say-on-Climate-Initiative steht[265] und nach eigenen Angaben weiterhin eine Abstimmungspraxis durch Konsultativbeschlüsse verfolgt.[266] So richtete sich der Antrag von TCI gegenüber Charter Communications, Inc., aus dem Jahr 2022 im Gegensatz zum Vorjahr allein auf das Erstellen eines Klimatransformationsplans.

Ihrer Anzahl nach fassten in den vergangenen Jahren mehr Aktionäre über Aktionärsanträge Beschluss, die von der Gesellschaft allein das Erstellen von Klimatransformationsplänen ersuchten, ohne einen jährlichen Konsultativbeschluss hierzu zu verlangen.[267] Das Aufkommen von Aktionärsanträgen, die sich zur Verringerung von Treibhausgas-Emissionen an Gesellschaften wenden und diese um eine Berichterstattung oder Festsetzung von Zielen bitten, ist bis in das Jahr 2009 zurückzuverfolgen.[268]

bb) Ersuchender Antragsgegenstand („*request*")

Sämtliche Antragsgegenstände der obenstehenden Tabelle 5 sind als Ersuchen („*request*") der Aktionäre gegenüber der Verwaltung der Gesellschaft gefasst.[269] Die Beschlussfassung der Aktionäre über die Aktionärsantragsgegenstände in

---

263 Vgl. https://www.asyousow.org/our-work/climate-and-energy/say-on-climate, archiviert unter https://perma.cc/6TKK-H6CA, zuletzt abgerufen am 15.05.2025; zur Konzeptbeschreibung der Say-on-Climate-Initiative → B. I. 2., II. 1. a), 2. a).

264 Vgl. zur Übersicht in Tabelle 5 → D. II. 4. c) ee); sowie As You Sow Resolution-Tracker gefiltert nach Programm „Climate and Energy", Initiative „Say on Climate", a.a.O. Fn. 244.

265 Vgl. zur Gründung der Say-on-Climate-Initiative und Forderung nach einem Say on Climate → B. I. 1.

266 Vgl. eigene Angaben unter https://www.tcifund.com/ESGEngagements, archiviert unter https://perma.cc/7STL-5GC6, zuletzt abgerufen am 15.05.2025.

267 Siehe für die Darstellung des Aufkommens verbreiteter Antragsgegenstände nach dem Ceres Engagement-Tracker → D. II. 4. c) aa).

268 Ebd.

269 Vgl. zur Übersicht in Tabelle 5 → D. II. 4. c) ee).

der Hauptversammlung entspricht somit stets einem Konsultativbeschluss, da keine verpflichtende Forderung gegenüber der Verwaltung der Gesellschaft enthalten ist.[270]

cc) Antragsteller

Nach der Einordnung des Ceres Engagement-Trackers gingen sämtliche der unter „*say on climate*" erfassten Anträge, soweit angegeben, auf As You Sow und TCI als Antragsteller oder als unterstützende Organisation zurück.[271] Auch die Aktivitäten von TCI und As You Sow zeigen, dass sie wiederkehrend im Kontext des Say on Climate auftreten. Hintergrund ist, dass nach Rule 14a-8 den antragstellenden Aktionären zwar keine Mehrkosten im *Proxy*-Verfahren entstehen, da die Gesellschaft den Aktionärsantragsgegenstand in ihren *proxy materials* aufzunehmen und an alle Aktionäre zu versenden hat.[272] Jedoch kann sich die Vorbereitung der Antragstellung sowie die Durchführung eines *no-action* Verfahrens mit der SEC als kostenintensiv erweisen, da regelmäßig eine rechtliche Beratung zur Anwendung von Rule 14a-8 und der Auslegungspraxis der SEC notwendig ist.[273] Somit gehen generell viele Aktionärsanträge auf vergleichsweise wenig Akteure zurück, die sich auf das Stellen von Aktionärsanträgen spezialisiert haben.[274]

dd) Abstimmungsergebnisse

Nach obenstehender Tabelle 5 weisen die Abstimmungsergebnisse eine Zustimmung in einer Breite von 12,6 % bis zu 92,1 % auf.[275] Fünf der 20 dargestellten Aktionärsanträge wurden als Mehrheitsbeschluss gefasst. Gegenständlich war jeweils allein das Erstellen eines Klimatransformationsplans. Die drei Aktionärsanträge, welche sich auch einen jährlichen

---

270 Vgl. zur Rechtslage für die Ausgestaltung als Konsultativbeschluss → D. II. 2. e) aa).

271 Vgl. zu Say on Climate Aktionärsanträgen nach dem Ceres Engagement-Tracker → D. II. 4. c) bb).

272 Vgl. zur Veröffentlichung in den *proxy materials* → D. II. 2. d) bb).

273 *Cools*, Climate Proposals, S. 8; *Tallarita*, Hastings Law Journal, Volume 73 (2022), 1697 (1737 f.); vgl. zur Prüfung der Ausschlussgründe nach Rule 14a-8 (i) die fallbezogene Auslegungspraxis der SEC → D. II. 3.

274 *Cools*, Climate Proposals, S. 8; *Tallarita*, Hastings Law Journal, Volume 73 (2022), 1697 (1739, 1740 ff.); vgl. auch *Behar*, Shareholder Action Guide, Kapitel 6.

275 Vgl. zur Übersicht in Tabelle 5 → D. II. 4. c) ee).

Konsultativbeschluss ersuchen, erhielten Zustimmungswerte in der Höhe von 31,6 % bis 39,0 %.

ee) Bewertung im Sinne des Say on Climate

Die Auswertung der informell dokumentierten Aktionärsantragspraxis zeigt, dass ein uneinheitliches Begriffsverständnis von „Say on Climate-Aktionärsanträgen" verbreitet ist. Im Wesentlichen bestehen zwei Ausprägungen. Einerseits kann der Aktionärsantrag einen jährlichen Konsultativbeschluss zu einem Klimatransformationsplan verfolgen. In diesem Fall kann der Klimatransformationsplan der Gesellschaft bereits bestehen oder ebenfalls mittels des Aktionärsantrags ersucht werden. Dies entspricht im Kern der Beschlussvorlage der Say-on-Climate-Initiative.[276] Insbesondere die Literatur zur US-amerikanischen Rechtslage greift dieses Verständnis von „Say on Climate-Aktionärsanträgen" auf.[277]

Nach dem Verständnis dieser Arbeit entsprechen bereits sämtliche Aktionärsanträge, die die Gesellschaft lediglich bitten, einen Klimatransformationsplan zu erstellen, dem Say on Climate, da diese Aktionärsanträge eine gesteigerte Transparenz der Gesellschaften im Zusammenhang mit dem Klimaschutz verfolgen. Die aktionärsseitig initiierte Beschlussfassung in der Hauptversammlung entspricht einer eigenständigen Mitsprache der Aktionäre zum Klimaschutz der Gesellschaft. Dem steht nicht entgegen, dass für das Say on Climate nach dem Verständnis dieser Arbeit eine langfristige und regelmäßige Mitsprache prägend ist.[278] Denn in einer nachfolgenden Hauptversammlung kann das Ersuchen einer künftigen Abstimmungspraxis nachgeholt werden. Beispielsweise bezog sich der Aktionärsantrag von As You Sow gegenüber Boeing Co. aus dem Jahr 2022 auf die Zielvorgaben der Initiative Climate Action 100+ für Treibhausgasneutralität und ersuchte

---

[276] Vgl. zur Konzeptbeschreibung der Say-on-Climate-Initiative → B. I. 2., II. 1. a), 2. a); sowie im Anhang die wortlautgemäße Beschlussvorlage der Say-on-Climate-Initiative samt sinngemäßer Übersetzung → Anhang I.; abrufbar unter https://sayonclimate.org/template-agm-resolutions/, archiviert unter https://perma.cc/2ZFW-CC74, zuletzt abgerufen am 15.05.2025.

[277] Siehe *Armour/Enriques/Wetzer*, Arizona Law Review, Volume 65 (2023), 285 (316); *Fisch*, Chicago Business Law Review, Volume 1 (2022), 113 (127).

[278] Zum Verständnis nach dieser Arbeit → B. II. und III.

die Gesellschaft zu erklären, ob sie ihre Klimaschutzbemühungen an diese anpassen wolle.[279]

Anlässlich der im Frühjahr 2025 neuausgerichteten Auslegungspraxis der SEC in der Administration unter Präsident Trump ist abzuwarten, wie die SEC zukünftig Say on Climate-Aktionärsanträge in den beiden zuvor dargestellten Ausprägungen im Zusammenhang mit den Ausschlussgründen für gewöhnliche Geschäftsführungsangelegenheiten („*company's ordinary business operations*") nach Rule 14a-8 (i) (7) und für fehlende Erheblichkeit („*relevance*") nach Rule 14a-8 (i) (5) bewerten wird.[280]

5. Rechtspolitischer Ausblick: künftig verpflichtende Berichterstattung über klimabezogene Informationen

Schließlich sind die rechtspolitischen Ziele der SEC unter dem vormaligen Präsident Biden, eine Verpflichtung zur ESG-Berichterstattung einzuführen, zu erwähnen. Die SEC hat am 6. März 2024 eine Änderung ihrer Verordnung unter dem Securities Exchange Act von 1934 (SEA), niedergeschrieben im 17. Titel des *Code of Regulations*, beschlossen, um eine Berichterstattung über klimabezogene Informationen einzuführen („*The Enhancement and Standardization of Climate-Related Disclosures for Investors*").[281] Ausschlaggebend war ein vorhergehender Vorschlag der SEC aus dem Frühjahr 2022,[282] der im Verfahren zur Änderung der Verordnung erheblicher öffentlicher Kritik ausgesetzt war.[283] Die nunmehr beschlossenen Regelungen hätten zum 28. Mai 2024 in

---

279 Vgl. den Wortlaut des Aktionärsantrags von As You Sow gegenüber Boeing Co. aus dem Jahr 2022 → D. II. 4. c) ee); siehe für weitere Aktionärsanträge aus den Jahren 2021 und 2022 bezüglich des Fortschritts der Gesellschaft nach den Zielvorgaben der Initiative Climate Action 100+ für Treibhausgasneutralität die Antragsgegenstände nach dem Ceres Engagement-Tracker → D. II. 4. c) aa).

280 Vgl. zur geänderten Auslegungspraxis der SEC für die Ausschlussgrüne Rule 14a-8 (i) (5), (7) → D. II. 3. d), e).

281 SEC, Release No. 33-11275, vom 06.03.2024, abrufbar unter https://www.sec.gov/files/rules/final/2024/33-11275.pdf, zuletzt abgerufen am 15.05.2025;

282 Änderungsvorschlag SEC, Release No. 33-11042, vom 21.03.2022, abrufbar unter https://www.sec.gov/files/rules/proposed/2022/33-11042.pdf, zuletzt abgerufen am 15.05.2025; vgl. dazu *Reich*, AG 2022, R121; *Luttermann*, RIW 2023, 483 (487 ff.); zu den Hintergründen des Änderungsvorschlags *Fleischer*, DB 2022, 37 (40).

283 Vgl. zur Berichterstattung Thomson Reuters, SEC Once Again Delays Action on Final Climate Disclosure Rule, Beitrag v. 12.12.2023, abrufbar unter https://tax.thomsonreuters.com/news/sec-once-again-delays-action-on-final-climate-disclosure-rule/#:~:text=The%20Securities%20and%20Exchange%20Commission,but%20filed%20

Kraft treten sollen, da sie jedoch kurz nach Erlass bereits Gegenstand einer gerichtlichen Überprüfung wurden, setzte die SEC am 4. April 2024 die neu gefassten Vorschriften bis zum Abschluss des gerichtlichen Verfahrens vorerst eigenständig aus.[284] Mit dem Antritt von Präsident Trump zu seiner zweiten Amtszeit und dem damit einhergehenden Wechsel der Bundesadministration, ist nach gegenwärtigem Stand nicht von einer Inkraftsetzung auszugehen. Präsident Trump selbst unterzeichnete kurz nach seiner Amtseinführung am 20. Januar 2025 einen bundesbehördlichen Regulierungsstopp, um der vorangehenden Amtszeit von Präsident Biden inhaltlich zu begegnen.[285] Im Frühjahr 2025 äußerte der neue amtierende Vorsitzende der SEC starke Vorbehalte gegenüber der Rechtmäßigkeit der neuen Regelungen zur Berichterstattung über klimabezogene Informationen und stellte klar, dass sich die SEC von ihren vormals vertretenen Rechtspositionen während der Amtszeit von Präsident Biden distanziere.[286] Weiterhin bat er das angerufene Gericht, vorerst das Verfahren nicht zu betreiben, sodass die SEC ihre nächsten Schritte vorbereiten könne.[287] Dennoch sind die Inhalte der Berichterstattung über klimabezogene Informationen kurz vorzustellen, da die US-amerikanische Rechtslage bislang keine verpflichtende Nachhaltigkeitsberichterstattung kennt[288]. Nach den – nach gegenwärtigem Stand rechtskräftig beschlossenen, jedoch wohl auf unvorhersehbare Zeit außer Kraft gesetzten – Neuerungen wäre vorgesehen, dass gewisse registrierungspflichtige Gesellschaften i.S.v. Sec. 12 SEA zur Veröffentlichung von Treibhausgasemissionen in ihren

in%20early%20October; sowie Exclusive: US securities regulator signals it may curb climate rule ambitions, Beitrag v. 20.11.2023; https://www.reuters.com/business/environment/us-securities-regulator-signals-it-may-curb-climate-rule-ambitions-2023-11-20/; jeweils zuletzt abgerufen am 15.05.2025.

284 SEC, Release No. 33-11280, vom 04.04.2024, abrufbar unter https://www.sec.gov/files/rules/other/2024/33-11280.pdf, zuletzt abgerufen am 15.05.2025.

285 The White House, Regulatory Freeze Pending Review, 20.01.2025, abrufbar unter https://www.whitehouse.gov/presidential-actions/2025/01/regulatory-freeze-pending-review/, zuletzt abgerufen am 15.05.2025.

286 SEC, Statement Commissioner Mark Uyeda, Acting Chairman Statement on Climate-Related Disclosure Rules, 11.02.2025, abrufbar unter https://www.sec.gov/newsroom/speeches-statements/uyeda-statement-climate-change-021025#_ftn9, zuletzt abgerufen am 15.05.2025.

287 Ebd.

288 Zur Rechtslage in den USA *Bruno*, ECFR 2019, 687 (701 ff.); *Hell*, Offenlegungspflichten nichtfinanzieller Informationen, S. 274 ff.; *Fisch*, Georgetown Law Journal, Volume 107 (2019), 923 (930 ff.); *Schön*, ZfPW 2022, 207 (239 ff.).

konsolidierten Jahresabschlüssen verpflichtet sind.[289] Betroffen wären „*large accelerated filers*“ und „*accelerated filers*“, die keine „*smaller reporting company*“ oder „*emerging growth company*” darstellen.[290] Umfasst wären Scope 1- und Scope 2-Treibhausgasemissionen.[291] Ebenfalls wäre eine Offenlegungspflicht für Klimatransformationspläne vorgesehen.[292] Diese würde jedoch nur greifen, wenn registrierungspflichtige Gesellschaften freiwillig einen solchen „*transition plan*“ erstellt haben, um ein wesentliches Übergangsrisiko zu bewältigen („*to manage a material transition risk*“).[293] In Abkehr von dem ursprünglichen Regelungsvorschlag beschränkte die SEC die Offenlegungspflicht auf das Übergangsrisiko, sodass grundsätzlich keine vollumfängliche Veröffentlichung des Klimatransformationsplans erforderlich wäre.[294]

Die Auswirkungen dieser klimabezogenen Berichterstattung auf Say on Climate Aktionärsanträge können erst mit einer Inkraftsetzung der Regelungen endgültig bewertet werden, die Wahrscheinlichkeit dessen unter der zweiten Amtszeit von Präsident Trump ist gering. Jedoch selbst nach der gegenwärtigen Fassung vom 6. März 2024 wäre nur von einer geringen Überschneidung mit dem Say on Climate auszugehen. Nur bestimmte Gesellschaften würden danach zur Veröffentlichung der Scope 1- und Scope 2-Treibhausgasemissionen verpflichtet sein. Zudem bliebe die Erstellung eines Klimatransformationsplans freiwillig und eine Veröffentlichung nur im Falle eines freiwilligen Aufstellens unter bestimmten Voraussetzungen und Einschränkungen verpflichtend. Dementsprechend bestünde weiterhin ein Anlass und ein Interesse der Aktionäre, mittels Aktionärsanträgen die

---

289 SEC Release No. 33-11275, vom 06.03.2024, S. 243 ff., und danach vorgeschlagene Regelungen in 17 CFR 229.1505, S. 851, a.a.O. Fn. 281.

290 Ebd.; siehe zur Einordnung 17 CFR §§ 240.12b-2, 229.10 (f) (1), 230.405.

291 SEC Release No. 33-11275, vom 06.03.2024, vorgeschlagene Regelungen in 17 CFR 229.1500, S. 858 ff., a.a.O. Fn. 280.

292 SEC Release No. 33-11275, vom 06.03.2024, S. 131 ff. und danach vorgeschlagene Regelungen in 17 CFR 229.1502 (e) i.V.m. 17 CFR 229.1500, S. 849, 851, 854, a.a.O. Fn. 281.

293 Ebd.

294 SEC Release No. 33-11275, vom 06.03.2024, S. 133 f., a.a.O. Fn. 281; ursprünglicher Änderungsvorschlag, SEC Release No. 33-11042, vom 21.03.2022, S. 102 ff. und danach vorgeschlagene Regelungen in 17 CFR 229.1503 (c)(i) i.V.m. 17 CFR 229.1500 (s), a.a.O. Fn. 282.

Gesellschaften zu ersuchen, einen Klimatransformationsplan nach ihren Vorstellungen zu erstellen. Weiterhin bliebe die Nachfrage nach einem jährlichen Konsultativbeschluss über Klimatransformationspläne durch die beschlossenen Änderungen der SEC unberührt.

III. Fazit zum Say on Climate in den USA

Die Verwaltung der Gesellschaft, das *board of directors*, ist nach einzelstaatlichem Recht in sämtlichen Geschäftsführungsangelegenheiten zuständig. Somit liegt es im Ermessen der Verwaltung, von den Aktionären eine beratende Abstimmung über einen Klimatransformationsplan der Gesellschaft zu verlangen.

Das Aktionärsantragsrecht nach der *Shareholder Proposal Rule* in Rule 14a-8 ermöglicht es Aktionären, gesellschaftspolitische Abstimmungen der Aktionäre in der Hauptversammlung börsennotierter Gesellschaften zu initiieren. Im Gegensatz zum Präsenzantragsrecht („*floor proposal*") eines jeden Aktionärs, hat die Gesellschaft den Aktionärsantrag nach Rule 14a-8 in ihren *proxy materials* zu veröffentlichen. Auf diese Weise können sämtliche Aktionäre bereits im Vorfeld der Hauptversammlung einen Willen zum Aktionärsantragsgegenstand bilden, der in der Stimmrechtsvertretung zu berücksichtigen ist.

In den vergangenen Hauptversammlungssaisons konnten Aktionäre das Aktionärsantragsrecht jedenfalls bis einschließlich 2024 für einen Konsultativbeschluss nutzen und eine unverbindliche Mitsprache zum unternehmerischen Klimaschutz erzeugen. Insbesondere konnten Aktionäre im Sinne des Say on Climate eine Beschlussfassung darüber initiieren, dass die Gesellschaft einen Klimatransformationsplan erstellen und/oder einen jährlichen Konsultativbeschluss der Aktionäre hierzu einführen soll.

Mit Antritt von Präsident Trump zu seiner zweiten Amtszeit ist ab dem Frühjahr 2025 die neuausgerichtete Auslegungspraxis der SEC für die Ausschlussgründe der gewöhnlichen Geschäftsführungsangelegenheiten („*company's ordinary business operations*") nach Rule 14a-8 (i) (7) und der fehlenden Erheblichkeit („*relevance*") nach Rule 14a-8 (i) (5) zu beobachten. Es gilt abzuwarten, wie diese Ausschlussgründe künftig auf die beiden Ausprägungen von Say on Climate-Aktionärsanträgen angewendet und weiterentwickelt werden. Denn Rule 14a-8 verleiht den Aktionären zwar ein historisch gefestigtes Recht, jedoch kann die dargestellte Rechtslage für den Einsatz als Say on Climate nur einer Momentaufnahme des jeweiligen Zeitraums entsprechen. Rule 14a-8 ist eine von der SEC erlassene Bundesverordnung und als Bestandteil der Durchführungsvorschriften zum *Proxy*-Verfahren häufig gegenläufigen politischen Änderungsvorhaben ausgesetzt. Insbesondere die Anwendung in der Praxis unterliegt der stark einzelfallbezogenen, teils volatilen Konkretisierung durch die SEC.

Schließlich zeigt eine Gegenüberstellung der Abstimmungsergebnisse von Say on Climate *Management Proposals* und Say on Climate *Shareholder Proposals*, dass den Beschlussvorlagen der Verwaltung mit 93,3 % und 99,5 % der abgegebenen Stimmen sehr hoch zugestimmt wurde. Dahinter bleiben die Zustimmungswerte der drei Aktionärsanträge, die inhaltlich dem Konzept der Say-on-Climate-Initiative entsprechen, in Höhe von 31,6 %, 37,5 % und 39,0 % der abgegebenen Stimmen zurück. Demgegenüber weisen die exemplarisch dargestellten Aktionärsanträge, die sich auf das Erstellen von Klimatransformationsplänen konzentrieren, eine breitere Zustimmungsspanne von 12,6 % bis hin zu 92,1 % der abgegebenen Stimmen auf.

E. Vorschlag eines Say on Climate – *de lege ferenda*

Es ist der Frage nachzugehen, ob ein Say on Climate in Gestalt eines konsultativen Hauptversammlungsbeschlusses zu einem Klimatransformationsplan der Gesellschaft rechtspolitisch erstrebenswert ist. Zunächst ist die Regelungsnotwendigkeit eines Say on Climate in Anbetracht der geltenden Rechtslage zu erörtern (I.). Anschließend ist die Einführung eines Say on Climate-Votums zu einem Klimatransformationsplan anhand verschiedener Regelungsmöglichkeiten in den Blick zunehmen (II.).

I. Regelungsnotwendigkeit eines Say on Climate

Für die Erörterung der Regelungsnotwendigkeit sind vorab die geltende Rechtslage für das Say on Climate zu bewerten (1.) und einige aktuelle Impulse für das Say on Climate durch den Klimatransformationsplan nach Art. 22 *Corporate Sustainability Due Diligence*-Richtlinie vorzustellen (2.). Anschließend sind die in der Literatur teilweise vertretenen Vorbehalte gegenüber der Einführung eines Say on Climate-Beschlusses der Hauptversammlung zu einem Klimatransformationsplan aufzuzeigen (3.). Diesen Vorbehalten werden die Vereinbarkeit des Say on Climate mit dem aktienrechtlichen Kompetenzgefüge (4.) sowie die Zweckmäßigkeit eines Say on Climate-Votums (5.) gegenübergestellt.

1. Bewertung des Say on Climate nach geltender Rechtslage

Die Aktionäre bzw. die Hauptversammlung haben nach geltendem Aktienrecht keine originäre Rechtsstellung für ein Say on Climate inne. Denn ein

Say on Climate besteht nur in Abhängigkeit von einem Tätigwerden des Vorstands.[1] Legt der Vorstand gemäß § 119 Abs. 2 AktG der Hauptversammlung einen Klimatransformationsplan zur konsultativen Beschlussfassung vor, entspricht dies aus Aktionärsperspektive bloß einem gewillkürten Say on Climate. Auch scheint das gegenwärtige Recht unterstützenden Initiativen, Investoren oder Aktionären nicht ausreichend Anknüpfungspunkte zu bieten, ein Say on Climate einzufordern.[2] Anders als nach US-amerikanischer Rechtslage besteht nach dem deutschen Aktienrecht kein Antragsrecht der Aktionäre für sog. *Shareholder Proposals*, anhand dessen sie eine konsultative Beschlussfassung initiieren können.[3] In den Hauptversammlungen US-amerikanischer börsennotierter Gesellschaften hat es sich etabliert, dass mittels eines Aktionärsantrags die Aktionäre beratend und unverbindlich Beschluss darüber fassen, ob die Gesellschaften einen Klimatransformationsplan erstellen sollen und gegebenenfalls weitergehend diesbezüglich einen jährlichen Konsultativbeschluss der Aktionäre einführen sollen.[4] Da nach deutschem Recht keine Zuständigkeit der Hauptversammlung in Geschäftsführungsangelegenheiten besteht und das Aktiengesetz Konsultativbeschlüsse der Hauptversammlung in Geschäftsführungsfragen abseits des § 119 Abs. 2 AktG nicht zulässt, können Aktionäre das Instrument des Tagesordnungsergänzungsverlangens nach § 122 Abs. 2 AktG nicht nach dem US-amerikanischem Vorbild nutzen.[5] Ferner kann die indirekte Einbeziehung unternehmerischer Klimaschutzentscheidungen in anderweitig bestehende Beschlusskompetenzen der Hauptversammlung keine zielgerichtete Mitsprache zum unternehmerischen Klimaschutz leisten[6] und kommt einer „Zweckentfremdung“ gleich[7]. Darüber

---

1 Zusammenfassend zur gegenwärtigen Rechtslage → C. V.

2 Vgl. für den Einsatz des Tagesordnungsergänzungsverlangens → C. II. 1. c).

3 Vgl. für die US-amerikanische Rechtslage und zum Recht der Aktionäre auf einen Aktionärsantrag nach der Shareholder Proposal Rule, Rule 14a-8, → D. II. 2.

4 Vgl. für den Einsatz von Aktionärsanträgen nach US-amerikanischer Rechtslage im Sinne des Say on Climate → D. II. 4.

5 Vgl. zur Betrachtung der Grundsätze des § 122 Abs. 2 AktG *de lege lata* → C. II. 1. c) aa); zur Betrachtung unverlangter Konsultativbeschlüsse *de lege lata* → C. II. 1. c) bb), cc); zur historischen Entwicklung der Kompetenzverteilung → C. I. 3. und zur grundlegenden Kompetenzverteilung → C. I. 1.

6 Vgl. für die mittelbare Einbeziehung unternehmerischer Klimaschutzentscheidungen in anderweitige Beschlusskompetenzen → C. II. 2.

7 *Drinhausen*, ZHR 186 (2022), 201 (209) zur Entlastung.

hinaus überzeugen auch die gesetzlichen Mitsprachemöglichkeiten der Aktionäre zum Klimaschutz nicht für das Say on Climate.[8]

Weiter enthalten die aktuellen Rechtsakte der Europäischen Union, die *Corporate Sustainability Reporting*-Richtlinie[9] sowie die *Corporate Sustainability Due Diligence*-Richtlinie[10], keine ausreichende Grundlage für eine Mitsprache der Aktionäre bzw. der Hauptversammlung nach dem Say on Climate.[11] Folglich wird eine 1:1 Umsetzung durch den deutschen Gesetzgeber kein Say on Climate einführen. Der Regierungsentwurf für ein CSRD-Umsetzungsgesetz der Bundesregierung ergreift die Gelegenheit zur Einführung eines Say on Climate bislang nicht und sieht keine überschießende Umsetzung der Richtlinie im Sinne des Say on Climate vor.[12]

Auch in tatsächlicher Hinsicht bleibt die Umsetzung des Say on Climate durch Gesellschaften bislang hinter den rechtlichen Möglichkeiten zurück. Vorstände machen eher selten von einer (konsultativen) Beschlussvorlage nach § 119 Abs. 2 AktG Gebrauch, sodass das Vorlagerecht des Vorstands in der

---

8 Vgl. für die Beleuchtung sonstiger Mitsprache Rechte → C. III.

9 Richtlinie (EU) 2022/2464 des Europäischen Parlaments und des Rates vom 14. Dezember 2022 zur Änderung der Verordnung (EU) Nr. 537/2014 und der Richtlinien 2004/109/EG, 2006/43/EG und 2013/34/EU hinsichtlich der Nachhaltigkeitsberichterstattung von Unternehmen, ABl. der Europäischen Union, L 322/15.

10 Richtlinie (EU) 2024/1760 des Europäischen Parlaments und des Rates vom 13. Juni 2024 über die Sorgfaltsplichten von Unternehmen im Hinblick auf Nachhaltigkeit und zur Änderung der Richtlinie (EU) 2019/1937 und der Verordnung (EU) 2023/2859, ABl. der Europäischen Union, L 2024/1760, nachfolgend *Corporate Sustainability Due Diligence*-Richtlinie, kurz CSDDD.

11 Vgl. zu den Inhalten der *Corporate Sustainability Reporting*-Richtlinie → C. III. 4. b); zu den Inhalten der *Corporate Sustainability Due Diligence*-Richtlinie → C. I. 1. a) gg); II. 2. b) cc).

12 Siehe Entwurf eines Gesetzes zur Umsetzung der Richtlinie (EU) 2022/2464 des Europäischen Parlaments und des Rates vom 14. Dezember 2022 zur Änderung der Verordnung (EU) Nr. 537/2014 und den Richtlinien 2004/109/EG, 2006/43/EG und 2013/34/EZ hinsichtlich der Nachhaltigkeitsberichterstattung von Unternehmen, vom 24.07.2024, nachfolgend: Regierungsentwurf für ein CSRD-Umsetzungsgesetz, insbesondere S. 2, 113 zur geplanten „1:1" Umsetzung; vgl. die Berichterstattung Redaktion, NZG, 2024, 418; *Scheffler*, AG 2024, R1110; *Schüppen*, NZG 2024, 475; *Walka*, ZIP 2024, 613.

Literatur teilweise auch als „totes Recht“ bezeichnet wird.[13] Die geringe Bedeutung in der Praxis liegt darin begründet, dass das Verlangen von Hauptversammlungsbeschlüssen einem „schwachen“ Vorstand zugeschrieben wird,[14] die Durchführung zeit- und aufwandsintensiv ist[15] und Haftungsrisiken des Vorstands entstehen können[16]. Zudem sind Beschlussmängelklagen nicht auszuschließen,[17] auch wenn das gezielte Verlangen eines Konsultativbeschlusses durch den Vorstand nach zutreffender Ansicht in der Literatur aktienrechtlich zulässig ist.[18] Diese allgemeinen Hürden verstärken sich im Kontext des kontrovers diskutierten (unternehmerischen) Klimaschutzes.[19] „Realistischerweise“ wird der Vorstand nur Konsultativbeschlüsse verlangen, wenn er sowieso gewillt ist, nach dem Ergebnis der Beschlussfassung zu handeln.[20] In diesem Sinne hat sich die Hoffnung, dass Vorstände allein durch eine hinreichende Nachfrage nach einem Say on Climate zu einer Vorstandsvorlage nach § 119 Abs. 2 AktG veranlasst werden könnten,[21] in der Praxis bislang nicht bestätigt. Seit dem Aufkommen der Forderung nach einem Say on Climate im Jahr 2020[22] haben als börsennotierte Gesellschaften nur die Alzchem Group AG im Jahr 2023 und die GEA Group AG im Jahr 2024 ihren Hauptversammlungen einen Klimatransformationsplan

---

13 *Jaspers*, AG 2022, 145 (150); zustimmend *Schirmer*, ZHR 188 (2024), 60 (81); zum geringen Vorkommen bei Publikumsgesellschaften *Dietz-Vellmer*, NZG 2014, 721 (723); generell zum geringen Vorkommen *Koch*, AktG, § 119 Rn. 13c; *Vetter*, in FS Seibert, S. 1024; *Weller/Hoppmann*, AG 2022, 640 (646).

14 *Weller*, in 74. djt, Band I, F 101; *Weller/Hoppmann*, AG 2022, 640 (646).

15 *Koch*, AktG, § 119 Rn. 13c.

16 *Dietz-Vellmer*, NZG 2014, 721 (723); *Koch*, AktG, § 119 Rn. 13c; *Weller/Hoppmann*, AG 2022, 640 (646); tiefergehend zum Vorstandsverlangen und entsprechender Beschlussfassung *Çapa*, Konsultative Hauptversammlungsbeschlüsse, S. 94 ff., 154 ff., 188 ff.; *Tröger*, in Kölner Kommentar AktG, § 119 Rn. 60 ff., 66 ff.

17 *Drinhausen*, ZHR 186 (2022), 201 (208); siehe *Çapa*, Konsultative Hauptversammlungsbeschlüsse, S. 168 ff.; *Harnos/Holle*, AG 2021, 853 (860 f.); *Merkner/Schulenburg/Elixmann*, AG 2024, 257 (259 f.; 266); *Vetter*, in FS Seibert, S. 1030 f.; in Nietsch, Nachhaltiges Aktienrecht, S. 94, AG 2023, 564 (574 f.).

18 Vgl. zur Darstellung *de lege lata* → C. II. 1. a) dd).

19 Vgl. zum Vorstandsverlangen nach § 119 Abs. 2 AktG *Jaspers*, AG 2022, 145 (150).

20 So ausdrücklich *Cahn*, NZG 2023, 299 (301).

21 So *Rieckers*, DB 2024, 439 (445); *Fleischer*, DB 2024, 2410 (2415).

22 Vgl. zur Forderung der Say-on-Climate-Initiative → B. I. 1.

zur konsultativen Beschlussfassung vorgelegt.[23] Auf Grund des geringen Einsatzes in der Praxis und der fehlenden Vergleichbarkeit für eine Umsetzung des Say on Climate ist eine Vorlage nach § 119 Abs. 2 AktG durch den Vorstand stets mit dem Risiko behaftet, eine negative Abstimmungsempfehlung von Stimmrechtsberatern zu erzeugen.[24] In Anbetracht dieser Umstände ist grundsätzlich nicht zu erwarten, dass künftig vermehrt Vorstände ein Say on Climate-Votum anhand eines Vorstandsverlangens verfolgen und freiwillig Klimatransformationspläne zur Billigung durch die Hauptversammlung auf die Tagesordnung setzen werden.[25]

2. Impuls für ein Say on Climate durch den Klimatransformationsplan nach Art. 22 CSDDD

Es besteht die Möglichkeit, dass der Klimatransformationsplan nach Art. 22 *Corporate Sustainability Due Diligence*-Richtlinie das Interesse deutscher Gesellschaften sowie des europäischen und des deutschen Gesetzgebers an einem Say on Climate steigern wird.

a) Inhalt des Art. 22 CSDDD

Nach Art. 22 Abs. 1 CSDDD haben bestimmte Unternehmen[26] einen „Plan zur Minderung der Folgen des Klimawandels" zu erstellen und umzusetzen sowie nach Abs. 3 jährlich zu aktualisieren.[27] Die englische Fassung verwendet

---

23 Zur Darstellung der Umsetzung durch Alzchem Group AG und GEA Group AG → C. II. 1. a) ff).

24 Zum Beispiel der Alzchem AG und der negativen Abstimmungsempfehlung von ISS im Jahr 2023 → C. II. 1. a) ff); zur praktischen Notwendigkeit der Abstimmung mit den Anforderungen der Stimmrechtsberater *de lege lata* siehe *Merkner/Schulenburg/Elixmann*, AG 2024, 257 (263 f.); vgl. auch Positionierung Glass Lewis, 2024 Benchmark Policy Guidelines, Shareholder Proposals & ESG-Related Issues, S. 30 f., abrufbar unter https://www.glasslewis.com/wp-content/uploads/2023/11/2024-Shareholder-Proposals-ESG-Benchmark-Policy-Guidelines-Glass-Lewis.pdf?hsCtaTracking=db1879fb-3a86-4ec9-b375-2e7553b38dfd%7C18cc625c-4eb7-451b-b0c8-1196c73e49b2, zuletzt abgerufen am 15.05.2025.

25 So im Ergebnis die Erwartung von *Fest*, AG 2024, 269 (270); *Jaspers*, AG 2022, 145 (150); *Vetter*, in Nietsch, Nachhaltiges Aktienrecht, S. 102; *Weller*, in 74. djt, Band I, F 101; *Weller/Hoppmann*, AG 2022, 640 (646).

26 Zum Anwendungsbereich siehe Art. 2 Abs. 1 und 2 CSDDD.

27 Im Gesetzgebungsverfahren war die Planerstellung bereits Gegenstand des vormaligen Art. 15 Abs. 1 der jeweiligen CSDDD-Entwürfe, siehe Vorschlag der

die Bezeichnung „*transition plan for climate change mitigation*". Selbsterklärtes Ziel der Norm ist es, zu gewährleisten, dass die betroffenen Unternehmen alles in ihrer Macht stehende tun, um ihr Geschäftsmodell und ihre Strategie mit dem Übergang zu einer nachhaltigen Wirtschaft und der Begrenzung der Erderwärmung auf 1,5 °C nach dem Klimaübereinkommen von Paris und dem Ziel der Klimaneutralität nach dem Europäischen Klimagesetz[28] in Einklang zu bringen.[29] Betroffene Unternehmen haben zeitgebundene Zielvorgaben im Zusammenhang mit dem Klimawandel für das Jahr 2030 und in Fünfjahresschritten bis 2050 und – sofern zweckmäßig – absolute Zielvorgaben für die Verringerung der Scope 1-, Scope 2- und Scope 3-Treibhausgasemissionen festzusetzen.[30] Die ermittelten Dekarbonisierungsfaktoren und die geplanten wichtigsten Maßnahmen zur Erreichung der gesetzten Ziele, erforderlichenfalls einschließlich der Änderungen des Produkt- und Dienstleistungsportfolios des Unternehmens und der Einführung neuer Technologien, sind zu beschreiben.[31] Art. 22 CSDDD enthält keine Veröffentlichungspflicht der Unternehmen eigens für den zu erstellenden Klimatransformationsplan, denn nach Art. 16 Abs. 1 UAbs. 1 S. 1 CSDDD unterliegen Unternehmen nur einer allgemein gehaltenen Veröffentlichungspflicht für eine Erklärung über die Erfüllung ihrer Pflichten in den Angelegenheiten der *Corporate Sustainability Due Diligence*-Richtlinie.[32] Es bleibt abzuwarten,

---

EU-Kommission für eine Richtlinie des Europäischen Parlaments und des Rates über die Sorgfaltspflichten von Unternehmen im Hinblick auf Nachhaltigkeit und zur Änderung der Richtlinie (EU) 2019/1937, COM(2022) 71; Allgemeine Ausrichtung des Rates vom 30.11.2022, 15024/1/22 REV 1; Abänderung 247 der Abänderungen des Europäischen Parlaments vom 1. Juni 2023 zu dem Vorschlag für eine Richtlinie des Europäischen Parlaments und des Rates über die Sorgfaltspflichten von Unternehmen im Hinblick auf Nachhaltigkeit und zur Änderung der Richtlinie (EU) 2019/1937 (COM(2022)0071 – C9.0050/2022 – 2022/0051(COD)), P9_TA (2023)0209.

28 Verordnung (EU) 2021/1119 des Europäischen Parlaments und des Rates vom 30. Juni 2021 zur Schaffung des Rahmens für die Verwirklichung der Klimaneutralität und zur Änderung der Verordnungen (EG) Nr. 401/2009 und (EU) 2018/1999 („Europäisches Klimagesetz"), nachfolgend: Europäisches Klimagesetz.

29 Art. 22 Abs. 1 UAbs. 1 CSDDD.

30 Art. 22 Abs. 1 UAbs. 2 a) CSDDD; siehe zum Spielraum der Unternehmen, die Zweckmäßigkeit zu bewerten, *Kerkemeyer*, DB 2025, 609 (612).

31 Art. 22 Abs. 1 UAbs. 2 b) CSDDD.

32 *Kerkemeyer*, DB 2025, 609 (613).

inwiefern die Europäische Kommission in ihren delegierten Rechtsakten nach Art. 16 Abs. 3 UAbs. 1 CSDDD oder in ihren Leitlinien nach Art. 19 Abs. 2 lit. b) CSDDD eine Veröffentlichungspflicht für die Inhalte des Klimatransformationsplans aufnehmen wird.[33]

Ferner hat die Europäische Kommission im Frühjahr 2025 einen Änderungsvorschlag veröffentlicht, welcher vorsieht in der Fassung des Art. 22 Abs. 1 UAbs. 1 CSDDD „und umsetzen" zu streichen, sodass es bei der Pflicht zum Annehmen des Plans verbleibt; dafür soll laut dem Änderungsvorschlag klargestellt werden, dass die Gesellschaften in den zu erstellenden Plan geplante und ergriffene Umsetzungsmaßnahmen aufzunehmen haben.[34]

b) Taugliche Beschlussgrundlage für ein Say on Climate

Die *Corporate Sustainability Due Diligence*-Richtlinie eröffnet eine geeignete, harmonisierte Abstimmungsgrundlage für die Bewertung eines Klimatransformationsplans durch die Hauptversammlung, da bislang keine Definition und keine zwingenden Vorgaben für die Inhalte eines Klimatransformationsplans bestehen.[35] Insbesondere ist der Klimatransformationsplan nach Art. 22 CSDDD konkret auf den unternehmerischen Klimaschutz zugeschnitten und somit für die Zwecke des Say on Climate geeignet. Durch den Klimatransformationsplan nach Art. 22 CSDDD haben betroffene Gesellschaften sich intensiv mit ihrer Treibhausgasneutralität auseinanderzusetzen. Zwar stehen absolute Zielvorgaben für die Verringerung der Scope-1, Scope-2 und Scope-3-Treibhausgasemissionen im Ermessen der jeweiligen Gesellschaft und sind nicht zwingender Bestandteil.[36] Jedoch ist die Ermittlung von Dekarbonisierungsfaktoren durch die Gesellschaften verpflichtend.[37] Durch die Aufbereitung in Form eines Berichts könnte die Hauptversammlung die

---

33 *Kerkemeyer*, DB 2025, 609 (613).

34 Europäische Kommission, Vorschlag für eine Richtlinie des Europäischen Parlaments und des Rates zur Änderung der Richtlinien 2006/43/EG, 2013/34/EU, (EU) 2022/2464 und (EU) 2024/1760 im Hinblick auf bestimmte Anforderungen an die Nachhaltigkeitsberichterstattung und die Sorgfaltspflichten von Unternehmen, vom 26.02.2025, COM(2025)81, sog. Omnibus-II-Richtlinie als Änderungsrichtlinie, S. 23, EWG 26, Art. 4 Abs. 10.

35 Vgl. → B. II. 2. c).

36 Art. 22 Abs. 1 UAbs. 2 a) CSDDD.

37 Art. 22 Abs. 1 UAbs. 2 b) CSDDD.

Klimazwischenziele anhand der getroffenen Angaben bewerten und billigen bzw. missbilligen. Hierfür müsste der Vorstand den Klimatransformationsplan nach Art. 22 CSDDD gegenüber der Hauptversammlung offenlegen. Schließlich ist der Klimatransformationsplan nach Art. 22 CSDDD der durch die *Corporate Sustainability Reporting*-Richtlinie geschaffenen Nachhaltigkeitsberichterstattung nach Art. 19a Richtlinie 2013/34/EU als Beschlussgrundlage vorzuziehen, da diese unter einem umfassenden Nachhaltigkeitsbezug steht[38]. Zudem überzeugt der Klimatransformationsplan nach Art. 22 CSDDD mit seinen konkreten inhaltlichen Vorgaben und der zeitlichen Abstufung in Fünfjahresschritten[39]. Für die Zwecke des Say on Climate wäre die Nachhaltigkeitsberichterstattung als generelle Beschlussgrundlage zu umfassend; es würde durch eine Hauptversammlungskompetenz zum Nachhaltigkeitsbericht in seiner Gesamtheit vielmehr ein „*Say on Sustainability*" geschaffen.

c) Mögliche Auswirkungen auf die Umsetzung oder Einführung eines Say on Climate

In Zukunft dürften deutsche Aktiengesellschaften durch die rechtliche Vorgabe eines Klimatransformationsplans vermehrt ein Say on Climate umsetzen und der Hauptversammlung zur Beschlussfassung gemäß § 119 Abs. 2 AktG vorlegen. Es liegt nahe, dass die geringe unternehmensseitige Nachfrage nach einem Say on Climate[40] insbesondere auf das bislang uneinheitliche Begriffsverständnis des Say on Climate und insbesondere auf die mangelnde Festlegung des zu bewertenden Klimatransformationsplans[41] zurückzuführen ist. Weiter beinhaltet Art. 22 CSDDD für den deutschen und europäischen Gesetzgeber einen aktuellen Regelungsanlass. So könnte der deutsche Gesetzgeber ein Say on Climate zu dem ohnehin nach Art. 288 Abs. 3 AEUV in nationales Recht umzusetzenden Klimatransformationsplan nach Art. 22 CSDDD einführen. Die Europäische Kommission zeigte im Jahr 2020 in der Stakeholder-Konsultation zur Neuen Strategie für ein nachhaltiges Finanzwesen ein erstes Interesse

---

38 Art. 19a Abs. 2 a) bis h) Richtlinie 2013/34/EU.

39 Siehe zu den Unterschieden und Gemeinsamkeiten der Berichte *Kerkemeyer*, DB 2025, 609 (615).

40 Vgl. → E. I. 1.

41 Vgl. → B. II. 2.

an einem Say on Climate bzw. „*Say on ESG*".[42] Sie warf die Frage auf, inwieweit Aktionärsrechte und *Shareholder Engagement* im Bereich von ESG weiter harmonisiert und erleichtert werden sollten.[43] Dies fand eine überwiegende Zustimmung unter den Befragten.[44] Weiterhin holte sie Meinungen dazu ein, ob Investoren eine Beschlussmöglichkeit über die Umweltstrategie, die soziale Ausrichtung und die Durchführung zustehen sollten.[45] Dem stimmte die Mehrzahl der Befragten zu, beschränkte sich jedoch teilweise auf den Vorschlag bestimmter Maßnahmen.[46] Im Gesetzgebungsprozess zur *Corporate Sustainability Due Diligence*-Richtlinie zeigte sich ein ambivalentes Verhältnis zum Say on Climate, sodass schlussendlich keine Aktionärsbeteiligung zum Klimatransformationsplan nach Art. 22 CSDDD Einzug fand.[47]

3. Vorbehalte gegenüber einer gesetzlichen Einführung eines Say on Climate

In Teilen der Literatur trifft die Einführung eines Say on Climate-Beschlusses der Hauptversammlung zu einem Klimatransformationsplan im deutschen Aktienrecht auf Vorbehalte. Der Regelungsbedarf des Say on Climate wurde

---

42 EU Kommission, Consultation on the renewed sustainable finance strategy, vom 08.04.2020 bis zum 15.07.2020, Übersicht abrufbar unter https://finance.ec.europa.eu/regulation-and-supervision/consultations/2020-sustainable-finance-strategy_en?prefLang=de, archiviert unter https://web.archive.org/web/20240410080646/https://finance.ec.europa.eu/regulation-and-supervision/consultations/2020-sustainable-finance-strategy_en?prefLang=de, zuletzt abgerufen am 15.05.2025; vgl. *Schmidt*, BB 2020, 1794 (1799); *Spindler*, in Schmidt/Lutter, AktG, § 119 Rn. 62.

43 EU Kommission, Konsultationsdokument, Summary Report of the Stakeholder Consultation on the Renewed Sustainable Finance Strategy, vom 08.04.2020 bis zum 15.07.2020, Frage 43, S. 42 f., abrufbar unter https://finance.ec.europa.eu/document/download/969cb4bd-1a61-49ad-bac0-7e253611c2ff_en?filename=2020-sustainable-finance-strategy-summary-of-responses_en.pdf, archiviert unter https://web.archive.org/web/20240410081119/https://finance.ec.europa.eu/document/download/969cb4bd-1a61-49ad-bac0-7e253611c2ff_en?filename=2020-sustainable-finance-strategy-summary-of-responses_en.pdf, zuletzt abgerufen am 15.05.2025; vgl. *Schmidt*, BB 2020, 1794 (1799).

44 Ebd.

45 EU Kommission, Konsultationsdokument, Summary Report of the Stakeholder Consultation on the Renewed Sustainable Finance Strategy, vom 08.04.2020 bis zum 15.07.2020, Frage 44, S. 43, a.a.O. Fn. 43.

46 Ebd.

47 Siehe zum Gesetzgebungsverfahren vorstehend → C. II. 1. d) sowie → C. II. 2. b) cc).

unter anderem auf dem 74. Deutschen Juristentag 2024[48] sowie wiederholt innerhalb der Gesellschaftsrechtlichen Vereinigung[49] diskutiert.

Gegen eine Regelung des Say on Climate wird teilweise angeführt, dass eine Zuständigkeit der Hauptversammlung für eine Mitsprache zum unternehmerischen Klimaschutz systemwidrig in die bestehende und bewährte Kompetenzverteilung zwischen Vorstand und Hauptversammlung eingreifen würde.[50] Folglich hätte der Vorstand Aktionärsinteressen übermäßig in seiner Leitung der Gesellschaft unter eigener Verantwortung gemäß § 76 Abs. 1 AktG zu gewichten.[51] Ebenso könne nicht gesichert angenommen werden, dass sich das Say on Climate positiv auf die unternehmerische Klimapolitik des Vorstands auswirken würde.[52] Auch sei eine langfristige Investitionsbereitschaft der Aktionäre nicht garantiert, sodass nicht zwingend mit klimaschützenden Abstimmungsergebnissen der Hauptversammlung zu rechnen sei.[53] Vielen Aktionären fehle die Expertise sowie das Leistungsvermögen für eine komplexe

---

48 Siehe das vorbereitende Gutachten von *Weller*, in 74. djt, Band I, F 101; siehe für die Referate, Redebeiträge und die Diskussion zum 74. Deutschen Juristentag 2024, 74. djt, Band II, Teil 1 und 2, im Erscheinen.

49 Siehe aus dem Jahr 2024 *Habersack/Vetter*, in VGR, Reformbedarf im Aktienrecht, Rn. 1.13 ff.; sowie aus dem Jahr 2022 *Sanders*, in VGR, Gesellschaftsrecht 2022, S. 74 f.; Diskussion des Referats *Sanders* wiedergegeben von *Berisha*, in VGR, Gesellschaftsrecht 2022, S. 85 ff.

50 *Von Bombard/Redeke*, in FS Strenger, S. 85; *Heldt*, HV Magazin 01/2025, 30; *Komo/Mathias/Schimmel*, NZG 2025, 152 (155 f.); *Rotsch*, in ihrem Referat für den 74. Deutschen Juristentag 2024, 74. djt, Band II/1, im Erscheinen; *Schubert*, in FS Henssler, S. 1276; siehe im Ansatz auch *Cahn*, NZG 2023, 299 (302); *Fest*, AG 2024, 269 (280 f.); siehe zum niederländischen Recht *van Olffen/Breukink*, ECFR 2023, 745 (751); siehe auch zur Wiedergabe der Diskussion innerhalb der Gesellschaftsrechtlichen Vereinigung *Habersack/Vetter*, in VGR, Reformbedarf im Aktienrecht, Rn. 1.13; *Habersack/Vetter/Bergmann*, in VGR, Reformbedarf im Aktienrecht, Rn. 2.28.

51 *Von Bombard/Redeke*, in FS Strenger, S. 85; *Cahn*, NZG 2023, 299 (302).

52 *Fleischer*, DB 2024, 2410 (2415); *Harnos*, AG 2024, S28 (Rz. 154); *Hennrichs*, in seinem Referat für den 74. Deutschen Juristentag 2024, 74. djt, Band II/1, im Erscheinen; *Koch/Redeke*, in VGR, Reformbedarf im Aktienrecht, Rn. 9.53; *Obernosterer*, in ihrem Referat für den 74. Deutschen Juristentag 2024, 74. djt, Band II/1, im Erscheinen; *Sanders*, in VGR, Gesellschaftsrecht 2022, S. 74 f.; *Tröger*, in FS Cahn, S. 470 ff.; siehe auch *Fleischer/Hülse*, DB 2023, 44 (51).

53 *Von Bombard/Redeke*, in FS Strenger, S. 78 ff.; *Cahn*, NZG 2023, 299 (302); *Jaspers*, AG 2022, 145 (151); *Koch/Redeke*, in VGR, Reformbedarf im Aktienrecht, Rn. 9.34; kritisch auch *Harnos*, AG 2024, S28 (Rz. 154), das Say on Climate im Ergebnis befürwortend.

Entscheidung, sodass eine Überforderung der Hauptversammlung drohe.[54] Mit Blick auf den Klimatransformationsplan nach Art. 22 CSDDD wird bezweifelt, dass die Hauptversammlung zu dessen umfassenden Inhalten und hohen Anforderungen beitragen könne[55] oder verschärfend beitragen wolle.[56] Schließlich würde die Analyse und die Bewertung eines Klimatransformationsplans mit erheblichen Kosten einhergehen, sodass nur wenige (kapitalmarktorientierte) Unternehmen von einer weitreichenden aktionärsseitigen Aufarbeitung der Informationen betroffen wären und sich aktivistische Kampagnen zur Stimmrechtsabgabe überwiegend auf leicht zu beurteilende Parameter beschränken würden.[57]

Für die Beratung des Vorstands zum unternehmerischen Klimaschutz sei ohnehin der Aufsichtsrat besser geeignet und dessen bestehende Zuständigkeit nach § 111 Abs. 1 AktG für die Überwachung der Geschäftsführung und Beratung des Vorstands dürfe nicht geschwächt werden.[58] Würden ESG-Belange in Umweltthemen („E") auf die Hauptversammlung und in sozialen Belangen („S") auf den Aufsichtsrat aufgeteilt, drohten vermeidbare Zielkonflikte.[59]

Entgegen einer ausdrücklichen Einführung des Say on Climate sollte sich die Mitwirkung der Aktionäre an der unternehmerischen Klimapolitik auf den Investorendialog[60] oder die bestehenden aktienrechtlichen Mitspracherechte[61] beschränken. Zudem sei davon auszugehen, dass Vorstände künftig aufgrund der gestiegenen Nachfrage der Investoren nach einem Say on Climate vermehrt von der Hauptversammlung einen Beschluss nach

---

54 *Cahn*, NZG 2023, 299 (302); siehe auch *Schubert*, in FS Henssler, S. 1276.

55 *Bachmann*, NJW 2024, 2734 (2737);

56 *Obernosterer*, in ihrem Referat für den 74. Deutschen Juristentag 2024, 74. djt, Band II/1, im Erscheinen.

57 *Tröger*, in FS Cahn, S. 470.

58 *Von Bombard/Redeke*, in FS Strenger, S. 85 f.; *Schubert*, in FS Henssler, S. 1276; *Komo/Mathias/Schimmel*, NZG 2025, 152 (156); siehe zum niederländischen Recht *van Olffen/Breukink*, ECFR 2023, 745 (751); siehe auch zur Wiedergabe der Diskussion innerhalb der Gesellschaftsrechtlichen Vereinigung *Habersack/Vetter*, in VGR, Reformbedarf im Aktienrecht, Rn. 1.13, 1.54.

59 *Von Bombard/Redeke*, in FS Strenger, S. 86; siehe auch *Kley*, AR 2023, 138 (140).

60 *Von Bombard/Redeke*, in FS Strenger, S. 87 f.; siehe auch *Schubert*, in FS Henssler, S. 1276.

61 *Von der Linden/Winkler*, DB Beilage 02 2023, 40 (41).

§ 119 Abs. 2 AktG verlangen würden.[62] Im Übrigen sei der Klimaschutz generell im öffentlichen Recht zu verorten und dem klimaschützenden Gesellschaftsrecht eine öffentlich-rechtliche Regulierung vorzuziehen.[63]

4. Vereinbarkeit des Say on Climate mit dem aktienrechtlichen Kompetenzgefüge

Angesichts der vorstehenden Vorbehalte gegenüber der Einführung eines Say on Climate ist die Frage zu beantworten, ob ein Say on Climate mit dem aktienrechtlichen Kompetenzgefüge vereinbar wäre. Mögliche Konflikte mit dem Kompetenzbereich des Vorstands, des Aufsichtsrates und der Organadäquanz der Hauptversammlung sind herauszuarbeiten.

a) Mitwirkungsverpflichtungen des Vorstands

Zunächst könnten den Vorstand durch die Einführung eines Say on Climate, je nach Ausgestaltung im Einzelnen, gesetzliche Mitwirkungsverpflichtungen zur Vorbereitung der Beschlussfassung in der Hauptversammlung treffen. Hierzu zählen unter anderem die Bekanntmachung der Tagesordnung nach § 121 Abs. 3 S. 2 AktG sowie das Unterbreiten eines Beschlussvorschlags nach § 124 Abs. 3 S. 1 AktG. Diese generell bestehenden, formellen Verpflichtungen des Vorstands gingen mit einer geringen Belastung einher. Des Weiteren würde sich der Klimatransformationsplan nach Art. 22 CSDDD inhaltlich als Beschlussgegenstand des Say on Climate anbieten.[64] Da den deutschen Gesetzgeber nach Art. 288 Abs. 3 AEUV eine Umsetzungspflicht für die Planerstellungs- und Berichterstattungspflicht trifft, entstünde für Aktiengesellschaften, die in den Anwendungsbereich des Art. 22 CSDDD fallen, weder ein bürokratischer Mehraufwand noch durch eine Vorlage des Plans zur Beschlussfassung in der Hauptversammlung eine wesentlich verschärfende Verpflichtung der Vorstände.[65]

---

62 *Rieckers*, DB 2024, 439 (445); *Fleischer*, DB 2024, 2410 (2415).

63 *Von Bombard/Redeke*, in FS Strenger, S. 89.

64 Vgl. → E. I. 2. b).

65 *Vetter*, in Nietsch, Nachhaltiges Aktienrecht, S. 121 ff., AG 2023, 564 (574); siehe auch *Harnos*, AG 2024, S28 (Rz. 159).

b) Auswirkungen auf den Kompetenzbereich des Vorstands

Einer Ausgestaltung als Konsultativbeschluss wäre immanent, dass das Say on Climate rechtlich keine bindende Wirkung für den Vorstand entfalten würde.[66] Der Vorstand könnte sich im Rahmen seiner Leitungsautonomie nach § 76 Abs. 1 AktG über eine Missbilligung des Klimatransformationsplans durch die Aktionäre in der Hauptversammlung hinwegsetzen, da die Ausführungspflicht gemäß § 83 Abs. 2 AktG nicht einschlägig wäre.[67] Sofern sich der Vorstand faktisch zu einer Reaktion veranlasst sehen sollte, beträfe dies weder die rechtliche Entscheidungsfreiheit des Vorstands im Rahmen seiner Leitungsautonomie nach § 76 Abs. 1 AktG noch die aktienrechtliche Kompetenzverteilung.[68] Vorstände sind bereits nach gegenwärtiger Rechtslage nicht vor dem faktischen Druck der Aktionäre bewahrt und haben diesem ohnehin stets nach ihrem Ermessen zu begegnen.[69] Durch den Verzicht auf ein den Vorstand nach § 83 Abs. 2 AktG bindendes „*Decide on Climate*" würde ein weitreichenderer Eingriff in das aktienrechtliche Kompetenzgefüge vermieden.[70]

---

66 Vgl. → C. II. 1. a) cc) (2).

67 *Schirmer*, ZHR 188 (2024), 60 (84 f.); *Vetter*, in Nietsch, Nachhaltiges Aktienrecht, S. 115 f.; AG 2023, 564 (571 f.); in FS Seibert, S. 1040.

68 *Bachmann*, in VGR, Reformbedarf im Aktienrecht, Rn. 1.13; *Habersack/Vetter/Bergmann*, in VGR, Reformbedarf im Aktienrecht, Rn. 2.28; *Harnos*, AG 2024, S28 (Rz. 162 ff.); *Schirmer*, ZHR 188 (2024), 60 (85); *Vetter*, in Nietsch, Nachhaltiges Aktienrecht, S. 115 f.; AG 2023, 564 (571 f.); in FS Seibert, S. 1040; vgl. auch zur Abgrenzung gegen über dem „*Decide on Climate*" *Spindler*, in Schmidt/Lutter, AktG, § 119 Rn. 62; *Weller/Hoppmann*, AG 2022, 640 (646); a.A. *Cahn*, NZG 2023, 299 (302); vgl. zur Wirkung von Konsultativbeschlüssen → C. II. 1. a) cc) (2); zur grundlegenden Kompetenzverteilung → C. I. 1.

69 *Habersack/Vetter/Bergmann*, in VGR, Reformbedarf im Aktienrecht, Rn. 2.28; *Vetter*, in Nietsch, Nachhaltiges Aktienrecht, S. 116; AG 2023, 564 (572); anschließend *Harnos*, AG 2024, S28 (Rz. 162).

70 *Spindler*, in Schmidt/Lutter, AktG, § 119 Rn. 62; *Weller/Hoppmann*, AG 2022, 640 (646); *Vetter*, in Nietsch, Nachhaltiges Aktienrecht, S. 105, 116; AG 2023, 564 (576); in FS Seibert, S. 1039 f.; vgl. *Habersack/Vetter*, in VGR, Reformbedarf im Aktienrecht, Rn. 1.54; *Jaspers*, AG 2022, 145 (151); *Koch/Redeke*, in VGR, Reformbedarf im Aktienrecht, Rn. 9.28 ff.; siehe auch die vergleichbare Motivationslage des Gesetzgebers in Umsetzung des unionsrechtlichen *Say on Pay*, Gesetzesentwurf der Bundesregierung, Entwurf eines Gesetzes zur Umsetzung der zweiten Aktionärsrechterichtlinie (ARUG II), BT-Drs. 19/9739, S. 92.

c) Auswirkungen auf den Kompetenzbereich des Aufsichtsrats

Durch die Einführung einer Willensbildung und Mitsprache der Hauptversammlung in Gestalt eines Say on Climate-Votums bliebe auch die Kompetenz des Aufsichtsrats, die Geschäftsführung nach § 111 Abs. 1 AktG zu überwachen, rechtlich unangetastet.[71] Vielmehr bestünde durch das Say on Climate als Beschlussgegenstand der Tagesordnung für den Aufsichtsrat die Gelegenheit, einen Vorschlag zur Beschlussfassung nach § 124 Abs. 3 S. 1 AktG zu unterbreiten und seiner Kontrollfunktion gegenüber dem Vorstand nachzukommen.[72] Zudem könnte der Aufsichtsrat im Rahmen seiner überwachenden Tätigkeit gemäß § 111 Abs. 1 AktG den Vorstand in der Planerstellung beraten[73] oder den Plan einem Zustimmungsvorbehalt gemäß § 111 Abs. 4 S. 2 Var. 2 AktG unterwerfen[74].

d) Organadäquanz der Hauptversammlung

Durch eine gesetzlich geregelte konsultative Beschlussfassung der Hauptversammlung über einen Klimatransformationsplan der Gesellschaft würde der Hauptversammlung, unabhängig von einer Ausgestaltung des Say on Climate im Einzelnen, ein Mehr an Zuständigkeit in Geschäftsführungsfragen zukommen. Damit ginge nicht zwingend eine Überforderung der Hauptversammlung einher.[75] Ins Gewicht fallen die Beschlussgrundlage des Klimatransformationsplans nach Art. 22 CSDDD[76] sowie der inhaltliche

---

71 Ebenso *Vetter*, in Nietsch, Nachhaltiges Aktienrecht, S. 117 f.; AG 2023, 564 (573); *Weller*, in 74. djt, Band I, F 101; *Weller/Hoppmann*, AG 2022, 640 (642).

72 *Vetter*, in Nietsch, Nachhaltiges Aktienrecht, S. 118; AG 2023, 564 (573); vgl. *Vetter*, in Nietsch, Nachhaltiges Aktienrecht, S. 112; AG 2023, 564 (570).

73 *Vetter*, in Nietsch, Nachhaltiges Aktienrecht, S. 119; AG 2023, 564 (573); siehe nur zur Überwachung und Beratung des Vorstands durch den Aufsichtsrat *Spindler/Veil*, in BeckOGK, AktG, § 111 Rn. 12, Stand: 01.10.2024.

74 *Harnos*, AG 2024, S28 (Rz. 165); siehe auch zu nachhaltigkeitsbezogenen Zustimmungsvorbehalten *Verse/Tassius*, in Hommelhoff/Hopt/Leyens, Handbuch Unternehmensführung, § 7 Rn. 31.

75 Ebenso *Kühle*, NZG 2023, 1583 (1588 ff.); *Vetter*, in Nietsch, Nachhaltiges Aktienrecht, S. 119 f.; AG 2023, 564 (573); *Harnos*, AG 2024, S28 (Rz. 164, 172); siehe auch den Redebeitrag von *Hommelhoff* in der Diskussion auf dem 74. Deutschen Juristentag 2024, 74. djt, Band II/2, im Erscheinen; eine Überforderung befürchtend So *Cahn*, NZG 2023, 299 (302); siehe auch *Schubert*, in FS Henssler, S. 1276.

76 Vgl. → E. I. 2. b).

Bezug des Hauptversammlungsbeschlusses auf die finanziellen Auswirkungen der Klimatransformation der Gesellschaft.

Es ist anzunehmen, dass mit Umsetzung in das nationale Recht Gesellschaften im Anwendungsbereich der *Corporate Sustainability Due Diligence*-Richtlinie ihrer Pflicht nachkommen werden, einen Klimatransformationsplan i.S.d. Art. 22 Abs. 1 CSDDD zu erstellen. Trotz des umfassenden Anforderungsprofils des Klimatransformationsplans nach Art. 22 CSDDD könnten sich die Aktionäre mit den Inhalten ausreichend kritisch auseinandersetzen. Insbesondere handelt es sich nach dem Wortlaut um eine sog. „*best efforts*"-Klausel ohne Erfolgspflicht.[77] Die Gesellschaften müssen „alles in ihrer Macht stehende tun", um ihr Geschäftsmodell mit dem Ziel der Begrenzung der Erderwärmung auf 1,5 °C und dem Ziel der Klimaneutralität bis 2050 in Einklang zu bringen.[78] Die betroffenen Gesellschaften sind verpflichtet, den Plan aufzustellen und umzusetzen, ohne dass eine sanktionierbare Erfolgspflicht für die Erreichung der Ziele besteht.[79] Die Aktionäre könnten das Bemühen der Gesellschaften bewerten, die von den Gesellschaften selbst gesetzten Zielvorgaben[80] hinterfragen und nach der jährlichen Aktualisierung[81] die Fortschritte verfolgen.[82] Auch die im Plan angeführten Maßnahmen zur Erreichung der Ziele[83] könnten beurteilt werden. Insoweit können die Aktionäre den Umfang ihrer inhaltlichen Auseinandersetzung mit dem Klimatransformationsplan selbst bestimmen.[84] Der Gesetzgeber kann den Aktionären und der Hauptversammlung vor dem Hintergrund des informierten Investors[85] und des

---

77 Siehe auch Erwägungsgrund 73 S. 4 CSDDD; *Jaspers*, GmbHR 2024, R212 (R213); *Kerkemeyer*, DB 2025, 609 (612); *Schockenhoff*, AG 2024, 597 (599); *Weller/Schwemmer*, AG 2024, 517 (518).

78 Art. 22 Abs. 1 UAbs. 1 CSDDD.

79 Art. 22 Abs. 1 UAbs. 1 CSDDD; EWG 73 S. 4; siehe auch *Jaspers*, GmbHR 2024, R212 (R213 f.); *Rosenbauer*, KlimR 2024, 296 (299); *Weller/Schwemmer*, AG 2024, 517 (518); zum Änderungsvorschlag der Europäischen Kommission vom 26.02.2025, COM(2025)81, sog. Omnibus-II-Richtlinie als Änderungsrichtlinie, hinsichtlich der Streichung der Umsetzungsverpflichtung der Unternehmen → E. I. 2. a).

80 Art. 22 Abs. 1 UAbs. 2 a) CSDDD.

81 Art. 22 Abs. 3 CSDDD.

82 Vgl. auch *Vetter*, in Nietsch, Nachhaltiges Aktienrecht, S. 120; AG 2023, 564 (573).

83 Art. 22 Abs. 1 UAbs. 2 b) CSDDD.

84 *Fleischer/Hülse*, DB 2023, 44 (53).

85 *Sanders*, in VGR, Gesellschaftsrecht 2022, S. 61, 78; *Kühle*, NZG 2023, 1583 (1586, 1589).

institutionellen Investors[86] eine verständige Entscheidung über die (Miss-) Billigung zutrauen.[87] Beispielhaft lässt sich auf die erfolgreiche Etablierung und Umsetzung des *Say on Pay* verweisen.[88] Schließlich wirkt sich die Klimatransformation einer Gesellschaft (kurzfristig) auf die Dividenden aus und betrifft somit ein Kernanliegen der Aktionärsinteressen.[89] Die Verwendung des von den Aktionären investierten Eigenkapitals durch die Gesellschaft kann eine Beschlussfassung der Aktionäre über den Klimatransformationsplan der Gesellschaft rechtfertigen.[90]

e) Zwischenfazit

Im Ergebnis würde ein Say on Climate als konsultativer Hauptversammlungsbeschluss zum Klimatransformationsplan nach Art. 22 CSDDD *de lege ferenda* punktuell die aktienrechtliche Kompetenzverteilung zwischen Vorstand und Hauptversammlung betreffen und in systemverträglicher Weise modifizieren.[91] Die Mitsprache der Hauptversammlung träte neben die Überwachung der unternehmerischen Klimaschutzstrategie durch den Aufsichtsrat nach § 111 Abs. 1 AktG.[92] Weiterhin würde durch das beratende Say on Climate-Votum die unmittelbare Zuständigkeit für den unternehmerischen Klimaschutz vom Vorstand nicht auf die Hauptversammlung verlagert, sondern dieser allein ein Bewertungsrecht oder eine Bewertungsmöglichkeit im Sinne der Mitsprache zum Klimaschutz eingeräumt.[93]

---

86 *Jaeger*, in Business Law Transition to a Net Zero Economy, S. 40 f.

87 Ebenso *Harnos*, AG 2024, S28 (Rz. 177 ff.); *Kühle*, NZG 2023, 1583 (1588 ff.); *Vetter*, in Nietsch, Nachhaltiges Aktienrecht, S. 119 f.; AG 2023, 564 (573).

88 *Vetter*, in Nietsch, Nachhaltiges Aktienrecht, S. 120; AG 2023, 564 (573).

89 *Harnos*, AG 2024, S28 (Rz. 164, 172); siehe auch den Redebeitrag von *Hommelhoff* in der Diskussion auf dem 74. Deutschen Juristentag 2024, 74. djt, Band II/2, im Erscheinen.

90 Ebd.

91 Vgl. auch Habersack, in Burgi/Habersack, Öffentliches Recht des Unternehmens, § 4 Rn. 73, der keinen „dirigistischen Eingriff in die Organisationsverfassung" sieht; siehe auch Harnos, AG 2024, S28 (Rz. 160) zu dem Hinweis, dass keine Ewigkeitsgarantie bestünde.

92 Vgl. *Harnos*, AG 2024, S28 (Rz. 165); *Vetter*, in Nietsch, Nachhaltiges Aktienrecht, S. 117 f.; AG 2023, 564 (573); *Weller/Hoppmann*, AG 2022, 640 (642).

93 *Vetter*, in Nietsch, Nachhaltiges Aktienrecht, S. 117; AG 2023, 564 (572); siehe auch *Weller/Hoppmann*, AG 2022, 640 (642); vgl. bereits zur konzeptionellen Einordnung → B. III.

5. Zweckmäßigkeit eines Say on Climate-Votums

Zunächst sind die Vorzüge eines Say on Climate-Votums gegenüber dem Ausbau einer Say on Climate-Mitsprache aufzuzeigen (a). Die Zweckmäßigkeit eines Konsultativbeschlusses der Hauptversammlung zu einem Klimatransformationsplan der Gesellschaft richtet sich nach den möglicherweise gesteigerten Klimaschutzbemühungen von Aktiengesellschaften (b) sowie nach der Stärkung der Hauptversammlung und der Stärkung der Aktionärsrechte (c). Die Vereinbarkeit einer gesetzlichen Einführung des Say on Climate mit dem aktienrechtlichen Kompetenzgefüge (d) ist herauszuarbeiten und auf das Verhältnis zu anderen Regelungsansätzen hinzuweisen (e).

a) Vorzüge eines Say on Climate-Votums gegenüber dem Ausbau einer Say on Climate-Mitsprache

Nach der gegenwärtigen Rechtslage bestehen bereits diverse Mitsprachemöglichkeiten der Aktionäre zu unternehmerischen Klimaschutzentscheidungen.[94] Diese könnten im Sinne des Say on Climate ausgebaut werden.[95] Jedoch ist ein unmittelbar auf den unternehmerischen Klimaschutz gerichteter Hauptversammlungsbeschluss unter Anwendung des aktienrechtlichen Beschlussrechts als Say on Climate vorzugswürdig. Erforderlich wäre ein Vorschlag zur Beschlussfassung seitens des Vorstands und des Aufsichtsrats nach § 124 Abs. 3 S. 1 AktG, sodass die Verwaltung der Hauptversammlung ihre Perspektive präsentieren könnte.[96] Der Erfolg des Say on Climate wäre anhand der Abstimmungsergebnisse der Beschlussfassung messbar und repräsentativ.[97] Aktionäre und Verwaltung der Gesellschaft erhielten eine Vergleichsgröße für künftige Say on Climate-Beschlüsse.[98] Zudem entstünden Vergleichswerte gegenüber anderen umsetzenden Gesellschaften. Darüber hinaus läge in dem Klimatransformationsplan nach Art. 22 CSDDD

---

94 Vgl. für die mittelbare Einbeziehung unternehmerischer Klimaschutzentscheidungen in anderweitige Beschlusskompetenzen → C. II. 2.; vgl. für die Beleuchtung sonstiger Mitsprache Rechte *de lege lata* → C. III.

95 *De lege ferenda* eine beschlusslose Aussprache vorziehend siehe *Harnos/Holle*, AG 2021, 853 (866); vgl. den informellen Investorendialog vorziehend *von Bomhard/Redeke*, in FS Strenger, S. 87 ff.

96 Vgl. *Vetter*, in Nietsch, Nachhaltiges Aktienrecht, S. 112; AG 2023, 564 (570).

97 Vgl. *Vetter*, in Nietsch, Nachhaltiges Aktienrecht, S. 113; AG 2023, 564 (571).

98 *Vetter*, in Nietsch, Nachhaltiges Aktienrecht, S. 113; AG 2023, 564 (571); im Ergebnis ebenso *Drinhausen*, ZHR 186 (2022), 201 (208 f.).

ein eigener Beschlussgegenstand. Die Indienstnahme anderer Beschlusskompetenzen[99] würde vermieden. Zudem gelänge durch die Fokussierung auf einen Klimatransformationsplan die Abgrenzung von einem den unternehmerischen Klimaschutz übersteigenden „*Say on ESG*“[100].

b) Anstoß von Klimaschutzbemühungen der Aktiengesellschaften

Internationale Studien belegen im Zusammenhang mit Aktionärsaktivismus generell die steigende Wahrscheinlichkeit unternehmerischen Klimaschutzes.[101] Demnach ist eine Stärkung des Aktionärsaktivismus durch ein Say on Climate grundsätzlich geeignet, einen Beitrag zum unternehmerischen Klimaschutz zu leisten.[102] In diesem Sinne kann das aktive Reagieren auf die Klimakrise dem ideellen Selbstzweck des Klimaschutzes genügen.[103] Darüber hinaus kann eine langfristige Wertsteigerung verfolgt werden[104], da die

---

99 Zum Rückgriff auf die Entlastung als „Zweckentfremdung“ *Drinhausen*, ZHR 186 (2022), 201 (209).

100 Vgl. ein „*Say on ESG*“ ablehnend Fleischer/Hülse, DB 2023, 44 (53); *Jaspers*, AG 2022, 145 (151); befürwortend *Weller/Hoppmann*, AG 2022, 640 (646 f.); erwägend *Sanders*, in VGR, Gesellschaftsrecht 2022, S. 81 f.

101 *Goranova/Ryan*, Journal of Management, Volume 40 (2014), 1230 (1249 ff.) m.w.N.; zur symbolischen Auswirkung von Aktionärsanträgen *Cundill/Smart/Wilson*, International Journal of Management Reviews, Volume 20 (2018), 606 (613 ff.); für CSR-Maßnahmen in den USA *McDonnell/King/Soule*, American Sociological Review, Volume 80 (2015), 654; siehe auch *Schirmer*, ZHR 188 (2024), 60 (65).

102 *Jaeger*, in Business Law Transition to a Net Zero Economy, S. 40 ff.; siehe auch Ausdrücklich für „Nachhaltigkeitsaktivisten“ *Schirmer*, ZHR 188 (2024), 60 (64); mit Verweis auf die Selbstdarstellung von Follow This, abrufbar unter https://www.follow-this.org/our-story/; sowie die Selbstdarstellung des Dachverbands der kritischen Aktionärinnen und Aktionäre, abrufbar unter https://www.kritischeaktionaere.de/was-wir-tun/; jeweils zuletzt abgerufen am 15.05.2025; vgl. zu den Grundzügen → B. I. 3, kritisch Harnos, AG 2024, S28 (Rz. 154).

103 Vgl. abstrakt zu dieser Motivationslage des Aktionärsaktivismus *Albath*, Shareholder Activism, S. 50; *Schirmer*, ZHR 188 (2024), 60 (63 f.).

104 Vgl. die generelle wirtschaftlichen Einschätzungen von BlackRock Inc., CEO Larry Fink, in Annual 2022 Letter to CEOs, https://www.blackrock.com/corporate/investor-relations/larry-fink-ceo-letter; von State Street Corp. CEO Cyrus Taraporevala, in CEO's Letter on Our 2022 Proxy Voting Agenda, abrufbar unter https://www.ssga.com/us/en/institutional/ic/insights/ceo-letter-2022-proxy-voting-agenda; von Vanguard Inc., in Insights on Evaluating Say on Climate Proposals 2021, Harvard Law School Forum on Corporate Governance, abrufbar unter https://corpgov.law.harvard.edu/2021/06/14/vanguard-insights-on-evaluating-say-on-climate-proposals/; von The

künftigen Mehrkosten der Klimakrise die Kosten eines sofortigen Handelns übersteigen werden.[105] Schließlich können klimaschützende Maßnahmen im Einzelfall auch kurzfristig ökonomisch sinnvoll sein.[106] Nach einer aktuellen Umfrage verlangen Verbraucher und Arbeitnehmer von Unternehmen Investitionen in nachhaltige Verbesserungen für Umwelt und Gesellschaft und sind gewillt, Unternehmen entsprechend zu unterstützen oder zu benachteiligen.[107]

Allgemein wird beratenden Hauptversammlungsbeschlüssen trotz ihrer rechtlich unverbindlichen Wirkung[108] eine nicht unerhebliche faktische Wirkung aufgrund ihrer Autorität zugesprochen, im Einzelfall kann ein starker öffentlicher Druck auf die Verwaltung der Gesellschaft ausgeübt werden.[109] So reagierte der Aufsichtsrat in der bisherigen Hauptversammlungspraxis

---

Investment Association, Investing with Purpose, November 2020, S. 23, 28 f., abrufbar unter https://www.theia.org/sites/default/files/2020-11/Asset%20Management%20Taskforce_proof7.pdf; jeweils zuletzt abgerufen am 15.05.2025; vgl. abstrakt zu dieser Motivationslage des Aktionärsaktivismus *Inci*, Shareholder Engagement, S. 108; *Schön*, ZfPW 2022, 207 (234).

105 *Jaeger*, in Business Law Transition to a Net Zero Economy, S. 39 ff.; siehe beispielsweise Studie von Deloitte aus dem Jahr 2021, wonach die Kosten der Untätigkeit in den nächsten 50 Jahren sich für die deutsche Wirtschaft auf EUR 730 Millionen belaufen würden und ein jährlicher Verlust des Bruttoinlandsproduktes um 0,6 Prozent drohe. Der wirtschaftliche Wendepunkt, ab welchem der wirtschaftliche Nutzen der Bekämpfung der Klimakrise die Kosten übersteigt, wird im Jahr 2038 gesehen, Deloitte Touche Tohmatsu Limited, Der Wendepunkt, Stand 10/2021, S. 10, 16, abrufbar unter https://www2.deloitte.com/content/dam/Deloitte/global/Documents/gx-tp-executive-summary-germany.pdf, zuletzt abgerufen am 15.05.2025; vgl. abstrakt zur Motivationslage des Aktionärsaktivismus → B. I. 3.

106 *Ekardt*, Theorie der Nachhaltigkeit, S. 54 f., 69 mit Verweis auf Wärmedämmung, Heizkesseltechnik und Fensterqualität.

107 PwC, 2021 ESG Consumer Intelligence Survey, abrufbar unter https://www.pwc.com/us/en/services/consulting/library/consumer-intelligence-series/consumer-and-employee-esg-expectations.html, zuletzt abgerufen am 15.05.2025.

108 Siehe zu den Grundlagen des Konsultativbeschlusses → C. II. 1. a) cc) (2).

109 *Tröger*, in FS Cahn, S. 469; *Weller*, NJW-Beil 2024, 58 (62); *Weller/Hößl/Seemann*, ZGR 2024, 180 (217); zum *Say on Pay Gärtner/Himmelmann*, AG 2021, 259 (260); vgl. zur Effektivität des *Say on Pay Redenius-Hövermann/Bernhardt*, ZIP 2024, 603 (610 f.); generell zur faktischen Wirkung von Konsultativbeschlüssen *Çapa*, Konsultative Hauptversammlungsbeschlüsse, S. 179 ff.; *Fleischer*, AG 2010, 681 (689); *Ott*, NZG 2020, 99 (101); generell zur Druckausübung auf die Verwaltung *Schirmer*, ZHR 188 (2024), 60 (64 f.).

regelmäßig mit einer Überarbeitung auf ein ablehnendes Vergütungsvotum nach § 120a Abs. 1 AktG.[110]

aa) Erwartbarer Klimaschutz durch Aktionäre?

Fraglich ist, ob Aktionäre mit einer Say on Climate-Abstimmung tatsächlich den unternehmerischen Klimaschutz stützen würden.[111] Da institutionelle Investoren dem Say on Climate teilweise kritisch gegenüberstehen[112], ist wohl mit einer heterogenen Annahme des Say on Climate zu rechnen.[113] Eine generelle Festlegung auf „die" Investorenpräferenz ist nicht statthaft.[114] In diesem Sinne kommen probate Vorhersagen an ihre Grenzen.[115] Dennoch kann von einem relevanten Mindestinteresse der Aktionäre an einem Say on Climate ausgegangen werden. Hierfür spricht, dass sich ausgewählte institutionelle Investoren und Investoren-Netzwerke ausdrücklich für ein Say on Climate und den unternehmerischen Klimaschutz einsetzen.[116] So haben sich in den USA wiederkehrend tätige, institutionalisierte Antragsteller und Unterstützer von Aktionärsanträgen herausgebildet.[117] Vom Say on Climate überzeugte Aktionäre oder Initiativen können die Entscheidungsfreudigkeit der übrigen Aktionäre dadurch fördern, dass sie mit finanziellem

---

110 Mit Beispielen aus der Praxis *Vetter*, in Nietsch, Nachhaltiges Aktienrecht, S. 98 f.; AG 2023, 564 (672); vgl. zur Effektivität des *Say on Pay Redenius-Hövermann/Bernhardt*, ZIP 2024, 603 (610 f.).

111 Zur Fragestellung *Fleischer/Hülse*, DB, 44 (51 f.); *Kühle*, NZG 2023, 1583, (1586 f.); *Vetter*, in Nietsch, Nachhaltiges Aktienrecht, S. 106 ff.; AG 2023, 564 (567 ff.); kritisch *von Bombard/Redeke*, in FS Strenger, S. 78 ff.; *Harnos*, AG 2024, S28 (Rz. 154); *Koch/Redeke*, in VGR, Reformbedarf im Aktienrecht, Rn. 9.34; *Cahn*, NZG 2023, 299 (302); *Jaspers*, AG 2022, 145 (151).

112 Vgl. die dargestellte Positionierung von PRI und Vanguard Inc. → B. I. 1.

113 *Fleischer/Hülse*, DB, 44 (50); vgl. *Sanders*, in VGR, Gesellschaftsrecht 2022, S. 84; *Vetter*, in Nietsch, Nachhaltiges Aktienrecht, S. 111; AG 2023, 564 (570); vgl. im Ergebnis die Zweckmäßigkeit ablehnend *von Bombard/Redeke*, in FS Strenger, S. 78 ff.; siehe auch *Tröger*, in FS Cahn, S. 463 f.

114 So treffend *Habersack*, NZG 2023, 1103 (1104); vgl. zur Verteilung von ESG-Aktionärsanträgen auf verschiedene Arten von Aktionären *Bakker*, ECFR 2023, 276 (294 f.).

115 *Fleischer/Hülse*, DB, 44 (51 f.); *Sanders*, in VGR, Gesellschaftsrecht 2022, S. 74; *Vetter*, in Nietsch, Nachhaltiges Aktienrecht, S. 107 ff; AG 2023, 564 (570).

116 Vgl. zur Aufführung der Forderungen und der relevanten Akteure → B. I. 1.

117 Vgl. in den USA die Tätigkeiten von TCI und As You Sow → D. II. 4. c) bb), cc), dd); D. II. 4. d) cc).

Eigenaufwand die Abstimmung bewerben und den Klimatransformationsplan inhaltlich aufbereiten.[118] Aktionäre können die Beschlussgrundlage des Klimatransformationsplans nach Art. 22 CSDDD, wie bereits dargestellt, dahingehend bewerten, wie ambitioniert sich die Gesellschaften Ziele gesetzt haben, welche Maßnahmen die Gesellschaften ausgewählt haben und ob die Gesellschaften generell ihrem Bemühen nach der unionsrechtlichen „*best-efforts*"-Klausel Rechnung tragen.[119] Ergänzend kann eine rechtssichere und standardschaffende Ausgestaltung des Say on Climate einen Zulauf an Unterstützern begünstigen. Negativ ausfallende Abstimmungsempfehlungen von Stimmrechtsberatern können jedenfalls auf dieser Grundlage vermieden werden.[120] Bereits wenige positive Umsetzungen des Say on Climate können Vorbildwirkung entfalten und Nachahmungseffekte auslösen.[121]

bb) Stärkung der Klimaschutzbemühungen des Vorstands

Durch das Say on Climate würden die Handlungsoptionen des Vorstands in der unternehmerischen Klimastrategie der Gesellschaft gestärkt. Ein konsultativer Hauptversammlungsbeschluss über die Klimaschutzstrategie kann für den Vorstand von Vorteil sein.[122] Durch das Abstimmungsergebnis wird er entweder über einen möglichen Anpassungsbedarf informiert oder die von ihm gewählte Ausrichtung der Gesellschaft wird angenommen und gestärkt.[123] Eine Legitimierung des Vorstands durch die Aktionäre bietet sich insbesondere dann an, wenn der unternehmerische Klimaschutz sich kurzfristig negativ auf die Wirtschaftlichkeit der Gesellschaft und somit auf die Dividenden auswirken sollte.[124] In Anbetracht dessen kann insbesondere

---

118 *Vetter*, in Nietsch, Nachhaltiges Aktienrecht, S. 111; AG 2023, 564 (570).

119 Siehe bereits zum Umfang der Bewertungsmöglichkeit durch Aktionäre → E. I. 4. d).

120 Zu dem Risiko einer negativen Abstimmungsempfehlung von Stimmrechtsberatern bereits → E. I. 1.

121 Zu den sog. *Spillover*-Effekten *Schirmer*, ZHR 188 (2024), 60 (65).

122 Auch *Bachmann*, ZHR (187) 2023, 166 (204); *Drinhausen*, ZHR 186 (2022), 201 (210).

123 *Favoccia*, in Corporate Sustainability, S. 40; *Tröger*, in Kölner Kommentar AktG, § 119 Rn. 63; *Weller*, NJW-Beil 2024, 58 (62); *Weller/Hoppmann*, AG 2022, 640 (642); *Weller/Hößl/Seemann*, ZGR 2024, 180 (217).

124 *Favoccia*, in Corporate Sustainability, S. 40; VGR, AG 2022, 239 (242 f.); *Sanders*, in VGR, Gesellschaftsrecht 2022, S. 75; *Vetter*, in Nietsch, Nachhaltiges Aktienrecht, S. 114 f.; AG 2023, 564 (571 f.); in FS Seibert, S. 1038 f.; vgl. *Weller/Benz*, ZGR 2022, 563 (600 f.).

eine frühzeitige Einbindung der Aktionäre förderlich für das Verhältnis zwischen Vorstand und Aktionären sein.[125] Zudem kann ein Konsultativbeschluss unter Umständen eine „faktische Haftungsminderung" bewirken, wenn das Handeln des Vorstands im tatsächlich bekundeten, mehrheitlichen Willen der Aktionäre im Rahmen des Unternehmensinteresses liegt.[126] Zudem ließe sich die Einrede der unzulässigen Rechtsausübung erheben, wenn ein vermeintlich schadensersatzpflichtiges Verhalten zuvor mittels eines Hauptversammlungsbeschlusses gebilligt wurde.[127]

Der Vorteil gegenüber dem nach gegenwärtiger Rechtslage bereits zulässigen Verlangen eines Konsultativbeschlusses gemäß § 119 Abs. 2 AktG läge darin, dass das Vorkommen und der Einsatz eines Say on Climate und somit die Frequenz für einen Anstoß des unternehmerischen Klimaschutzes erhöht werden könnten. Bislang ist nur eine geringe unternehmensseitige Umsetzung des Say on Climate zu verzeichnen.[128] Zwar kann der Klimatransformationsplan nach Art. 22 CSDDD künftig Gesellschaften darin bestärken, eine Say on Climate-Beschlussfassung der Hauptversammlung durchzuführen.[129] Jedoch werden Gesellschaften und Vorstände erst durch eine gesetzliche Einführung des Say on Climate in die Pflicht genommen, sei es durch eine Beschlusspflicht oder durch ein Antragsrecht der Aktionäre, sich mit ihrer eigenen Klimaschutzstrategie sowie dessen Bewertung durch die Aktionäre auseinanderzusetzen.

c) Stärkung der Hauptversammlung und der Aktionärsrechte

Mit der Einführung eines Say on Climate als beratendes Aktionärsvotum zum unternehmerischen Klimaschutz ginge unabhängig von der Ausgestaltung im Einzelnen eine Stärkung der Rechte der Hauptversammlung einher, da nach gegenwärtiger Rechtslage die Bewertung eines Klimatransformationsplans

---

125 *Vetter*, in Nietsch, Nachhaltiges Aktienrecht, S. 114 f.; AG 2023, 564 (571 f.).

126 *Vetter*, in Nietsch, Nachhaltiges Aktienrecht, S. 100 f., 115; AG 2023, 564 (572); vgl. *Favoccia*, in Corporate Sustainability, S. 40; siehe zur mangelnden Anwendbarkeit der Haftungsbefreiung nach § 93 Abs. 4 S. 1 AktG → C. II. 1. a) cc) (2).

127 Siehe dazu Fleischer, in BeckOGK, AktG, § 93 Rn. 327, Stand: 01.10.2024 mit Verweis auf BGH, Urt. v. 10.07.2018 – II ZR 24/17, NJW 2018, 1189.

128 Zur Darstellung der Umsetzung durch Alzchem Group AG und GEA Group AG → C. II. 1. a) ff); zur Bewertung der geltenden Rechtslage → E. I. 1.

129 Zur möglichen Impulssetzung durch Art. 22 CSDDD → E. I. 2.

dem Zuständigkeitsbereich der Hauptversammlung entzogen ist.[130] Ebenso entstünden durch einen eigenen Tagesordnungspunkt zum unternehmerischen Klimaschutz vielfältige Anknüpfungspunkte für aktienrechtliche Mitspracherechte der Aktionäre.[131] Im Ergebnis würden Aktionäre in Klimaschutzbemühungen unterstützt, was Auswirkungen auf die Klimaschutzstrategie der Gesellschaft haben könnte. Insbesondere könnte das Ergebnis einer Say on Climate-Abstimmung Aktionäre in einem neuen oder weiteren aktivistischen Tätigwerden bekräftigen oder sogar zu einer Deinvestition motivieren.

Neben den informellen Investorendialog der Verwaltung mit institutionellen Aktionären würde eine rechtlich belastbare und formalisierte Mitsprachemöglichkeit sämtlicher Aktionäre treten.[132] Dies ist aufgrund des für Aktionäre geltenden Gleichbehandlungsgrundsatzes nach § 53a AktG[133] und des entsprechenden Rechtsgedankens von § 131 Abs. 4 AktG[134] vorzugswürdig. Die Aktionäre würden somit nicht mehr auf die mittelbare Einbeziehung unternehmerischer Klimaschutzentscheidungen in sachfremde Beschlusskompetenzen der Hauptversammlung verwiesen werden müssen.[135] Zwar ist nicht auszuschließen, dass weiter aktivistische Kampagnen im bilateralen Gespräch zum Tragen kommen könnten.[136] Jedoch läge der überwiegende Nutzen in der anschließenden, formellen Behandlung in der Hauptversammlung. Durch diese würde schließlich ein Meinungsbild der gesamten

---

130 Vgl. zur grundlegenden Kompetenzverteilung → C. I. 1.; vgl. zur historischen Entwicklung der Kompetenzverteilung → C. I. 3.

131 Vgl. für die Beleuchtung der Mitsprache Rechte der Aktionäre → C. III.

132 *Bachmann*, in VGR, Reformbedarf im Aktienrecht, Rn. 1.13; *Drinhausen*, ZHR 186 (2022), 201 (209); *Habersack*, NZG 2023, 1103 (1105); *Habersack/Vetter/Bergmann*, in VGR, Reformbedarf im Aktienrecht, Rn. 2.28; *Vetter*, in Nietsch, Nachhaltiges Aktienrecht, S. 112 ff.; AG 2023, 564 (571); vgl. *Sanders*, in VGR, Gesellschaftsrecht 2022, S. 79 f.; *Vetter*, in FS Seibert, S. 1040; *kritisch Harnos*, AG 2024, S28 (Rz. 155).

133 *Habersack*, NZG 2023, 1103 (1105); *Kühle*, NZG 2023, 1583 (1587); siehe zum Gleichbehandlungsgrundsatz *Verse*, Der Gleichbehandlungsgrundsatz im Recht der Kapitalgesellschaften, S. 534 ff.

134 *Harnos*, AG 2024, S28 (Rz. 166).

135 So auch *Drinhausen*, ZHR 186 (2022), 201 (209) zur „Zweckentfremdung"; vgl. für die mittelbare Einbeziehung unternehmerischer Klimaschutzentscheidungen in anderweitige Beschlusskompetenzen → C. II. 2.

136 So *Fleischer/Hülse*, DB, 44 (50).

Aktionäre erzeugt und es bestünde die Möglichkeit einer Mehrheitsfindung.[137] Sofern das Say on Climate zu Kontroversen zwischen Aktionären und Verwaltung führen könnte[138], sollte das Maß des bisher zulässigen Aktionärsaktivismus nicht überschritten werden. Insbesondere ist bereits den bestehenden Vorgehensweisen stets eine gewisse Öffentlichkeitswirkung immanent.[139] Schließlich würde das Say on Climate für die Aktionäre eine Möglichkeit begründen, die Verwaltung in der Hauptversammlung geordnet nach aktienrechtlichen Vorgaben zu konfrontieren.

d) Kein ausschließliches Verhältnis zu anderen Regelungsansätzen

Abschließend kann es sich beim Say on Climate, aufgrund der Komplexität der Klimakrise und des unternehmerischen Anteils daran, nicht um den einzigen und für die Bewältigung effektivsten Lösungsansatz handeln. Das Say on Climate ist neben weiteren Lösungsmöglichkeiten eine spezifische Anpassungsmöglichkeit des Gesellschaftsrechts zum Zwecke des Klimaschutzes. Im Aktienrecht können unter anderem Rechtsform und Rechtsformzusatz sowie das Pflichtenprofil des Leitungsorgans Vorstand und/oder des Kontrollorgans Aufsichtsrat Anknüpfungspunkte bieten.[140] Die jeweiligen Ansätze schließen sich nicht aus, sondern können sich, je nach Ausgestaltung, wechselseitig ergänzen.[141] Ebenfalls steht ein Say on Climate der Stärkung

---

137 *Vetter*, in Nietsch, Nachhaltiges Aktienrecht, S. 113; AG 2023, 564 (571); bereits generell zur Zulässigkeit von Konsultativbeschlüssen *Vetter*, in FS Seibert, S. 1040; kritisch *van Olffen/Breukink*, ECFR 2023, 745 (752).

138 So *Fest*, AG 2024, 269 (280).

139 Siehe nur den Fall Volkswegen und die verbundene Berichterstattung → C. II. 2. c) aa) (1).

140 Im Einzelnen vgl. *Fleischer*, DB 2022, 37 (44 f.); *Haubold*, Normierung der Unternehmensziele im Lichte der Nachhaltigkeit, S. 443 ff.; *Schockenhoff*, AG 2024, 597; *Weller*, NJW-Beil 2024, 58 (61); *Weller/Hößl/Seemann*, ZGR 2024, 180 (183); *Zimmermann/Weller*, ZHR (187) 2023, 594.

141 Ebenso *Weller*, in 74. djt, Band I, F 59 für einen „*smart mix*"; siehe im Einzelnen die Empfehlungen von *Weller*, in 74. djt, Band I, F 59 ff.; NJW-Beil 2024, 58 (61 f.); *Weller/Hößl/Seemann*, ZGR 2024, 180 (207 ff.); *Weller/Schwemmer*, AG 2024, 517 (522 ff.); eine Staffelung nach Vorstand, Aufsichtsrat und zuletzt Hautversammlung befürwortend *Haubold*, Normierung der Unternehmensziele im Lichte der Nachhaltigkeit, S. 466 f., 489 ff.; für eine immanente Aktienrechtsreform *Kneissl*, ZIP 2024, 2854.

anderer ESG-Belange nicht entgegen.[142] Durch die Konzentration auf den unternehmerischen Klimaschutz werden Zielkonflikte gegenüber einem umfassenden „*Say on Sustainability*" oder „*Say on ESG*" vermieden.[143]

6. Zwischenergebnis

Der Klimatransformationsplan nach Art. 22 CSDDD sollte zum Anlass genommen werden, über die Beschluss-Vorlagemöglichkeit des Vorstands nach § 119 Abs. 2 AktG hinaus ein beratendes Say on Climate-Votum der Hauptversammlung einzuführen. Zwar bestehen Vorbehalte gegenüber der unmittelbaren Klimawirksamkeit des Say on Climate und dem Kosten-Nutzen-Verhältnis einer Einführung. Jedoch würde ein Say on Climate-Hauptversammlungsbeschluss eine rechtssichere Mitsprache der Aktionäre in Beschlussform erzeugen und unter einem eigenen Tagesordnungspunkt einen zielgerichteten Dialog zwischen der Verwaltung und den Aktionären über die Klimatransformation der Gesellschaft eröffnen. Insofern wäre das Say on Climate jedenfalls geeignet, unterstützend für den Klimaschutz zu wirken. Die Klimaschutzstrategie des Vorstands betrifft die Verwendung des investierten Eigenkapitals der Aktionäre und fällt somit in deren unmittelbares Interesse. Über den Austausch innerhalb der einzelnen Gesellschaft hinaus könnten auch Vorstände und Aktionäre anderer Aktiengesellschaften motiviert werden, die unternehmerische Klimaschutzstrategie zu reflektieren und in den Vergleich zu treten. In der Orientierung an der künftigen Planerstellungspflicht nach Art. 22 CSDDD können Aufwand und Kosten der Gesellschaften geringgehalten werden. Das Say on Climate kann ein zweckmäßiger Bestandteil der Klimatransformation deutscher Unternehmen sein.

---

142 Vgl. zum Verhältnis der Stärkung von Umweltbelangen „*environmental*" im Vergleich zu „*social*"-Belangen *von Bomhard/Redeke*, in FS Strenger, S. 86; *Gözlügöl*, SAFE Working Paper No. 325.

143 *Weller*, in 74. djt, Band I, F 36 f.; zu den möglichen Zielkonflikten *von Bomhard/Redeke*, in FS Strenger, S. 86; *Koch*, AG 2023, 553 (561 ff.); *Merkner/Schulenburg/Elixmann*, AG 2024, 257 (261).

II. Einführung eines Say on Climate-Votums zum Klimatransformationsplan

Nachstehend sind Regelungsvorschläge für die Einführung eines konsultativen Say on Climate-Votums in Gestalt der Billigung des Klimatransformationsplans nach Art. 22 CSDDD durch die Hauptversammlung zu diskutieren. Zunächst kann das Say on Climate als sog. *„soft law“* in den Deutschen Corporate Governance Kodex aufgenommen werden (1.). Daneben kommt ein Tätigwerden des deutschen Gesetzgebers in Betracht. Dieser kann das Say on Climate gesetzlich als obligatorische Beschlusspflicht (2.) oder als ein fakultatives Beschlussrecht der Hauptversammlung, auf welches ein Tagesordnungsergänzungsverlangen der Aktionäre nach § 122 Abs. 2 AktG Anwendung käme, (3.) ausgestalten. Schließlich kann ein Say on Climate auch auf einem Unionsrechtsakt basieren (4.).

1. Förderung des Say on Climate durch Deutschen Corporate Governance Kodex

Ein Say on Climate-Beschluss der Hauptversammlung zum Klimatransformationsplan nach Art. 22 CSDDD könnte im Deutschen Corporate Governance Kodex adressiert werden.[144] Die Regierungskommission Deutscher Corporate Governance Kodex könnte für den Vorstand eine Empfehlung (*„soll“*) oder Anregung (*„sollte“*) aufnehmen, die den Einsatz einer Vorstandsvorlage nach § 119 Abs. 2 AktG im Sinne des Say on Climate betrifft. Der Kodex richtet sich nach § 161 Abs. 1 S. 1 und 2 AktG ausdrücklich an börsennotierte Aktiengesellschaften und Aktiengesellschaften mit Kapitalmarktzugang.[145] Nach eigener Angabe des Kodex mögen die Empfehlungen und Anregungen auch nicht adressierten Gesellschaften zur Orientierung dienen.[146] Nur Kodex-Empfehlungen sind Gegenstand der gesetzlichen Pflicht der Verwaltung betroffener Gesellschaften, gemäß § 161 AktG Entsprechungserklärungen abzugeben und Abweichungen zu begründen (sog. *„comply or explain“*).[147]

---

[144] Deutscher Corporate Governance Kodex in der Fassung vom 28.04.2022, abrufbar unter https://www.dcgk.de/de/kodex/aktuelle-fassung/praeambel.html; zuletzt abgerufen am 15.05.2025.

[145] DCGK Präambel Abs. 7.

[146] DCGK Präambel Abs. 7.

[147] *Bayer/Scholz*, in BeckOGK, AktG, § 161 Rn. 2 ff., 20, Stand: 01.02.2024.

a) Vorstandsverlangen bei qualifiziertem Verlangen der Aktionäre

Der Vorstand könnte angeregt werden oder es könnte ihm empfohlen werden, im Fall eines qualifizierten Verlangens der Aktionäre nach § 119 Abs. 2 AktG von der Hauptversammlung eine konsultative Beschlussfassung[148] zu verlangen. Die Gesellschaftsrechtliche Vereinigung (VGR) sprach sich in ihrer Stellungnahme zur Reform des Deutschen Corporate Governance Kodex 2022 ausdrücklich für eine zusätzliche Anregung A.10 in dieser Gestalt aus und nahm inhaltlich Bezug auf das Quorum des Tagesordnungsergänzungsverlangens nach § 122 Abs. 2 S. 1 AktG.[149] Dem Vorschlag der Gesellschaftsrechtlichen Vereinigung haben sich Teile der Literatur angeschlossen.[150] Die Regierungskommission entschied sich jedoch nicht dazu, die Anregung in der Kodex Reform 2022 zu übernehmen.[151] Der Vorschlag der Gesellschaftsrechtlichen Vereinigung für die Anregung A.10 lautete:

> „*Der Vorstand sollte der Hauptversammlung seinen Plan zum Umgang mit klimaschädlichen Emissionen und deren Reduzierungen sowie einen Bericht zu dessen Umsetzung jedenfalls dann zur Billigung vorlegen, wenn Aktionäre, deren Anteile den 20. Teil des Grundkapitals oder den anteiligen Betrag von EUR 500.000 erreichen, dies verlangen.*“[152]

Über eine Anregung hinaus käme die Ausgestaltung als Empfehlung in Betracht.[153] Dies lehnte die Gesellschaftsrechtliche Vereinigung ab, da es sich

---

148 Vgl. zur Rechtslage des vom Vorstand verlangten Konsultativbeschlusses → C. II. 1. a) dd).

149 VGR, AG 2022, 239 (242 f.).

150 Vgl. *Bachmann*, ZHR (187) 2023, 166 (204); ZHR (186) 2022, 641 (650); *Habersack*, NZG 2023, 1103 (1105); *Sanders*, in VGR, Gesellschaftsrecht 2022, S. 80; *Vetter*, in Nietsch, Nachhaltiges Aktienrecht, S. 133; AG 2023, 564 (577); zum „*Say on ESG*“ für „große Richtungsentscheidungen“ *Weller/Hoppmann*, AG 2022, 640 (647); vgl. zum Stand 2024 *Habersack/Vetter*, in VGR, Reformbedarf im Aktienrecht, Rn. 1.14, Rn. 2.29.

151 Deutscher Corporate Governance Kodex in der Fassung vom 28.04.2022, abrufbar unter https://www.dcgk.de/de/kodex/aktuelle-fassung/praeambel.html; zuletzt abgerufen am 15.05.2025.

152 VGR, AG 2022, 239 (242 f.).

153 Eine Empfehlung mit einem eigenen Ergänzungsvorschlag für den DCGK befürwortend *Komo/Mathias/Schimmel*, NZG 2025, 152 (157 f.); siehe auch die Überlegungen für ESG-Themen von *Sanders*, in VGR, Gesellschaftsrecht 2022, S. 83; nicht ausschließend

inhaltlich um eine „neue Gestaltung" der deutschen Hauptversammlungspraxis handeln würde, die zum damaligen Zeitpunkt in der Praxis und in der Wissenschaft noch nicht ausreichend diskutiert worden sei.[154] Eine Empfehlung wäre jedoch nicht zwingend auszuschließen. Nach dem Selbstverständnis des Kodex ist für Empfehlungen und Anregungen grundsätzlich erforderlich, dass sie national und international als „Standard guter und verantwortungsvoller Unternehmensführung anerkannt sind".[155] Für das Say on Climate spräche die internationale Nachfrage[156], der zunehmende Einsatz[157] sowie die Geeignetheit des Say on Climate den unternehmerischen Klimaschutz zu unterstützen[158], wenngleich es aufgrund der heterogenen Rezeption des Say on Climate[159] fraglich ist, ob es sich bereits um einen anerkannten Standard handelt. Es würde jedoch an das bekannte und bewährte Aktionärsrecht nach § 122 Abs. 2 AktG angeknüpft. Zwar wäre nach gegenwärtiger Rechtslage ein Tagesordnungsergänzungsverlangen mangels Hauptversammlungszuständigkeit unzulässig.[160] Jedoch könnte sich der Vorstand in Reaktion auf ein unzulässiges Tagesordnungsergänzungsverlangen dessen Inhalt zu eigen machen und von einer Vorstandsvorlage nach § 119 Abs. 2 AktG Gebrauch machen.[161]

Nach gegenwärtiger Fassung des Kodex 2022 käme eine Platzierung im Abschnitt „A. Leitung und Überwachung", Unterabschnitt „III. Funktion der Hauptversammlung", unter Ziffer A.9 in Betracht. Der

Bachmann, ZHR (186) 2022, 641 (650); *Vetter*, in Nietsch, Nachhaltiges Aktienrecht, S. 133 f.; AG 2023, 564 (577).

154 VGR, AG 2022, 239 (242 f.).

155 DCGK Präambel Abs. 3.

156 Vgl. für die internationale Nachfrage nach dem Say on Climate → B. I. 1.

157 Siehe nur den Einsatz bei US-amerikanischen Gesellschaften → D. I. 2., II. 4.; sowie zur Umsetzung durch die börsennotierten Gesellschaften Alzchem Group AG und GEA Group AG → C. II. 1. a) ff).

158 Vgl. bereits → E. I. 5.

159 Vgl. bereits → E. I. 3., 5. b) aa).

160 Vgl. zur Betrachtung der Grundsätze des § 122 Abs. 2 AktG *de lege lata* → C. II. 1. c) aa); zur Betrachtung unverlangte Konsultativbeschlüsse *de lege lata* → C. II. 1. c) bb), cc); zur historischen Entwicklung der Kompetenzverteilung → C. I. 3. und zur grundlegenden Kompetenzverteilung → C. I. 1.

161 Vgl. → C. II. 1. c) cc).

Klimatransformationsplan nach Art. 22 CSDDD dient als taugliche Beschlussgrundlage für das Say on Climate.[162]

Eine Empfehlung gegenüber dem Vorstand, das Say on Climate im Falle eines qualifizierten Verlangens der Aktionäre umzusetzen, könnte lauten:

„DCGK n.F. (Entwurf) Empfehlung:
A.9 Der Vorstand soll der Hauptversammlung seinen Klimatransformationsplan [nach Art. 22 CSDDD] zur Billigung vorlegen, wenn Aktionäre, deren Anteile den zwanzigsten Teil des Grundkapitals oder den anteiligen Betrag von 500 000 Euro erreichen, dies verlangen.“

b) Vorstandsverlangen unabhängig von einem Verlangen der Aktionäre

Der Deutsche Corporate Governance Kodex könnte sich auch auf den Einsatz einer Vorstandsvorlage nach § 119 Abs. 2 AktG richten, ohne dass es auf ein qualifiziertes Verlangen der Aktionäre ankäme. In diesem Fall würde unmittelbar ein Anreiz für den Vorstand entstehen, ein Say on Climate umzusetzen, sodass im Hinblick auf die Wirkung des § 161 AktG eine Anregung der Empfehlung vorzuziehen wäre.

Eine Anregung des Vorstands, das Say on Climate umzusetzen, könnte lauten:

„DCGK n.F. (Entwurf) Anregung:
A.9 Der Vorstand sollte der Hauptversammlung jährlich seinen Klimatransformationsplan [nach Art. 22 CSDDD] zur Billigung vorlegen.“

c) Kombination aus Anregung und Empfehlung

Schließlich könnte sich eine Kombination der vorgestellten Anregung des Vorstands zum Verlangen eines Say on Climate-Hauptversammlungsbeschlusses[163] mit einer Empfehlung für den Fall des qualifizierten Verlangens

---

[162] Vgl. zum Klimatransformationsplan nach Art. 22 CSDDD als taugliche Beschlussgrundlage des Say on Climate *de lege ferenda* → E. I. 2. b).

[163] Siehe dazu → E. II. 1. b).

der Aktionäre[164] anbieten. Die Kombination von Anregung und Empfehlung könnte lauten:

> „DCGK n.F. (Entwurf) Anregung und Empfehlung:
> *A.9 Der Vorstand sollte der Hauptversammlung jährlich seinen Klimatransformationsplan [nach Art. 22 CSDDD] zur Billigung vorlegen.*
> *A.10 Der Vorstand soll jedenfalls dann der Hauptversammlung seinen Klimatransformationsplan [nach Art. 22 CSDDD] zur Billigung vorlegen, wenn Aktionäre, deren Anteile den zwanzigsten Teil des Grundkapitals oder den anteiligen Betrag von 500 000 Euro erreichen, dies verlangen.*“

d) Stellungnahme zum Say on Climate im Deutschen Corporate Governance Kodex

Vorteilhaft an einer Förderung des Say on Climate im Deutschen Corporate Governance Kodex wäre, dass gegenüber einer einfachgesetzlichen Rechtsänderung die grundlegende aktienrechtliche Kompetenzverteilung unangetastet bliebe. Der Einsatz des Say on Climate könnte vom Gesetzgeber weiter beobachtet werden, um den Regelungsbedarf des Say on Climate zu ermitteln.[165] Auch kann die Förderung des Say on Climate im Deutschen Corporate Governance Kodex als Übergangsregelung bis zur einfachgesetzlichen Umsetzung dienen[166] und diese vorbereiten.

Insbesondere würde durch die Ausgestaltung als Anregung das Say on Climate minimalinvasiv und in niederschwelliger Weise adressiert werden.[167] Vorstände von Aktiengesellschaften könnten in ihrer Akzeptanz des Say on Climate unterstützt werden und zu einem gesteigerten Einsatz des § 119 Abs. 2 AktG motiviert werden.[168] Insbesondere können auch Anregungen stets freiwillig in die Entsprechungserklärungen aufgenommen werden.[169] Nicht auszuschließen ist eine sich verstärkende Wirkung über den

---

164 Siehe dazu → E. II. 1. a).

165 Dies befürwortend *Bachmann*, ZHR (187) 2023, 166 (204); vgl. *Hell*, ZVglRWiss 119 (2020), 314 (336).

166 Dies befürwortend *Vetter*, in Nietsch, Nachhaltiges Aktienrecht, S. 133.

167 Ebenso *Komo/Mathias/Schimmel*, NZG 2025, 152 (158).

168 Ebenso *Komo/Mathias/Schimmel*, NZG 2025, 152 (158); sowie VGR, AG 2022, 239 (243).

169 Generell *Vetter*, in Henssler/Strohn, AktG, § 161 Rn. 10.

Anwendungsbereich des Deutschen Corporate Governance Kodex hinaus. Darüber hinaus ginge eine Empfehlung mit einem Rechtfertigungsdruck und einem faktischen Befolgungsdruck gemäß § 161 AktG einher.[170] Soll der Vorstand nach § 119 Abs. 2 AktG der Hauptversammlung einen Say on Climate-Beschluss zur Beschlussfassung vorlegen, ohne dass es auf ein Verlangen der Aktionäre ankäme, wäre eine Anregung indiziert. Im Hinblick auf § 161 AktG käme die größte Wirkung einer Kombination mit einer Empfehlung für den Fall des qualifizierten Verlangens der Aktionäre zu. Es würde eine Abstufung von Empfehlung und Anregung nach der Nachfrage der Aktionäre erzeugt.

Gegen eine alleinige Aufnahme des Say on Climate im Deutschen Corporate Governance Kodex spricht, dass eine Anregung oder Empfehlung nur die bestehende Rechtslage unterstützt, den Aktionären bzw. der Hauptversammlung jedoch keine gesteigerte Rechtsstellung verschafft. Es verbliebe bei der bestehenden Rechtslage, nach welcher aus der Aktionärsperspektive allein ein gewillkürtes Say on Climate in Abhängigkeit einer Vorstandsentscheidung möglich ist. Denn selbst über eine weiterreichende Kodex-Empfehlung könnte sich der Vorstand, unter Beachtung des § 161 AktG, hinwegsetzen. Selbst wenn Vorstände im Einsatz des § 119 Abs. 2 AktG bestärkt würden, könnte eine Anregung oder Empfehlung keine Rechtssicherheit schaffen. Auch die Auswahl der Informations- und Beschlussgrundlage des Say on Climate verbliebe im Ermessen des Vorstands, sodass nur eine geringe Vergleichsgrundlage für Say on Climate-Beschlüsse geschaffen würde. Schließlich vermag allein eine einfachgesetzliche Regelung durch den Ausschluss der Anfechtbarkeit nach § 243 AktG Rechtssicherheit für Konsultativbeschlüsse herzustellen. Allenfalls als Übergangslösung bietet sich die Kombination einer generellen Anregung zum Einsatz des § 119 Abs. 2 AktG im Sinne des Say on Climate und einer Empfehlung für den Fall des qualifizierten Verlangens der Aktionäre im Corporate Governance Kodex im Hinblick auf die Umsetzungsfristen der *Corporate Sustainability Due Diligence*-Richtlinie an.

---

170 Generell für Empfehlungen des Deutschen Corporate Governance Kodex *Bayer/Scholz*, in BeckOGK, AktG, § 161 Rn. 8, Stand: 01.02.2024.

2. Obligatorisches Say on Climate-Votum durch Beschlusspflicht der Hauptversammlung

Ein Say on Climate-Votum zum Klimatransformationsplan nach Art. 22 CSDDD könnte durch eine eigene Beschlusskompetenz der Hauptversammlung geschaffen werden. Durch das Festlegen eines zwingenden Tagesordnungspunkts entstünde eine Beschlusspflicht der Hauptversammlung, welche über ein bloßes Beschlussrecht hinausginge. Hierfür kann das Regelungskonzept des *Say on Pay* nach § 120a AktG eine Grundlage bieten.

a) Beschlusspflicht durch zwingenden Tagesordnungspunkt

Die *Say on Pay*-Beschlussfassung der Hauptversammlung geht für das Vergütungssystem nach § 120a Abs. 1 AktG mit einem gesetzlich zwingenden Tagesordnungspunkt einher.[171] Es besteht hierzu zum einen eine Beschlusspflicht der Hauptversammlung, grundsätzlich im Abstand eines vierjährigen Turnus, und zum anderen eine korrelierende Verpflichtung des Aufsichtsrats, der Hauptversammlung das Vergütungssystem vorzulegen.[172] Daneben trifft den Aufsichtsrat nach § 124 Abs. 3 S. 1 AktG die Pflicht, einen Vorschlag zur Beschlussfassung zu unterbreiten. Dementsprechend könnte der Gesetzgeber einen zwingenden Tagesordnungspunkt und eine Beschlusspflicht der Hauptversammlung zur Billigung des vorzulegenden Klimatransformationsplans schaffen. Den Vorstand sollte die Vorlageverpflichtung der Beschlussgrundlage gegenüber der Hauptversammlung treffen, denn der Vorstand ist nach §§ 76, 77 AktG in Verbindung mit dem in nationales Recht umzusetzenden Art. 22 Abs. 1 CSDDD dafür verantwortlich, den Klimatransformationsplan zu erstellen und umzusetzen. Zur Durchführung der Beschlussfassung der Hauptversammlung wären nach den allgemeinen Grundsätzen des § 124 Abs. 3 S. 1 AktG sowohl Vorstand als auch Aufsichtsrat verpflichtet, einen Vorschlag zur Beschlussfassung zu unterbreiten. Käme der Vorstand seiner gesetzmäßigen Vorlageverpflichtung nicht nach und würde er das Say on Climate-Votum nicht in die Tagesordnung aufnehmen, könnten die

---

171 *Hoffmann*, in BeckOGK, AktG, § 120a Rn. 21 ff., 28 ff., 35 f., Stand: 01.10.2024; Koch, AktG, § 120a Rn. 3 ff.

172 Ebd.

Aktionäre von einem Ergänzungsverlangen nach § 122 Abs. 2 AktG Gebrauch machen.[173]

b) Turnus

Für das verpflichtende Say on Climate-Votum wäre ein einjähriger Turnus zu wählen,[174] da der Klimatransformationsplan nach Art. 22 Abs. 3 CSDDD jährlich zu überarbeiten ist.[175] Zudem schafft eine jährliche Abstimmung eine bessere Vergleichsgrundlage gegenüber anderen Gesellschaften sowie gesellschaftsintern für die Folgejahre.[176]

c) Ausschluss der Anfechtbarkeit

In Anlehnung an § 120a Abs. 1 AktG könnte die Anfechtbarkeit des Say on Climate-Votums als Konsultativbeschluss rechtssicher ausgeschlossen werden.[177] Dies entspricht der verbreiteten Annahme, dass ein unanfechtbares Say on Climate zum Ausschluss von Klagerisiken vorzugswürdig sei.[178] Dem ist zuzustimmen, da dem Ausschluss der Anfechtbarkeit eine Befriedungswirkung zukommt.

---

173 Für das *Say on Pay Hoffmann*, in BeckOGK, AktG, § 120a Rn. 21 ff., 35 f., Stand: 01.10.2024.

174 So die Forderung der Say-on-Climate-Initiative → B. I. 2., II. 1. a); einen einjährigen Turnus für das „*Say on ESG*" befürwortend *Weller/Hoppmann*, AG 2022, 640 (646 f.); einen einjährigen Turnus für das Say on Climate befürwortend *Vetter*, in Nietsch, Nachhaltiges Aktienrecht, S. 116 ff.; AG 2023, 564 (571 ff.).

175 Vgl. zum Klimatransformationsplan nach Art. 22 CSDDD als taugliche Beschlussgrundlage des Say on Climate *de lege ferenda* → E. I. 2. b).

176 Vgl. zum Element der Vergleichbarkeit → E. I. 1., 5. a).

177 Zur Motivationslage des Gesetzgebers beim *Say on Pay Gärtner/Himmelmann*, AG 2021, 259 (265) sowie der Gesetzesentwurf der Bundesregierung, Entwurf eines Gesetzes zur Umsetzung der zweiten Aktionärsrechterichtlinie (ARUG II), BT-Drs. 19/9739, S. 93; ebenso *Vetter*, in Nietsch, Nachhaltiges Aktienrecht, S. 133; AG 2023, 564 (577); *Weller*, NJW-Beil 2024, 58 (62); *Weller/Hoppmann*, AG 2022, 640 (646); *Weller/Höẞl/Seemann*, ZGR 2024, 180 (217).

178 Siehe *Bachmann*, ZHR (187) 2023, 166 (204); *Sanders*, in VGR, Gesellschaftsrecht 2022, S. 82 f.; *Weller*, NJW-Beil 2024, 58 (62); *Weller/Hoppmann*, AG 2022, 640 (646); *Weller/Höẞl/Seemann*, ZGR 2024, 180 (217); zu den Hintergründen *Çapa*, Konsultative Hauptversammlungsbeschlüsse, S. 168 ff.; *Harnos/Holle*, AG 2021, 853 (860 f.); *Vetter*, in Nietsch, Nachhaltiges Aktienrecht, S. 99, 126; AG 2023, 564 (574 f.).

d) Billigung und Verweigerung der Billigung

Nach § 133 Abs. 1 AktG würde die Billigung des Klimatransformationsplans grundsätzlich die einfache Stimmenmehrheit erfordern, soweit die Satzung nicht eine größere Mehrheit bestimmt.[179] Für den Fall der Nichtbilligung könnte in Anlehnung an § 120a Abs. 3 AktG die gesetzliche Anordnung zur Vorlage eines „überprüften" Klimatransformationsplans auf der nächsten ordentlichen Hauptversammlung übernommen werden. Dies würde dem Ziel dienen, den Vorstand anzuregen, sich mit den Inhalten des Klimatransformationsplans auseinanderzusetzen. Weitergehend könnte für den Fall der Missbilligung auch eine Überarbeitungspflicht des Vorstands aufgenommen werden. Eine solche wird teilweise in richtlinienkonformer Auslegung des § 120a Abs. 3 AktG angenommen.[180] Zwar würde eine Überarbeitungspflicht dem Hauptversammlungsbeschluss eine gesteigerte Wirkung verleihen, jedoch ist aufgrund des rechtlich unverbindlichen und rein beratenden Charakters des Say on Climate als Konsultativbeschluss eine bloße Überprüfung durch den Vorstand vorzuziehen. Zumal die Möglichkeit besteht, dass sich die Hauptversammlung mit ihrer Missbilligung des Klimatransformationsplans gegen ein Mehr an unternehmerischen Klimaschutz ausspricht.

e) Anwendungsbereich

Grundsätzlich wird für das Say on Climate *de lege ferenda* der Anwendungsbereich auf börsennotierte Aktiengesellschaften oder sämtliche Aktiengesellschaften diskutiert.[181] Nach der an dieser Stelle vorgestellten Ausgestaltung als obligatorische Beschlusspflicht würde nach dem Vorbild des *Say on Pay*

---

179 Für das *Say on Pay* vgl. nur *Kubis*, in MüKo AktG, § 120a Rn. 10.

180 *Redenius-Hövermann/Bernhardt*, ZIP 2024, 603 (606) m.w.N.

181 Offenlassend *Sanders*, in VGR, Gesellschaftsrecht 2022, S. 82; noch vor Beschluss der CSDDD in ihrer finalen Fassung im Anwendungsbereich für börsennotierte sowie mitbestimmte Aktiengesellschaften *Weller*, in 74. djt, Band I, F 100; sowie *Weller/Hößl/Seemann*, ZGR 2024, 180 (217 ff.); generell für Großunternehmen *Weller/Hößl/Seemann*, ZIP 2024, 209 (216); siehe auch die klarstellende Stellungnahme in der Diskussion zum 74. Deutschen Juristentag 2024 für eine Anwendung auf rechtsformneutrale, größenabhängige Gesellschaften nach finaler Fassung der CSDDD *Weller*, 74. djt, Band II/2, im Erscheinen; zum Risiko des sog. „Going Private" durch die Beschränkung auf börsennotierte Gesellschaften *von Bombard/Redeke*, in FS Strenger, S. 89 f.; *Jaeger*, in Business Law Transition to a Net Zero Economy, S. 42; eine Beschränkung auf börsennotierte Unternehmen als zu begrenzt erachtend *Habersack/*

gemäß § 120a Abs. 1 AktG eine Vorlagepflicht des Vorstands geschaffen. Diese setzt zwingend eine vorhergehende Planerstellung seitens der Gesellschaft voraus. Dementsprechend sollte der Anwendungsbereich dem Kreis der nach Art. 22 Abs. 1 CSDDD zur Erstellung eines Klimatransformationsplans verpflichteten Aktiengesellschaften und dessen künftiger Umsetzung in nationales Recht folgen. Eine Begrenzung auf die Gesellschaften, die ohnehin vom bürokratischen Aufwand der richtliniengemäßen Berichtspflicht betroffen sind, scheint angesichts des zwingenden Charakters der Beschlusspflicht und der einhergehenden Vorlagepflicht des Vorstands vorzugswürdig. Hierdurch könnte der Eingriff in die Leitungs- und Geschäftsführungsautonomie des Vorstands möglichst geringgehalten werden. Nach Art. 37 Abs. 1 CSDDD, in seiner durch die Omnibus-I-Richtlinie geänderten Fassung, hat der deutsche Gesetzgeber bis zum 26. Juli 2027, Zeit, die Vorgaben in nationales Recht umzusetzen, wobei die Anwendung der Richtlinie auf betroffene Unternehmen unter einer Staffelung nach Umsatzschwellen und Beschäftigtenzahl steht.[182] Bislang liegt kein Entwurf für ein Umsetzungsgesetz vor. Da der Umfang der Umsetzung noch nicht absehbar ist, ist für den Anwendungsbereich vorerst auf Art. 22 Abs. 1 UAbs. 1 i.V.m. Art. 2 Abs. 1 CSDDD zu verweisen. Danach würden der Say on Climate-Beschlusspflicht Aktiengesellschaften unterliegen, die im letzten Geschäftsjahr im Durchschnitt mehr als 1.000 Beschäftigte und einen weltweiten Nettoumsatz von mehr als EUR 450.000.000 hatten[183] oder oberste Muttergesellschaften einer Gruppe

---

Vetter/Bergmann, in VGR, Reformbedarf im Aktienrecht, Rn. 2.30; generell *Steuer*, ZIP 2023, 13 (15).

182 Siehe für die Omnibus-I-Richtlinie hinsichtlich der der Umsetzung der *Corporate Sustainability Due Diligence*-Richtlinie und der Anwendung auf die jeweiligen Unternehmensgruppen den Änderungsvorschlag der Europäischen Kommission für Art. 37 CSDDD zur Verschiebung der Umsetzungsfrist und Anwendungsfristen um ein Jahr, Europäische Kommission, Vorschlag für eine Richtlinie des Europäischen Parlaments und des Rates zur Änderung der Richtlinien (EU) 2022/2464 und (EU) 2024/1760 bezüglich der Termine, ab denen die Mitgliedstaaten bestimmte Anforderungen an die Nachhaltigkeitsberichterstattung und die Sorgfaltspflichten von Unternehmen erfüllen müssen, vom 26.02.2025, COM(2025)80, Art. 2, wofür das Europäische Parlament am 03.04.2025 abstimmte und welchem der Europäische Rat am 14.04.2025 im Dringlichkeitsverfahren zustimmte, die Änderungsrichtlinie ist noch im Amtsblatt der Europäischen Union zu veröffentlichen.

183 Art. 2 Abs. 1 a) CSDDD.

sind, die diese Schwellenwerte erreicht hat[184]. Weiter würden auch solche Aktiengesellschaften im Anwendungsbereich des Say on Climate liegen, die in der Europäischen Union Franchise- oder Lizenzvereinbarungen gegen Lizenzgebühren in Höhe von mehr als EUR 22.500.000 mit unabhängigen Drittunternehmen geschlossen haben, oberste Muttergesellschaften einer Gruppe sind, die solche Vereinbarungen geschlossen hat, sofern ein weltweiter Nettoumsatz von mehr als EUR 80.000.000 erzielt wurde, oder oberste Muttergesellschaften einer Gruppe sind, die im letzten Geschäftsjahr einen weltweiten Nettoumsatz von mehr als EUR 80.000.000 erzielt hat.[185]

f) Verhältnis zur *Corporate Sustainability Due Diligence*-Richtlinie

Die *Corporate Sustainability Due Diligence*-Richtlinie enthält keine Verpflichtung der Gesellschaften, den Klimatransformationsplan nach Art. 22 Abs. 1 CSDDD der Hauptversammlung zur Billigung vorzulegen. Demnach würde die einfachgesetzliche Einführung einer Say on Climate-Beschlusspflicht durch den deutschen Gesetzgeber einer überschießenden Umsetzung der *Corporate Sustainability Due Diligence*-Richtlinie entsprechen. Dies wäre aufgrund der Mindestharmonisierung in Art. 22 CSDDD zulässig, da es sich nach Art. 4 Abs. 1 CSDDD nur bei Art. 8 Abs. 1 und Abs. 2, Art. 10 Abs. 1, Art. 11 Abs. 1 CSDDD um eine Vollharmonisierung handelt, von deren Inhalten in der nationalen Umsetzung nicht abgewichen werden darf. Davon abgesehen können nach Art. 4 Abs. 2 CSDDD strengere Bestimmungen eingeführt werden, um beispielsweise höhere Standards des Klimaschutzes zu erreichen.

g) Verhältnis zur Nachhaltigkeitsberichterstattung nach der *Corporate Sustainability Reporting*-Richtlinie

Art. 22 Abs. 2 CSDDD regelt das Verhältnis des Klimatransformationsplans der *Corporate Sustainability Due Diligence*-Richtlinie zur Nachhaltigkeitsberichterstattung nach der *Corporate Sustainability Reporting*-Richtlinie. Insbesondere wird nach Art. 22 Abs. 2 UAbs. 1 CSDDD „bei Unternehmen, die einen Plan […] im Einklang mit den Art. 19a, 29a bzw. 40a Richtlinie 2013/34/EU vorlegen, […] davon ausgegangen, dass sie die Verpflichtung

---

184 Art. 2 Abs. 1 b) CSDDD.

185 Art. 2 Abs. 1 c) CSDDD.

zur Annahme eines [Plans gemäß Art. 22 Abs. 1 CSDDD] erfüllt haben." Erwägungsgrund 73 S. 10 CSDDD stellt klar, dass es auf die richtliniengemäße Erstellung und Veröffentlichung des Nachhaltigkeitsberichts ankommt und der europäische Gesetzgeber annimmt, dass die Inhalte des Klimatransformationsplans nach Art. 22 Abs. 1 CSDDD mit den Inhalten der Nachhaltigkeitsberichterstattung in Einklang stehen.[186] Bei Art. 22 Abs. 2 CSDDD handelt es sich nach dem Wortlaut um die gesetzliche Vermutung, dass die Verpflichtung zur Erstellung eines Klimatransformationsplans im Fall der richtliniengemäßen Erstellung und Veröffentlichung des Nachhaltigkeitsberichts als erfüllt angesehen wird.[187] Insofern lässt die Privilegierung des Nachhaltigkeitsberichts nach Art. 22 Abs. 2 CSDDD die nach Art. 22 Abs. 1 CSDDD bestehende Pflicht zur Erstellung des Klimatransformationsplans im Grundsatz unberührt.[188] Dies zeigt auch der systematische Vergleich mit der weitergehenden Rechtsfolge in Art. 16 Abs. 2 CSDDD, welche ausdrücklich den Anwendungsbereich der Erklärungs- und Veröffentlichungspflicht nach Art. 16 Abs. 1 CSDDD beschränkt. Ferner folgt aus Erwägungsgrund 73 S. 9 und S. 10 CSDDD, dass Art. 22 Abs. 2 CSDDD insbesondere im Verhältnis zur Überwachung durch die Aufsichtsbehörden nach Art. 24 Abs. 1, 25 Abs. 1 CSDDD Wirkung zeigt. Nach Erwägungsgrund 73 S. 11 CSDDD sollten Unternehmen weiter ihrer Verhaltenspflicht nachkommen, den Klimatransformationsplan umsetzen und ihn jährlich zu aktualisieren.[189] In der Folge wird durch Art. 22 Abs. 2 CSDDD eine

---

186 Siehe auch die delegierten Rechtsakte der Europäischen Kommission zu den Standards der Berichterstattung nach Art. 29b, 29c, 40b Richtlinie 2013/34/EU sowie nach Art. 16 Abs. 3 UAbs. 1 CSDDD.

187 Siehe auch *Hübner/Lieberknecht*, NJW 2024, 1841 (1844); *Seibt/Vesper-Gräske*, DB 2024, 1530 (1535); *Schmidt*, NZG 2024, 417; NZG 2024, 859 (870); *Ruttloff/Wagner/Burchert*, DB 2024, 1189 (1193); *Weller/Schwemmer*, AG 2024, 517 (519).

188 Siehe jedoch den widersprüchlichen Vermerk des Generalsekretariats des Rates an den Ausschuss der Ständigen Vertreter des Rates, vom 05.03.2024, zum Interinstitutionellen Dokument 2022/0051(COD), 7327/24, S. 5 Nr. 16, in der Originalsprache Englisch: „*to avoid duplicating reporting obligations, companies complying with the CSRD would be exempted from the obligation to adopt a climate transition plan*"; inhaltsgleich im überarbeiteten Vermerk des Generalsekretariats des Rates an den Ausschuss der Ständigen Vertreter des Rates, vom 13.03.2024, zum Interinstitutionellen Dokument 2022/0051(COD), 7327/1/24 Rev 1, S. 5 Nr. 16.

189 Art. 22 Abs. 1, 3 CSDDD; *Seibt/Vesper-Gräske*, DB 2024, 1530 (1535); siehe auch *Weller/Schwemmer*, AG 2024, 517 (519); ohne dass eine Erfolgspflicht besteht, siehe

doppelte Berichterstattung durch die Unternehmen über dieselben Inhalte vermieden[190].

Fraglich ist, welche Gestaltungsmöglichkeiten im Rahmen einer Regelung des Say on Climate für das Verhältnis des Klimatransformationsplans nach Art. 22 CSDDD zur Nachhaltigkeitsberichterstattung nach der *Corporate Sustainability Reporting*-Richtlinie bestehen. Einerseits könnte das Say on Climate trotz der Privilegierung in Art. 22 Abs. 2 CSDDD für sämtliche Aktiengesellschaften im Anwendungsbereich des Art. 22 Abs. 1 UAbs. 1 i.V.m. Art. 2 Abs. 1 CSDDD gelten, unabhängig davon, ob die Gesellschaften auch in den Anwendungsbereich der Nachhaltigkeitsberichterstattung nach Art. 19a, 29a bzw. Art. 40a Richtlinie 2013/34/EU fallen. Dann müssten Aktiengesellschaften, die grundsätzlich nach Art. 22 Abs. 2 CSDDD gegenüber den Aufsichtsbehörden die Privilegierung des Nachhaltigkeitsberichts genießen, diesem dennoch die Inhalte des Klimatransformationsplans nach Art. 22 Abs. 1 CSDDD entnehmen und der Hauptversammlung zur Billigung vorlegen. Folglich hätten Aktiengesellschaften, die sich im Anwendungsbereich beider Richtlinien befinden, stets sowohl einen Nachhaltigkeitsbericht als auch einen Klimatransformationsplan zu erstellen. Somit würde die Privilegierung des Nachhaltigkeitsberichts in Art. 22 Abs. 2 CSDDD überschießend umgesetzt. Dies wäre aufgrund der Mindestharmonisierung in Art. 22 CSDDD zulässig, da das Say on Climate eine Legitimierung des Klimatransformationsplans durch die Aktionäre verfolgt, die geeignet ist, den unternehmerischen Klimaschutz zu stärken. Es würde faktisch der Wirkungskreis des Klimatransformationsplans im Sinne des Art. 4 Abs. 2 CSDDD erhöht, für welchen der europäische Gesetzgeber in Art. 22 Abs. 1 CSDDD auf eine Erfolgspflicht verzichtet hat.[191] Zumal die Privilegierung in Art. 22 Abs. 2 CSDDD die im Grundsatz bestehende Verpflichtung der Unternehmen im Anwendungsbereich zur Planerstellung gemäß Art. 22 Abs. 1 CSDDD unberührt lässt.

Erwägungsgrund 73 S. 4 CSDDD; *Jaspers*, GmbHR 2024, R212 (R213); *Schockenhoff*, AG 2024, 597 (599); *Weller/Schwemmer*, AG 2024, 517 (518); → E. I. 4. d).

190 *Hübner/Lieberknecht*, NJW 2024, 1841 (1844); *Kerkemeyer*, DB 2025, 609 (616 f.); *Schmidt*, NZG 2024, 859 (870);

191 Siehe Erwägungsgrund 73 S. 4 CSDDD; zur sog. „*best efforts*"-Klausel *Jaspers*, GmbHR 2024, R212 (R213); *Kerkemeyer*, DB 2025, 609 (612); *Schockenhoff*, AG 2024, 597 (599); *Weller/Schwemmer*, AG 2024, 517 (518); → E. I. 4. d).

Andererseits könnte die Privilegierung des Nachhaltigkeitsberichts nach Art. 22 Abs. 2 CSDDD auf die Regelung des Say on Climate übertragen werden. In diesem Sinne könnten Aktiengesellschaften im Anwendungsbereich des Art. 22 Abs. 1 UAbs. 1 i.V.m. Art. 2 Abs. 1 CSDDD, welche ebenfalls der Nachhaltigkeitsberichterstattung nach der *Corporate Sustainability Reporting*-Richtlinie unterliegen und den Nachhaltigkeitsbericht richtliniengemäß erstellt haben, allein die Nachhaltigkeitsberichterstattung der Hauptversammlung zur Abstimmung stellen, ohne dass es zwingend auf einen gesonderten Klimatransformationsplan gemäß Art. 22 Abs. 1 CSDDD ankäme. Da der Nachhaltigkeitsbericht über den Klimatransformationsplan hinaus geht, verbliebe den Aktiengesellschaften die Möglichkeit, ihrem Nachhaltigkeitsbericht die betreffenden Passagen für einen Klimatransformationsplan nach Art. 22 Abs. 1 CSDDD zu entnehmen und nur diese der Hauptversammlung zur Billigung vorzulegen, um den Beschlussgegenstand zu reduzieren. Die Übertragung der Privilegierung des Nachhaltigkeitsberichts nach Art. 22 Abs. 2 CSDDD ist vorzugswürdig, da nach beiden Richtlinien verpflichteten Aktiengesellschaften ein größerer Handlungsspielraum verbleibt und es ihnen ohne eine doppelte Berichtspflicht freisteht, den gesamten Nachhaltigkeitsbericht oder nur die Inhalte des Klimatransformationsplans für das Say on Climate der Hauptversammlung vorzulegen.

h) Formulierungsvorschlag und Regelungsort im Aktiengesetz

Im Aktiengesetz würde sich die Regelung in einem neuen Paragrafen, beispielsweise in § 120b AktG, anbieten. Daneben könnte zusätzlich der Katalog des § 119 Abs. 1 AktG um eine weitere Nummer ergänzt werden, dies wäre allerdings mangels des abschließenden Charakters der Aufzählung nicht zwingend. Da zum gegenwärtigen Zeitpunkt noch kein nationales Umsetzungsgesetz für die *Corporate Sustainability Due Diligence*-Richtlinie vorliegt, ist vorerst generell auf Art. 22 CSDDD für den Klimatransformationsplan als Abstimmungsgrundlage sowie den Anwendungsbereich der Richtlinie zu verweisen.[192] Eine Beschlusspflicht der Hauptversammlung für ein Say on Climate-Votum könnte durch folgende Formulierung eingeführt werden:

---

192 Vgl. → E. I. 2. b).

„§ 120b AktG n.F. (Entwurf) Votum zum Klimatransformationsplan

Abs. 1 *Die Hauptversammlung der [nach Art. 22 Abs. 1 UAbs. 1 i.V.m. Art. 2 Abs. 1 CSDDD] verpflichteten Gesellschaft beschließt jährlich über die Billigung des vom Vorstand vorgelegten Klimatransformationsplans [nach Art. 22 CSDDD]. Der Klimatransformationsplan kann im Falle des [Art. 22 Abs. 2 CSDDD] durch den Nachhaltigkeitsbericht ersetzt werden. Der Beschluss begründet weder Rechte noch Pflichten. Er ist nicht nach § 243 anfechtbar.*

Abs. 2 *Hat die Hauptversammlung den Klimatransformationsplan nicht gebilligt, so ist spätestens in der darauffolgenden ordentlichen Hauptversammlung ein überprüfter Klimatransformationsplan zum Beschluss vorzulegen.*“

i) Stellungnahme zu einer Say on Climate-Beschlusspflicht

Die Einführung des Say on Climate-Votums anhand einer jährlichen Beschlusspflicht der Hauptversammlung ginge mit einer umfassenden Rechtstellung der Hauptversammlung und somit der beschlussfassenden Aktionäre einher.[193] Der gewählte Anwendungsbereich würde Art. 22 Abs. 1 CSDDD folgen. Nach Art. 2 Abs. 1 CSDDD wäre das Say on Climate neben weiteren Voraussetzungen im Wesentlichen an eine Umsatzschwelle von netto EUR 450.000.000 im letzten Geschäftsjahr geknüpft, sodass sich ein limitierter Anwendungsbereich des Say on Climate ergäbe. Dies ist insoweit vorteilhaft, als die weitreichende Ausgestaltung als gesetzmäßige, jährliche Beschlusspflicht nicht sämtliche (börsennotierte) Aktiengesellschaften treffen würde. Trotz des begrenzten Anwendungsbereichs wäre das Say on Climate wirkungsreich. Es würde eine neue Abstimmungspraxis entstehen, die feste Vergleichswerte für die betroffenen Gesellschaften selbst sowie im Vergleich untereinander liefern könnte. Dies könnte wiederum Vorstände nicht betroffener Gesellschaften motivieren, freiwillig von der Say on Climate-Vorlage nach § 119 Abs. 2 AktG gesteigert Gebrauch zu machen.

Trotz der aufgezeigten Vorteile spricht gegen ein obligatorisches Say on Climate-Votum durch die Einführung einer einfachgesetzlichen, jährlichen

---

193 Befürwortend für ein „*Say on ESG*“ *Weller/Hoppmann*, AG 2022, 640 (646); *Weller/Fischer*, ZIP 2022, 2253 (2265); für das Say on Climate offenlassend ob fakultativ oder zwingend *Weller/Benz*, ZGR 2022, 563 (600 f.); *Weller/Hößl/Seemann*, ZGR 2024, 180 (217).

Beschlusspflicht der Hauptversammlung, dass in der Umsetzung kein Raum für den Einzelfall verbliebe. Dem Vorstand würde eine nicht unerhebliche Mitwirkungspflicht auferlegt. Zudem droht eine Beschlusspflicht, das Say on Climate als „abzuarbeitende Formalität" zu degradieren.[194] Dies würde dem Ziel des unternehmerischen Klimaschutzes nicht gerecht, zumal eine freiwillige Umsetzung durch den Vorstand und eine aktionärsseitig initiierte Mitsprache der Hauptversammlung von gesteigertem Rückhalt und von gesteigerter Akzeptanz getragen wäre.[195] Der mit dem Say on Climate verfolgte Austausch zwischen Vorstand und Aktionariat dürfte von den Freiheiten eines Beschlussrechts profitieren, sodass eine zwingende Say on Climate-Beschlusspflicht nach hier vertretener Ansicht abzulehnen ist.

3. Fakultatives Say on Climate-Votum durch Beschlussrecht der Hauptversammlung

Alternativ zu der zuvor diskutierten Ausgestaltungsmöglichkeit des Say on Climate als obligatorisches Say on Climate-Votum könnte ein fakultatives Say on Climate-Votum zum Klimatransformationsplan nach Art. 22 CSDDD durch ein Beschlussrecht der Hauptversammlung geschaffen werden, auf welches ein Tagesordnungsergänzungsverlangen der Aktionäre nach § 122 Abs. 2 AktG Anwendung fände. Die Reichweite des Beschlussrechts könnte einerseits punktuell auf die Billigung des Klimatransformationsplans begrenzt werden (a) oder andererseits sich darüber hinaus auf Konsultativbeschlüsse zum unternehmerischen Klimaschutz erstrecken (b).

a) Say on Climate-Beschlussrecht der Hauptversammlung zur Billigung des Klimatransformationsplans

Auf dem 74. Deutschen Juristentag 2024 hat die Abteilung Wirtschaftsrecht mit einer knappen Mehrheit für das Recht einer Aktionärsminderheit gestimmt, einen Konsultativbeschluss über den Klimatransformationsplan nach Art. 22 CSDDD und ggf. eine Klimaquote des Vorstands zu verlangen.[196]

---

194 *Vetter*, in Nietsch, Nachhaltiges Aktienrecht, S. 132; AG 2023, 564 (577); ebenso zum Risiko des *„rubber stamping" Fleischer/Hülse*, DB 2023, 44 (53).

195 Ebenso *Vetter*, in Nietsch, Nachhaltiges Aktienrecht, S. 132; AG 2023, 564 (577).

196 Siehe die Beschlussvorschläge sowie Beschlussfassung Nr. 17 der Abteilung für Wirtschaftsrecht, 74. djt, Band II, Teile 1 und 2, im Erscheinen; Beschluss Nr. 17 wurde in der ersten Abstimmung mit 45 Ja-Stimmen, 44 Nein-Stimmen und 9

Vorangehend unterstützte dies bereits die Gesellschaftsrechtliche Vereinigung mehrheitlich in ihrer Diskussion des Reformbedarfs des Aktienrechts.[197] Für die Ausgestaltung eines Beschlussrechts der Hauptversammlung zur Billigung des Klimatransformationsplans kann die frühere Regelung des *Say on Pay* in § 120 Abs. 4 AktG a.F.[198] eine Orientierung bieten. Die Aktionäre könnten in der Folge nach § 122 Abs. 2 AktG die Ergänzung der Tagesordnung um den Say on Climate-Beschluss verlangen.

aa) Beschlussrecht durch fakultativen Tagesordnungspunkt

Nach dem Vorbild des § 120 Abs. 4 AktG a.F. bestünde die Möglichkeit, durch die Formulierung „*kann*" ein bloßes Beschlussrecht der Hauptversammlung zu schaffen.[199] Nach früherer Rechtslage erforderte die Durchführung des *Say on Pay* mangels Beschlusspflicht grundsätzlich die Entscheidung der Verwaltung, nach eigenem Ermessen den Beschlussgegenstand auf die Tagesordnung der Hauptversammlung zu setzen.[200] Durch die Ausgestaltung als bloßes Beschlussrecht bestand keine Verpflichtung der Verwaltung, davon Gebrauch zu machen.[201] Entschied sich die Verwaltung dazu, die Hauptversammlung über die Billigung des Systems zur Vergütung der Vorstandsmitglieder beschließen zu lassen, traf sie die Pflicht zur Fassung eines Beschlussvorschlags nach § 124 Abs. 3 S. 1 AktG a.F.[202]

Dementsprechend könnte ein Beschlussrecht für ein Say on Climate-Votum zur Billigung des Klimatransformationsplans geschaffen werden. Die

---

Enthaltungen sowie in der Wiederholung der Abstimmung mit 48 Ja-Stimmen, 45 Nein-Stimmen und 5 Enthaltungen angenommen; siehe das vorbereitende Gutachten für einen Regelungsvorschlag *Weller*, in 74. djt, Band I, F 100 ff.

197 *Habersack/Vetter*, in VGR, Reformbedarf im Aktienrecht, Rn. 1.14; 1.54; *Habersack/Vetter/Bergmann*, in VGR, Reformbedarf im Aktienrecht, Rn. 2.30; *Koch/Redeke*, in VGR, Reformbedarf im Aktienrecht, Rn. 9.51 ff.

198 Aktiengesetz in der bis zum 01.01.2020 geltenden Fassung, nachfolgend: AktG a.F.

199 Für die Rechtslage nach § 120 Abs. 4 AktG a.F. siehe Beschlussempfehlung und Bericht des Rechtsausschusses, BT-Drs. 16/13433, S. 12; *Drinhausen*, in Hölters, AktG, 3. Auflage 2017, § 120 Rn. 42; *Koch*, in Hüffer/Koch, AktG, 13. Auflage 2018, § 120 Rn. 22; *Kubis*, in MüKo AktG, 4. Auflage 2018, § 120 Rn. 45, 46.

200 *Drinhausen*, in Hölters, AktG, 3. Auflage 2017, § 120 Rn. 42; *Koch*, in Hüffer/Koch, AktG, 13. Auflage 2018, § 120 Rn. 22; *Kubis*, in MüKo AktG, 4. Auflage 2018, § 120 Rn. 46.

201 Ebd.

202 Ebd.

Entscheidung, ob der Hauptversammlung der Klimatransformationsplan zur Billigung vorzulegen und dies als Gegenstand auf die Tagesordnung zu setzen wäre, fiele als Geschäftsführungsangelegenheit nach § 76 Abs. 1 AktG in die Zuständigkeit des Vorstands und läge in seinem weiten Ermessen.[203] Sollte die Entscheidung positiv ausfallen, bestünde nach den allgemeinen Grundsätzen eine Verpflichtung von Vorstand und Aufsichtsrat zur Fassung eines Beschlussvorschlags nach § 124 Abs. 3 S. 1 AktG.[204]

bb) Initiativmöglichkeit der Aktionäre durch Tagesordnungsergänzungsverlangen nach § 122 Abs. 2 AktG

Würde sich der Vorstand gegen die Aufnahme des fakultativen Tagesordnungspunkts in der Hauptversammlung entscheiden und kein Say on Climate-Votum durchführen, könnten die Aktionäre aufgrund des Beschlussrechts der Hauptversammlung von ihrem Recht auf Ergänzung der Tagesordnung nach § 122 Abs. 2 AktG Gebrauch machen.[205] § 122 Abs. 2 AktG setzt nach einhelliger Ansicht eine Beschlusskompetenz der Hauptversammlung voraus,[206] die durch das gesetzliche Beschlussrecht geschaffen würde.

Nach früherer Rechtslage war das Initiativrecht der Aktionäre teilweise erfolglos, wenn der Aufsichtsrat es verweigerte, ein Vergütungssystem vorzulegen, da keine gesetzliche Vorlagepflicht bestand.[207] Eine Vorbereitungspflicht des Vorstands nach § 83 Abs. 1 S. 1 AktG bestand aufgrund der rein gesellschaftsinternen Wirkung des Konsultativbeschlusses nicht.[208] Da die *Corporate Sustainability Due Diligence*-Richtlinie keine Vorlageverpflichtung der Gesellschaft bezüglich des Klimatransformationsplans nach Art. 22 Abs. 1 CSDDD

---

203 Vgl. für die Rechtslage *de lege lata* des Vorstandsverlangens nach § 119 Abs. 2 AktG → C. II. 1. a) aa).

204 Vgl. für die entsprechende Rechtslage des Vorstandsverlangens nach § 119 Abs. 2 AktG *Rieckers*, in BeckOGK, AktG, § 124 Rn. 41, Stand: 01.10.2024.

205 Für die Rechtslage nach § 120 Abs. 4 AktG a.F. siehe Beschlussempfehlung und Bericht des Rechtsausschusses, BT-Drs. 16/13433, S. 12; *Drinhausen*, in Hölters, AktG, 3. Auflage 2017, § 120 Rn. 42; *Koch*, in Hüffer/Koch, AktG, 13. Auflage 2018, § 120 Rn. 22; *Kubis*, in MüKo AktG, 4. Auflage 2018, § 120 Rn. 46; vgl. *Hell*, ZVglRWiss 119 (2020), 314 (332); *Redenius-Hövermann/Bernhardt*, ZIP 2024, 603 (605).

206 Zur Betrachtung *de lege lata* vgl. → C. II. 1. c) aa).

207 *Hoffmann*, in BeckOGK, AktG, § 120a Rn. 5, Stand: 01.10.2024.

208 Siehe nur zur früheren Rechtslage *Koch*, in Hüffer/Koch, AktG, 13. Auflage 2018, § 83 Rn. 2; zur entsprechenden gegenwärtigen Rechtslage *Koch*, AktG, § 83 Rn. 2.

gegenüber der Hauptversammlung beinhaltet, würde dieses Risiko auch das Say on Climate-Beschlussrecht betreffen und ein Tagesordnungsergänzungsverlangen ohne freiwillige Mitwirkung des Vorstands ins Leere laufen. Insofern sollte der deutsche Gesetzgeber in der Normierung eines Say on Climate-Beschlussrechts für den Fall eines Tagesordnungsergänzungsverlangens nach § 122 Abs. 2 AktG eine Vorlagepflicht des Vorstands gegenüber der Hauptversammlung aufnehmen. Dies würde einer überschießenden Umsetzung der *Corporate Sustainability Due Diligence*-Richtlinie entsprechen und wäre aufgrund der Mindestharmonisierung in Art. 16, 22 CSDDD zulässig.[209] Aufgrund der bestehenden Verpflichtung zur Planerstellung nach Art. 22 Abs. 1 CSDDD entstünde nur ein geringer bürokratischer Aufwand und eine unerhebliche Mitwirkungsverpflichtung des Vorstands durch die Vorlageverpflichtung.

cc) Ausschluss der Anfechtbarkeit

Aus Gründen der Rechtssicherheit wäre nach den Vorbildern des § 120 Abs. 4 S. 3 AktG a.F. und des § 120a Abs. 1 S. 3 AktG die Anfechtbarkeit auszuschließen.[210]

dd) Anwendungsbereich

Das Beschlussrecht sollte jedenfalls Hauptversammlungen von Aktiengesellschaften im Anwendungsbereich des Art. 22 Abs. 1 UAbs. 1 i.V.m. Art. 2 Abs. 1 CSDDD zustehen.[211] Im Verhältnis zur Nachhaltigkeitsberichterstattung nach Art. 19a, 29a bzw. 40a Richtlinie 2013/34/EU wäre es, wie bereits ausgeführt, vorzugswürdig, die Privilegierung des Nachhaltigkeitsberichts nach Art. 22 Abs. 2 CSDDD für eine Regelung des Say on Climate zu übernehmen.[212] Folglich würde sich bei Aktiengesellschaften, die sowohl in den Anwendungsbereich des Klimatransformationsplans nach der *Corporate Sustainability Due Diligence*-Richtlinie als auch der Nachhaltigkeitsberichtserstattung nach der *Corporate Sustainability Reporting*-Richtlinie fallen, das Beschlussrecht der Hauptversammlung auf den Nachhaltigkeitsbericht

209 Vgl. → E. II. 2. f), g).
210 Vgl. → E. II. 2. c).
211 Vgl. → E. II. 2. e).
212 Vgl. → E. II. 2. g).

beziehen. Dem Vorstand stünde es frei, dem Nachhaltigkeitsbericht die Inhalte des Klimatransformationsplans nach Art. 22 Abs. 1 CSDDD zu entnehmen und der Hauptversammlung nur diese zur Billigung vorzulegen.

Fraglich ist, ob das Beschlussrecht über den Anwendungsbereich des Art. 22 Abs. 1 UAbs. 1 i.V.m. Art. 2 Abs. 1 CSDDD hinaus sämtlichen Hauptversammlungen börsennotierter Aktiengesellschaften zustehen sollte. Nach § 267 Abs. 3 S. 2 HGB-CSRD-E des Regierungsentwurfs für ein CSRD-Umsetzungsgesetz sollen zukünftig kaptalmarktorientierte Gesellschaften im Sinne des § 264d HGB als große Kapitalgesellschaften gelten[213] und der Nachhaltigkeitsberichterstattung nach Art. 19a, 29a bzw. 40a Richtlinie 2013/34/EU unterliegen.[214] Nach Erwägungsgrund 73 S. 10 CSDDD sollen die Inhalte des Klimatransformationsplans mit der Nachhaltigkeitsberichterstattung in Einklang stehen.[215] Dementsprechend könnte der Anwendungsbereich des Say on Climate-Beschlussrechts auch für sämtliche börsennotierte Aktiengesellschaften geöffnet werden. Dies ist jedoch abzulehnen, da für Gesellschaften, die allein der Nachhaltigkeitsberichterstattung unterliegen und nicht in den Anwendungsbereich von Art. 22 Abs. 1 UAbs. 1 i.V.m. Art. 2 Abs. 1 CSDDD fallen, eine erhebliche Mehrbelastung entstehen würde und im Ergebnis eine doppelte Berichterstattungspflicht geschaffen würde.

---

213 Regierungsentwurf für ein CSRD-Umsetzungsgesetz der Bundesregierung, vom 24.07.2024, a.a.O. Fn. 12, Art. 1 Nr. 3, S. 6; Änderungen des Handelsgesetzbuchs nach dem Regierungsentwurf für ein CSRD-Umsetzungsgesetz der Bundesregierung nachfolgend: HGB-CSRD-E.

214 Art. 1 Nr. 4, Nr. 14 CSRD; zur Bilanzrechtlichen Einordnung der Kategorien von Unternehmen siehe Art. 3 Richtlinie 2013/34/EZ des Europäischen Parlaments und des Rates vom 26. Juni 2013 über den Jahresabschluss, den konsolidierten Abschluss und damit verbundene Berichte von Unternehmen bestimmter Rechtsformen und zur Änderung der Richtlinie 2006/43/EG des Europäischen Parlaments und des Rates zur Aufhebung der Richtlinien 78/660/EWG und 83/349/EWG des Rates, ABl. der Europäischen Union, L 182/19 sowie Delegierte Richtlinie (EU) 2023/2775 Der Kommission vom 17. Oktober 2023 zur Änderung der Richtlinie 2013/34/EU des Europäischen Parlaments und des Rates durch Anpassung der Größenkriterien für Kleinstunternehmen und für kleine, mittlere und große Unternehmen oder Gruppen, ABl. der Europäischen Union, L 2023/2775.

215 Vgl. zum Verhältnis des Klimatransformationsplans nach Art. 22 CSDDD zur Nachhaltigkeitsberichterstattung → E. II. 2. g).

ee) Formulierungsvorschlag und Regelungsort im Aktiengesetz

Im Aktiengesetz würde sich, entsprechend der bereits dargestellten Beschlusspflicht, die Regelung in einem neu eingeführten Paragrafen, beispielsweise § 120b AktG, anbieten. Eine Verortung in einem Unterabsatz des § 120 AktG, vergleichbar mit dem vormaligen *Say on Pay* in § 120 Abs. 4 AktG a.F., ist abzulehnen, da kein Zusammenhang mit der Entlastung besteht. Eine Trennung ist aus Gründen der Übersichtlichkeit essenziell. Eine Anpassung des Tagesordnungsergänzungsverlangens wäre nicht notwendig, da § 122 Abs. 2 AktG in Folge eines Beschlussrechts der Hauptversammlung unmittelbar einschlägig wäre. Es bedürfte auch keiner Regelung in der Satzung.[216] Wahlweise könnte zusätzlich der nicht abschließende Katalog des § 119 Abs. 1 AktG ergänzt werden. Ein Beschlussrecht der Hauptversammlung für ein Say on Climate-Votum könnte durch folgende Formulierung eingeführt werden:

> „§ 120b AktG n.F. (Entwurf) Votum zum Klimatransformationsplan
> *Die Hauptversammlung der [nach Art. 22 Abs. 1 UAbs. 1 i.V.m. Art. 2 Abs. 1 CSDDD] verpflichteten Gesellschaft kann über die Billigung des vom Vorstand vorgelegten Klimatransformationsplans [nach Art. 22 CSDDD] oder im Falle des [Art. 22 Abs. 2 CSDDD], sofern von der Gesellschaft bevorzugt, über die Billigung des vom Vorstand vorgelegten Nachhaltigkeitsberichts beschließen. Verlangt eine Minderheit nach § 122 Abs. 2 die Ergänzung der Tagesordnung um den Gegenstand des Satzes 1, sind die Inhalte des Klimatransformationsplans [nach Art. 22 CSDDD] oder in Fällen des Satzes 1 Alternative 2 der Nachhaltigkeitsbericht der Hauptversammlung vorzulegen. Der Beschluss begründet weder Rechte noch Pflichten. Der Beschluss ist nicht nach § 243 anfechtbar.*“

ff) Vorteile eines Say on Climate-Beschlussrechts der Hauptversammlung zur Billigung des Klimatransformationsplans

Die Ausgestaltung des Say on Climate als Beschlussrecht ließe eine geringe aktienrechtliche Mitwirkungsverpflichtung des Vorstands entstehen, die insbesondere hinter einer jährlich zwingenden Beschlusspflicht zurückbliebe. Es bestünde keine generelle Umsetzungspflicht des Vorstands für das Say

216 Eine Verortung in der Satzung befürwortend *Roth*, NZG 2024, 1103 (1109) mit Verweis auf die Lockerung des Grundsatzes der Satzungsstrenge nach § 25 Abs. 5 AktG.

on Climate. Die Entscheidung, das Say on Climate einzusetzen und die Billigung des Klimatransformationsplans durch die Hauptversammlung auf die Tagesordnung zu setzen, würde grundsätzlich im Ermessen des Vorstands verbleiben. Es wäre jedoch erstmals ein Ergänzungsverlangen nach § 122 Abs. 2 AktG für ein Say on Climate-Votum einschlägig.[217] Durch ein Beschlussrecht würde die Grundlage für ein aktionärsseitig initiiertes, nicht vom Vorstand im Sinne des § 119 Abs. 2 AktG verlangtes, Say on Climate-Votum geschaffen. Durch den klaren Zuschnitt auf die Billigung eines Klimatransformationsplans und lediglich in den Fällen des Art. 22 Abs. 2 CSDDD auf die Billigung des Nachhaltigkeitsberichts ginge das Beschlussrecht nicht mit einer Öffnung für sämtliche Beschlussgegenstände in Geschäftsführungsangelegenheiten einher. Aufgrund der ausdrücklichen Anordnung einer Vorlagepflicht des Vorstands gegenüber der Hauptversammlung, würde das Tagesordnungsergänzungsverlangen nicht ins Leere laufen. Schließlich käme der bewährte aktienrechtliche Mechanismus des Tagesordnungsergänzungsverlangens nach § 122 Abs. 2 S. 1 AktG zum Tragen, dessen Ablauf und Umsetzung insbesondere in § 122 Abs. 2 S. 2 und Abs. 3 AktG sowie § 124 Abs. 1 AktG eine erprobte Ausgestaltung finden.

Darüber hinaus könnte die ausdrückliche einfachgesetzliche Nennung im Aktiengesetz zu einem erhöhten Rückgriff des Vorstands auf den fakultativen Tagesordnungspunkt führen, sofern sich der Vorstand einer gesteigerten Erwartungshaltung der Aktionäre ausgesetzt sehe, die Hauptversammlung freiwillig einzubinden.[218] In vergleichbarer Weise fand nach früherer Rechtslage das *Say on Pay* gemäß § 120 Abs. 4 AktG a.F. verbreitet Einsatz, ohne für die Verwaltung verpflichtend gewesen zu sein.[219] Schließlich würde auch

---

217 Befürwortend *Habersack/Vetter*, in VGR, Reformbedarf im Aktienrecht, Rn. 1.14; 1.54; *Habersack/Vetter/Bergmann*, in VGR, Reformbedarf im Aktienrecht, Rn. 2.30; im Ergebnis ein Say on Climate Initiativrecht der Aktionäre befürwortend, jedoch im Einzelnen abweichend ausgestaltend *Weller*, in 74. djt, Band I, F 100 ff.; *Weller/Schwemmer*, AG 2024, 517 (525); zur Betrachtung der Rechtslage *de lege lata* vgl. → C. II. 1. c).

218 *Drinhausen*, ZHR 186 (2022), 201 (212); im Ergebnis für ein weiteres Beschlussrecht in sämtlichen Geschäftsführungsangelegenheiten.

219 *Drinhausen*, ZHR 186 (2022), 201 (212), im Ergebnis für ein weiteres Beschlussrecht in sämtlichen Geschäftsführungsangelegenheiten; siehe zur Verbreitung des *Say on Pay* nach der früheren Rechtslage gemäß § 120 Abs. 4 AktG *Eisenschmidt*, DB 2016, 2793

für Vorstände von Aktiengesellschaften, die nicht unter den Anwendungsbereich des Art. 22 Abs. 1 UAbs. 1 i.V.m. Art. 2 Abs. 1 CSDDD fallen, ein Vorbild für die Umsetzung des Say on Climate sowie ein Anreiz geschaffen, dieses mittels eines Vorstandsverlangens nach § 119 Abs. 2 AktG umzusetzen.

b) Beschlussrecht der Hauptversammlung für Konsultativbeschlüsse zum unternehmerischen Klimaschutz jenseits der Billigung des Klimatransformationsplans

Ein Beschlussrecht der Hauptversammlung könnte inhaltlich über die Billigung des Klimatransformationsplans nach Art. 22 CSDDD hinausgehen und sämtliche Konsultativbeschlüsse der Hauptversammlung zum unternehmerischen Klimaschutz umfassen.

aa) Konsultativbeschlüsse zum unternehmerischen Klimaschutz

Zuvor wurde bereits die Einführung eines Beschlussrechts zur Billigung des Klimatransformationsplans nach Art. 22 CSDDD dargestellt.[220] Durch eine Ausdehnung des Beschlussrechts auf Konsultativbeschlüsse zum unternehmerischen Klimaschutz entstünden weitere wesentliche Mitsprachemöglichkeiten der Hauptversammlung, auf welche § 122 Abs. 2 AktG Anwendung fände. Denkbar wäre ein beratender Hauptversammlungsbeschluss, anhand dessen die Erstellung eines Klimatransformationsplans nach dem Vorbild der *Corporate Sustainability Due Diligence*-Richtlinie auch von Gesellschaften, die nicht vom Anwendungsbereich des Art. 22 CSDDD betroffen sind, ersucht werden könnte. Zusätzlich könnte in unverbindlicher Weise die Billigung eines Klimatransformationsplans verlangt werden. Dieser weite Einsatzbereich von aktionärsseitig initiierten Konsultativbeschlüssen der Hauptversammlung würde der „*shareholder resolution route*“ nach dem Konzept der Say-on-Climate-Initiative entsprechen.[221]

(2794 ff.); *Koch*, in Hüffer/Koch, AktG, 13. Auflage 2018, § 120 Rn. 20; sowie die Studie zu freiwilligen *Say on Pay*-Beschlüssen *Powell/Rapp*, SAFE Working Paper No. 107.

220 Vgl. zum Say on Climate-Beschlussrecht der Hauptversammlung zur Billigung des Klimatransformationsplans → E. II. 3. a).

221 Vgl. zur Konzeptbeschreibung der Say-on-Climate-Initiative → B. I. 2., II. 1. a), 2. a); sowie im Anhang die wortlautgemäße Beschlussvorlage der Say-on-Climate-Initiative samt sinngemäßer Übersetzung → Anhang I.; abrufbar unter https://sayonclimate.

Nicht notwendigerweise müsste ein Beschlussrecht in sämtlichen Geschäftsführungsfragen geschaffen werden.[222] Ausreichend wären für die Zwecke des Say on Climate bereits Konsultativbeschlüsse zu ESG-Themen[223] oder zur unternehmerischen Klimaschutzstrategie[224]. Nachstehend wird die umfassendere Erstreckung auf ESG-Themen oder sämtliche Geschäftsführungsangelegenheiten außer Acht gelassen, da die Priorisierung des unternehmerischen Klimaschutzes der restriktivsten Ausgestaltung für das hier bearbeitete Say on Climate entspricht.

bb) Ausnahme für Gegenstände der gewöhnlichen Geschäftsführung („*ordinary business operations*")

Da Konsultativbeschlüsse zum unternehmerischen Klimaschutz in vielfältiger Ausgestaltung denkbar sind und als Geschäftsführungsangelegenheiten in die Zuständigkeit des Vorstands fallen, ist zu erwägen, den nach US-amerikanischer Rechtslage bestehenden Ausschlussgrund für „*ordinary business operations*" nach Rule 14a-8 (i) (7) zu übernehmen.[225] Der Ausschlussgrund setzt dem grundsätzlich umfassenden Aktionärsantragsrecht in Angelegenheiten der gewöhnlichen Geschäftsführung Grenzen.[226] Nach Auffassung der SEC betreffen klimaschutzbezogene Aktionärsanträge neben der

org/template-agm-resolutions/, archiviert unter https://perma.cc/2ZFW-CC74, zuletzt abgerufen am 15.05.2025.

222 Dies generell befürwortend *Çapa*, Konsultative Hauptversammlungsbeschlüsse, S. 103 f.; anregend *Drinhausen*, ZHR 186 (2022), 201 (211 f.); *Kneissl*, ZIP 2024, 2854 (2860); *Vetter*, in Nietsch, Nachhaltiges Aktienrecht, S. 131 f.; AG 2023, 564 (576); in FS Seibert, S. 1039 f.; im Ergebnis offen *Fleischer*, AG 2010, 681 (690 f.); *Flore*, Aktionärsdemokratie, S. 309 ff.; eine klarstellende Regelung befürwortend, da Zulässigkeit bereits *de lege lata* annehmend, Roth/Ekkenga, AG 2021, 409 (420); ablehnend Voth, Beratende Hauptversammlungsbeschlüsse, S. 102 ff.; *Habersack/Vetter*, in VGR, Reformbedarf im Aktienrecht, Rn. 1.13; 1.54; 2.27 ff.; *Koch/Redeke*, in VGR, Reformbedarf im Aktienrecht, Rn. 9.50; *Poelzig*, in VGR, Reformbedarf im Aktienrecht, Rn. 13.4 ff.

223 Befürwortend *Sanders*, in VGR, Gesellschaftsrecht 2022, S. 83; *Weller/Hoppmann*, AG 2022, 640 (647).

224 Befürwortend in Gestalt eines Beschlusses zu „konkreten Klimatransformationsmaßnahmen" *Weller*, NJW-Beil 2024, 58 (62).

225 Vgl. *Çapa*, Konsultative Hauptversammlungsbeschlüsse, S. 100; *Vetter*, in Nietsch, Nachhaltiges Aktienrecht, S. 128 f., 131 f.; AG 2023, 564 (576).

226 Vgl. zur Rechtslage in den USA → D. II. 3. e).

gewöhnlichen Geschäftsführung regelmäßig wichtige sozialpolitische Fragen, sodass es letztlich auf die Abwägung ankommt, ob der Aktionärsantrag den Ermessensspielraum der Verwaltung unangemessen einschränkt.[227] Durch eine Übertragung dieser Grundsätze auf ein Beschlussrecht der Hauptversammlung könnte dieses in seiner Reichweite eingegrenzt werden. Beschlussgegenstände, die im Bereich des unternehmerischen Klimaschutzes alltägliche Geschäftsführungsangelegenheiten betreffen, würden nicht der Zuständigkeit der Hauptversammlung unterstellt und somit einem Tagesordnungsergänzungsverlangen von Aktionären entzogen. Dies ist zweckmäßig, da das Risiko einer Überfrachtung der Hauptversammlung minimiert würde. Zudem würde der Vorstand vor Konsultativbeschlüssen mit einer zu hohen Detailtiefe bewahrt.

cc) Ausschluss der Anfechtbarkeit

Aus Gründen der Rechtssicherheit wäre nach dem Vorbild des § 120 Abs. 4 S. 3 AktG a.F. sowie des § 120a Abs. 1 S. 3 AktG die Anfechtbarkeit auszuschließen.[228]

dd) Anwendungsbereich

Es scheint aufgrund der inhaltlichen Reichweite des unternehmerischen Klimaschutzes zweckmäßig, das Beschlussrecht der Hauptversammlung auf sämtliche Aktiengesellschaften zu beziehen, da nicht ausschließlich auf den Klimatransformationsplan im Sinne des Art. 22 CSDDD abgestellt wird.[229]

---

227 Generell mit Geltung bis zum Frühjahr 2025 *Staff Legal Bulletin* Nr. 14L vom 03.11.2021, B. 3 abrufbar unter https://www.sec.gov/corpfin/staff-legal-bulletin-14l-shareholder-proposals?, archiviert https://web.archive.org/web/20240220102134/https://www.sec.gov/corpfin/staff-legal-bulletin-14l-shareholder-proposals?; sowie die aktuelle Verlautbarung der SEC in *Staff Legal Bulletin* Nr. 14M vom 12.02.2025, C. 2., abrufbar unter https://www.sec.gov/about/shareholder-proposals-staff-legal-bulletin-no-14m-cf, archiviert unter https://web.archive.org/web/20250512075416/https://www.sec.gov/about/shareholder-proposals-staff-legal-bulletin-no-14m-cf; jeweils zuletzt abgerufen am 15.05.2025; Hazen, Treatise Securities Regulation, § 10:43; *Olson*, Publicly Traded Corporations, § 10:18 b); → D. II. 3. e) (2).

228 Vgl. → E. II. 2. c), 3. a) cc).

229 Vgl. *Vetter*, in Nietsch, Nachhaltiges Aktienrecht, S. 131; AG 2023, 564 (576); zum Anwendungsbereich eines Say on Climate-Beschlussrechts der Hauptversammlung zur Billigung des Klimatransformationsplans → E. IV. 3. a) dd).

Um den Anwendungsbereich enger zu halten, könnte sich der deutsche Gesetzgeber auch auf börsennotierte Aktiengesellschaften beschränken.[230]

ee) Formulierungsvorschlag und Regelungsort im Aktiengesetz

Im Aktiengesetz würde sich die Regelung des umfassenderen Beschlussrechts für Konsultativbeschlüsse zum unternehmerischen Klimaschutz in einem dritten Absatz des bestehenden § 119 AktG zu den Rechten der Hauptversammlung anbieten. Ein Tagesordnungsergänzungsverlangen nach § 122 Abs. 2 AktG fände unmittelbar Anwendung. Ein Beschlussrecht der Hauptversammlung für Konsultativbeschlüsse zum unternehmerischen Klimaschutz könnte durch die Aufnahme des folgenden Absatzes in § 119 AktG eingeführt werden:

> „§ 119 n.F. (Entwurf) Rechte der Hauptversammlung
> [...]
> *Abs. 3 Die Hauptversammlung [der börsennotierten Gesellschaft] kann ohne die Begründung von Rechten und Pflichten über Fragen des unternehmerischen Klimaschutzes beschließen, sofern Angelegenheiten der gewöhnlichen Geschäftsführung nicht betroffen sind. Der Beschluss ist nicht nach § 243 anfechtbar.*“

ff) Vorteile eines Beschlussrechts der Hauptversammlung für Konsultativbeschlüsse zum unternehmerischen Klimaschutz jenseits der Billigung des Klimatransformationsplans

Zunächst würde das Say on Climate durch ein Beschlussrecht der Hauptversammlung für Konsultativbeschlüsse zum unternehmerischen Klimaschutz über die Billigung des Klimatransformationsplans nach Art. 22 CSDDD hinaus umgesetzt. Auf die bereits vorgestellten generellen Vorzüge eines Beschlussrechts wird Bezug genommen.[231] Hinzu träte der erweiterte Anwendungsbereich unabhängig vom Anwendungsbereich des Art. 22 Abs. 1 UAbs. 1 i.V.m. Art. 2 Abs. 1 CSDDD auf sämtliche oder jedenfalls börsennotierte Aktiengesellschaften. Es würden Konsultativbeschlüsse der Hauptversammlung in

230 Vgl. → E. II. 2. e).

231 Vgl. zu den Vorteilen eines Say on Climate-Beschlussrechts der Hauptversammlung zur Billigung eines Klimatransformationsplans → E. II. 3. a) ff).

Fragen des unternehmerischen Klimaschutzes aktienrechtlich für zulässig erklärt, ohne dass es auf ein Vorstandsverlangen nach § 119 Abs. 2 AktG ankäme. Insbesondere könnten Aktionäre die Ergänzung der Tagesordnung über eine konsultative Abstimmung in der Hauptversammlung verlangen und Aktiengesellschaften nach US-amerikanischem Vorbild ersuchen, einen Klimatransformationsplan zu erstellen. Auf diese Weise könnten Aktiengesellschaften durch einen Konsultativbeschluss angeregt werden, einen Klimatransformationsplan zu erstellen, auch wenn sie nicht in den Anwendungsbereich des Art. 22 Abs. 1 UAbs. 1 i.V.m. Art. 2 Abs. 1 CSDDD fallen. Die Mitsprache der Hauptversammlung zum unternehmerischen Klimaschutz und dessen aktionärsseitige Initiierung würde in Anlehnung an die US-amerikanische Rechtslage gestärkt. Durch die Ausnahme von Gegenständen der gewöhnlichen Geschäftsführung gelänge eine Eingrenzung des Beschlussrechts, um eine Überlastung von Hauptversammlung und Vorstand zu vermeiden.

c) Stellungnahme zu einem Say on Climate-Beschlussrecht der Hauptversammlung

Ein Say on Climate-Beschlussrecht der Hauptversammlung ist gegenüber einer (jährlichen) Beschlusspflicht zu bevorzugen, da mangels Rechtspflicht für Vorstand und Aktionariat mehr Flexibilität besteht und sich der administrative Aufwand gleichwohl in Grenzen hält. Bereits als Beschlussrecht hätte das Say on Climate die Möglichkeit, sich als Mittel des unternehmerischen Klimaschutzes zu bewähren. Der Vorstand würde in seinem freiwilligen Einsatz des Say on Climate über die gegenwärtige Rechtslage hinaus bestärkt, ohne einer Umsetzungspflicht zu unterliegen. Bislang haben Say on Climate-Beschlüsse sowohl national durch freiwillige Vorstandsvorlagen nach § 119 Abs. 2 AktG[232] sowie nach der US-amerikanischen Hauptversammlungspraxis durch *Management Proposals*[233] hohe zweistellige Zustimmungswerte erzielt. Weiterhin entstünde aktionärsseitig die Möglichkeit, mittels eines Tagesordnungsergänzungsverlangens nach § 122 Abs. 2 AktG

232 Zur Darstellung der Umsetzung durch Alzchem Group AG und GEA Group AG → C. II. 1. a) ff).

233 Zur Darstellung der Umsetzung durch Moody's Corp. und S&P Global, Inc., → D. I. 2.

ein Say on Climate-Votum der Hauptversammlung zu initiieren. Sowohl dem unternehmens- als auch dem aktionärsseitigen Einsatz des Say on Climate-Beschlussrechts käme im Gegensatz zu einer Beschlusspflicht eine höhere Befriedungswirkung zu, da die konsultative Beschlussfassung zum unternehmerischen Klimaschutz als Geschäftsführungsangelegenheit entweder auf die freiwillige Entscheidung des Vorstands selbst oder jedenfalls auf eine Initiierung einer qualifizierten Aktionärsminderheit anstatt auf eine gesetzlich zwingende Vorgabe zurück gehen würde.[234] Es würde ein geringerer Eingriff in die aktienrechtliche Kompetenzverteilung vorgenommen, der dennoch geeignet sein kann, einen effektiven Beitrag zum unternehmerischen Klimaschutz zu leisten.

Es verbleibt die Abwägung, ob sich das Beschlussrecht in seiner Reichweite punktuell nur auf die Billigung des Klimatransformationsplans nach Art. 22 CSDDD beziehen sollte oder darüber hinaus sämtliche Konsultativbeschlüsse zum unternehmerischen Klimaschutz für zulässig erklärt werden sollten. Konsultativbeschlüsse zum unternehmerischen Klimaschutz hätten einen erweiterten Anwendungsbereich auch auf Gesellschaften, die nicht verpflichtet sind nach Art. 22 Abs. 1 UAbs. 1 i.V.m. Art. 2 Abs. 1 CSDDD einen Klimatransformationsplan zu erstellen. Somit bestünden mehr Anwendungsfälle und Einsatzmöglichkeiten. Jedoch würde diese weite Ausgestaltung das Say on Climate nicht rechtssicher begrenzen. Zum gegenwärtigen Zeitpunkt bestehen unterschiedliche Erwartungen an ein Say on Climate, die sich auf den weiten Anwendungsbereich eines Beschlussrechts zum unternehmerischen Klimaschutz übertragen würden. Selbst durch die Ausnahme von Angelegenheiten der gewöhnlichen Geschäftsführung verbliebe ein hoher Restanwendungsbereich für Konsultativbeschlüsse der Hauptversammlung. Allein die Orientierung am Klimatransformationsplan nach Art. 22 CSDDD kann das Say on Climate rechtssicher ausgestalten und schafft für das Say on Climate einen Referenzwert für Aktionariat und Verwaltung der umsetzenden Gesellschaften sowie der Gesellschaften untereinander. Zudem begrenzt die Ausrichtung am Klimatransformationsplan nach Art. 22 CSDDD den administrativen Aufwand des Vorstands. Im Ergebnis sollte das Say on Climate als Beschlussrecht der Hauptversammlung zur Billigung des Klimatransformationsplans nach Art. 22 CSDDD eingeführt werden und im

[234] Ebenso *Vetter*, in Nietsch, Nachhaltiges Aktienrecht, S. 132; AG 2023, 564 (577).

Anwendungsbereich nach Art. 22 Abs. 1 UAbs. 1 i.V.m. Art. 2 Abs. 1 CSDDD verpflichtete Aktiengesellschaften betreffen. Schließlich würde über diesen Anwendungsbereich hinaus ein Vorbild für das Say on Climate geschaffen, sodass auch allein nach Art. 19a, 29a bzw. 40a Richtlinie 2013/34/EU zur Nachhaltigkeitsberichterstattung verpflichtete Aktiengesellschaften freiwillig ihrem Nachhaltigkeitsbericht die Inhalte des Art. 22 Abs. 1 CSDDD entnehmen und gemäß § 119 Abs. 2 AktG der Hauptversammlung zur Billigung vorlegen könnten.

4. Einführung des Say on Climate auf Unionsebene

Schließlich könnte die Einführung eines Say on Climate grundsätzlich auf einem Tätigwerden des Unionsgesetzgebers beruhen.[235] Auch im Unionsrecht drängt sich die Weichenstellung des Say on Climate als Beschlusspflicht oder Beschlussrecht der Hauptversammlung auf. Es stehen die Unionsrechtsakte der national unmittelbar wirkenden Verordnung nach Art. 288 Abs. 2 AEUV oder der umsetzungsbedürftigen Richtlinie nach Art. 288 Abs. 3 AEUV zur Verfügung. Nach dem Prinzip der begrenzten Einzelermächtigung wäre Art. 50 Abs. 2 lit. g AEUV die Rechtsgrundlage für eine Richtlinie, um die mitgliedsstaatlichen Bestimmungen der Gesellschafter soweit erforderlich anzugleichen. Das Say on Climate enthält als Beschlussrecht oder Beschlusspflicht der Hauptversammlung auch Aktionärsrechte für die aktionärsseitige Initiierung. Die Erforderlichkeit kann bereits in der Schaffung einheitlicher Rahmenbedingungen liegen, sodass auch die Subsidiarität nach Art. 5 Abs. 1 S. 2, Abs. 3 EUV gewahrt würde.[236] Für eine Verordnung läge die Rechtsgrundlage durch die Gestaltung des Binnenmarkts in Art. 114 Abs. 1 S. 2 AEUV. In Anbetracht der aktuellen Gesetzgebung der Europäischen Union zum unternehmerischen Klimaschutz in der *Corporate Sustainability Reporting*-Richtlinie und der *Corporate Sustainability Due Diligence*-Richtlinie sowie der Aktionärsrechte-Richtlinien I und II dürfte eine Einführung in Form einer Richtlinie näher liegen. Zudem spricht für eine Richtlinie gegenüber einer Verordnung, dass sie den Mitgliedstaaten mehr Flexibilität bietet. Wie bereits dargestellt, enthält insbesondere die *Corporate*

---

[235] Zum bereits zeitweise gezeigten Interesse im Gesetzgebungsverfahren zur *Corporate Sustainability Due Diligence*-Richtlinie → E. I. 2. c).

[236] *Habersack/Verse*, Europäisches Gesellschaftsrecht, § 3 Rn. 61 f.

Sustainability Due Diligence-Richtlinie mit dem Klimatransformationsplan nach Art. 22 CSDDD eine taugliche Beschlussgrundlage für einen Say on Climate Konsultativbeschluss,[237] sodass eine Änderungsrichtlinie in Betracht käme. Auch der umfassendere Nachhaltigkeitsbericht nach der *Corporate Sustainability Reporting*-Richtlinie könnte zum Anlass genommen werden.[238] Auch könnte eine neue „Aktionärsrechte-Richtlinie III" die Angleichung einer Mitsprache der Aktionäre in der Hauptversammlung zum unternehmerischen Klimaschutz im Unionsrecht aufgreifen.[239]

Vorteilhaft wäre an einer unionsrechtlichen Umsetzung, dass sie gegenüber einer nationalen Einführung zu einer großen Reichweite und somit zu gesteigerten Einsatzmöglichkeiten führen würde. Hinsichtlich der Beschlussgrundlage und der Abstimmungsergebnisse würde eine umfassende Vergleichbarkeit des Say on Climate geschaffen. Gegen eine unionsrechtliche Umsetzung spricht jedoch, dass den mitgliedstaatlichen Erfahrungen mit dem Say on Climate kein Raum gegeben würde. Noch befindet sich das Say on Climate in der Entwicklung und es sind vielzählige Ausgestaltungen möglich. Aus unterschiedlichen mitgliedstaatlichen Regelungen des Say on Climate könnten im Wettbewerb der Rechtsordnungen wichtige Erkenntnisse für eine künftige Rechtssetzung auf Unionsebene gezogen werden.[240] Insofern ist einer unionsrechtlichen Einführung des Say on Climate zunächst eine nationale Umsetzung vorzuziehen.

---

237 Vgl. zum Klimatransformationsplan nach Art. 22 CSDDD als taugliche Beschlussgrundlage des Say on Climate *de lege ferenda* → E. I. 2. b).

238 Vgl. zum Verhältnis des Klimatransformationsplans nach Art. 22 CSDDD zur Nachhaltigkeitsberichterstattung → E. II. 2. g); vgl. zum Minderheitenrecht der Aktionäre auf Überprüfung der Nachhaltigkeitsberichterstattung in Berichtsform durch Dritte *Jaspers*, AG 2022, R240 (R241 ff.).

239 Vgl. zum „*Say on Sustainability*" *Knapp*, ECFR 2021, 218 (240); vgl. generell zum Diskussionsstand zu einer „Aktionärsrechte-Verordnung" oder „Aktionärsrechte-Richtlinie III" *Schmidt*, BB 2020, 1794 (1796).

240 Ebenso *Fleischer/Hülse*, DB 2023, 44 (53).

F. Zusammenfassung in Thesen

Die vorstehende Untersuchung hat gezeigt, dass die gegenwärtige Rechtslage ein Say on Climate allein dem Ermessen des Vorstands überlässt und für die Zwecke des Say on Climate unzureichend ausgestaltet ist. *De lege ferenda* wird gefordert, ein Beschlussrecht der Hauptversammlung zur Billigung des Klimatransformationsplans nach Art. 22 CSDDD einzuführen. Die Ergebnisse der Arbeit lassen sich wie folgt zusammenfassen:

I. Grundlagen und konzeptionelle Begriffsbestimmung des Say on Climate

1) Das Say on Climate entstand aus der Motivation, unternehmerischen Klimaschutz zu stärken und Klimaneutralität von Unternehmen zu erreichen, vorranging verfolgt von institutionellen Investoren, Investoren-Netzwerken und relevanten Initiativen. Das Say on Climate richtet sich auf die Einbeziehung der Aktionäre durch Aktionärsvoten und Aktionärsanträge. Das Konzept der Say-on-Climate-Initiative steht repräsentativ für die Nachfrage nach einem Say on Climate. Die Say-on-Climate-Initiative versteht unter „Say on Climate" ein jährliches, beratendes Aktionärsvotum zu einem Klimatransformationsplan, anhand dessen die Aktionäre in der Hauptversammlung in unverbindlicher Weise ihre Zustimmung oder Ablehnung des Klimatransformationsplans ausdrücken können. Die unternehmensseitige Umsetzung beruht auf Beschlussvorschlägen der Unternehmensleitung, sog. *Management Proposals*. Mit Aktionärsanträgen, sog. *Shareholder Proposals*, sollen

Aktionäre die unternehmensseitige Etablierung des Say on Climate beratend einfordern und anstoßen (B. I. 2.).

2) Für eine rechtliche Betrachtung des Say on Climate *de lege lata* lässt sich das Say on Climate in einen Mitsprachemechanismus und dessen inhaltlichen Bezugspunkt unterteilen. Da sich für das deutsche Recht keine Definition der Mitsprache nach dem Say on Climate etabliert hat, ist für den Mitsprachemechanismus ein extensives Verständnis anzuwenden, nach welchem grundsätzlich jedes aktienrechtliche Mitspracherecht für das Say on Climate von Relevanz sein kann. Auch muss sich das Say on Climate bereits an dem aktionärsseitig initiierten Ausdruck des Verlangens nach einer Mitsprache in der Hauptversammlung messen lassen. Dennoch steht ein Konsultativbeschluss der Hauptversammlung im Vordergrund (B. II. 1. c)). Inhaltlich steht das Say on Climate zunächst unter einem generellen Bezug zum unternehmerischen Klimaschutz und bezieht sich ausschließlich auf die Unternehmensplanung des laufenden, gewöhnlichen Geschäftsbetriebs. Im Regelfall ist der Mitsprachemechanismus nicht anlassbezogen und nicht speziell auf tiefgreifende strukturelle Umstellungen im Geschäftsbetrieb ausgerichtet (B. II. 2. c)). In der Gesamtschau steht das Say on Climate für die Mitsprache zum Klimaschutz, anhand welcher die Aktionäre bzw. die Hauptversammlung langfristig und regelmäßig ihrer Zustimmung oder Ablehnung der unternehmerischen Klimapolitik Ausdruck verleihen können.

II. Say on Climate – *de lege lata*

3) Die Rechte der Hauptversammlung sind in Geschäftsführungsfragen schwach ausgeprägt, da der Vorstand nach der historisch gewachsenen Organisationsverfassung zuständig ist (C. I. 3.). Unternehmerische Klimaschutzentscheidungen sind grundsätzlich als Geschäftsführungsangelegenheiten einzuordnen (C. I. 2.). Es besteht keine originäre oder ungeschriebene Beschlusskompetenz der Hauptversammlung, um den unternehmerischen Klimaschutz direkt zu bewerten (C. II. 1. b)).

4) Nach dem geltenden Aktienrecht besteht keine gesetzliche Mitsprache der Hauptversammlung zum Klimaschutz in Beschlussform, nach

welcher die Aktionäre bzw. die Hauptversammlung langfristig und regelmäßig ihrer Zustimmung oder Ablehnung der unternehmerischen Klimapolitik Ausdruck verleihen können (C. II.). Es verbleibt für ein unmittelbares Say on Climate-Votum die Beschlussmöglichkeit der Hauptversammlung infolge eines Verlangens des Vorstands nach § 11 9 Abs. 2 AktG (C. II. 1. a)). Die Entscheidung zum Vorstandsverlangen steht im weiten Ermessen des Vorstands (C. II. 1. a) aa)). Er kann neben einem bindenden Beschluss gezielt einen Konsultativbeschluss der Hauptversammlung verlangen (C. II. 1. a) dd)) oder eine beschlusslose Say on Climate Aussprache der Aktionäre durchführen (C. III. 5.).

5) Das Tagesordnungsergänzungsverlangen nach § 122 Abs. 2 AktG steht den Aktionären mangels Beschlusszuständigkeit nicht für ein Say on Climate zur Verfügung (C. II. 1. c)). Nach der gesetzlichen Zuständigkeitsverteilung besteht in Geschäftsführungsfragen keine Beschlusskompetenz der Hauptversammlung für Konsultativbeschlüsse, die nicht auf ein Verlangen des Vorstands im Sinne von § 119 Abs. 2 AktG zurück gehen. Das Aktiengesetz erkennt sog. unverlangte Konsultativbeschlüsse nicht an (C. II. 1. c)).
6) Es bestehen indirekte Bewertungsmöglichkeiten unternehmerischer Klimaschutzentscheidungen, insbesondere die Vorstandsentlastung und das Votum zum Vergütungssystem bieten in vielfacher Hinsicht Möglichkeiten zur Erörterung in der Hauptversammlung. Jedoch ist unter sachfremden Tagesordnungspunkten keine zielgenaue Bewertung des unternehmerischen Klimaschutzes durch die Stimmrechtsausübung der Aktionäre eröffnet, es besteht entweder keine Grundlage für eine langfristige Mitsprache oder die Mitsprache ist auf Sachverhaltskonstellationen im Einzelfall bezogen (C. II. 2. e)).

III. Say on Climate in den USA

7) Nach einzelstaatlichem US-amerikanischem Recht sind Say on Climate-Beschlüsse der Aktionäre aufgrund eines freiwilligen Beschlussvorschlags der Verwaltung zulässig. Solche *Management Proposals* entsprechen der allgemeinen Praxis und gehen auf die umfassende Zuständigkeit der Verwaltung in Geschäftsführungsfragen zurück (D. I. 1.). Bislang sind zwei Fälle eines unternehmensseitig initiierten Say on Climate bei

US-amerikanischen börsennotierten Unternehmen zu verzeichnen. Die Verwaltungen der Gesellschaften Moody's Corp. und S&P Global, Inc., legten jeweils 2021 ihren Aktionären einen Klimatransformationsplan zur beratenden Abstimmung vor. Moody's Corp. erzielte eine Zustimmung in Höhe von 93,3 % und S&P Global, Inc., in Höhe von 99,5 % der abgegebenen Stimmen. Beiden Fällen ging ein später zurückgenommener Aktionärsantrag des Hedgefonds The Children's Investment Fund Management Ltd. (TCI) voraus (D. I. 2.).

8) Den unternehmensseitigen *Management Proposals* stehen Aktionärsanträge gegenüber, welche als *Shareholder Proposals* bezeichnet werden. Das kapitalmarktrechtliche Aktionärsantragsrecht ist in 17 CFR § 240.14a-8 geregelt, kurz Rule 14a-8 oder auch *Shareholder Proposal Rule* genannt. Aktionäre können eigeninitiativ eine Abstimmung in der Hauptversammlung beantragen. Das beantragte Aktionärsvotum in der Hauptversammlung wird als *Shareholder Resolution* bezeichnet und entspricht einem Konsultativbeschluss, wenn der Aktionärsantragsgegenstand ersuchend oder empfehlend („*request or recommendation*") gefasst ist (D. II. 2. e) aa)).

9) Nach der Auslegungspraxis der SEC sind Say on Climate-Aktionärsanträge zum unternehmerischen Klimaschutz im Grunde rechtmäßig, sofern sie auf einen Konsultativbeschluss gerichtet sind und kein Ausschlussgrund einschlägig ist. Insofern ist nach Rule 14a-8 (i) (7) der Ausschlussgrund für gewöhnliche Geschäftsführungsangelegenheiten („*company's ordinary business operations*") von herausgehobener Bedeutung. Insbesondere ein Mikromanagement der Verwaltung durch einen Aktionärsantragsgegenstand in komplexen Geschäftsführungsangelegenheiten ist ausschlussbewehrt. Betrifft der Aktionärsantrag wichtige sozialpolitische Fragen („*significant social policy issues*"), die über das Tagesgeschäft hinausgehen, findet Rule 14a-8 (i) (7) nur Anwendung, wenn die gewöhnliche Geschäftsführung Schwerpunkt des Antragsinhalts ist. Bis einschließlich der Hauptversammlungssaison 2024 waren wichtige sozialpolitische Fragen nach der SEC in der Administration unter Präsident Biden abstrakt zu bestimmen und klimaschutzbezogene Aktionärsanträge grundsätzlich darunter zu subsumieren. Die SEC vertrat insoweit, dass Rule 14a-8 (i) (7) auf das Ersuchen von Klimatransformationsplänen grundsätzlich keine Anwendung finde, solange der Ermessenspielraum der Verwaltung nicht unangemessen

eingeschränkt werde. Demnach bestätigte die SEC den Ausschluss vereinzelter Aktionärsanträge, die der Verwaltung spezifische Methoden für die Aufstellung von Treibhausgasemissionszielen vorgaben oder eine Offenlegung der Treibhausgasemissionen einzelner konkreter Bestandteile des operativen Geschäfts verlangten. Nunmehr hat sich die SEC in der Administration unter Präsident Trump im Frühjahr 2025 neuausgerichtet und verlangt für die Bestimmung wichtiger sozialpolitischer Fragen stets einen konkreten Zusammenhang mit der Geschäftstätigkeit der Gesellschaft. Weiterhin hat die SEC verkündet im Rahmen des Mikromanagements einen strengeren Maßstab daran anzulegen, ob das Ermessen der Verwaltung unangemessen eingeschränkt wird, sofern Aktionäre als Gruppe nicht in der Lage seien, sich ein fundiertes Urteil zu bilden. Es bleibt abzuwarten, wie die SEC künftig Say on Climate-Aktionärsanträge im Einzelfall behandeln wird (D. II. 3. e)). Darüber hinaus ist ebenso zu beobachten, wie die SEC künftig den Ausschlussgrund nach Rule 14a-8 (i) (5) für mangelnde Erheblichkeit auf Say on Climate-Aktionärsanträge anwenden wird, da sie fortan in ihrer Auslegung den Anwendungsbereich weiter versteht und gesteigert zur Anwendung bringen wird (D. II. 3. d)).

10) Zwar enthält Rule 14a-8 ein historisch gefestigtes Aktionärsantragsrecht. Jedoch unterliegt Rule 14a-8 als bundesbehördliche Durchführungsvorschrift der unbeständigen, einzelfallbezogene Konkretisierung und Auslegung durch die SEC und war in der Vergangenheit gegenläufigen, politisch motivierten Änderungsvorhaben ausgesetzt (D. II. 3. h), III.). Im Einzelfall ist stets eine Überprüfung sämtlicher Ausschlussgründe nach Rule 14a-8 (i) notwendig. Im Wesentlichen bestehen nach den vergangenen Hauptversammlungssaisons Say on Climate-Aktionärsanträge in zwei inhaltlichen Ausprägungen. Zunächst kann die Verwaltung einer Gesellschaft ersucht werden, einen jährlichen Konsultativbeschluss der Aktionäre zu einem (zu erstellenden) Klimatransformationsplan einzuführen. Dies entspricht im Kern der Beschlussvorlage der Say-on-Climate-Initiative. Nach diesem Leitbild wurden in den vergangenen Hauptversammlungen börsennotierter Gesellschaften fünf Aktionärsanträge gestellt. In drei Fällen fassten die Aktionäre Beschluss (D. II. 4. c), d)). Daneben kann die Gesellschaft ersucht werden, einen Klimatransformationsplan zu

erstellen. Vergleichbare Aktionärsanträge sind bereits seit dem Jahr 2009 mit einem hohen Aufkommen zu verzeichnen (D. II. 4. c) aa), d) aa)). Auch ohne das zusätzliche Ersuchen eines jährlichen Konsultativbeschlusses über den zu erstellenden Klimatransformationsplan entsprechen diese Aktionärsanträge einem Say on Climate, da der beantragten Abstimmung in der Hauptversammlung eine Mitsprache zum Klimaschutz immanent ist (D. II. 4. d) ee)).

IV. Vorschlag eines Say on Climate – *de lege ferenda*

11) Es besteht eine Regelungsnotwendigkeit für das Say on Climate. Der Vorstand wird durch die gegenwärtige Rechtslage nicht ausreichend in einem Verlangen eines konsultativen Hauptversammlungsbeschlusses nach § 119 Abs. 2 AktG bestärkt, er ist in der Praxis einer negativen Wahrnehmung ausgesetzt und es bestehen nur wenige Anwendungsfälle des § 119 Abs. 2 AktG im Sinne des Say on Climate. Mangels Vergleichbarkeit und gesetzlicher Konkretisierung droht das Say on Climate, negative Abstimmungsempfehlungen von Stimmrechtsberatern hervorzurufen. Hinzu tritt das tatsächliche Risiko von Beschlussmängelklagen. Zudem können Aktionäre mangels Hauptversammlungszuständigkeit keine Ergänzung der Tagesordnung nach § 122 Abs. 2 AktG verlangen. Schließlich enthalten auch die *Corporate Sustainability Reporting*-Richtlinie sowie die *Corporate Sustainability Due Diligence*-Richtlinie keine Grundlage für ein Say on Climate (E. I. 1.). Der Klimatransformationsplan nach Art. 22 CSDDD kann jedoch als Beschlussgrundlage für ein Say on Climate dienen (E. I. 2.).
12) Ein Say on Climate wäre mit dem aktienrechtlichen Kompetenzgefüge vereinbar. Insbesondere würden sich die Mitwirkungsverpflichtungen des Vorstands und der bürokratische Mehraufwand von Gesellschaften im Anwendungsbereich des Art. 22 CSDDD geringhalten. Als unverbindlicher Konsultativbeschluss ließe das Say on Climate den Kompetenzbereich des Vorstands rechtlich unangetastet, da keine Ausführungspflicht nach § 83 Abs. 2 AktG bestünde. Gleichermaßen würde der Aufsichtsrat nicht in der Überwachung der Geschäftsführung

eingeschränkt. Für die Billigung des Klimatransformationsplans nach Art. 22 CSDDD ist die Hauptversammlung auch das adäquate Organ, da die Aktionäre sich inhaltlich mit den im Plan gesetzten Zielen kritisch auseinandersetzen können und die Verwendung ihres investierten Eigenkapitals zur Klimatransformation der Gesellschaft in ihrem Interesse liegt (E. I. 4.).

13) Die gesetzliche Einführung eines Say on Climate in Gestalt eines Konsultativbeschlusses zum Klimatransformationsplan nach Art. 22 CSDDD wäre zweckmäßig. Die Beschlussqualität sowie die Abstimmungsergebnisse führen gegenüber sonstigen Mitspracherechten der Aktionäre zu einem messbaren Erfolg und schaffen Vergleichswerte. Die faktische Wirkung des Konsultativbeschlusses sowie die Aktionärsbeteiligung eignen sich, den unternehmerischen Klimaschutz zu bestärken. Zwar ist ein Klimaschutz unterstützendes Abstimmungsverhalten der Aktionäre nicht garantiert, jedoch können bereits wenige positive Umsetzungen des Say on Climate eine Vorbildwirkung einnehmen und die rechtssichere Ausgestaltung Nachahmungseffekte begünstigen. Eine Legitimierung der unternehmerischen Klimapolitik würde den Vorstand in seinen Klimaschutzbemühungen stützen. Schließlich würden die Hauptversammlung und die Aktionärsrechte gestärkt und eine formalisierte Mitsprache neben den informellen Investorendialog treten (E. I. 5.).

14) Die Regierungskommission könnte ein Say on Climate in den Deutschen Corporate Governance Kodex aufnehmen. In Betracht käme eine Anregung oder Empfehlung gegenüber dem Vorstand, von § 119 Abs. 2 AktG Gebrauch zu machen und der Hauptversammlung einen Klimatransformationsplan nach Art. 22 CSDDD vorzulegen, wenn eine qualifizierte Minderheit der Aktionäre dies entsprechend § 122 Abs. 2 AktG verlangt (E. II. 1. a)). Unabhängig davon könnte der Vorstand zum Einsatz eines Vorstandsverlangens gemäß § 119 Abs. 2 AktG im Sinne des Say on Climate angeregt werden (E. II. 1. b)). Die alleinige Förderung des Say on Climate im Deutschen Corporate Governance Kodex ist nicht zu befürworten, da das Entsprechen sowie die Auswahl der Informations- und Beschlussgrundlage weiterhin im Ermessen des Vorstands verbliebe und keine Vergleichbarkeit oder Rechtssicherheit für das Say on

Climate geschaffen würde. Allenfalls bietet sich die Kombination einer Anregung des Vorstands zum Einsatz des § 119 Abs. 2 AktG im Sinne des Say on Climate und einer Empfehlung für den Fall des qualifizierten Verlangens der Aktionäre (E. II. 1. c)) im Hinblick auf die Umsetzungsfristen der CSDDD als Übergangslösung an (E. II. 1. d)).

15) Gesetzlich kann ein beratendes Say on Climate-Votum zu einem Klimatransformationsplan nach Art. 22 CSDDD als eine obligatorische Beschlusspflicht (E. II. 2.) oder ein fakultatives Beschlussrecht (E. II. 3.) der Hauptversammlung ausgestaltet werden. Auf ein Beschlussrecht der Hauptversammlung fände das Tagesordnungsergänzungsverlangen nach § 122 Abs. 2 AktG Anwendung. Die Anfechtbarkeit des Konsultativbeschlusses wäre aus Gründen der Rechtssicherheit ausdrücklich auszuschließen.

16) Mit einer Beschlusspflicht zur Billigung des Klimatransformationsplans nach Art. 22 Abs. 1 CSDDD ginge ein zwingender Tagesordnungspunkt und eine Vorlagepflicht des Vorstands gegenüber der Hauptversammlung für den Klimatransformationsplan als Beschlussgrundlage einher (E. II. 2. a)). Der Anwendungsbereich sollte dem Kreis der nach Art. 22 Abs. 1 CSDDD zur Erstellung eines Klimatransformationsplans verpflichteten Aktiengesellschaften folgen, um den Eingriff in die Leitungs- und Geschäftsführungsautonomie des Vorstands möglichst gering zu halten (E. II. 2. e)). Die Privilegierung des Nachhaltigkeitsberichts nach Art. 22 Abs. 2 CSDDD wäre auf das Say on Climate zu übertragen (E. II. 2. g)). Einer Ausgestaltung des Say on Climate als zwingende Beschlusspflicht steht jedoch entgegen, dass sie mit einer erheblichen Verpflichtung des Vorstands verbunden wäre und eine formalisierte Umsetzung des Say on Climate drohen würde. Demgegenüber bestünde nach einem Beschlussrecht der Hauptversammlung mehr Flexibilität. Durch die entweder freiwillige unternehmensseitige Umsetzung oder die jedenfalls aktionärsseitige Initiierung käme den Abstimmungsergebnissen des Say on Climate mehr Rückhalt zu.

17) Für ein Say on Climate-Beschlussrecht der Hauptversammlung verbliebe es grundsätzlich im Ermessen des Vorstands, den Beschlussgegenstand auf die

Tagesordnung der Hauptversammlung zu setzen (E.II.3.a) aa)). Jedoch könnten Aktionäre nunmehr aufgrund der Hauptversammlungskompetenz von ihrem Recht auf Ergänzung der Tagesordnung gemäß § 122 Abs. 2 AktG Gebrauch machen (E.II.3.a) bb)). Sofern sich das Beschlussrecht punktuell auf die Billigung des Klimatransformationsplans nach Art. 22 CSDDD beziehen sollte, wäre der Vorstand für den Fall eines Ergänzungsverlangens nach § 122 Abs. 2 AktG zu verpflichten, der Hauptversammlung den Beschlussgegenstand vorzulegen (E.II.3.a) bb)). Der Anwendungsbereich sollte sich nach Art. 22 Abs. 1 UAbs. 1 i.V.m. Art. 2 Abs. 1 CSDDD richten und die Privilegierung des Nachhaltigkeitsberichts nach Art. 22 Abs. 2 CSDDD übernehmen (E. II. 3. a) dd)). Inhaltlich weitergehend könnte ein Beschlussrecht auch Konsultativbeschlüsse der Hauptversammlung zum unternehmerischen Klimaschutz für zulässig erklären. Es entstünden weitere wesentliche Mitsprachemöglichkeiten im Sinne des Say on Climate. Beispielsweise könnten Aktionäre gemäß § 122 Abs. 2 AktG nach US-amerikanischem Vorbild Gesellschaften, die nicht nach Art. 22 CSDDD verpflichtet sind, beratend ersuchen, einen Klimatransformationsplan zu erstellen (E. II. 3. b) aa)). Durch die Übertragung des US-amerikanischen Ausschlussgrunds Rule 14a-8 (i) (7) könnten Angelegenheiten der gewöhnlichen Geschäftsführung ausgenommen werden (E. II. 3. b) bb)). Das Beschlussrecht könnte Hauptversammlungen sämtlicher Aktiengesellschaften oder jedenfalls börsennotierter Aktiengesellschaften zustehen (E. II. 3. b) dd)). In der Reichweite überzeugt eine konkrete Ausrichtung des Beschlussrechts auf die Billigung des Klimatransformationsplans nach Art. 22 CSDDD (E. V. 3.). Demgegenüber könnten weitergehende Konsultativbeschlüsse zum unternehmerischen Klimaschutz durch ihren vielfältigen Einsatzbereich die gegenwärtig zu vermissende Vergleichbarkeit und Rechtssicherheit für Say on Climate-Beschlüsse nicht gewährleisten (E. V. 3.).

18) Im Rahmen einer unionsrechtlichen Einführung eines Say on Climate wäre eine Richtlinie einer Verordnung aufgrund der größeren Flexibilität der Mitgliedsstaaten vorzuziehen. Mit einer Harmonisierung gingen die Vorteile einer großen Reichweite und einer umfassenden Vergleichbarkeit des Say on Climate einher. Dennoch sollte eine

unionsrechtliche Umsetzung der nationalen Einführung nachfolgen, da in Anbetracht der vielzähligen Ausgestaltungsmöglichkeiten des Say on Climate zunächst die mitgliedstaatlichen Erfahrungen und der Wettbewerb der Rechtsordnungen zu beobachten sind (E. II. 4.).

Literaturverzeichnis

I. Gedruckte Werke

Albath, Christina, Shareholder Activism im Rahmen der Hauptversammlung, Eine Untersuchung unter Berücksichtigung von aktienrechtlichen, kapitalmarktrechtlichen und praktischen Beschränkungen, diss. iur. Regensburg 2022, Baden-Baden 2022.

Armour, John/Enriques, Luca/Wetzer, Thom, Green Pills: Making Corporate Climate Commitments Credible, Arizona Law Review, Volume 65 (2023), 285.

Arnold, Michael, Mitwirkungsbefugnisse der Aktionäre nach Gelatine und Macotron, ZIP 2005, 1573.

Arnold, Christian/Herzberg, Julia/Zeh, Ricarda, Vorstandsvergütung und Nachhaltigkeit, AG 2021, 141.

Bachmann, Gregor, CSR-bezogene Vorstands- und Aufsichtsratspflichten und ihre Sanktionierung, ZGR 2018, 231.

Ders., Zielsetzung und Governance von Unternehmen im Lichte der Klimaverantwortung, ZHR (187) 2023, 166.

Ders., Klimaschutz durch Gesellschaftsrecht?, NJW 2024, 2734.

Bainbridge, Stephen, Revitalizing SEC Rule 14s-8's Ordinary Business Exemption: Preventing Shareholder Micromanagement by Proposal, UCLA School of Law, Law & Economics Research Paper No. 16-06.

Bakker, Michael, Shareholder Proposals and Sustainability: An Empirically-Based Critical Reflection, ECFR 2023, 276.

Baumbach, Adolf/Hueck, Alfred (Hrsg.), Beck'sche Kurzkommentare, Band 23, Aktiengesetz, 11. Auflage, München 1961.

Bauman, Jeffrey/Weiss, Elliott/Palmiter, Alan, Corporations Law and Policy, Materials and Problems, 5. Auflage, St. Paul, Minnesota, USA, 2003.

Bayer, Walter/Habersack, Mathias, Aktienrecht im Wandel, Band I, Entwicklung des Aktienrechts, Tübingen 2007.

Dies., Aktienrecht im Wandel, Band II, Grundsatzfragen des Aktienrechts, Tübingen 2007.

Bebchuk, Lucian, The Case for Increasing Shareholder Power, Harvard Law Review, Volume 118 (2005), 833.

Bebchuk, Lucian/Kastiel, Kobi/Tallarita, Roberto, Does Enlightened Shareholder Value Add Value?, The Business Lawyer, Volume 77 (2022), 731.

Becker, Annette, Gea auf Kurs zu Netto-null, Börsen-Zeitung vom 26.01.2024, S. 11.
Begemann, Arndt/Laue, Bastian, Der neue § 120 Abs. 4 AktG – ein zahnloser Tiger?, BB 2009, 2442.
Behar, Andrew, The Shareholder Action Guide, Oakland, California, USA, 2016.
Beneke, Moritz/Heidel, Thomas/Lochner, Daniel, Für den Erhalt der etablierten deutschen Aktienkultur, AG 2024, 528.
Benjamin, Lisa, The Road to Paris Runs Through Delaware: Climate Litigation and Directors' Duties, Utah Law Review 2022, 313.
Berger, Lucina, „Say-on-Climate"-Beschlüsse der Hauptversammlung, BOARD 2022, 193.
Berisha, Shkelqim, Bericht über die Diskussion des Referats Sanders, in Gesellschaftsrecht in der Diskussion 2022, Schriftenreihe der Gesellschaftsrechtlichen Vereinigung, Band 028, hrsg. v. Gesellschaftsrechtliche Vereinigung (VGR), S. 85, Köln 2023.
Böhringer, Andrea/Döding, Karl, Aktion und Reaktion – Anti-ESG-Aktivismus am Horizont, AG 2022, R304.
Brellochs, Michael, Institutionelle Investoren (ETF-Fonds, Versicherungen, Pensionskassen) im Gesellschafts- und Kapitalmarktrecht, ZHR 185 (2021), 319.
Brown, Robert, The Proxy Rules and Restrictions on Shareholder Voting Rights, Seton Hall Law Review, Volume 45 (2016), 45.
Brownstein, Andrew/Kirman, Igor, Can a Board Say No When Shareholders Say Yes? Responding to Majority Vote Resolutions, Business Lawyer, Volume 60 (2004), 23.
Bruno, Sabrina, Directors' Versus Shareholders' Primacy in U.S. Corporations Through the Eyes of History: Is Directors' Power "Inherent"?, ECFR 2012, 421.
Dies., Climate Corporate Governance, ECFR 2019, 687.
Bunz, Thomas, Vorbereitungs- und Reaktionsmöglichkeiten börsennotierter Unternehmen auf Shareholder Activism, NZG 2014, 1049.
Bürgers, Tobias/Lieder, Jan (Hrsg.), Aktiengesetz, 6. *Auflage*, Heidelberg 2024.
Burgi, Martin/Habersack, Mathias (Hrsg.), Öffentliches Recht des Unternehmens, Handbuch, München 2023.

Burke, Gregory, SEC Rule 14a-8 shareholder proposals: No-action requests, determinants, and the role of SEC staff, Journal of Accounting and Public Policy, Volume 42 (2023), 107048.
Butzke, Volker, Die Hauptversammlung der Aktiengesellschaft, 5. Auflage, Stuttgart 2011.
Cahn, Andreas, Die Leitung der Aktiengesellschaft durch den Vorstand, NZG 2023, 299.
Cahn, Andreas/Donald, David, Comparative Company Law, Text and Cases on the Laws Governing Corporations in Germany, the UK and the USA, 2. Auflage, Cambridge, UK, 2018.
Çapa, Sadık, Konsultative Hauptversammlungsbeschlüsse im Aktienrecht aus rechtsvergleichender Sicht, diss. iur. Marburg 2020, Baden-Baden 2021.
Clark, Robert, Corporate Law, 2. Auflage, Boston, Massachusetts, USA, 1986.
Coffee, John, The Bylaw Battlefield: Can Institutions Change the Outcome of Corporate Control Contests?, University of Miami Law Review, Volume 51 (1997), 605.
Cox, James/Hazen, Thomas, Treatise on the Law of Corporations, Band 1, §§ 1:1 ff., 3. Auflage, St. Paul, Minnesota, USA, 2023.
Dies., Treatise on the Law of Corporations, Band 2, §§ 9:1 ff., 3. Auflage, St. Paul, Minnesota, USA, 2023.
Cox, James/Thomas, Randall, The SEC's Shareholder Proposal Rule: Creating a Corporate Public Square, Columbia Business Law Review, Volume 3 (2021), 1147.
Cundill, Gary/Smart, Palie/Wilson, Hugh, Non-financial Shareholder Activism: A Process Model for Influencing Corporate Environmental and Social Performance, International Journal of Management Reviews, Volume 20 (2018), 606.
Dietz-Vellmer, Fabian, Hauptversammlungsbeschlüsse nach § 119 II AktG – geeignetes Mittel zur Haftungsvermeidung für Organe?, NZG 2014, 721.
Döding, Karl, ESG-Aktivismus auf dem Vormarsch, AG 2021, R249.
Dörrwächter, Jan, Nachhaltigkeit und Gesellschaftsinteresse, Zu den Pflichten des Vorstands im Zusammenhang mit ESG, NZG 2022, 10833.
Drechsler, Jannes, Die Zielfunktion der Aktiengesellschaft und Friedmans Gesellschaftsbild im Spiegel internationaler gesellschaftlicher Entwicklungen, ZVglRWiss 123 (2024), 231.

Drinhausen, Florian, Weiterer Reformbedarf im Aktienrecht – Mehr Aktionärsdemokratie wagen, ZHR 186 (2022), 201.
Duve, Christian/Hamama, Olga, Investor-led action for climate and business sustainability, in: Climate Change Litigation, A Handbook, hrsg. von *Kahl, Wolfgang* u.a., München 2021, S. 466.
Dyck, Alexander/Lins, Karl/Roth, Lukas/Wagner, Hannes, Do Institutional Investors Drive Corporate Social Responsibility? International Evidence, Journal of Financial Economics, Volume 131 (2019), 693.
Eisenberg, Melvin, Access to the Corporate Proxy Machinery, Harvard Law Review, Volume 83 (1970), 1489.
Eisenschmidt, Karsten, Say on Pay-Votum in Deutschland, Stand der empirischen Forschung und Analyse der Hauptversammlungssaison 20215, DB 2016, 2793.
Ekardt, Felix, Theorie der Nachhaltigkeit: ethische, rechtliche, politische und transformative Zugänge – am Beispiel von Klimawandel, Ressourcenknappheit und Welthandel; mit einem Nachwort zu BVerfG-Entscheidung, Paris-Abkommen und neuer Klimapolitik, habil. iur. Rostock 2003, 3. Auflage, Baden-Baden 2021.
Ders., Umweltschutz und Zivilrecht, Nachhaltigkeit durch Kapitalgesellschaftsrecht, ZUR 2016, 463.
Ekkenga, Jens, Investmentfonds als neue Kontrollagenten einer „nachhaltigen" Realwirtschaft: Sinnvolle Instrumentalisierung oder schrittweise Demontage der Kapitalmärkte in Europa?, WM 2020, 1664.
Ertimur, Yonca/Ferri, Fabrizio/Stubben, Stephen, Board of Directors' Responsiveness to Shareholders: Evidence from Shareholder Proposals, Journal of Corporate Finance, Volume 16 (2010), 53.
Favoccia, Daniela, Hengeler Mueller: Nachhaltige Corporate Governance, in: Corporate Sustainability, hrsg. v. *Ghassemi-Tabar, Nima* u.a., Düsseldorf 2022, S. 26.
Fassbach, Burkhard/Schneiders, Benedikt, ESG auf der Agenda des Managements, GWR 2023, 210.
Fest, Timo, Sustainable Shareholder Activism – Anliegen, Hemmnisse und Reformperspektiven, AG 2024, 269.
Fisch, Jill, Making Sustainability Disclosure Sustainable, Georgetown Law Journal, Volume 107 (2019), 923.
Dies., Purpose Proposals, University of Chicago Business Law Review, Volume 1 (2022), 113.
Fleischer, Holger, Unternehmensspenden und Leitungsermessen des Vorstands im Aktienrecht, AG 2001, 171.

Ders., Zur Leitungsaufgabe des Vorstands im Aktienrecht, ZIP 2003, 1.
Ders., Konsultative Hauptversammlungsbeschlüsse im Aktienrecht – Rechtsdogmatik, Rechtsvergleichung, Rechtspolitik, AG 2010, 681.
Ders., Corporate Social Responsibility, Vermessung eines Forschungsfeldes aus rechtlicher Sicht, AG 2017, 509.
Ders., Corporate Purpose: Ein Management-Konzept und seine gesellschaftsrechtlichen Implikationen, ZIP 2021, 5.
Ders., Corporate Purpose: A Management Concept and its Implications for Company Law, ECFR 2021, 161.
Ders., Klimaschutz im Bilanz-, Gesellschafts- und Kapitalmarktrecht, DB 2022, 37.
Ders., Selbstreflexion im Gesellschaftsrecht: „Hottest Game in Town" oder „Death of Corporate Law"?, ZGR 2022, 466.
Ders., Green Boardrooms: Klimaschutz und Corporate Governance, Der Aufsichtsrat 2022, 26.
Ders., Auf dem Weg zu einem Klimagesellschaftsrecht?, DB 2024, 2410.
Fleischer, Holger/Hülse, Philipp, Klimaschutz und aktienrechtliche Kompetenzverteilung: Zum Für und Wider eines „Say on Climate", DB 2023, 44.
Flore, Daniel, Mehr Aktionärsdemokratie wagen?, Proxy Contests statt Verwaltungsstimmrecht?, diss. iur. Göttingen 2010, Frankfurt am Main 2011.
Freeman, Milton, An Estimate of the Practical Consequences of the Stockholder's Proposal Rule, University of Detroit Law Journal, Volume 34 (1957), 549.
Frels, Harro, Überweisung und Übertragung von Zuständigkeiten der Organe der Aktiengesellschaft, diss. iur. Göttingen 1956
Fuhrmann, Ben/Röseler, Sandra, VW und die Leitungsautonomie – legitime Schranke für ESG-Aktivismus in Deutschland, AG 2022, R153.
Fuhrmann, Ben/Döding, Karl, Enkraft Capital vs. RWE AG – misslungener Auftakt des ESG-Aktivismus in Deutschland?, AG 2022, R168.
Gadow, Wilhelm/Heinichen, Eduard (Begr.), Aktiengesetz, Großkommentar, Erster Band, §§ 1–44 AktG, 2. *Auflage*, Berlin 1961.
Dies., Aktiengesetz, Großkommentar, Erster Band, 2. Halbband, §§ 76–147 AktG, 3. Auflage, Berlin 1973.
Gärtner, Matthias/Himmelmann, Elena, Beschlüsse der Hauptversammlung zur Vorstandsvergütung nach ARUG II, AG 2021, 259.
Gehling, Christian, Recht der Hauptversammlung – Reformbedarf erledigt?, AG 2022, 800.

Gesellschaftsrechtliche Vereinigung (VGR) (Hrsg.), Stellungnahme zu dem Entwurf des Deutschen Corporate Governance Kodex 2022 vom 21.1.2022, AG 2022, 239.

Dies., Reformbedarf im Aktienrecht, Vorschläge für eine große Aktienrechtsreform, Köln 2024.

Ghassemi-Tabar, Nima (Hrsg.), Deutscher Corporate Governance Kodex: DCGK, Kommentar, 2. Auflage, München 2023.

Ghassemi-Tabar, Nima/Cordes, Malte (Hrsg.), Handbuch Vorstand und Aufsichtsrat, 2. Auflage, Köln 2023.

Goette, Wulf/Habersack, Mathias (Hrsg.), Münchener Kommentar zum Aktiengesetz, Band *1*, §§ 1–75, 6. *Auflage*, München 2024.

Dies., Münchener Kommentar zum Aktiengesetz Band 2, §§ 76–117, MitbestG, DrittelbG, 6. *Auflage*, München 2023.

Dies., Münchener Kommentar zum Aktiengesetz, Band 3, §§ 118–178, 6. Auflage, München 2024.

Dies., Münchener Kommentar zum Aktiengesetz Band 2, §§ 76–117, MitbestG, DrittelbG, 5. *Auflage*, München 2019.

Dies., Münchener Kommentar zum Aktiengesetz, Band 4, §§ 118–178, 4. Auflage, München 2018.

Godin, Reinhard/Wilhelmi, Hans (Hrsg.), Aktiengesetz vom 6. September 1965, Kommentar, Band I, §§ 1–178 AktG, 3. *Auflage*, Berlin 1967.

Dies., Aktiengesetz vom 6. September 1965, Kommentar, Band I, §§ 1–178 AktG, 4. *Auflage*, Berlin 1971.

Goranova, Maria/Ryan, Lori, Shareholder Activism: A Multidisciplinary Review, Journal of Management, Volume 40 (2014), 1230.

Gordon, Jeffrey, Shareholder Initiative: A Social Choice and Game Theoretic Approach to Corporate Law, University of Cincinnati, Volume 60 (1991), 347.

Gorman, Alex, Exit vs. Voice: a comparison of Divestment and shareholder Engagement, New York University Annual Survey of American Law, Volume 72 (2017), 113.

Graßl, Bernd/Nikoleyczik, Tobias, Shareholder Activism und Investor Activism – Typische Handlungsweisen aktivistischer Aktionäre und Investoren, angemessene Vorbereitung und mögliche Reaktion der Zielgesellschaft, AG 2017, 49.

Grigoleit, Hans (Hrsg.), Aktiengesetz Kommentar, 2. *Auflage*, München 2020.

Grisar, Daniel/Volhard, Antonia, Vertraglich verbindliche Nachhaltigkeitsverpflichtungen in GmbH und AG, NZG 2024, 515.
Grundmann, Stefan, Europäisches Gesellschaftsrecht, Eine systematische Darstellung unter Einbeziehung des Europäischen Kapitalmarktrechts, 2. Auflage, Heidelberg 2011.
Gsell, Beate/Krüger, *Wolfgang/Lorenz, Stephan/Reymann, Christoph* (Gesamthrsg.), Beck-online.Großkommentar zum BGB, hrsg. von *Artz, Markus* u.a., München 2024.
Haan, Sarah, Shareholder Proposal Settlements and the Private Ordering of Public Elections, The Yale Law Journal, Volume 126 (2016), 262.
Habersack, Mathias, Gemeinwohlbindung und Unternehmensrecht, AcP 220 (2020), 594.
Ders., Corporate Purpose, in: Festschrift für für Christine Windbichler zum 70. Geburtstag am 8. Dezember 2020, hrsg. v. *Bachmann, Gregor* u.a., Berlin 2021, S. 707.
Ders., Freiheit und Nachhaltigkeit – Zur Rolle der Aktiengesellschaft und ihrer Aktionäre, NZG 2023, 1103.
Habersack, Mathias/Verse, Dirk, Europäisches Gesellschaftsrecht, 5. *Auflage*, München 2019.
Habersack, Mathias/Vetter, Jochen, Vorschläge für eine große Aktienrechtsreform, AG 2024, 377.
Häller, Jan/Hoegen, Benedikt, Aktuelle Herausforderungen bei der Gestaltung der Vorstandsvergütung, ZVglRWiss 120 (2021), 209.
Harbarth, Stephan, Aktienrecht, Gemeinwohl und Vergütungsparameter, ZGR 2018, 379.
Ders., Die Aktiengesellschaft im Wandel der Zeit zwischen Wirtschaftlichkeit und Gemeinwohl, ZGR 2022, 533.
Harnischmacher, Sebastian, Unternehmensrecht im Wandel: Sinnvolle Wege zu mehr Nachhaltigkeit?, KlimaRZ 2024, 101
Harnos, Rafael, Das politische Gesellschaftsrecht, ZIP 2024, 503.
Ders., Die gesellschaftsrechtliche Klimatrias: richtiger Schritt oder Sackgasse auf dem Weg zum nachhaltigen Unternehmensrecht?, Kritische Analyse des Gutachtens F zum 74. Deutschen Juristentag und Beitrag zur Umsetzung des Art. 22 CSDDD sowie zum Say on Climate und Pay for Climate, AG 2024, S28.
Harnos, Rafael/Holle, Philipp, Say on Climate, AG 2021, 853.
Haubold, Philipp, Die Normierung der Unternehmensziele der Aktiengesellschaft im Lichte der Nachhaltigkeit, diss. iur. Heidelberg 2023, Baden-Baden 2024.

Hazen, Thomas, The Law of Securities Regulation, 8. Auflage, St. Paul, Minnesota, USA, 2021.
Ders., Treatise on the Law of Securities Regulation, Band 1, §§ 1:1 ff., 8. Auflage, St. Paul, Minnesota, USA, 2023.
Ders., Treatise on the Law of Securities Regulation, Band 3, §§ 10:27 ff., 8. Auflage, St. Paul, Minnesota, USA, 2023.
Ders., Treatise on the Law of Securities Regulation, Band 6, §§ 16:18 ff., 8. Auflage, St. Paul, Minnesota, USA, 2023.
Heidel, Thomas (Hrsg.), Aktienrecht und Kapitalmarktrecht, 6. Auflage, Baden-Baden 2024.
Heldt, Cordula, Das „Nein" beim Say on Climate, HV Magazin 01/2025, 30.
Hell, Patrick, Institutionelle Investoren, Stewardship und ESG, NZG 2019, 338.
Ders., Die Shareholder Proposal Rule des US-amerikanischen Kapitalmarktrechts als Instrument des nachhaltigkeitsorientierten Aktionärsaktivismus, ZVglRWiss 119 (2020), 314.
Hellgardt, Alexander/Hoger, Andreas, Transatlantische Konvergenz der Aktionärsrechte, ZGR 2011, 38.
Hellgardt, Alexander/Jouannaud, Victor, Nachhaltigkeitsziele und Privatrecht, AcP 222 (2022), 163.
Henssler, Martin (Gesamthrsg.), Beck-online.Großkommentar zum AktG, hrsg. von *Spindler, Gerald* u.a., München 2024.
Henssler, Martin/Strohn, Lutz (Hrsg.), Beck'sche Kurz Kommentare, Band 62, Gesellschaftsrecht, 6. Auflage, München 2024.
Heuser, Moritz, Aktivistische Aktionäre im Kontext des Aktien- und Kapitalmarktrechts, Der Konzern 2012, 308.
Hirte, Heribert/Mülbert, Peter/Roth, Markus (Hrsg.), Aktiengesetz, Großkommentar, Zweiter Band, Teilband 1, §§ 23–40 AktG, 5. Auflage, Berlin 2016.
Dies., Aktiengesetz, Großkommentar, Vierter Band, Teilband 1, §§ 76–91 AktG, 5. Auflage, Berlin 2015.
Dies., Aktiengesetz, Großkommentar, Siebter Band, Teilband 1, §§ 118–130AktG, 5. Auflage, Berlin 2017.
Dies., Aktiengesetz, Großkommentar, Siebter Band, Teilband 2, §§ 131–146 AktG, 5. Auflage, Berlin 2020.
Ho, Virginia, From Public Policy to Materiality: Non-Financial Reporting, Shareholder Engagement, and Rule 14a-8's Ordinary Business Exception, Washington and Lee Law Review, Volume 76 (2019), 1231.

Hoffmann-Becking, Michael (Hrsg.), Münchener Handbuch des Gesellschaftsrechts, Band 4, Aktiengesellschaft, zitiert: MünchHdb AG, 6. *Auflage*, München 2024.
Hofstetter, Karl, Von der „Landsgemeinde“ zur „proxy“-Generalversammlung: Vorschläge für einen Paradigmenwechsel in der Schweiz, ZGR 2008, 560.
Hommelhoff, Peter, Fortentwicklung im Aktienrecht und ihre Akteure in Gesetzgebung, Rechtsprechung, Unternehmenspraxis und Wissenschaft, in: 50 Jahre Aktiengesetz, hrsg. von *Fleischer, Holger* u.a., ZGR-Sonderheft 19, 2016, Berlin, S. 1.
Hommelhoff, Peter/Hopt, Klaus/Leyens, Patrick (Hrsg.), Unternehmensführung durch Vorstand und Aufsichtsrat, Aktien-, Kapitalmarkt- und Bilanzrecht, Corporate Governance, München 2024.
Hopt, Klaus, Vergleichende Corporate Governance – Forschung und internationale Regulierung, ZHR 175 (2011), 444.
Hopt, Klaus/Wiedemann, Herbert (Hrsg.), Aktiengesetz, Großkommentar, Erster Band, §§ 1–53 AktG, 4. *Auflage*, Berlin 2004.
Dies., Aktiengesetz, Großkommentar, Sechster Band, §§ 150–220 AktG, 4. Auflage, Berlin 2006.
Hölters, Wolfgang/Weber, Markus (Hrsg.), Aktiengesetz, 4. *Auflage*, München 2022.
Hölters, Wolfgang (Hrsg.), Aktiengesetz, 3. *Auflage*, München 2017.
Hübner, Leonhard/Lieberknecht, Markus, Mehr Pflichten für weniger Unternehmen?, Kerninhalte der EU-Lieferketten-RL und ihre Umsetzung im deutschen Recht, NJW 2024, 1841.
Hüffer, Uwe, Zur Holzmüller-Problematik: Reduktion des Vorstandsermessens oder Grundlagenkompetenz der Hauptversammlung?, in: Festschrift für Peter Ulmer zum 70. Geburtstag, hrgs. v. *Habersack, Mathias* u.a., Berlin 2003, S. 279.
Hüffer, Uwe/Koch, Jens, Aktiengesetz, 10. *Auflage*, München 2012.
Hylton, Maria O'Brien, „Socially Responsible Investing“: Doing Good versus Doing Well in an Inefficient Market, American University Law Review, Volume 42 (1992), 1.
Illert, Staffan/Schneider, Claudia, Environment – Social – Governance 2022: ESG und Shareholder Activism, DB 2022, Heft 22, Beilage 02, 33.
Ilmonen, Klaus, Corporate Governance and Accountability in an Evolving Political Environment, EBLR 32 (2021), 817.

Inci, Serdar, Shareholder Engagement, Chancen Risiken und Kompabilität mit der deutschen Corporate Governance, diss. iur. Köln 2017, Baden-Baden 2018.
Jaeger, Felix, Say No to Climate Change, Say Yes to "Say on Climate", in: Business Law Transition to a Net Zero Economy, hrsg. von *Engert, Andreas* u.a., München 2022, S. 39.
Jarass, Hans/Kment, Martin (Hrsg.)/*Pieroth, Bodo* (Begr.), Grundgesetz für die Bundesrepublik Deutschland, Kommentar, 17. Auflage, München 2022.
Jaspers, Philipp, Sustainable Shareholder Activism Neue Herausforderung für die aktienrechtliche Beratung, AG 2022, 145.
Ders., Das Minderheitenrecht auf Bestellung eines besonderen Nachhaltigkeitsprüfers, Bloßes Kuriosum oder „Say on Climate" durch die Hintertür?, AG 2022, R240.
Ders., Brussels Effect die Zweite, Das europäische Lieferkettengesetz (Corporate Sustainability Due Diligence Directive - CSDDD) kommt doch!, GmbHR 2024, R212.
Khanna, Vikramaditya, Shareholder Engagement in the United States, in: The Cambridge Handbook of Shareholder Engagement and Voting, hrsg. v. *Kaur, Harpreet* u.a., Cambridge 2022, S. 239.
Keltsch, Torsten, Aktionärsrechte und Nachhaltigkeit, Entwicklung und Gegenwart sozial-ökologischen Aktonärsengagements in den USA und in Deutschland, diss. iur. Leipzig 2010, Berlin 2012.
Kerkemeyer, Andreas, Der Klimatransformationsplan und der Übergangsplan für den Klimaschutz – Schrittmacher der Dekarbonisierung?, DB 2025, 609.
Klausing, Friedrich, Gesetz über Aktiengesellschaften und Kommanditgesellschaften auf Aktien (Aktien-Gesetz), nebst Einführungsgesetz und „Amtlicher Begründung", 1937 Berlin.
Kley, Karl-Ludwig, Gedanken zur Zukunft des deutschen Governance-Systems, Der Aufsichtsrat 2023, 138.
Klöhn, Lars, Passive Investoren, Aktivisten und die Reform des deutschen Hauptversammlungsrechts, ZHR 185 (2021), 182.
Ders., Kann die Satzung den Vorstand zur Berichterstattung über Klimalobbyismus verpflichten?, zugleich Besprechung von AG Braunschweig Beschl. v. 16.03.2023 – 118 AR 13/22, NZG 2023, 645.
Knapp, Vanessa, Sustainable Corporate Governance: A Way Forward?, ECFR 2021, 218.

Kneissl, Matthias, Die Neuausrichtung des deutschen Aktienrechts, Ein Vorschlag für eine immanente Reform, ZIP 2024, 2854.
Koch, Jens, Der Vorstand im Kompetenzgefüge der Aktiengesellschaft, in: 50 Jahre Aktiengesetz, hrsg. von *Fleischer, Holger* u.a., ZGR-Sonderheft 19, 2016, Berlin, S. 65.
Ders., Aktiengesetz, 13. Auflage, München 2018.
Ders., Aktiengesetz, 18. Auflage, München 2024.
Ders., ESG – Zündstufen zum Megatrend, AG 2023, 553.
Komo, Daniel/Mathias, Maximilian/Schimmel, Roland, Say-on-Climate-Kompetenz der Hauptversammlung, Überlegungen und Vorschläge de lege ferenda, NZG 2025, 152.
Köndgen, Johannes, Sustainable Finance: Wirtschaftsethik – *Ökonomik* – Regulierung, in: Festschrift für Karsten Schmidt zum 80. Geburtstag, Band I, hrsg. von *Boele-Woelki, Katharina* u.a., München 2019, S. 671.
Kremer, Thomas/Bachmann, Gregor/Werder, Axel (Hrsg.), Deutscher Corporate Governance Kodex, Kodex-Kommentar, 9. Auflage, München 2023.
Kropff, Bruno, Aktiengesetz, Textausgabe des Aktiengesetzes vom 6.9.1965 (Bundesgesetzbl. I S. 1089) und des Einführungsgesetzes zum Aktiengesetz vom 6.9.1965 (Bundesgesetzbl. I S. 1185) mit Begründung des Regierungsentwurfs, Bericht des Rechtsausschusses des Deutschen Bundestags, Verweisung und Sachverzeichnis, im Anhang: Aktiengesetz von 1937, Düsseldorf 1965.
Kühle, Maximilian, Bedürfnis für eine Say on Climate-Regelung, NZG 2023, 1583.
Kuntz, Thilo, ESG: USA gegen Europa, ZGR 2024, 745.
Kuthe, Thorsten/Beck, Sasche, Von Minderheitenschutz zum „Shareholder Activism“, Die Aktionärsverlangen nach § 122 AktG, AG 2019, 898.
Langenbucher, Katja, Aktien- und Kapitalmarktrecht, Ein Studienbuch, 5. *Auflage*, München 2022.
Langenbucher, Katja/Sharaf, Samy, Kommunikation als Governance-Instrument in der börsennotierten Aktiengesellschaft, ZHR 185 (2021), 414.
Larenz, Karl/Canaris, Claus-Wilhelm, Methodenlehre der Rechtswissenschaft, 3. *Auflage*, Berlin 1999.
Lenz, Susanne, Die gesellschaftsbenannte Stimmrechtsvertretung (Proxy-Voting) in der Hauptversammlung der deutschen Publikums-AG, diss. iur. Berlin 2004, Berlin 2005.

Linden, von der, Klaus, Nachhaltiges Aktienrecht – zur Rolle des Aufsichtsrats, in: Nachhaltiges Aktienrecht, 9. Wiesbadener Compliance-Tag der EBS Law School – Center for Corporate Compliance, hrsg. von *Nietsch, Michael*, Baden-Baden 2023, S. 135.

Linden, von der, Klaus/Winkler, Luise, Environment – Social – Governance 2023: Die Hauptversammlung wird grün, Guidelines der Stimmrechtsberater, Say on Climate, ESG-Activism, DB Beilage 02 2023, 40.

Link, Simon, Shareholder und Investor Activism – Rechtsfragen der aktuellen Praxis, ZGR 2021, 904.

Linnertz, Anja, Die Delegation durch den Vorstand einer Aktiengesellschaft, diss. iur. Bonn 2019, Berlin 2020.

Listokin, Yair, Management Always Wins the Close Ones, American Law and Economics Review, Volume 10 (2008), 159.

Luttermann, Lauritz, Nachhaltigkeitsberichterstattung in den USA, Unternehmensbewertung und Compliance, RIW 2023, 483.

Marten, Kai-Uwe/Lorenzer, Andreas, Wer soll Nachhaltigkeitsberichte prüfen?, DB 2024, 609.

Martens, Klaus-Peter, Die Entscheidungsautonomie des Vorstands und die „Basisdemokratie" in der Aktiengesellschaft, Anmerkungen zu BGHZ 83, S. *122* („Holzmüller"), ZHR 147 (1983), 377.

Martin, Marlene, Can Shareholders „Bring the Sun" to Climate Change Disclosure, Wyoming Law Review, Volume 14 (2014), 289.

McDonnell, Brett/Osofsky, Hari/Peel, Jacqueline/Foerster, Anita, Green Boardrooms?, Connecticut Law Review, Volume 53 (2021), 335.

McDonnell, Mary-Hunter/King, Brayden/Soule, Sarah, A Dynamic Process Model of Private Politics: Activist Targeting and Corporate Receptivity to Social Challenges, American Sociological Review, Volume 80 (2015), 654.

Merkner, Andreas/Schulenburg, Friedrich/Elixmann, Philipp, Praxisfragen bei der Konzeptionierung und Durchführung eines Say on Climate, AG 2024, 257.

Merkt, Hanno, US-amerikanisches Gesellschaftsrecht, 3. Auflage, Frankfurt am Main 2023.

Meyer, Elske, Vorstandsvergütung, Eine rechtsökonomische Analyse zur Angemessenheit der Vorstandsvergütung, diss. iur. Potsdam 2011, Baden-Baden 2012.

Mittwoch, Ann-Christin, Nachhaltigkeit und Unternehmensrecht, Tübingen 2022.

Mock, Sebastian/Mohamed, Jean, Say on Human Rights- Zur Beachtung von Menschenrechten im aktienrechtlichen Organisationsgefüge, NZG 2022, 350.

Mock, Sebastian/Velte, Patrick, Nachhaltigkeit im (neuen) Deutschen Corporate Governance Kodex, AG 2022, 885.

Möhring, Philipp/Schwartz, Gustav, Die Aktiengesellschaft und ihre Satzung, 2. *Auflage*, Berlin 1966.

Mülbert, Peter, Soziale Verantwortung von Unternehmen im Gesellschaftsrecht, AG 2009, 766.

Needham, Sean/Schildhauer, Björn/Müller, Stefan, Nachhaltige Vorstandsvergütung?, Empirische Erkenntnisse aus der temporalen Analyse der Relevanz von ESG-Leistungsindikatoren in den Vergütungssystemen der DAX30-Konzerne, Der Konzern 2021, 155.

Nietsch, Michael, Internationale Nachhaltigkeits-Governance, KlimaRZ 2022, 22.

Ders., Nachhaltigkeit als Aufgabe von Compliance? – Grundsatzüberlegungen zur organisatorischen Zuweisung im Unternehmen, CCZ 2023, 61.

Noack, Ulrich/Zetzsche, Dirk (Hrsg.), Kölner Kommentar zum Aktiengesetz, Band 7, §§ 76–94 AktG, 4. *Auflage*, Köln 2023

Dies., Kölner Kommentar zum Aktiengesetz, Band 9/1, §§ 118–120a AktG, 4. *Auflage*, Köln 2023.

Dies., Kölner Kommentar zum Aktiengesetz, Band 9/2, §§ 121–127a AktG, 4. *Auflage*, Köln 2023.

Dies., Kölner Kommentar zum Aktiengesetz, Band 9/3, §§ 129–132 AktG, 4. *Auflage*, Köln 2023.

Nonnenmacher, Rolf, Sustainable Corporate Governance, in: Corporate Governance, Rechenschaft und Abschlussprüfung, Festschrift für Hans-Joachim Böcking zum 65. Geburtstag, hrsg. v. *Dutzi, Andreas* u.a., München 2021, 165.

Olffen, van, Martin/Breukink, Evert-Jan, Say on What's Next?, ECFR 2023, 745.

Olson, Brent, Publicly Traded Corporations Handbook, Band 3, §§ 10:1 ff., 2. Auflage, St. Paul, Minnesota, USA, 2023.

Orth, Christian/Meyer, Yvonne, Green and more: Künftige Pflicht zur Prüfung der Nachhaltigkeitsberichterstattung im Lagebericht, Eine Herausforderung nicht nur für den Berufsstand, WPg 2022, 909.

Ott, Christoph, Hauptversammlung for Future, Einfluss des Aktionariats auf die Aufstellung der Aktiengesellschaft in Klima- und Umweltfragen, NZG 2020, 99.

Petrozziello, Matthew, Beyond Cracker Barrel: Shareholder Proposal as a Means of Effectuating Policies, Rutgers Business Law Review, Volume 13 (2016), 22.

Petzke, Jürgen, Die Stimmrechtsausübung durch Stellvertretung im deutschen und amerikanischen Recht, diss. iur. Mainz 1975, Nürnberg 1975.

Pouliot, Darren, A Trinity of Interpretations: Finding the Current Status of the SEC's Significant Social Policy Exception, Columbia Business Law Review, Volume 1 (2018), 287.

Redenius-Hövermann, Julia/Bernhardt, Paul, 15 Jahre Say on Pay als Instrument guter Corporate Governance – Stumpfes Schwert oder effektives Mittel zur Kontrolle der Vorstandsvergütung?, ZIP 2024, 603.

Regelin, Frank, Nachhaltige Elemente in der Vorstandsvergütung – Pflicht oder Kür?, in: Nachhaltiges Aktienrecht, 9. Wiesbadener Compliance-Tag der EBS Law School – Center for Corporate Compliance, hrsg. von *Nietsch, Michael*, Baden-Baden 2023, S. 41.

Reich, Sandra, Nachhaltigkeitsberichterstattung und Sustainable Corporate Governance am US-Kapitalmarkt, AG 2022, R121.

Reichert, Jochem, Arbeitshandbuch für die Hauptversammlung, 6. *Auflage*, München 2024.

Reichert, Jochem/Groh, Jakob, (Noch) keine Klimapolitik über § 122 II AktG, Zugleich Bespr. von OLG Braunschweig Beschl. v. 8.5.2023 – 2 W 25/23, NZG 2023, 1504, NZG 2023, 1500.

Riechers, Arndt, Das „Unternehmen an sich“, Die Entwicklung eines Begriffes in der Aktienrechtsdiskussion des 20. Jahrhunderts, diss. iur. Tübingen 1996, Tübingen 1996.

Rieckers, Oliver., Nachlese zur Hauptversammlungssaison 2022 und Ausblick auf 2023 (Teil 1), DB 2023, 306.

Ders., Nachlese zur Hauptversammlungssaison 2022 und Ausblick auf 2023 (Teil 2), DB 2023, 373.

Ders., Nachlese zur Hauptversammlungssaison 2023 und Ausblick auf 2024 (Teil 1), DB 2024, 439.

Rodi, Michael, Gesellschaft- und Kapitalmarktrecht als Instrumente der Klimapolitik, KlimR 2022, 207.

Roth, Markus, Klimawandel und Gesellschaftsrecht, NZG 2024, 1103.

Roth, Markus/Ekkenga, Jens, Stewardship und Corporate Governance bei Emission von Green Bonds, AG 2021, 409.
Ruttloff, Marc/Wagner, Eric/Burchert, Tobias, Ein Überblick zu den zentralen Zielen und Pflichten der CSDDD, DB 2024, 1189.
Ryan, Patrick, Rule 14a-8, Institutional Shareholder Proposals, and Corporate Democracy, Georgia Law Review, Volume 23 (1988), 99.
Sachs, Margaret, Social Proposals Under Rule 14a-8: A Fall-Back Remedy in an Era of Congressional Inaction, University of California Irvine Law Review, Volume 2 (2012), 931.
Sanders, Anne, Say on Climate Beschlüsse von Hauptversammlungen – und die (grüne) Zukunft des Aktienrechts, in Gesellschaftsrecht in der Diskussion 2022, Schriftenreihe der Gesellschaftsrechtlichen Vereinigung, Band 028, hrsg. v. Gesellschaftsrechtliche Vereinigung (VGR), S. 59, Köln 2023.
Schäfer, Achim/Wucherer, Wilhelm, Aktivistische Aktionäre in AG und SE: Neue Akteure, alte Instrumente, Chancen für eine Renaissance der Hauptversammlung?, AG 2023, 483.
Schäfer, Carsten/Zickgraf, Peter, Rechte und Pflichten des privaten Großaktionärs, ZHR 185 (2021), 226.
Scheffler, Eberhard, Umsetzung der CSRD-Richtlinie, AG 2024, R1110.
Schiessl, Maximilian, Empfehlungen an Publikumsgesellschaften für den Umgang mit Hedgefonds, ZIP 2009, 689.
Schirmer, Jan-Erik, Die responsive Funktion der Hauptversammlung, ZHR 188 (2023), 60.
Schmidt, Jessica, BB-Gesetzgebungs- und Rechtsprechungsreport zum europäischen Unternehmensrecht 19/20, BB 2020, 1794.
Dies., „Patchwork-Kompromiss" zur EU-Lieferketten-RL (CSDDD), NZG 2024, 417.
Dies., Die EU-Lieferketten-Richtlinie (CSDDD), Meilenstein oder bürokratische Hydra?, NZG 2024, 859.
Schmidt, Karsten/Lutter, Marcus (Hrsg.), Aktiengesetz, Kommentar, Erster Band, §§ 1–132 AktG, 5. Auflage, Köln 2024.
Schockenhoff, Martin, Klimaschutz als Leitungspflicht, AG 2024, 597.
Schockenhoff, Martin/Culmann, Johannes, Shareholder Activism in Deutschland, ZIP 2015, 297.
Schön, Wolfgang, „Nachhaltigkeit" in der Unternehmensberichterstattung, ZfPW 2022, 207.

Schubert, Claudia, Unternehmensinteresse und Nachhaltigkeitsziele, in: Festschrift für Martin Henssler zum 70. Geburtstag, hrsg. v. *Deckenbrock, Christian* u.a., München 2023.
Schüppen, Matthias, Die Bestellung des Nachhaltigkeitsprüfers nach CSR-RUG II, Ein Tagesordnungspunkt der Hauptversammlung 2024?, NZG 2024, 475.
Schüttler, Mark, Nachhaltigkeitsprüfung – droht dem KMU-Prüfer das Aus?, DB 2023, 1237.
Seibt, Christoph, Dekonstruktion des Delegationsverbots bei der Unternehmensleitung, in: Festschrift für Karsten Schmidt zum 70. Geburtstag, hrsg. von *Bitter, Georg* u.a., Köln 2009, S. 1463.
Seibt, Christoph/Vesper-Gräske, Marlen, EU-Lieferketten-Richtlinie (CSDDD): Praxishinweise zum Handlungsbedarf, DB 2024, 1530.
Sharaf, Samy, Das Bekenntnis zu Menschenrechten in der Verbandssatzung, ZIP 2022, 1427.
Simons, Cornelius, Corporate Social Responsibility und globales Wirtschaftsrecht – Rechtspolitisches Impulsreferat, ZGR 2018, 316.
Ders., „Say-on-Climate“ im Praxistest, “Real-Life-Erfahrungen” der Alzchem Group AG, HV Magazin 04/2023, 34.
Smend, Axel, Aktive Aktionäre – Interessen verschiedener Aktionärsgruppen und Verhaltensempfehlungen für Vorstand und Aufsichtsrat, ZCG 2008, 53.
Spindler, Gerald/Stilz, Eberhard (Hrsg.), Kommentar zum Aktiengesetz, 5. *Auflage*, München 2022.
Ständige Deputation des Deutschen Juristentages (Hrsg.), Verhandlungen des 74. Deutschen Juristentages, Band II, Teil 1, Sitzungsberichte – Referate und Beschlüsse, im Erscheinen.
Dies., Verhandlungen des 74. Deutschen Juristentages, Band II, Teil 2, Sitzungsberichte – Diskussion und Beschlussfassung, im Erscheinen.
Steuer, Sebastian, Klimaziele im Unternehmensrecht, Freiwillige Verlautbarungen und Perspektiven nach dem CSDDD-Entwurf, ZIP 2023, 13.
Stobbe, Antje, „Say on Climate“ noch nicht weit genug verbreitet, Börsen-Zeitung vom 18.03.2023, Nr. 55, S. B4.
Strine, Leo, Breaking the Corporate Governance Logjam in Washington: Some Constructive Thoughts on a Responsible Path Forward, Business Lawyer, Volume 63 (2008), 1079.
Strohn, Lutz, Zur Zuständigkeit der Hauptversammlung bei Zusammenschlussvorhaben unter Gleichen, ZHR 182 (2018), 114.

Tallarita, Roberto, Stockholder Politics, Hastings Law Journal, Volume 73 (2022), 1697.
Teichmann, Robert/Köhler, Walter, Aktiengesetz, Gesetz über Aktiengesellschaften und Kommanditgesellschaften auf Aktien vom 30. Januar 1937, Kommentar, 1. *Auflage*, Berlin 1937.
Dies., Aktiengesetz, Gesetz über Aktiengesellschaften und Kommanditgesellschaften auf Aktien vom 30. Januar 1937, Kommentar, 2. *Auflage*, Heidelberg 1939.
Dies., Aktiengesetz, Gesetz über Aktiengesellschaften und Kommanditgesellschaften auf Aktien vom 30. Januar 1937, Kommentar, 3. *Auflage*, Heidelberg 1950.
Tieves, Johannes, Der Unternehmensgegenstand der Kapitalgesellschaft, diss. iur. Heidelberg 1997, Köln 1998.
Thaeter, Ralf/Guski, Roman, Shareholder Activism: Gesellschaftsrechtliche Schranken aktiven Aktionärsverhalten, AG 2007, 301.
Tröger, Tobias, Corporate Governance und Klimawandel, in: Festschrift für Andreas Cahn zum 65. Geburtstag, hrsg. von *Donald, David* u.a., München, 2024, S. 461.
Velte, Patrick, „Nachhaltige und langfristige“ Vorstandsvergütung nach dem ARUG II, Erste Anmerkungen zur zwingenden Einbeziehung von Sozial- und Umweltaspekten nach § 87 Abs. 1 S. 2 AktG, NZG 2020, 12.
Ders., Nachhaltige Vergütungssysteme als Treiber der unternehmerischen Nachhaltigkeitsleistung?, Ein Beitrag zur EU-Sustainable Corporate Governance-Debatte vor dem Hintergrund empirischer Befunde, DStR 2022, 440.
Velte, Patrick/Stawinoga, Martin, Prüfung von Nachhaltigkeitsberichten nach der Corporate Sustainability Reporting Directive (CSRD), Zum Nachhaltigkeitsbericht nach den geplanten ESRS aus der Sicht von Abschlussprüfung und Enforcement, WPg 2022, 1135.
Verse, Dirk, Der Gleichbehandlungsgrundsatz im Recht der Kapitalgesellschaften, habil. iur. Mainz 2006, Tübingen, 2006.
Ders., Die Entwicklung des europäischen Gesellschaftsrechts im Jahr 2012, EuZW 2013, 336.
Ders., Berichterstattung über klimawandelbezogene Lobbyaktivitäten und Satzungsstrenge, Kommentar zu OLG Braunschweig v. 8.5.2023 – 2 W 25/23 (AG 2023, 589), AG 2023, 578.
Ders., Der Aufsichtsrat im Spiegel der Reformdebatten, in: Gesellschaftsrecht im Spiegel großer Debatten, hrsg. von *Fleischer, Holger* u.a., ZGR-Sonderheft 27, 2024.

Vetter, Jochen, Geschäftsleiterpflichten zwischen Legalität und Legitimität – Muss sich Ethik lohnen?, ZGR 2018, 338.

Ders., Mehr Demokratie wagen?, Überlegungen zu einer Erweiterung der Entscheidungskompetenzen der Hauptversammlung, in: Recht und Gesetz, Festschrift für Ulrich Seibert, hrsg. von *Bergmann, Alfred* u.a., Köln 2019, S. 1021.

Ders., Aktionäre als Treiber für Nachhaltigkeit, in: Nachhaltiges Aktienrecht, 9. Wiesbadener Compliance-Tag der EBS Law School – Center for Corporate Compliance, hrsg. von *Nietsch, Michael*, Baden-Baden 2023, S. 71.

Ders., Sind Say-on-Climate-Beschlüsse sinnvoll?, AG 2023, 564.

Voth, Andreas, Beratende Hauptversammlungsbeschlüsse – zugleich eine kritische Betrachtung des § 120 Abs. 4 AktG, diss. iur. Bayreuth 2012, Frankfurt am Main 2012.

Wadewitz, Sabine, „Corporate Governance ist nicht nur ein Krisenthema", Börsen-Zeitung vom 30.02.2023, Nr. 63, S. 11.

Dies., Aktienrechtliches Neuland, Börsen-Zeitung vom 28.12.2023, S. 9.

Walka, Florian, Better safe than sorry: Empfiehlt sich ein vorsorglicher Hauptversammlungsbeschluss für die Bestellung eines Prüfers des Nachhaltigkeitsberichts?, ZIP 2024, 613.

Wegen, Gerhard/Spahlinger, Andreas/Barth, Marcel, Gesellschaftsrecht des Auslands, in Einzeldarstellungen, 6. Auflage, München 2023.

Weller, Marc-Philippe, Klimatransformation des Gesellschaftsrechts, NJW-Beil 2024, 58.

Ders., Empfehlen sich im Kampf gegen den Klimawandel gesetzgeberische Maßnahmen auf dem Gebiet des Gesellschaftsrechts?, in: Verhandlungen des 74. Deutschen Juristentages, Band I, hrsg. v. der Ständigen Deputation des Deutschen Juristentages, München 2024, Gutachten F.

Weller, Marc-Philippe/Benz, Nina, Klimaschutz und Corporate Governance, ZGR 2022, 563.

Weller, Marc-Philippe/Böbel, Moritz/Jung, Vivien, Aktionärsklimaklagen, ZIP 2025, 345.

Weller, Marc-Philippe/Fischer, Tim, ESG-Geschäftsleitungspflichten, Unternehmenstransformation zur Klimaneutralität, ZIP 2022, 2253.

Weller, Marc-Philippe/Hoppmann, Vincent, Environmental Social Governance (ESG), Neue Kompetenzen der Hauptversammlung?, AG 2022, 640.

Weller, Marc-Philippe/Hößl, Theresa/Seemann, Camilla, Klimaneutralität als Zielvorgabe für Unternehmen, ZIP 2024, 209.
Dies., Greening Corporate Law, Eine Klimatrias für das Gesellschaftsrecht, ZGR 2024, 180.
Dies., Klimaneutralität im Privatrecht, ZEuP 2024, 575.
Weller, Marc-Philippe/Schwemmer, Sophia, Klimatransformationspflichten für Großunternehmen, AG 2024, 517.
Winden, Andrew, Caremark's Climate Failure, Hastings Law Journal, Volume 47 (2023), 1167.
Würdinger, Hans, Aktien- und Konzernrecht, Eine systematische Darstellung, 1. Auflage, Karlsruhe 1959.
Ders., Aktien- und Konzernrecht, Eine systematische Darstellung, 4. *Auflage*, Heidelberg 1981.
Zahn, Johannes, Wirtschaftsführertum und Vertragsethik im neuen Aktienrecht, Anregungen zum Neubau des deutschen Aktienrechts auf Grund einer vergleichenden Darstellung des deutschen und nordamerikanischen Aktienrechts, Berlin 1934.
Zimmermann, Anton/Weller, Marc-Philippe, Nachhaltigkeit – Notwendigkeit neuer Rechtsformen?, ZHR 187 (2023), 594.
Zöllner, Wolfgang (Hrsg.), Kölner Kommentar zum Aktiengesetz, Band *1*, 5. Lieferung, §§ 118–147, 1. Auflage, Köln 1985.

II. Internetquellen

Alle Internetquellen wurden zuletzt am 15.05.2025 abgerufen:

https://archives.federalregister.gov/issue_slice/1976/12/3/52980-53001.pdf#page=15, archiviert unter https://web.archive.org/web/20240220103236/https://archives.federalregister.gov/issue_slice/1976/12/3/52980-53001.pdf#page=15
https://assets.new.siemens.com/siemens/assets/api/uuid:be1bf259-89b7-4946-80eb-373175b703d4/Siemens-HV2022-Abstimmungsergebnisse.pdf, archiviert unter https://web.archive.org/web/20230227210028/https://assets.new.siemens.com/siemens/assets/api/uuid:be1bf259-89b7-4946-80eb-373175b703d4/Siemens-HV2022-Abstimmungsergebnisse.pdf
https://assets.new.siemens.com/siemens/assets/api/uuid:d7f93cbc-4596-4d63-9670-38dc0aead7ae/Gegenantraege-HV2022-220127.pdf, archiviert unter https://web.archive.org/web/20240220113053/https://assets.new.siemens.com/siemens/assets/api/uuid:d7f93cbc-4596-4d63-9670-38dc0aead7ae/Gegenantraege-HV2022-220127.pdf

https://blog.otto-schmidt.de/gesellschaftsrecht/2022/05/16/esg-aktivismus-gekommen-um-zu-bleiben/
https://blog.otto-schmidt.de/gesellschaftsrecht/2023/04/21/vorreiter-bei-say-on-climate-die-alzchem-group-ag/
https://blog.otto-schmidt.de/gesellschaftsrecht/2023/05/22/say-on-climate-beschluss-bei-der-alzchem-group-ag-grosse-mehrheit-der-aktionaere-stimmt-fuer-klimafahrplan/.
https://cdn.gea.com/-/media/investors/events-and-releases/annual-general-meeting/2024/einladung-hauptversammlung-gea-2024.pdf?rev=05b129369f2b4a47aca10f2b339fab66&sc_lang=de, archiviert unter https://web.archive.org/web/20240318103611/https://cdn.gea.com/-/media/investors/events-and-releases/annual-general-meeting/2024/einladung-hauptversammlung-gea-2024.pdf?rev=05b129369f2b4a47aca10f2b339fab66&sc_lang=de
https://cdn.gea.com/-/media/investors/events-and-releases/annual-general-meeting/2024/gea-hv-2024-praesenz-abstimmergebnisse.pdf?rev=9e35deda14604fe2b7a00ace2e88ecff&sc_lang=de, archiviert unter https://web.archive.org/web/20240502121501/https://cdn.gea.com/-/media/investors/events-and-releases/annual-general-meeting/2024/gea-hv-2024-praesenz-abstimmergebnisse.pdf?rev=9e35deda14604fe2b7a00ace2e88ecff&sc_lang=de
https://cdn.gea.com/-/media/sustainability/climate-transition-plan2040-de.pdf?rev=e405b77502ed4ca3927ccab294273752, archiviert unter https://web.archive.org/web/20240318103727/https://cdn.gea.com/-/media/sustainability/climate-transition-plan2040-de.pdf?rev=e405b77502ed4ca3927ccab294273752
https://ciff.org/documents-and-policies/, archiviert unter https://web.archive.org/web/20240523154908/https://ciff.org/documents-and-policies/
https://climatecasechart.com/case/exxon-mobil-corp-v-arjuna-capital-llc/
https://corpgov.law.harvard.edu/2020/03/25/shareholder-proposals-2019-esg-no-action-letter-trends-and-strategies/
https://corpgov.law.harvard.edu/2021/06/14/vanguard-insights-on-evaluating-say-on-climate-proposals/
https://corpgov.law.harvard.edu/2021/07/05/early-insights-to-2021-annual-general-meetings-annual-corporate-governance-review/
https://corpgov.law.harvard.edu/2023/06/01/anti-esg-shareholder-proposals-in-2023/

https://corpgov.law.harvard.edu/2023/08/03/shareholder-proposal-developments-during-the-2023-proxy-season/
https://corpgov.law.harvard.edu/2025/02/23/sec-staff-reinstates-traditional-approach-to-interpreting-the-shareholder-proposal-rule/
https://corplaw.delaware.gov/facts-and-myths/, archiviert unter https://web.archive.org/web/20240220094554/https://corplaw.delaware.gov/facts-and-myths/
https://corporate.dollartree.com/investors/sec-filings?form_type=DEF+14A&year=2022, archiviert unter https://web.archive.org/web/20240408101032/https://corporate.dollartree.com/investors/sec-filings/content/0001104659-22-062246/tm223490-2_def14a.htm
https://corporate.vanguard.com/content/dam/corp/advocate/investment-stewardship/pdf/perspectives-and-commentary/policy_insights_sayonclimate_final.pdf, archiviert unter https://web.archive.org/web/20240220132611/https://corporate.vanguard.com/content/dam/corp/advocate/investment-stewardship/pdf/perspectives-and-commentary/policy_insights_sayonclimate_final.pdf
https://corporate.vanguard.com/content/dam/corp/advocate/investment-stewardship/pdf/perspectives-and-commentary/INSSAYC_052021.pdf, nicht mehr abrufbar jedoch archiviert unter https://web.archive.org/web/20240304092232/https://corporate.vanguard.com/content/dam/corp/advocate/investment-stewardship/pdf/perspectives-and-commentary/INSSAYC_052021.pdf
https://delcode.delaware.gov/title8/c001/sc04/
https://delcode.delaware.gov/title8/c001/sc04/index.html
https://docfinder.bnpparibas-am.com/api/files/3C84684E-93F2-42B6-BE7A-42565C1E0EEF
https://engagements.ceres.org
https://engagements.ceres.org/ceres_engagementdetailpage?recID=a0l1H00000Bt2SSQAZ
https://engagements.ceres.org/ceres_engagementdetailpage?recID=a0l1H00000CezCJQAZ
https://finance.ec.europa.eu/regulation-and-supervision/consultations/2020-sustainable-finance-strategy_en?prefLang=de, archiviert unter https://web.archive.org/web/20240410080646/https://finance.ec.europa.eu/regulation-and-supervision/consultations/2020-sustainable-finance-strategy_en?prefLang=de
https://ghgprotocol.org/sites/default/files/standards/ghg-protocol-revised.pdf

https://investor.spglobal.com/sec-filings-reports/proxy-statements/default.aspx, archiviert unter https://web.archive.org/web/20240220101136/https://s29.q4cdn.com/690959130/files/doc_financials/2021/sr/S-P-Global-Inc.-2021-Proxy-Statement.pdf

https://investor.spglobal.com/sec-filings-reports/proxy-statements/default.aspx, archiviert unter https://web.archive.org/web/20240220101322/https://s29.q4cdn.com/690959130/files/doc_financials/2022/sr/S-P-Global-2022-Proxy-Statement.pdf

https://investors.boeing.com/investors/reports/default.aspx, archiviert unter https://web.archive.org/web/20240408082401/https://d18rn0p25nwr6d.cloudfront.net/CIK-0000012927/15c391f5-832c-4436-a557-48e3e84df6da.pdf

https://ir.bookingholdings.com/financials/sec-filings/default.aspx, archiviert unter https://web.archive.org/web/20240326164247/https://d18rn0p25nwr6d.cloudfront.net/CIK-0001075531/2c886e62-4047-4c78-b8fb-b5d7b6cf09e7.pdf

https://ir.charter.com/financial-information/sec-filings?field_nir_sec_form_group_target_id%5B%5D=491&field_nir_sec_date_filed_value=2021#views-exposed-form-widget-sec-filings-table, archiviert unter https://perma.cc/EF29-T9PX?type=image

https://ir.moodys.com/files/doc_financials/2023/ar/moody-s_proxy_statement_2024.pdf, archiviert unter https://web.archive.org/web/20240607122937/https://ir.moodys.com/files/doc_financials/2023/ar/moody-s_proxy_statement_2024.pdf

https://ir.moodys.com/financials/annual-reports/default.aspx, archiviert unter https://web.archive.org/web/20240220095824/https://s28.q4cdn.com/193705676/files/doc_financials/2021/ar/Moody%27s-2022-Proxy-Statement.pdf

https://papers.ssrn.com/abstract_id=2613406

https://papers.ssrn.com/abstract_id=3962238

https://sayonclimate.org, archiviert unter https://perma.cc/R78P-Q3NM

https://sayonclimate.org/template-agm-resolutions/, archiviert unter https://perma.cc/2ZFW-CC74

https://sayonclimate.org//wp-content/uploads/2021/03/US-Companies-Shareholder-Proposal-Guide-Final.pdf, nicht mehr abrufbar jedoch archiviert unter https://web.archive.org/web/20230806072927/https://sayonclimate.org//wp-content/uploads/2021/03/US-Companies-Shareholder-Proposal-Guide-Final.pdf

https://sustainablefutures.linklaters.com/post/102h4b8/global-investors-with-14-trillion-call-for-shareholder-vote-on-companies-climat, archiviert unter https://web.archive.org/web/20240410034736/https://sustainablefutures.linklaters.com/post/102h4b8/global-investors-with-14-trillion-call-for-shareholder-vote-on-companies-climat
https://ssrn.com/abstract=3155428
https://ssrn.com/abstract=4377030
https://s28.q4cdn.com/193705676/files/doc_financials/2022/ar/6408b86880c7da59d0983ea1_Moody's_Proxy_Statement_2022.pdf, archiviert unter https://s28.q4cdn.com/193705676/files/doc_financials/2021/ar/Moody's-2022-Proxy-Statement.pdf
https://s28.q4cdn.com/193705676/files/doc_financials/proxy/103089_020_Web_BMK.pdf, archiviert unter https://web.archive.org/web/20240220100144/https://s28.q4cdn.com/193705676/files/doc_financials/proxy/103089_020_Web_BMK.pdf
https://tax.thomsonreuters.com/news/sec-once-again-delays-action-on-final-climate-disclosure-rule/#:~:text=The%20Securities%20and%20Exchange%20Commission,but%20filed%20in%20early%20October
https://totalenergies.com/media/news/press-releases/totalenergies-ordinary-and-extraordinary-shareholders-meeting-may-28-2021
https://totalenergies.com/media/news/press-releases/annual-shareholders-Meeting-of-may-28-2021-climate-resolution
https://www.aena.es/en/shareholders-and-investors/corporate-governance/general-shareholders-meeting.html?anio=2020
https://www.allianzgi.com/-/media/allianzgi/globalagi/editorial/say-on-climate/allianzgi-msconnan-say-on-climate-en-feb-2023.pdf, archiviert unter https://web.archive.org/web/20240220114336/https://www.allianzgi.com/-/media/allianzgi/globalagi/editorial/say-on-climate/allianzgi-msconnan-say-on-climate-en-feb-2023.pdf
https://www.alzchem.com/fileadmin/Investor_Relations/Hauptversammlung/2023/20230328_Einladung_HV_2023.pdf, archiviert unter https://web.archive.org/web/20240220111011/https://www.alzchem.com/fileadmin/Investor_Relations/Hauptversammlung/2023/20230328_Einladung_HV_2023.pdf
https://www.alzchem.com/fileadmin/Investor_Relations/Hauptversammlung/2023/Abstimmungsergebnisse_2023.pdf, archiviert unter https://web.archive.org/web/20240220111314/https://www.alzchem.com/fileadmin/Investor_Relations/Hauptversammlung/2023/Abstimmungsergebnisse_2023.pdf

https://www.alzchem.com/fileadmin/Nachhaltigkeit/Alzchem-Klimafahrplan.pdf, archiviert unter https://web.archive.org/web/20240220111205/https://www.alzchem.com/fileadmin/Nachhaltigkeit/Alzchem-Klimafahrplan.pdf
https://www.asyousow.org/our-work/climate-and-energy/say-on-climate, archiviert unter https://perma.cc/6TKK-H6CA
https://www.asyousow.org/resolutions-tracker, archiviert unter https://web.archive.org/web/20240614141805/https://www.asyousow.org/resolutions-tracker
https://www.asyousow.org/our-work/climate-and-energy/resolutions
https://www.asyousow.org/resolutions-tracker
https://www.bayer.com/de/investoren/einladung-tagesordnung-hv2025
https://www.bayer.com/en/sustainability/climate-commitment-net-zero-2050
https://www.blackrock.com/corporate/investor-relations/larry-fink-ceo-letter
https://www.bvi.de/fileadmin/user_upload/Regulierung/Branchenstandards/ALHV/241021_BVI_ALHV_2025.pdf
https://www.ceres.org/news-center/press-releases/2022-proxy-season-begins-record-numbers-climate-resolutions-and
https://www.ceviancapital.com/esg/, archiviert unter https://web.archive.org/web/20240220111633/https://www.ceviancapital.com/wp-content/uploads/2021/03/03.03.2021-Cevian-Capital-Requires-ESG-Targets-in-Management-Compensation-Plans.pdf
https://www.churchofengland.org/media-and-news/press-releases/church-england-pensions-board-begins-legal-proceedings-against-german, archiviert unter https://web.archive.org/web/20230529061649/https://www.churchofengland.org/media-and-news/press-releases/church-england-pensions-board-begins-legal-proceedings-against-german
https://www.churchofengland.org/media-and-news/press-releases/investors-challenge-volkswagen-climate-lobbying, archiviert unter https://web.archive.org/web/20240220111738/https://www.churchofengland.org/media-and-news/press-releases/investors-challenge-volkswagen-climate-lobbying
https://www.churchofengland.org/media-and-news/press-releases/volkswagen-blocks-latest-shareholder-proposal-climate-lobbying, archiviert unter https://web.archive.org/web/20240220111931/https://www.churchofengland.org/media-and-news/press-releases/volkswagen-blocks-latest-shareholder-proposal-climate-lobbying

https://www.climateaction100.org/approach/engagement-process/, archiviert unter https://web.archive.org/web/20240521155158/https://www.climateaction100.org/approach/engagement-process/

https://www.climateaction100.org/approach/proxy-season/, archiviert unter https://web.archive.org/web/20240521155415/https://www.climateaction100.org/approach/proxy-season/

https://www.climateaction100.org/the-three-goals/

https://www.climateaction100.org/whos-involved/investors/

https://www.congress.gov/bill/118th-congress/house-bill/4644?q=%7B%22search%22%3A%22HR4644%22%7D&s=4&r=1

https://www.congress.gov/bill/118th-congress/house-bill/4767?q=%7B%22search%22%3A%22HR+4767%22%7D&s=1&r=1

https://www.consilium.europa.eu/en/press/press-releases/2023/12/14/corporate-sustainability-due-diligence-council-and-parliament-strike-deal-to-protect-environment-and-human-rights/

https://www.dcgk.de/de/kodex/aktuelle-fassung/praeambel.html

https://www.deka.de/site/privatkunden_site/get/params_E1337198886/22108804/Grundsätze%20der%20Abstimmungspolitik%20bei%20HVs%20der%20Deka.pdf

https://www.europarl.europa.eu/news/en/press-room/20231205IPR15689/corporate-due-diligence-rules-agreed-to-safeguard-human-rights-and-environment

https://www.esgtoday.com/leading-investors-push-for-vote-on-company-climate-strategies/, archiviert unter https://web.archive.org/web/20240521155201/https://www.esgtoday.com/leading-investors-push-for-vote-on-company-climate-strategies/

https://www.faz.net/aktuell/finanzen/1-5-grad-verguetung-der-vorstaende-an-erfuellung-der-klimaziele-koppeln-17982603.html

https://www.faz.net/aktuell/wirtschaft/unternehmen/deshalb-laesst-bayer-seine-aktionaere-ueber-den-klimapfad-abstimmen-19931540.html

https://www.follow-this.org/our-story/

https://www.forbes.com/sites/jasonschenker/2024/11/30/new-home-sales-fall-in-october-2024-to-lowest-since-november-2022/?

https://www.freshfields.us/4a03e6/globalassets/our-thinking/campaigns/proxy-trends/an-overview-of-trends-from-the-2021-proxy-season.pdf, archiviert unter https://web.archive.org/web/20240220101436/https://www.freshfields.us/4a03e6/globalassets/our-thinking/campaigns/proxy-trends/an-overview-of-trends-from-the-2021-proxy-season.pdf

https://www.fsb-tcfd.org/about/

https://www.gea.com/en/news/corporate/2023/climate-transition-plan/, archiviert unter https://web.archive.org/web/20240306091355/https://www.gea.com/en/news/corporate/2023/climate-transition-plan/
https://www.georgeson.com/uk/insights/2022-agm-season-review
https://www.georgeson.com/de/insights/2023-agm-season-review
https://www.glasslewis.com/wp-content/uploads/2021/11/ESG-Initiatives-Voting-Guidelines-GL-2022.pdf, archiviert unter https://web.archive.org/web/20231017030136/https://www.glasslewis.com/wp-content/uploads/2021/11/ESG-Initiatives-Voting-Guidelines-GL-2022.pdf
https://www.glasslewis.com/wp-content/uploads/2023/11/2024-Shareholder-Proposals-ESG-Benchmark-Policy-Guidelines-Glass-Lewis.pdf?hsCtaTracking=db1879fb-3a86-4ec9-b375-2e7553b38dfd%7C18cc625c-4eb7-451b-b0c8-1196c73e49b2
https://www.iigcc.org/about-us
https://www.iigcc.org/about-us/our-members/
https://www.iigcc.org/net-zero-engagement-initiative, archiviert unter https://web.archive.org/web/20240523154711/https://www.iigcc.org/net-zero-engagement-initiative
https://www.iigcc.org/our-work/corporate-programme/, archiviert unter https://web.archive.org/web/20240523154131/https://www.iigcc.org/corporate
https://www.issgovernance.com/file/policy/active/emea/Europe-Voting-Guidelines.pdf?v=1, archiviert unter https://web.archive.org/web/20240220132828/https://www.issgovernance.com/file/policy/active/emea/Europe-Voting-Guidelines.pdf?v=1
https://www.iss-corporate.com/library/2021-proxy-season-digest-shareholder-proposal-engagement/
https://www.iss-corporate.com/library/2023-proxy-season-digest/
https://www.iss-corporate.com/library/proxy-season-digest-2022/
https://www.isscorporatesolutions.com/library/the-rise-of-say-on-climate-proposals/, archiviert unter https://web.archive.org/web/20240220095020/https://www.iss-corporate.com/library/the-rise-of-say-on-climate-proposals/
https://www.issgovernance.com/file/policy/active/americas/US-Voting-Guidelines.pdf?v=1, archiviert unter https://web.archive.org/web/20240220103457/https://www.issgovernance.com/file/policy/active/americas/US-Voting-Guidelines.pdf?v=1
https://www.kritischeaktionaere.de/was-wir-tun/
https://www.law.cornell.edu/cfr/text/17/240.14a-8

https://www.law.cornell.edu/uscode/text/15/78l
https://www.law.cornell.edu/uscode/text/15/78n
https://www.levernews.com/biden-gives-activist-shareholders-a-leg-up/
https://www.lgimblog.com/categories/esg-and-long-term-themes/say-on-climate-empowering-shareholders-to-drive-positive-change/, archiviert unter https://web.archive.org/web/20240220113821/https://www.lgimblog.com/categories/esg-and-long-term-themes/say-on-climate-empowering-shareholders-to-drive-positive-change/
https://www.lgimblog.com/categories/esg-and-long-term-themes/the-big-vote-question-this-proxy-season-shareholder-resolutions-on-climate/, archiviert unter https://web.archive.org/web/20240220114157/https://www.lgimblog.com/categories/esg-and-long-term-themes/the-big-vote-question-this-proxy-season-shareholder-resolutions-on-climate/
https://www.nestle.com/media/news/giving-shareholders-say-sustainability
https://www.proxypreview.org/2021/contributor-articles-blog/what-shareholders-can-expect-from-a-biden-sec
https://www.pwc.com/us/en/services/consulting/library/consumer-intelligence-series/consumer-and-employee-esg-expectations.html
https://www.reuters.com/business/environment/us-securities-regulator-signals-it-may-curb-climate-rule-ambitions-2023-11-20/
https://www.rwe.com/-/media/RWE/documents/05-investor-relations/finanzkalendar-und-veroeffentlichungen/hv2022/ergaenzung-der-tagesordnung-2022.pdf, archiviert unter https://web.archive.org/web/20240220112651/https://www.rwe.com/-/media/RWE/documents/05-investor-relations/finanzkalendar-und-veroeffentlichungen/hv2022/ergaenzung-der-tagesordnung-2022.pdf
https://www.rwe.com/-/media/RWE/documents/05-investor-relations/finanzkalendar-und-veroeffentlichungen/hv2022/stellungnahme-von-vorstand-und-aufsichtsrat.pdf, archiviert unter https://web.archive.org/web/20240220112834/https://www.rwe.com/-/media/RWE/documents/05-investor-relations/finanzkalendar-und-veroeffentlichungen/hv2022/stellungnahme-von-vorstand-und-aufsichtsrat.pdf
https://www.sayonclimate.org/about/, archiviert unter https://perma.cc/EW6T-AMKB
https://www.sayonclimate.org/climate-transition-plans/, archiviert unter https://perma.cc/NX72-QWBH
https://www.sayonclimate.org/guide-for-asset-managers/, archiviert unter https://perma.cc/Q8BU-6GA7

https://www.sayonclimate.org/guide-for-companies/, archiviert unter https://perma.cc/Y88E-SHDT
https://www.sayonclimate.org/guide-to-filing-resolutions/, archiviert unter https://web.archive.org/web/20230806031817/https://sayonclimate.org/guide-to-filing-resolutions/
https://www.sec.gov/corpfin/2022-2023-shareholder-proposals-no-action?
https://www.sec.gov/corpfin/announcement/announcement-14a-8-no-action-requests-20211213, archiviert unter https://web.archive.org/web/20240220103108/https://www.sec.gov/corpfin/announcement/announcement-14a-8-no-action-requests-20211213
https://www.sec.gov/corpfin/announcement/announcement-rule-14a-8-no-action-requests, archiviert unter https://web.archive.org/web/20240220102909/https://www.sec.gov/corpfin/announcement/announcement-rule-14a-8-no-action-requests
https://www.sec.gov/corpfin/shareholder-proposals-no-action-archive?
https://www.sec.gov/corpfin/staff-legal-bulletin-14b-shareholder-proposals?, archiviert unter https://web.archive.org/web/20240220102713/https://www.sec.gov/corpfin/staff-legal-bulletin-14b-shareholder-proposals
https://www.sec.gov/corpfin/staff-legal-bulletin-14f-shareholder-proposals?, archiviert unter https://web.archive.org/web/20240220101654/https://www.sec.gov/corpfin/staff-legal-bulletin-14f-shareholder-proposals?
https://www.sec.gov/corpfin/staff-legal-bulletin-14g-shareholder-proposals?, archiviert unter https://web.archive.org/web/20240220101847/https://www.sec.gov/corpfin/staff-legal-bulletin-14g-shareholder-proposals
https://www.sec.gov/corpfin/staff-legal-bulletin-14i-shareholder-proposals?, archiviert unter https://web.archive.org/web/20240220104730/https://www.sec.gov/corpfin/staff-legal-bulletin-14i-shareholder-proposals
https://www.sec.gov/rules-regulations/staff-guidance/staff-legal-bulletins/shareholder-proposals-staff-legal-bulletin-no-14j-cf, archiviert unter https://web.archive.org/web/20250512145939/https://www.sec.gov/rules-regulations/staff-guidance/staff-legal-bulletins/shareholder-proposals-staff-legal-bulletin-no-14j-cf#_edn7
https://www.sec.gov/rules-regulations/staff-guidance/staff-legal-bulletins/staff-legal-bulletin-14k-shareholder-proposals, archiviert unter https://web.archive.org/web/20250512155152/https://www.sec.gov/rules-regulations/staff-guidance/staff-legal-bulletins/staff-legal-bulletin-14k-shareholder-proposals

https://www.sec.gov/corpfin/staff-legal-bulletin-14l-shareholder-proposals?, archiviert https://web.archive.org/web/20240220102134/https://www.sec.gov/corpfin/staff-legal-bulletin-14l-shareholder-proposals?
https://www.sec.gov/about/shareholder-proposals-staff-legal-bulletin-no-14m-cf, archiviert unter https://web.archive.org/web/20250512075416/https://www.sec.gov/about/shareholder-proposals-staff-legal-bulletin-no-14m-cf
https://www.sec.gov/divisions/corpfin/cf-noaction/14a-8/2016/christinejantzapple120516-14a8.pdf
https://www.sec.gov/divisions/corpfin/cf-noaction/14a-8/2018/amalgamatedbankpaypal030618-14a8.pdf
https://www.sec.gov/divisions/corpfin/cf-noaction/14a-8/2019/asyousowetal030419-14a8.pdf
https://www.sec.gov/divisions/corpfin/cf-noaction/14a-8/2019/georgegund030419-14a8.pdf
https://www.sec.gov/divisions/corpfin/cf-noaction/14a-8/2019/hammermanfamily040319-14a8.pdf
https://www.sec.gov/divisions/corpfin/cf-noaction/14a-8/2019/jantzmgt032919-14a8.pdf
https://www.sec.gov/divisions/corpfin/cf-noaction/14a-8/2019/milloyexelon031219-14a8.pdf
https://www.sec.gov/divisions/corpfin/cf-noaction/14a-8/2019/nyscrf040219-14a8.pdf
https://www.sec.gov/divisions/corpfin/cf-noaction/14a-8/2019/stevenmilloy031219-14a8.pdf
https://www.sec.gov/divisions/corpfin/cf-noaction/14a-8/2020/milloyexxon032020-14a8.pdf
https://www.sec.gov/divisions/corpfin/cf-noaction/14a-8/2021/asyousowunion032221-14a8.pdf
https://www.sec.gov/divisions/corpfin/cf-noaction/14a-8/2021/asyousowautozone101221-14a8.pdf
https://www.sec.gov/divisions/corpfin/cf-noaction/14a-8/2021/followconocophilips031921-14a8.pdf
https://www.sec.gov/divisions/corpfin/cf-noaction/14a-8/2022/tidwellidacorp040122-14a8.pdf
https://www.sec.gov/divisions/corpfin/cf-noaction/14a-8/2023/gcchubb032723-14a8.pdf
https://www.sec.gov/edgar/search/

https://www.sec.gov/files/corpfin/no-action/14a-8/gcbftractor031824-14a8.pdf
https://www.sec.gov/files/corpfin/no-action/14a-8/gccmamazon040723-14a8.pdf
https://www.sec.gov/files/corpfin/no-action/14a-8/greenwalmart041824-14a8.pdf
https://www.sec.gov/files/corpfin/no-action/14a-8/mackmanolisgsg030424-14a8.pdf
https://www.sec.gov/files/corpfin/no-action/14a-8/wwcbao022924-14a8.pdf
https://www.sec.gov/files/corpfin/no-action/14a-8/wwcwells030624-14a8.pdf
https://www.sec.gov/files/rules/final/2020/34-89964.pdf
https://www.sec.gov/files/rules/final/2024/33-11275.pdf
https://www.sec.gov/files/rules/other/2024/33-11280.pdf
https://www.sec.gov/files/rules/proposed/2019/34-87458.pdf
https://www.sec.gov/files/rules/proposed/2022/33-11042.pdf
https://www.sec.gov/files/rules/proposed/2022/34-95267.pdf
https://www.sec.gov/interps/legal/cfslb14.htm, archiviert unter https://web.archive.org/web/20240220102433/https://www.sec.gov/interps/legal/cfslb14.htm
https://www.sec.gov/newsroom/speeches-statements/uyeda-statement-climate-change-021025#_ftn9
https://www.sec.gov/regulation/staff-interpretations/legal-bulletins
https://www.sec.gov/rules/1998/05/amendments-rules-shareholder-proposals?, archiviert unter https://web.archive.org/web/20240220104920/https://www.sec.gov/rules/1998/05/amendments-rules-shareholder-proposals?
https://www.sec.gov/rules/2022/07/substantial-implementation-duplication-and-resubmission-shareholder-proposals-under?
https://www.shareholderrightsgroup.com/2024/05/sec-no-action-statistics-for-2024.html, archiviert unter https://web.archive.org/web/20240617132056/https://www.shareholderrightsgroup.com/2024/05/sec-no-action-statistics-for-2024.html
https://www.shell.com/media/news-and-media-releases/2021/shell-presents-energy-transition-strategy-publication-to-shareholders-for-advisory-vote.html
https://www.ssga.com/library-content/assets/pdf/global/asset-stewardship/proxy-voting-and-engagement-policy.pdf

https://www.ssga.com/library-content/pdfs/asset-stewardship/disclosure-expectations-for-effective-climate-transition-plans.pdf, archiviert unter https://web.archive.org/web/20240220132929/https://www.ssga.com/library-content/pdfs/asset-stewardship/disclosure-expectations-for-effective-climate-transition-plans.pdf
https://www.ssga.com/us/en/institutional/ic/insights/ceo-letter-2022-proxy-voting-agenda
https://www.sueddeutsche.de/projekte/artikel/wirtschaft/welche-unternehmen-in-deutschland-am-meisten-co-verursachen-e500049/
https://www.tcifund.com, archiviert unter https://web.archive.org/web/20240515161956/https://www.tcifund.com/
https://www.tcifund.com/ESGEngagements, archiviert unter https://perma.cc/7STL-5GC6
https://www.theguardian.com/business/2017/may/31/exxonmobil-climate-change-cost-shareholders
https://www.theia.org/sites/default/files/2020-11/Asset%20Management%20Taskforce_proof7.pdf
https://www.whitehouse.gov/presidential-actions/2025/01/regulatory-freeze-pending-review/
https://www.unilever.com/news/press-and-media/press-releases/2020/unilever-to-seek-shareholder-approval-for-transition-action-plan/
https://www.unpri.org/stewardship/climate-transition-plan-votes-investor-briefing/9096.article, archiviert unter https://web.archive.org/web/20240220132426/https://www.unpri.org/stewardship/climate-transition-plan-votes-investor-briefing/9096.article
https://www.up.com/investor/sec_filings/2021/index.htm, archiviert unter https://web.archive.org/web/20240326170748/https://www.up.com/cs/groups/public/@uprr/@investor/documents/investordocuments/pdf_up_proxy_03312021.pdf
https://www.whitecase.com/insight-alert/sec-proposes-amendments-narrow-certain-substantive-bases-exclusion-shareholder
https://www.wsj.com/business/energy-oil/exxon-sues-two-esg-investors-2057e696
https://www.wsj.com/articles/sec-raises-bar-for-shareholder-resolutions-11600877050?mod=article_inline
https://www2.deloitte.com/content/dam/Deloitte/global/Documents/gx-tp-executive-summary-germany.pdf
https://139838633.fs1.hubspotusercontent-eu1.net/hubfs/139838633/Past%20resource%20uploads/

NZEI-Transition-Plan-Request-Letter-FINAL.pdf, archiviert unter https://web.archive.org/web/20231111020624/https://139838633.fs1.hubspotusercontent-eu1.net/hubfs/139838633/Past%20resource%20uploads/NZEI-Transition-Plan-Request-Letter-FINAL.pdf

Anhang

Während der Vorbereitung der nachstehenden Übersetzungen benutzte *Verf.* die Übersetzungstools/Übersetzungsdienste von Microsoft Office Word sowie von DeepL Translate. Nach der Verwendung dieser Tools/Dienste hat *Verf.* den Inhalt überprüft und bearbeitet und übernimmt die Verantwortung für den Inhalt der Übersetzungen.

I. Beschlussvorlage *Shareholder Resolution* der Say-on-Climate-Initiative

1. Wortlautgemäße Beschlussvorlage samt Begründung[1]

Proposal

"RESOLVED, that shareholders of [*Name of Company*] ("[*Name*]" or the "Company") request that the Board of Directors of the Company disclose at each annual meeting of shareholders, as soon as reasonably practicable but no later than 90 days after this Meeting, and thereafter no later than the date the Company disseminates its proxy statement in connection with each subsequent annual meeting, a report disclosing the Company's greenhouse gas emission levels (the "Emissions") in a manner consistent with the Task Force on Climate-related Financial Disclosure recommendations as well as any strategy that the Company may have adopted or will adopt to reduce the Emissions in the future, including any Emissions' progress made year over year (the "Reduction Plan"), and provide shareholders with the opportunity, at each such annual meeting (starting at the next annual meeting), to express non-binding advisory approval or disapproval of the Reduction Plan."

Supporting Statement

As governments take steps to limit greenhouse gas emissions and mandate reporting in line with the Task Force on Climate-related Financial

---

1 Vgl. zur Say-on-Climate-Initiative als Initiative der Stiftung „Children's Investment Fund Foundation (UK)" → B. I. 1.; die Beschlussvorlage ist abrufbar unter https://sayonclimate.org/template-agm-resolutions/, archiviert unter https://perma.cc/2ZFW-CC74, zuletzt abgerufen am 15.05.2025; zur Zusammenfassung des wesentlichen Inhalts → B. I. 2.

Disclosure; disclosing reduction targets, detailing strategies for embedding climate change throughout their business models and services and providing progress therein to shareholders, is an important means of assuring shareholders that management is taking seriously the physical and transition risks associated with climate change. Although this resolution cannot and does not compel the Company to do so, we believe it is in the best interests of the Company and its shareholders for the Board of Directors to disclose its current Emissions and its Reduction Plan, if any, prior to the Meeting and provide shareholders with an advisory vote on the Reduction Plan at the Meeting.

2. Sinngemäße Übersetzung ins Deutsche

Aktionärsantrag
„ES IST BESCHLOSSEN, dass die Aktionäre die Gesellschaft [Name des Unternehmens] („[Name]“ oder das „Unternehmen“) ersuchen, dass die Verwaltung des Unternehmens bei jeder jährlichen Hauptversammlung so bald wie möglich, jedoch nicht später als 90 Tage nach dieser Versammlung, und danach nicht später als zu dem Zeitpunkt, an dem das Unternehmen sein *Proxy Statement* in Verbindung mit jeder nachfolgenden Hauptversammlung veröffentlicht, einen Bericht über die Treibhausgasemissionen des Unternehmens (die „Emissionen“) offenlegt, welcher den Empfehlungen der *Task Force on Climate-related Financial Disclosure* entspricht, sowie jegliche Strategie offenlegt, die das Unternehmen angenommen hat oder annehmen wird, um die Emissionen in der Zukunft zu reduzieren, einschließlich der von Jahr zu Jahr erzielten Fortschritte bei den Emissionen (der „Reduktionsplan“). Den Aktionären soll die Möglichkeit gegeben werden, auf jeder dieser Hauptversammlungen (beginnend mit der nächsten Hauptversammlung) eine unverbindliche beratende Zustimmung oder Ablehnung des Reduktionsplans zu äußern.“

Begründung
Da Regierungen Maßnahmen zur Begrenzung der Treibhausgasemissionen ergreifen und eine Berichterstattung in Übereinstimmung mit den Vorgaben der *Task Force on Climate-related Financial Disclosure* vorschreiben, ist die Offenlegung von Reduktionszielen, die Angabe von Strategien zur Eindämmung des Klimawandels in ihre Geschäftsmodelle und Dienstleistungen und die Unterrichtung der Aktionäre über die erzielten Fortschritte ein wichtiges

Mittel, um den Aktionären zu versichern, dass die Verwaltung des Unternehmens die mit dem Klimawandel verbundenen physischen Risiken und Übergangsrisiken ernst nimmt. Obwohl dieser Beschluss das Unternehmen nicht dazu zwingen kann und will, sind wir der Meinung, dass es im besten Interesse des Unternehmens und seiner Aktionäre ist, wenn die Verwaltung des Unternehmens die aktuellen Emissionen und einen Reduktionsplan, falls vorhanden, vor der Versammlung offenlegt und den Aktionären auf der Versammlung eine beratende Abstimmung über den Reduktionsplan ermöglicht.

II. Auszüge Delaware General Corporation Law

1. Wortlaut Delaware General Corporation Law

TITLE 8 Corporations
Chapter 1. General Corporation Law
Subchapter IV. Directors and Officers[2]

§ 141. Board of directors; powers; number, qualifications, terms and quorum; committees; classes of directors; nonstock corporations; reliance upon books; action without meeting; removal.
(a) The business and affairs of every corporation organized under this chapter shall be managed by or under the direction of a board of directors, except as may be otherwise provided in this chapter or in its certificate of incorporation. If any such provision is made in the certificate of incorporation, the powers and duties conferred or imposed upon the board of directors by this chapter shall be exercised or performed to such extent and by such person or persons as shall be provided in the certificate of incorporation.

2. Sinngemäße Übersetzung ins Deutsche

8. Titel Gesellschaften
1. Kapitel Allgemeines Gesellschaftsrecht
4. Unterkapitel Direktoren und leitende Angestellte

---

2 Abrufbar unter https://delcode.delaware.gov/title8/c001/sc04/, zuletzt abgerufen am 15.05.2025.

§ 141. Verwaltung; Befugnisse; Anzahl, Qualifikationen, Amtszeiten und Beschlussfähigkeit; Ausschüsse; Klassen von Vorständen; Nicht-Aktiengesellschaften; Verlass auf Bücher; Handeln ohne Versammlung; Abberufung.
(a) Die Geschäfte und Angelegenheiten jeder nach diesem Kapitel gegründeten Gesellschaft werden von einer Verwaltung oder unter der Leitung der Verwaltung geführt, sofern in diesem Kapitel oder in der Gründungsurkunde nichts anderes vorgesehen ist. Wenn eine solche Bestimmung in der Gründungsurkunde gemacht wird, sollen die Befugnisse und Pflichten, die der Verwaltung durch dieses Kapitel übertragen oder auferlegt werden, in dem Umfang und von der Person oder den Personen ausgeübt oder durchgeführt werden, wie es in der Gründungsurkunde vorgesehen ist.

III. Ermächtigung der SEC zum Erlass der *Proxy Rules*

1. Auszüge Securities Exchange Act of 1934 (SEA), kodifiziert in 15 U.S. Code

Sec. 12 SEA, kodifiziert in 15 U.S. Code § 78l – Registration requirements for securities[3]
(a) General requirement of registration
It shall be unlawful for any member, broker, or dealer to effect any transaction in any security (other than an exempted security) on a national securities exchange unless a registration is effective as to such security for such exchange in accordance with the provisions of this chapter and the rules and regulations thereunder. The provisions of this subsection shall not apply in respect of a security futures product traded on a national securities exchange.

[...]

(g) Registration of securities by issuer; exemptions

(1) Every issuer which is engaged in interstate commerce, or in a business affecting interstate commerce, or whose securities are traded by use of the mails or any means or instrumentality of interstate commerce shall—

---

3 Abrufbar unter https://www.law.cornell.edu/uscode/text/15/78l, zuletzt abgerufen am 15.05.2025.

(A) within 120 days after the last day of its first fiscal year ended on which the issuer has total assets exceeding $10,000,000 and a class of equity security (other than an exempted security) held of record by either—

(i) 2,000 persons, or

(ii) 500 persons who are not accredited investors (as such term is defined by the Commission), and

(B) in the case of an issuer that is a bank, [...]

Sec. 14 SEA, kodifiziert in 15 U.S. Code § 78n – Proxies4

(a) Solicitation of proxies in violation of rules and regulations

(1) It shall be unlawful for any person, by the use of the mails or by any means or instrumentality of interstate commerce or of any facility of a national securities exchange or otherwise, in contravention of such rules and regulations as the Commission may prescribe as necessary or appropriate in the public interest or for the protection of investors, to solicit or to permit the use of his name to solicit any proxy or consent or authorization in respect of any security (other than an exempted security) registered pursuant to section 78l of this title.

(2) The rules and regulations prescribed by the Commission under paragraph (1) may include—

(A) a requirement that a solicitation of proxy, consent, or authorization by (or on behalf of) an issuer include a nominee submitted by a shareholder to serve on the board of directors of the issuer; and

(B) a requirement that an issuer follow a certain procedure in relation to a solicitation described in subparagraph (A).

[...]

2. Sinngemäße Übersetzung ins Deutsche

Sec. 12 SEA, kodifiziert in 15 U.S. Code § 78l – Registrierungsanforderungen für Wertpapiere

(a) Allgemeines Registrierungserfordernis

Es ist jedem Mitglied, Makler oder Händler untersagt, an einer nationalen Wertpapierbörse Geschäfte mit Wertpapieren (mit Ausnahme von

[4] Abrufbar unter https://www.law.cornell.edu/uscode/text/15/78n, zuletzt abgerufen am 15.05.2025.

ausgenommenen Wertpapieren) zu tätigen, es sei denn, es liegt eine wirksame Registrierung für ein solches Wertpapier an einer solchen Börse gemäß den Bestimmungen dieses Kapitels und den diesbezüglichen Vorschriften und Regelungen vor. Die Bestimmungen dieses Unterabschnitts gelten nicht für ein an einer nationalen Wertpapierbörse gehandeltes Wertpapier-Terminprodukt.

[...]

(g) Registrierung von Wertpapieren durch den Emittenten; Ausnahmen

(1) Jeder Emittent, der im zwischenstaatlichen Handel tätig ist oder ein Geschäft betreibt, das sich auf den zwischenstaatlichen Handel auswirkt, oder dessen Wertpapiere unter Verwendung der Post oder anderer Mittel oder Instrumente des zwischenstaatlichen Handels gehandelt werden, muss-

(A) innerhalb von 120 Tagen nach dem letzten Tag seines ersten Geschäftsjahres, an dem der Emittent ein Gesamtvermögen von mehr als 10.000.000 Dollar und eine Klasse von Aktien (mit Ausnahme von steuerbefreiten Wertpapieren) hat, die entweder von

(i) 2.000 Personen, oder

(ii) 500 Personen, die nicht registrierte Anleger sind (wie dieser Begriff von der Kommission definiert wird), und

(B) im Falle eines Emittenten, bei dem es sich um eine Bank handelt

[...]

Sec. 14 SEA, kodifiziert in 15 U.S. Code § 78n – Vollmachten

(a) Werben um Abgabe von Stimmrechtsvollmachten unter Verletzung von Vorschriften und Bestimmungen

(1) Es ist für jede Person ungesetzlich, durch den Gebrauch der Post oder unter Zuhilfenahme von Mitteln und Instrumenten des zwischenstaatlichen Geschäftsverkehrs oder von Einrichtungen einer nationalen Wertpapierbörse oder auf andere Weise unter Verstoß gegen die Regeln und Vorschriften, die die Kommission als notwendig oder angemessen im öffentlichen Interesse oder zum Schutz der Anleger vorschreiben kann, um eine Vollmacht oder Zustimmung oder Ermächtigung in Bezug auf ein Wertpapier (mit Ausnahme eines befreiten Wertpapiers), das gemäß Abschnitt 78l dieses Titels registriert ist, zu werben oder

bezüglich des Einwerbens von Vollmachten die Verwendung ihres Namens zu gestatten.

(2) Die von der Kommission gemäß Absatz (1) vorgeschriebenen Regeln und Vorschriften können Folgendes enthalten

(A) eine Anforderung, dass ein Einwerben von Vollachten, Zustimmungen oder Ermächtigungen durch einen Emittenten (oder im Namen eines Emittenten) einen von einem Aktionär vorgeschlagenen Kandidaten für die Mitgliedschaft in der Verwaltung des Emittenten enthält, und

(B) eine Anforderung, dass ein Emittent ein bestimmtes Verfahren in Bezug auf eine unter Buchstabe A beschriebenes Werben einhält.

[...]

IV. SEC Rule 14a-8

1. Wortlaut 17 CFR § 240.14a-8 Shareholder Proposals

Code of Federal Regulations
Title 17 - Commodity and Securities Exchanges
Chapter II - SECURITIES AND EXCHANGE COMMISSION (CONTINUED)
Part 240 - GENERAL RULES AND REGULATIONS, SECURITIES EXCHANGE ACT OF 1934
Subpart A - Rules and Regulations Under the Securities Exchange Act of 1934
Subgroup - Regulation 14a: Solicitation of Proxies
Section 240.14a-8 - Shareholder proposals
As of Nov. 4, 2020[5]

§ 240.14a-8 Shareholder proposals
This section addresses when a company must include a shareholder's proposal in its proxy statement and identify the proposal in its form of proxy when the company holds an annual or special meeting of shareholders. In summary, in order to have your shareholder proposal included on a company's proxy card, and included along with any supporting statement in its proxy statement, you must be eligible and follow certain procedures.

---

[5] Abrufbar unter https://www.law.cornell.edu/cfr/text/17/240.14a-8, zuletzt abgerufen am 15.05.2025.

Under a few specific circumstances, the company is permitted to exclude your proposal, but only after submitting its reasons to the Commission. We structured this section in a question-and-answer format so that it is easier to understand. The references to "you" are to a shareholder seeking to submit the proposal.

(a) Question 1: What is a proposal? A shareholder proposal is your recommendation or requirement that the company and/or its board of directors take action, which you intend to present at a meeting of the company's shareholders. Your proposal should state as clearly as possible the course of action that you believe the company should follow. If your proposal is placed on the company's proxy card, the company must also provide in the form of proxy means for shareholders to specify by boxes a choice between approval or disapproval, or abstention. Unless otherwise indicated, the word "proposal" as used in this section refers both to your proposal, and to your corresponding statement in support of your proposal (if any).

(b) Question 2: Who is eligible to submit a proposal, and how do I demonstrate to the company that I am eligible? **(1)** To be eligible to submit a proposal, you must satisfy the following requirements:

(i) You must have continuously held:

(A) At least $2,000 in market value of the company's securities entitled to vote on the proposal for at least three years; or

(B) At least $15,000 in market value of the company's securities entitled to vote on the proposal for at least two years; or

(C) At least $25,000 in market value of the company's securities entitled to vote on the proposal for at least one year; and

(ii) You must provide the company with a written statement that you intend to continue to hold the requisite amount of securities, determined in accordance with paragraph (b)(1)(i)(A) through (C) of this section, through the date of the shareholders' meeting for which the proposal is submitted; and

(iii) You must provide the company with a written statement that you are able to meet with the company in person or via teleconference no less than 10 calendar days, nor more than 30 calendar days, after submission of the shareholder proposal. You must include your contact information as well as business days and specific times that you are available to discuss the proposal with the company. You must identify times that are within the regular business hours of the company's principal executive offices. If these hours are not disclosed in the company's proxy statement for the prior year's annual meeting, you must identify times that are between 9 a.m. and 5:30 p.m. in the time zone of the company's principal executive offices. If you elect to co-file a proposal, all co-filers must either:

(A) Agree to the same dates and times of availability, or

(B) Identify a single lead filer who will provide dates and times of the lead filer's availability to engage on behalf of all co-filers; and

(iv) If you use a representative to submit a shareholder proposal on your behalf, you must provide the company with written documentation that:

(A) Identifies the company to which the proposal is directed;

(B) Identifies the annual or special meeting for which the proposal is submitted;

(C) Identifies you as the proponent and identifies the person acting on your behalf as your representative;

(D) Includes your statement authorizing the designated representative to submit the proposal and otherwise act on your behalf;

(E) Identifies the specific topic of the proposal to be submitted;

(F) Includes your statement supporting the proposal; and

(G) Is signed and dated by you.

(v) The requirements of paragraph (b)(1)(iv) of this section shall not apply to shareholders that are entities so long as the representative's authority to act on the shareholder's behalf is apparent and self-evident such that a reasonable person would understand that the agent has authority to submit the proposal and otherwise act on the shareholder's behalf.

(vi) For purposes of paragraph (b)(1)(i) of this section, you may not aggregate your holdings with those of another shareholder or group of shareholders to meet the requisite amount of securities necessary to be eligible to submit a proposal.

(2) One of the following methods must be used to demonstrate your eligibility to submit a proposal:

(i) If you are the registered holder of your securities, which means that your name appears in the company's records as a shareholder, the company can verify your eligibility on its own, although you will still have to provide the company with a written statement that you intend to continue to hold the requisite amount of securities, determined in accordance with paragraph (b)(1)(i)(A) through (C) of this section, through the date of the meeting of shareholders.

(ii) If, like many shareholders, you are not a registered holder, the company likely does not know that you are a shareholder, or how many shares you own. In this case, at the time you submit your proposal, you must prove your eligibility to the company in one of two ways:

(A) The first way is to submit to the company a written statement from the "record" holder of your securities (usually a broker or bank) verifying that, at the time you submitted your proposal, you continuously held at least $2,000, $15,000, or $25,000 in market value of the company's securities entitled to vote on the proposal for at least three years, two years, or one year, respectively. You must also include your own written statement that you intend to continue to hold the requisite amount of securities, determined in accordance with paragraph (b)(1)(i)(A) through (C) of this section, through the date of the shareholders' meeting for which the proposal is submitted; or

(B) The second way to prove ownership applies only if you were required to file, and filed, a Schedule 13D (§ 240.13d-101), Schedule 13G (§ 240.13d-102), Form 3 (§ 249.103 of this chapter), Form 4 (§ 249.104 of this chapter), and/or Form 5 (§ 249.105 of this chapter), or amendments to those documents or updated forms, demonstrating that you meet at least one of the share ownership requirements under paragraph (b)(1)(i)(A) through (C) of this section. If you have filed one or more of these documents with the SEC, you may demonstrate your eligibility to submit a proposal by submitting to the company:

(1) A copy of the schedule(s) and/or form(s), and any subsequent amendments reporting a change in your ownership level;

(2) Your written statement that you continuously held at least $2,000, $15,000, or $25,000 in market value of the company's securities entitled to vote on the proposal for at least three years, two years, or one year, respectively; and

(3) Your written statement that you intend to continue to hold the requisite amount of securities, determined in accordance with paragraph (b)(1)(i)(A) through (C) of this section, through the date of the company's annual or special meeting.

(c) Question 3: How many proposals may I submit? Each person may submit no more than one proposal, directly or indirectly, to a company for a particular shareholders' meeting. A person may not rely on the securities holdings of another person for the purpose of meeting the eligibility requirements and submitting multiple proposals for a particular shareholders' meeting.

(d) Question 4: How long can my proposal be? The proposal, including any accompanying supporting statement, may not exceed 500 words.

(e) Question 5: What is the deadline for submitting a proposal? (1) If you are submitting your proposal for the company's annual meeting, you can in most cases find the deadline in last year's proxy statement. However, if the company did not hold an annual meeting last year, or has changed the date of its meeting for this year more than 30 days from last year's meeting, you can usually find the deadline in one of the company's quarterly reports on Form 10-Q (§ 249.308a of this chapter), or in shareholder reports of investment companies under § 270.30d-1 of this chapter of the Investment Company Act of 1940. In order to avoid controversy, shareholders should submit their proposals by means, including electronic means, that permit them to prove the date of delivery.

(2) The deadline is calculated in the following manner if the proposal is submitted for a regularly scheduled annual meeting. The proposal must be received at the company's principal executive offices not less than 120 calendar days before the date of the company's proxy statement released to shareholders in connection with the previous year's annual meeting. However, if the company did not hold an annual meeting the previous year, or if the date of this year's annual meeting has been changed by more than 30 days from the date of the previous year's meeting, then the deadline is a reasonable time before the company begins to print and send its proxy materials.

(3) If you are submitting your proposal for a meeting of shareholders other than a regularly scheduled annual meeting, the deadline is a reasonable time before the company begins to print and send its proxy materials.

(f) Question 6: What if I fail to follow one of the eligibility or procedural requirements explained in answers to Questions 1 through 4 of this section? (1) The company may exclude your proposal, but only after it has notified you of the problem, and you have failed adequately to correct it. Within 14 calendar days of receiving your proposal, the company must notify you in writing of any procedural or eligibility deficiencies, as well as of the time frame for your response. Your response must be postmarked, or transmitted electronically, no later than 14 days from the date you received the company's notification. A company need not provide you such notice of a deficiency if the deficiency cannot be remedied, such as if you fail to submit a proposal by the company's properly determined deadline. If the company intends to exclude the proposal, it will later have to make a submission under § 240.14a-8 and provide you with a copy under Question 10 below, § 240.14a-8(j).

(2) If you fail in your promise to hold the required number of securities through the date of the meeting of shareholders, then the company will be permitted to exclude all of your proposals from its proxy materials for any meeting held in the following two calendar years.

(g) Question 7: Who has the burden of persuading the Commission or its staff that my proposal can be excluded? Except as otherwise noted, the burden is on the company to demonstrate that it is entitled to exclude a proposal.

(h) Question 8: Must I appear personally at the shareholders' meeting to present the proposal? **(1)** Either you, or your representative who is qualified under state law to present the proposal on your behalf, must attend the meeting to present the proposal. Whether you attend the meeting yourself or send a qualified representative to the meeting in your place, you should make sure that you, or your representative, follow the proper state law procedures for attending the meeting and/or presenting your proposal.

(2) If the company holds its shareholder meeting in whole or in part via electronic media, and the company permits you or your representative to present your proposal via such media, then you may appear through electronic media rather than traveling to the meeting to appear in person.

(3) If you or your qualified representative fail to appear and present the proposal, without good cause, the company will be permitted to exclude all of your proposals from its proxy materials for any meetings held in the following two calendar years.

(i) Question 9: If I have complied with the procedural requirements, on what other bases may a company rely to exclude my proposal? **(1) Improper under state law:** If the proposal is not a proper subject for action by shareholders under the laws of the jurisdiction of the company's organization;

Note to paragraph (i)(1):

Depending on the subject matter, some proposals are not considered proper under state law if they would be binding on the company if approved by shareholders. In our experience, most proposals that are cast as recommendations or requests that the board of directors take specified action are proper under state law. Accordingly, we will assume that a proposal drafted as a recommendation or suggestion is proper unless the company demonstrates otherwise.

(2) Violation of law: If the proposal would, if implemented, cause the company to violate any state, federal, or foreign law to which it is subject;

Note to paragraph (i)(2):

We will not apply this basis for exclusion to permit exclusion of a proposal on grounds that it would violate foreign law if compliance with the foreign law would result in a violation of any state or federal law.

(3) Violation of proxy rules: If the proposal or supporting statement is contrary to any of the Commission's proxy rules, including § 240.14a-9, which prohibits materially false or misleading statements in proxy soliciting materials;

(4) Personal grievance; special interest: If the proposal relates to the redress of a personal claim or grievance against the company or any other person, or if it is designed to result in a benefit to you, or to further a personal interest, which is not shared by the other shareholders at large;

(5) Relevance: If the proposal relates to operations which account for less than 5 percent of the company's total assets at the end of its most recent fiscal year, and for less than 5 percent of its net earnings and gross sales for its most recent fiscal year, and is not otherwise significantly related to the company's business;

(6) Absence of power/authority: If the company would lack the power or authority to implement the proposal;

(7) Management functions: If the proposal deals with a matter relating to the company's ordinary business operations;

(8) Director elections: If the proposal:

(i) Would disqualify a nominee who is standing for election;

(ii) Would remove a director from office before his or her term expired;

(iii) Questions the competence, business judgment, or character of one or more nominees or directors;

(iv) Seeks to include a specific individual in the company's proxy materials for election to the board of directors; or

(v) Otherwise could affect the outcome of the upcoming election of directors.

(9) Conflicts with company's proposal: If the proposal directly conflicts with one of the company's own proposals to be submitted to shareholders at the same meeting;

Note to paragraph (i)(9):

A company's submission to the Commission under this section should specify the points of conflict with the company's proposal.

(10) Substantially implemented: If the company has already substantially implemented the proposal;

Note to paragraph (i)(10):

A company may exclude a shareholder proposal that would provide an advisory vote or seek future advisory votes to approve the compensation of executives as disclosed pursuant to Item 402 of Regulation S-K (§ 229.402 of this chapter) or any successor to Item 402 (a "say-on-pay vote") or that relates to the frequency of say-on-pay votes, provided that in the most recent shareholder vote required by § 240.14a-21(b) of this chapter a single year (i.e., one, two, or three years) received approval of a majority of votes cast on the matter and the company has adopted a policy on the frequency of say-on-pay votes that is consistent with the choice of the majority of votes cast in the most recent shareholder vote required by § 240.14a-21(b) of this chapter.

(11) Duplication: If the proposal substantially duplicates another proposal previously submitted to the company by another proponent that will be included in the company's proxy materials for the same meeting;

(12) Resubmissions: If the proposal addresses substantially the same subject matter as a proposal, or proposals, previously included in the company's proxy materials within the preceding five calendar years if the most

recent vote occurred within the preceding three calendar years and the most recent vote was:

(i) Less than 5 percent of the votes cast if previously voted on once;

(ii) Less than 15 percent of the votes cast if previously voted on twice; or

(iii) Less than 25 percent of the votes cast if previously voted on three or more times.

(13) Specific amount of dividends: If the proposal relates to specific amounts of cash or stock dividends.

(j) Question 10: What procedures must the company follow if it intends to exclude my proposal? **(1)** If the company intends to exclude a proposal from its proxy materials, it must file its reasons with the Commission no later than 80 calendar days before it files its definitive proxy statement and form of proxy with the Commission. The company must simultaneously provide you with a copy of its submission. The Commission staff may permit the company to make its submission later than 80 days before the company files its definitive proxy statement and form of proxy, if the company demonstrates good cause for missing the deadline.

(2) The company must file six paper copies of the following:

(i) The proposal;

(ii) An explanation of why the company believes that it may exclude the proposal, which should, if possible, refer to the most recent applicable authority, such as prior Division letters issued under the rule; and

(iii) A supporting opinion of counsel when such reasons are based on matters of state or foreign law.

(k) Question 11: May I submit my own statement to the Commission responding to the company's arguments?

Yes, you may submit a response, but it is not required. You should try to submit any response to us, with a copy to the company, as soon as possible after the company makes its submission. This way, the Commission staff will have time to consider fully your submission before it issues its response. You should submit six paper copies of your response.

(l) Question 12: If the company includes my shareholder proposal in its proxy materials, what information about me must it include along with the proposal itself?

(1) The company's proxy statement must include your name and address, as well as the number of the company's voting securities that you hold. However, instead of providing that information, the company may instead include a statement that it will provide the information to shareholders promptly upon receiving an oral or written request.

(2) The company is not responsible for the contents of your proposal or supporting statement.

(m) Question 13: What can I do if the company includes in its proxy statement reasons why it believes shareholders should not vote in favor of my proposal, and I disagree with some of its statements?

(1) The company may elect to include in its proxy statement reasons why it believes shareholders should vote against your proposal. The company is allowed to make arguments reflecting its own point of view, just as you may express your own point of view in your proposal's supporting statement.

(2) However, if you believe that the company's opposition to your proposal contains materially false or misleading statements that may violate our anti-fraud rule, § 240.14a-9, you should promptly send to the Commission staff and the company a letter explaining the reasons for your view, along with a copy of the company's statements opposing your proposal. To the extent possible, your letter should include specific factual information demonstrating the inaccuracy of the company's claims. Time permitting, you may wish to try to work out your differences with the company by yourself before contacting the Commission staff.

(3) We require the company to send you a copy of its statements opposing your proposal before it sends its proxy materials, so that you may bring to our attention any materially false or misleading statements, under the following timeframes:

(i) If our no-action response requires that you make revisions to your proposal or supporting statement as a condition to requiring the company to include it in its proxy materials, then the company must provide you with a copy of its opposition statements no later than 5 calendar days after the company receives a copy of your revised proposal; or

(ii) In all other cases, the company must provide you with a copy of its opposition statements no later than 30 calendar days before its files definitive copies of its proxy statement and form of proxy under § 240.14a-6.

[63 FR 29119, May 28, 1998; 63 FR 50622, 50623, Sept. 22, 1998, as amended at 72 FR 4168, Jan. 29, 2007; 72 FR 70456, Dec. 11, 2007; 73 FR 977, Jan. 4, 2008; 76 FR 6045, Feb. 2, 2011; 75 FR 56782, Sept. 16, 2010; 85 FR 70294, Nov. 4, 2020]

2. Sinngemäße Übersetzung § 240.14a-8 Aktionärsanträge

Kodex der Bundesverordnungen
Titel 17 - Waren- und Wertpapierbörsen
Kapitel II - SECURITIES AND EXCHANGE COMMISSION (FORTSETZUNG)
Teil 240 - ALLGEMEINE REGELN UND VORSCHRIFTEN, SECURITIES EXCHANGE ACT VON 1934
Unterabschnitt A - Regeln und Vorschriften gemäß dem Securities Exchange Act von 1934
Untergruppe - Regulation 14a: Aufforderung zur Abgabe von Stimmrechtsvollmachten
Abschnitt 240.14a-8 – Aktionärsanträge

Stand 4. November 2020

§ 240.14a-8 Aktionärsanträge
Dieser Abschnitt befasst sich damit, wann ein Unternehmen den Antrag eines Aktionärs in sein Proxy Statement aufnehmen und den Antrag in seiner Mustervollmacht („*form of proxy*") kennzeichnen muss, wenn das Unternehmen eine jährliche oder außerordentliche Hauptversammlung abhält. Zusammenfassend lässt sich sagen, dass Sie berechtigt sein müssen und bestimmte Verfahren einhalten müssen, damit Ihr Aktionärsantrag in den *Proxy*-Vordruck („*proxy card*") eines Unternehmens aufgeführt und zusammen mit einer unterstützenden Begründung in dessen *Proxy Statement* aufgenommen wird. Unter bestimmten Umständen kann das Unternehmen Ihren Antrag ausschließen, jedoch nur, nachdem es der Kommission („*Securities and Exchange Commission*") seine Gründe vorgelegt hat. Wir haben diesen

Abschnitt in einem Frage-und-Antwort-Format gegliedert, damit er leichter zu verstehen ist. Die Verweise auf „Sie“ beziehen sich auf einen Aktionär, der den Antrag einreichen möchte.

(a) Frage 1: Was ist ein Antrag? Ein Aktionärsantrag ist Ihre Empfehlung oder Forderung an das Unternehmen und/oder seine Verwaltung, Maßnahmen zu ergreifen, die Sie auf einer Hauptversammlung des Unternehmens vorbringen wollen. Ihr Antrag sollte so klar wie möglich die Richtung vorgeben, die das Unternehmen Ihrer Meinung nach einschlagen sollte. Wird Ihr Antrag auf dem Proxy-Vordruck des Unternehmens platziert, muss das Unternehmen den Aktionären in der Vollmacht auch die Möglichkeit geben, durch Ankreuzen zwischen Zustimmung, Ablehnung oder Enthaltung zu wählen. Sofern nicht anders angegeben, bezieht sich das Wort „Antrag“ („proposal“) in diesem Abschnitt sowohl auf Ihren Antrag als auch auf die entsprechende Begründung zur Unterstützung Ihres Antrags (falls vorhanden).

(b) Frage 2: Wer ist berechtigt, einen Antrag einzureichen, und wie zeige ich dem Unternehmen, dass ich berechtigt bin? **(1)** Um einen Antrag einreichen zu können, müssen Sie folgende Voraussetzungen erfüllen:

(i) Sie müssen ununterbrochen nachfolgenden Besitz gehalten haben:

(A) seit mindestens drei Jahren Wertpapiere des Unternehmens mit einem Marktwert von mindestens USD 2.000, die zur Abstimmung über den Antrag berechtigen; oder

(B) seit mindestens zwei Jahren Wertpapiere des Unternehmens mit einem Marktwert von mindestens USD 15.000, die zur Abstimmung über den Antrag berechtigen; oder

(C) seit mindestens einem Jahr Wertpapiere des Unternehmens mit einem Marktwert von mindestens USD 25.000, die zur Abstimmung über den Antrag berechtigen; und

(ii) sie müssen der Gesellschaft eine schriftliche Erklärung vorlegen, dass Sie beabsichtigen, die erforderliche Menge an Wertpapieren, die gemäß Absatz (b)(1)(i)(A) bis (C) dieses Abschnitts festgelegt wurde, bis zum Datum der Hauptversammlung, für die der Antrag eingereicht wird, weiterhin zu halten; und

(iii) sie müssen dem Unternehmen eine schriftliche Erklärung zukommen lassen, dass Sie in der Lage sind, sich mit dem Unternehmen persönlich oder per Telefonkonferenz zusammenzufinden, und zwar nicht weniger als zehn

Kalendertage und nicht mehr als 30 Kalendertage nach Einreichung des Aktionärsantrags. Sie müssen Ihre Kontaktinformationen sowie die Arbeitstage und konkreten Uhrzeiten angeben, an denen Sie zur Verfügung stehen, um den Antrag mit dem Unternehmen zu besprechen. Sie müssen Zeiten angeben, die innerhalb der regulären Geschäftszeiten der Hauptgeschäftsstelle des Unternehmens liegen. Wenn diese Zeiten nicht in der Vollmachtserklärung des Unternehmens für die Jahreshauptversammlung des Vorjahres angegeben sind, müssen Sie Zeiten angeben, die zwischen 9:00 Uhr und 17:30 Uhr in der Zeitzone des Hauptsitzes des Unternehmens liegen. Wenn Sie sich dafür entscheiden, einen Antrag gemeinsam einzureichen, müssen alle Miteinreicher entweder:

(A) sich auf dieselben Daten und Uhrzeiten der Verfügbarkeit einigen, oder

(B) einen einzigen federführenden Antragsteller benennen, der Daten und Uhrzeiten seiner Verfügbarkeit angibt, um sich im Namen aller Mitantragsteller zu engagieren; und

(iv) wenn Sie einen Vertreter damit beauftragen, einen Aktionärsantrag in Ihrem Namen einzureichen, müssen Sie dem Unternehmen schriftliche Unterlagen vorlegen, die:

(A) das Unternehmen identifizieren, an das der Antrag gerichtet ist;

(B) die jährliche oder außerordentliche Hauptversammlung angeben, für die der Antrag gestellt wird;

(C) Sie als Antragsteller ausweisen und die Person, die in Ihrem Namen handelt, als Ihren Vertreter ausweisen;

(D) Ihre Erklärung enthalten, die den benannten Vertreter ermächtigt, den Antrag einzureichen und anderweitig in Ihrem Namen zu handeln;

(E) das spezifische Thema des einzureichenden Antrags angeben;

(F) Ihre Erklärung zur Unterstützung des Antrags enthalten; und

(G) von Ihnen unterzeichnet und datiert sind.

(v) Die Anforderungen von Absatz (b)(1)(iv) dieses Abschnitts gelten nicht für Aktionäre, bei denen es sich um juristische Personen handelt, solange die Befugnis des Vertreters, im Namen des Aktionärs zu handeln, offensichtlich und selbstverständlich ist, so dass eine vernünftige Person verstehen würde, dass der Vertreter befugt ist, den Antrag einzureichen und auch sonst im Namen des Aktionärs zu handeln.

(vi) Für die Zwecke von Absatz (b)(1)(i) dieses Abschnitts dürfen Sie Ihre Bestände nicht mit denen eines anderen Aktionärs oder einer Gruppe von

Aktionären zusammenlegen, um die erforderliche Anzahl von Wertpapieren zu erreichen, die für die Einreichung eines Antrags erforderlich ist.

(2) Sie müssen eine der folgenden Methoden anwenden, um Ihre Berechtigung zur Einreichung eines Antrags nachzuweisen:

(i) Wenn Sie der eingetragene Inhaber Ihrer Wertpapiere sind, was bedeutet, dass Ihr Name in den Unterlagen des Unternehmens als Aktionär erscheint, kann das Unternehmen Ihre Berechtigung selbst überprüfen, obwohl Sie dem Unternehmen eine schriftliche Erklärung vorlegen müssen, dass Sie beabsichtigen, die erforderliche Anzahl von Wertpapieren, die gemäß Absatz (b)(1)(i)(A) bis (C) dieses Abschnitts festgelegt wurde, bis zum Datum der Hauptversammlung zu halte.

(ii) Wenn Sie, wie viele Aktionäre, kein eingetragener Inhaber sind, weiß das Unternehmen wahrscheinlich nicht, dass Sie ein Aktionär sind oder wie viele Aktien Sie besitzen. In diesem Fall müssen Sie zum Zeitpunkt der Einreichung Ihres Antrags Ihre Berechtigung gegenüber dem Unternehmen auf eine der beiden folgenden Arten nachweisen:

(A) Die erste Möglichkeit besteht darin, dem Unternehmen eine schriftliche Erklärung des „eingetragenen" Inhabers Ihrer Wertpapiere (in der Regel ein Makler oder eine Bank) vorzulegen, in der bestätigt wird, dass Sie zum Zeitpunkt der Einreichung Ihres Antrags seit mindestens drei Jahren, zwei Jahren bzw. einem Jahr ununterbrochen Wertpapiere des Unternehmens im Wert von mindestens USD 2.000, USD 15.000 bzw. USD 25.000 gehalten haben, die zur Abstimmung über den Antrag berechtigt sind. Außerdem müssen Sie eine eigene schriftliche Erklärung beifügen, dass Sie beabsichtigen, die erforderliche Menge an Wertpapieren, die gemäß Absatz (b)(1)(i)(A) bis (C) dieses Abschnitts festgelegt wurde, bis zum Datum der Hauptversammlung, für die der Antrag eingereicht wird, zu halten; oder

(B) die zweite Möglichkeit des Eigentumsnachweises gilt nur, wenn Sie verpflichtet waren, ein Schedule 13D (§ 240.13d-101), Schedule 13G (§ 240.13d-102), Formblatt 3 (§ 249.103 dieses Kapitels), Formblatt 4 (§ 249.104 dieses Kapitels) und/oder Formblatt 5 (§ 249.105 dieses Kapitels) oder Änderungen dieser Dokumente oder aktualisierte Formblätter einzureichen und eingereicht haben, aus denen hervorgeht, dass Sie mindestens eine der Anforderungen an den Aktienbesitz gemäß Absatz (b)(1)(i)(A) bis (C) dieses Abschnitts erfüllen. Wenn Sie eines oder mehrere dieser Dokumente bei der SEC eingereicht haben, können Sie Ihre Berechtigung zur Einreichung eines Antrags nachweisen, indem Sie sie dem Unternehmen folgende Dokumente vorlegen:

(1) eine Kopie der genannten Schedules und/oder Formblätter und alle nachfolgenden Änderungen, die eine Änderung Ihrer Eigentumsebene melden;

(2) Ihre schriftliche Erklärung, dass Sie Wertpapiere des Unternehmens im Wert von mindestens USD 2.000, USD 15.000 oder USD 25.000, die zur Abstimmung über den Antrag berechtigt sind, seit mindestens drei Jahren, zwei Jahren bzw. einem Jahr halten; und

(3) Ihre schriftliche Erklärung, dass Sie beabsichtigen, die gemäß Absatz (b)(1)(i)(A) bis (C) dieses Abschnitts ermittelte erforderliche Summe an Wertpapieren bis zum Datum der jährlichen oder außerordentlichen Hauptversammlung des Unternehmens zu halten.

(c) Frage 3: Wie viele Anträge kann ich stellen? Jede Person darf nicht mehr als einen Antrag für eine bestimmte Hauptversammlung direkt oder indirekt bei einer Gesellschaft einreichen. Eine Person darf sich nicht auf den Wertpapierbesitz einer anderen Person berufen, um die Zulassungsvoraussetzungen zu erfüllen und mehrere Anträge für eine bestimmte Hauptversammlung einzureichen.

(d) Frage 4: Wie lang darf mein Antrag sein? Der Antrag, einschließlich der begleitenden Begründung, darf nicht länger als 500 Wörter sein.

(e) Frage 5: Wann ist die Frist für die Einreichung von Anträgen? **(1)** Wenn Sie Ihren Antrag für die Jahreshauptversammlung des Unternehmens einreichen, finden Sie die Frist in den meisten Fällen im Proxy Statement des letzten Jahres. Wenn das Unternehmen jedoch im letzten Jahr keine Jahreshauptversammlung abgehalten hat oder den Termin für die diesjährige Versammlung um mehr als 30 Tage gegenüber der letztjährigen Versammlung geändert hat, finden Sie die Frist in der Regel in einem der Quartalsberichte des Unternehmens auf Formblatt 10-Q (§ 249.308a dieses Kapitels) oder in den Aktionärsberichten von Investmentgesellschaften gemäß § 270.30d-1 dieses Kapitels des Investment Company Act von 1940. Um Kontroversen zu vermeiden, sollten die Aktionäre ihre Anträge auf eine Art und Weise einreichen, die es ihnen erlaubt, das Datum der Zustellung nachzuweisen, einschließlich elektronischer Mittel.

(2) Die Frist wird wie folgt berechnet, wenn der Antrag für eine regulär angesetzte Jahreshauptversammlung eingereicht wird. Der Antrag muss am Hauptgeschäftssitz des Unternehmens mindestens 120 Kalendertage vor dem Datum des *Proxy Statements* des Unternehmens eingehen, die den Aktionären in Verbindung mit der Jahreshauptversammlung des Vorjahres übermittelt wurde. Wenn das Unternehmen jedoch im Vorjahr keine Jahreshauptversammlung abgehalten hat oder wenn das Datum der diesjährigen Jahreshauptversammlung um mehr als 30 Tage gegenüber dem Datum der letztjährigen Versammlung verschoben wurde, dann ist die Frist ein angemessener Zeitraum, bevor das Unternehmen mit dem Druck und Versand seiner Stimmrechtsunterlagen („*proxy materials*") beginnt.

(3) Wenn Sie Ihren Antrag für eine andere Hauptversammlung als eine regulär angesetzte Jahreshauptversammlung einreichen, ist die Frist ein angemessener Zeitraum, bevor das Unternehmen mit dem Druck und Versand seiner Stimmrechtsunterlagen beginnt.

(f) Frage 6: Was passiert, wenn ich eine der in den Antworten auf die Fragen 1 bis 4 dieses Abschnitts erläuterten Zulässigkeits- oder Verfahrensvoraussetzungen nicht einhalte? **(1)** Das Unternehmen kann Ihren Antrag aus dem Verfahren ausschließen, allerdings erst, nachdem es Sie auf das bestehende Problem hingewiesen hat und Sie es versäumt haben, es in angemessener Weise zu beheben. Innerhalb von 14 Kalendertagen nach Eingang Ihres Antrags muss das Unternehmen Sie schriftlich über etwaige Verfahrens- oder Zulässigkeitsmängel sowie über den Zeitrahmen für Ihre Antwort informieren. Ihre Antwort muss spätestens 14 Tage nach Erhalt der Mitteilung des Unternehmens abgestempelt oder elektronisch übermittelt werden. Ein Unternehmen braucht Sie nicht über einen Mangel zu informieren, wenn dieser nicht behoben werden kann, z.B. wenn Sie Ihren Antrag nicht innerhalb der vom Unternehmen festgelegten Frist einreichen. Beabsichtigt das Unternehmen, den Antrag auszuschließen, muss es zu einem späteren Zeitpunkt eine Mitteilung gemäß § 240.14a-8 machen und Ihnen eine Kopie gemäß Frage 10 unten, § 240.14a-8(j), zukommen lassen.

(2) Wenn Sie Ihr Versprechen, die erforderliche Anzahl von Wertpapieren bis zum Datum der Hauptversammlung zu halten, nicht einhalten, ist es der Gesellschaft gestattet, alle Ihre Anträge aus den Stimmrechtsunterlagen für jede kommende Versammlung in den folgenden zwei Kalenderjahren auszuschließen.

(g) Frage 7: Wer muss die Kommission oder ihre Mitarbeiter davon überzeugen, dass mein Antrag vom Verfahren ausgeschlossen werden kann? Sofern nicht anders angegeben, obliegt es dem Unternehmen nachzuweisen, dass es berechtigt ist, einen Antrag auszuschließen.

(h) Frage 8: Muss ich persönlich bei der Hauptversammlung erscheinen, um den Antrag zu stellen? **(1)** Entweder Sie oder Ihr Vertreter, der nach dem Recht des jeweiligen Bundesstaates zur Einreichung des Antrags in Ihrem Namen befugt ist, müssen an der Versammlung teilnehmen, um den Antrag zu unterbreiten. Unabhängig davon, ob Sie selbst an der Versammlung teilnehmen oder einen qualifizierten Vertreter an Ihrer Stelle zur Versammlung schicken, sollten Sie sicherstellen, dass Sie oder Ihr Vertreter die ordnungsgemäßen Verfahren des Landesrechts für die Teilnahme an der Versammlung und/oder die Einreichung Ihres Antrags einhalten.

(2) Wenn das Unternehmen seine Hauptversammlung ganz oder teilweise über elektronische Medien abhält und das Unternehmen Ihnen oder Ihrem Vertreter erlaubt, Ihren Antrag über diese Medien einzureichen, können Sie über elektronische Medien erscheinen, anstatt persönlich zur Versammlung zu reisen.

(3) Wenn Sie oder Ihr qualifizierter Vertreter ohne triftigen Grund nicht erscheinen und den Antrag nicht einreichen, kann das Unternehmen alle Ihre Anträge von den Stimmrechtsunterlagen der kommenden Versammlungen in den folgenden zwei Kalenderjahren ausschließen.

(i) Frage 9: Wenn ich die Verfahrensvorschriften eingehalten habe, auf welche anderen Gründe kann sich ein Unternehmen berufen, um meinen Antrag auszuschließen? (1) Unzuständigkeit nach einzelstaatlichem Recht: Wenn der Antrag nach den Gesetzen des Bundestaates, in dem das Unternehmen seinen Sitz hat, kein angemessener Gegenstand für eine Aktionärstätigkeit ist;

Anmerkung zu Absatz (i)(1):

Je nach Gegenstand werden einige Anträge nach staatlichem Recht nicht als ordnungsgemäß angesehen, wenn sie für das Unternehmen verbindlich wären, wenn sie von den Aktionären angenommen würden. Unserer Erfahrung nach sind die meisten Anträge, die als Empfehlungen oder Ersuchen an die Verwaltung formuliert sind, bestimmte Maßnahmen zu ergreifen, nach staatlichem Recht zulässig. Dementsprechend gehen wir davon aus, dass ein als Empfehlung oder Ersuchen formulierter Antrag ordnungsgemäß ist, sofern das Unternehmen nicht das Gegenteil nachweist.

(2) Gesetzeswidrigkeit: Wenn der Antrag, wenn er umgesetzt wird, dazu führen würde, dass das Unternehmen gegen ein staatliches, bundesstaatliches oder ausländisches Gesetz verstößt, dem es unterliegt;

Anmerkung zu Absatz (i)(2):

Wir werden diese Ausschlussgrundlage nicht anwenden, um den Ausschluss eines Antrags mit der Begründung zuzulassen, dass er gegen ausländisches Recht verstoßen würde, wenn die Einhaltung des ausländischen Rechts zu einem Verstoß gegen einzelstaatliches oder bundesstaatliches Recht führen würde.

(3) Verstoß gegen die Vorschriften zur Stimmrechtsvertretung („Proxy Rules"): Wenn der Antrag oder die unterstützende Begründung gegen eine der Regeln der Kommission zur Stimmrechtsvertretung verstößt, einschließlich § 240.14a-9, der im Wesentlichen falsche oder irreführende Aussagen in den Stimmrechtsunterlagen zur Einholung von Stimmrechtsvollmachten verbietet;

(4) Persönlicher Missstand; besonderes Interesse: Wenn sich der Antrag auf die Behebung einer persönlichen Forderung oder Beschwerde gegen das Unternehmen oder eine andere Person bezieht, oder wenn er darauf abzielt, Ihnen einen Vorteil zu verschaffen oder ein persönliches Interesse zu fördern, das von den anderen Aktionären nicht geteilt wird;

(5) Erheblichkeit: Wenn sich der Antrag auf Vorgänge bezieht, die weniger als 5 Prozent des Gesamtvermögens des Unternehmens am Ende des letzten Geschäftsjahres und weniger als 5 Prozent des Nettogewinns und des Bruttoumsatzes im letzten Geschäftsjahr ausmachen und auch sonst nicht wesentlich mit der Geschäftstätigkeit des Unternehmens verbunden sind;

(6) Fehlende Befugnisse/ Befugnisse: Wenn dem Unternehmen die Befugnis oder die Autorität fehlt, den Antrag umzusetzen;

(7) Aufgaben der Verwaltung: Wenn der Antrag eine Angelegenheit betrifft, die mit der gewöhnlichen Geschäftsführung des Unternehmens zusammenhängt;

(8) Wahlen der Verwaltungsmitglieder („director elections"): Wenn der Antrag:

(i) einen Kandidaten, der sich zur Wahl stellt, disqualifizieren würde;

(ii) ein Verwaltungsmitglied („*director*“) vor Ablauf seiner Amtszeit aus dem Amt entfernen würde;

(iii) die Kompetenz, das geschäftliche Urteilsvermögen oder den Charakter eines oder mehrerer Kandidaten oder Verwaltungsmitglieder in Frage stellt;

(iv) die Aufnahme einer bestimmten Person in die Stimmrechtsunterlagen des Unternehmens zur Wahl in die Verwaltung anstrebt; oder

(v) auf andere Weise das Ergebnis der bevorstehenden Wahl der Direktoren beeinflussen könnte.

(9) Widersprüche zu Vorlagen des Unternehmens: Wenn der Antrag in direktem Widerspruch zu einem der eigenen Abstimmungsvorlagen des Unternehmens steht, die den Aktionären auf derselben Versammlung vorgelegt werden sollen;

Anmerkung zu Absatz (i)(9):

In der Mitteilung eines Unternehmens an die Kommission gemäß diesem Absatz sollten die Punkte genannt werden, die mit der Vorlage des Unternehmens in Konflikt stehen.

(10) Bereits im Wesentlichen umgesetzt: Wenn das Unternehmen den Antrag bereits im Wesentlichen umgesetzt hat;

Anmerkung zu Absatz (i)(10):

Ein Unternehmen kann einen Aktionärsantrag ausschließen, der eine Konsultativabstimmung vorsieht oder künftige Konsultativabstimmungen anstrebt, um die Vergütung von Führungskräften gemäß Punkt 402 der Regulation S-K (§ 229.402 dieses Kapitels) oder eines Nachfolgers von Punkt 402 (eine „Say-on-Pay-Abstimmung“) zu genehmigen, oder der sich auf die Häufigkeit von Say-on-Pay-Abstimmungen bezieht. Vorausgesetzt ist, dass bei der letzten nach § 240.14a-21(b) dieses Kapitels vorgeschriebenen Aktionärsabstimmung ein einzelnes Jahr (d. h., ein, zwei oder drei Jahre) eine Mehrheit der abgegebenen Stimmen in dieser Angelegenheit erhalten hat und das Unternehmen eine Regelung zur Häufigkeit von Say-on-Pay-Abstimmungen angenommen hat, die mit der Entscheidung der Mehrheit der abgegebenen Stimmen in der letzten gemäß § 240.14a-21(b) dieses Kapitels vorgeschriebenen Abstimmung der Aktionäre übereinstimmt.

(11) Überschneidungen*:* Wenn sich der Antrag im Wesentlichen mit einem anderen Antrag überschneidet, der dem Unternehmen zuvor von einem

anderen Antragsteller vorgelegt wurde und der in die Stimmrechtsunterlagen des Unternehmens für dieselbe Versammlung aufgenommen werden soll;

(12) Wiedervorlagen: Wenn der Antrag im Wesentlichen den gleichen Gegenstand behandelt wie ein Antrag oder Anträge, die in den vorangegangenen fünf Kalenderjahren in den Stimmrechtsunterlagen des Unternehmens enthalten waren, wenn die letzte Abstimmung innerhalb der vorangegangenen drei Kalenderjahre stattfand und die letzte Abstimmung folgende Ergebnisse erzielt hat

(i) weniger als 5 Prozent der abgegebenen Stimmen, wenn zuvor einmal abgestimmt wurde; oder

(ii) weniger als 15 Prozent der abgegebenen Stimmen, wenn zuvor zweimal abgestimmt wurde; oder

(iii) weniger als 25 Prozent der abgegebenen Stimmen, wenn zuvor drei oder mehr Mal abgestimmt wurde.

(13) Bestimmte Höhe der Dividenden: Wenn sich der Antrag auf bestimmte Beträge von Bar- oder Aktiendividenden bezieht.

(j) Frage 10: Welche Verfahren muss das Unternehmen einhalten, wenn es beabsichtigt, meinen Antrag auszuschließen? (1) Beabsichtigt das Unternehmen, einen Antrag aus den Stimmrechtsunterlagen auszuschließen, muss es seine Gründe dafür spätestens 80 Kalendertage vor Einreichung des endgültigen Proxy Statement und des Mustervollmacht bei der Kommission einreichen. Das Unternehmen muss Ihnen gleichzeitig eine Kopie seiner ablehnenden Mitteilung zukommen lassen. Die Kommissionsdienststellen können dem Unternehmen gestatten, die ablehnende Mitteilung später als 80 Tage vor der Einreichung des endgültigen Proxy Statement und der Mustervollmacht einzureichen, wenn das Unternehmen gute Gründe für die Versäumung der Frist nachweisen kann.

(2) Das Unternehmen muss sechs Papierkopien der folgenden Unterlagen einreichen:

(i) der Antrag;

(ii) eine Erklärung, warum das Unternehmen der Ansicht ist, dass es den Antrag ausschließen kann, wobei nach Möglichkeit auf die letzte anwendbare Behörde verwiesen werden sollte, wie z. B. frühere Divisionsschreiben, die gemäß der Regel ausgestellt wurden; und

(iii) eine unterstützende Stellungnahme des Verteidigers, wenn diese Gründe auf Angelegenheiten des staatlichen oder ausländischen Rechts beruhen.

(k) Frage 11: Kann ich der Kommission eine eigene Stellungnahme zu den Argumenten des Unternehmens übermitteln?

Ja, Sie können eine Stellungnahme einreichen, müssen dies aber nicht. Sie sollten versuchen, uns Ihre Antwort mit einer Kopie an das Unternehmen so bald wie möglich nach dessen ablehnender Mitteilung zu übermitteln. Auf diese Weise haben die Kommissionsdienststellen genügend Zeit, Ihre Stellungnahme vollständig zu prüfen, bevor sie ihre Antwort herausgeben. Sie sollten sechs Papierkopien Ihrer Antwort einreichen.

(l) Frage 12: Wenn das Unternehmen meinen Aktionärsantrag in seine Stimmrechtsunterlagen aufnimmt, welche Informationen über mich muss es dann zusammen mit dem Antrag selbst einreichen?

(1) Das *Proxy Statement* des Unternehmens muss Ihren Namen und Ihre Adresse sowie die Anzahl der von Ihnen gehaltenen stimmberechtigten Wertpapiere des Unternehmens enthalten. Anstelle dieser Angaben kann das Unternehmen jedoch auch eine Erklärung abgeben, dass es den Aktionären die Informationen unverzüglich nach Erhalt einer mündlichen oder schriftlichen Anfrage zur Verfügung stellen wird.

(2) Das Unternehmen ist für den Inhalt Ihres Antrags oder Ihrer Begründung nicht verantwortlich.

(m) Frage 13: Was kann ich tun, wenn das Unternehmen in seinem Proxy Statement Gründe anführt, warum es der Meinung ist, dass die Aktionäre nicht für meinen Antrag stimmen sollten, und ich mit einigen der Aussagen nicht einverstanden bin?

(1) Das Unternehmen kann in seinem *Proxy Statement* begründen, warum es glaubt, dass die Aktionäre gegen Ihren Antrag stimmen sollten. Es ist dem Unternehmen gestattet, seinen eigenen Standpunkt darzulegen, ebenso wie Sie Ihren eigenen Standpunkt in der Begründung Ihres Antrags zum Ausdruck bringen können.

(2) Wenn Sie jedoch der Meinung sind, dass die Ablehnung Ihres Antrags durch das Unternehmen im Wesentlichen falsche oder irreführende Aussagen

enthält, die gegen unsere Betrugsbekämpfungsvorschrift § 240.14a-9 verstoßen könnten, sollten Sie den Kommissionsmitarbeitern und dem Unternehmen unverzüglich ein Schreiben zukommen lassen, in dem Sie Ihren Standpunkt begründen und eine Kopie der Erklärungen des Unternehmens gegen Ihren Antrag beifügen. Soweit möglich, sollten Sie in Ihrem Schreiben konkrete Fakten anführen, die die Unrichtigkeit der Behauptungen des Unternehmens belegen. Wenn es Ihre Zeit erlaubt, können Sie versuchen, Ihre Differenzen mit dem Unternehmen selbst zu klären, bevor Sie sich an die Kommissionsdienststellen wenden.

(3) Wir verlangen von dem Unternehmen, dass es Ihnen eine Kopie seiner gegensätzlichen Stellungnahme zukommen lässt, bevor es seine Stimmrechtsunterlagen versendet, damit Sie uns auf wesentlich falsche oder irreführende Erklärungen aufmerksam machen können, und zwar innerhalb der folgenden Fristen:

(i) wenn unsere Stellungnahme („*no-action response*") verlangt, dass Sie Ihren Antrag oder Ihre Begründung überarbeiten, um das Unternehmen zu verpflichten, ihn in seine Stimmrechtsunterlagen aufzunehmen, muss das Unternehmen Ihnen spätestens fünf Kalendertage, nachdem es eine Kopie Ihres überarbeiteten Antrags erhalten hat, eine Kopie seiner gegensätzlichen Stellungnahme zukommen lassen; oder

(ii) in allen anderen Fällen muss das Unternehmen Ihnen spätestens 30 Kalendertage vor der Einreichung der endgültigen Kopien des *Proxy Statements* und der Mustervollmacht gemäß § 240.14a-6 eine Kopie der gegensätzlichen Stellungnahme zukommen lassen.

[63 FR 29119, 28. Mai 1998; 63 FR 50622, 50623, 22. September 1998, geändert durch 72 FR 4168, 29. Januar 2007; 72 FR 70456, 11. Dezember 2007; 73 FR 977, 4. Januar 2008; 76 FR 6045, 2. Februar 2011; 75 FR 56782, 16. September 2010; 85 FR 70294, 4. November 2020]

www.ingramcontent.com/pod-product-compliance
Ingram Content Group UK Ltd.
Pitfield, Milton Keynes, MK11 3LW, UK
UKHW021928290926
8980IPUK00016B/1516

9 783631 943342